JN329860

刑法・証拠法・国際法

田島 裕 著作集
7

刑法・証拠法・国際法

田島 裕

田島 裕 著作集
7

信山社

はしがき

　本書（著作集第7巻）には『刑法・証拠法・国際法』という表題をつけたが、その3つの項目の間にいかなる関連性もない。筆者の研究を著作集の形にまとめるにあたって、どうしても1冊の本の形に整えることが困難な著作を本書に寄せ集めた。より正確にいえば、コンスピラシー法理の研究、英米証拠法の研究、国際仲裁法の研究、ヨーロッパ人権裁判所の研究、その他4編の論稿を本書に収載した。最初に収載したコンスピラシー法理の研究は、英米刑法の研究領域ではむしろ特殊な研究であるので、その前に新たに英米刑法の概説を付けることにした。また、著作集の基本的な編集方針に従って、できる限り初出の形を残すことにしたが、第5節において、読者の便宜を考慮して、新しい情報を加えたり、多少の改訂を行った。

　本書の第1部にはコンスピラシー法理の研究を収載したが、この研究は筆者の研究者としての出発点に位置する研究である。この出版物は、英米法の全体像をつかむことが非常に困難に思われ、とりあえずは古典的な文献を一通り読んでおきたいと考え、歴史的な研究に取り組んだ時の研究ノートのようなものである。コンスピラシー法理は、イギリス刑法においてきわめて特殊な法理であり、その特殊性を理解することによって一般原理の理解を深めることができると考えた。また、日本では、独占禁止法の「共謀罪」と関連して、この研究が必要とされていた。このような状況のもとでその研究を公表したが、全体としてはまとまりがなく、稚拙な研究であるので、改めて全面的な改訂が必要であると思われる。

　第2部では証拠法の研究を収載したが、筆者は日本弁護士連合会の綱紀審査会委員長を4年半にわたって仰せつかり、その職を遂行するうえでこの研究が必要であると考え、田中和夫先生の著作を参考にしながら研究を進めたものである。筑波大学を退官後、獨協大学の田中先生のもっておられた講座を引きついでおり、たまたま法科大学院のロー・ジャーナルへの寄稿を依頼

はしがき

され、これに応じた研究である。特定の問題について深く掘り下げた研究ではなく、総花的な研究になっているのはそのためであり、この論稿もまた研究ノートの類である。しかし、田中先生の時代とは大きく異なっており、新しい重要な判例などの説明を加えており、学生にとっては参考になるものが少なからず含まれている。

第3部は筆者の国際仲裁法の研究を収載したものである。大阪市立大学に在任中、このテーマについて博士論文を書いていた外国人留学生の指導をする必要があり、一緒にこの研究を進めた。また、たまたま国際仲裁人の依頼を受け、間違いのないようにその職を進めるうえでもこの研究が必要であると考えた。本書に収載した2つの研究報告以外にもいくつかの小さな出版物があるが、それらは本著作集に含めるのは相応しくないと考えて含めないことにした。

第4部は筆者のバークレーに留学した時にした研究の一部である。当時、デュー・プロセスの研究や黙秘権の研究などを発表したが、ルネ・カッサン（ヨーロッパ人権裁判所裁判長）が主催する研究会に招かれ、フランスで研究する機会を与えられた。その機会にまなんだ同裁判所の判例を分析し、「表現の自由」の問題を素材として、ヨーロッパ人権裁判所の機構を説明し、国際社会において果たすその裁判所の役割について考察した。この研究はヨーロッパで注目され、ユネスコの教材として利用された。その後、ヨーロッパ法は著しく発展し、この論文は本格的に書き直されるべきであろう。しかし、本著作集の基本方針に従って、もとの論文に手をいれず、もとのままの形で収載した。その後の発展については、他の部分でフォローアップする予定である。

第5部の論文は2002年10月25日にポーランドのビアリストック大学で行った講義の記録である。内容については、ビアリストック大学の側から限定された要望があり、かなり無理をして書き上げたものである。しかし、筆者なりにこの論文にはいろいろな思い出がつまっており、この論文も手を加えることをせず、本書に収載することにした。

　　　　　　　　　　　　　　　　　　　　　　　　はしがき

　最後の第6部は、まとまった体系的な研究ではないが、それぞれ深い意味を込めて書いたものであり、本著作集の他の部分に収めるのが困難であったため、本書に収載した。それぞれご依頼を受けて書いたものであるが、筆者の研究者としての人生に深いかかわりをもっており、決して雑文として扱う意図はない。

　著作集第7巻の出版に当たって、信山社の社長今井貴氏には格別のお世話になった。改めてお礼を申し上げる。

　2010年2月20日

　　　　　　　　　　　　　　　　　　　　　　　乃木坂の自宅にて
　　　　　　　　　　　　　　　　　　　　　　　　田　島　裕

vii

初出文献リスト

1 「コンスピラシー法理の研究（1～3完）」法学雑誌（大阪市立大学）24巻2号161-182頁（1977年）；25巻1号1-24頁（1978年）；29巻1号1-28頁（1982年）
2 「証拠法研究―英米法との比較」独協ロー・ジャーナル1号42-56頁（2006年）；2号67-79頁（2007年）；3号3-20頁（2008年）
3 『国際仲裁の主要判例』（国際商事仲裁協会、1993年）
4 『英国における訴訟・仲裁制度』（国際商事仲裁協会、1992年）
5 Protection of Freedom of Expression by the European Convention, in revue des droits de l'homme (France) vol.2, no.4, pp.658-695 (1969)
6 Buddhist Influence over the Japanese Criminal Law―A Comparative Perspective, in Current Problems of the Penal Law and Criminology (Poland) pp.381-393 (2005)
7 「ウルフ・レポートと証拠法則」小島武司先生古稀祝賀『民事司法の法理と政策』（上）565-595頁（商事法務、2008年）
8 「特別裁判所―The Council on Tribunalsの重要性について」法の支配139号13-19頁（2005年）
9 「ブランダイス・ブリーフについて」法の支配132号55-56頁（2004年）
10 「フィリップ卿の訪日―イギリス憲法の新展開のはなし」法の支配148号40-45頁(2008年）
11 「レンキスト首席裁判官（アメリカ合衆国最高裁判所）の訃報」法の支配139号105-109頁(2005年）
12 「法科大学院の教材づくり」法の支払130号46-52頁（2003年）

目　次

はしがき

第1部　刑　法 ……………………………………………………… *1*

1　英米刑法の基礎 ……………………………………………………… *1*
(1) 犯罪行為の要件 …………………………………………………… *1*
(2) 犯罪の意思 ………………………………………………………… *2*
(3) コンスピラシー犯罪の特殊性 …………………………………… *3*

2　コンスピラシー法理の形成──エドワード1世の法律 ……… *5*
(1) 研究課題の設定 …………………………………………………… *5*
(2) 13世紀のコンスピラシー法理の起源 …………………………… *7*
(3) コンスピラシー法理の民事法と刑事法への分化 ……………… *15*

3　スター・チェンバーによるコンスピラシー法理の利用 ……… *27*
(1) 13世紀から15世紀へ ……………………………………………… *27*
(2) スター・チェンバー裁判所 ……………………………………… *27*
(3) コンスピラシー判例法の新展開 ………………………………… *32*
　　(a) 序　文 …………………………………………………………… *32*
　　(b) 家禽商事件 ……………………………………………………… *32*
　　(c) マルショ事件 …………………………………………………… *35*
(4) コモン・ロー刑法とコンスピラシー法理 ……………………… *37*
　　(a) チャールズ1世第16年の法律 ………………………………… *37*
　　(b) コモン・ロー裁判所によるコンスピラシー法理の継受 …… *39*
　　(c) 近代コンスピラシーの五つの類型 …………………………… *41*
　　(d) 総　括 …………………………………………………………… *46*
〔参考資料〕ローリ卿事件の裁判記録の抄訳 ……………………… *49*

4　労働法と経済法のコンスピラシー ……………………………… *52*
(1) 19世紀のコンスピラシー ………………………………………… *52*
(2) 労働法のコンスピラシー ………………………………………… *53*

目　次

　　　(a)　個人主義から団体主義へ………………………………… 53
　　　(b)　クイン対リーザム判決……………………………………… 56
　　　(c)　関連のある過去の諸判例………………………………… 58
　　　(d)　20世紀における新展開…………………………………… 60
　　(3)　経済法のコンスピラシー…………………………………… 62
　　　(a)　「営業の自由」の概念……………………………………… 62
　　　(b)　モーグル汽船対マクグレゴー・ゴウ会社判決………… 64
　　　(c)　モーグル判決以後の展開………………………………… 65
　5　現在のコンスピラシー法理……………………………………… 67
　　(1)　関連する諸問題……………………………………………… 67
　　　(a)　先例拘束性の原理………………………………………… 67
　　　(b)　法と世論……………………………………………………… 69
　　　(c)　不法行為法と刑事法の関係……………………………… 71
　　(2)　現在の共謀罪………………………………………………… 71
　　　(a)　法と道徳に関するウォルフェンデン・レポート ………… 71
　　　(b)　ショウ判決とクナラ判決…………………………………… 73
　　　(c)　刑法改革……………………………………………………… 74

第2部　証拠法 ………………………………………………………… 77

　1　田中和夫『新版証拠法』（有斐閣、1959年）の意義 ……… 77
　2　証明の必要……………………………………………………… 79
　　(1)　主張責任と立証責任………………………………………… 79
　　(2)　証拠の関連性………………………………………………… 82
　　(3)　要件事実・間接事実・補助事実…………………………… 85
　3　裁判所による検察官・弁護人の役割………………………… 88
　4　裁判官による事実認定………………………………………… 91
　　(1)　裁判例の分析………………………………………………… 91
　　(2)　法令の適用と顕著な事実…………………………………… 93
　　(3)　法律行為の解釈……………………………………………… 95
　5　伝聞証拠法則…………………………………………………… 97

(1)　序　　説 ………………………………………………… *97*
　　　(2)　伝聞証拠法則 ……………………………………………… *99*
　　　(3)　伝聞証拠法則の例外 ……………………………………… *101*
　　　(4)　証拠法則と反対尋問権 …………………………………… *103*
　6　被告（人）の自白または自認 ………………………………… *104*
　　　(1)　自白の証拠能力 …………………………………………… *104*
　　　(2)　自白の補強証拠 …………………………………………… *106*
　　　(3)　黙秘権の保障 ……………………………………………… *109*
　　　(4)　違法収集証拠としての自白 ……………………………… *111*
　7　証　　言 ………………………………………………………… *115*
　　　(1)　序　　説 …………………………………………………… *115*
　　　(2)　公判手続における証拠調べ ……………………………… *117*
　　　(3)　証人尋問 …………………………………………………… *118*
　　　(4)　禁止される証言 …………………………………………… *121*
　　　(5)　鑑定証言 …………………………………………………… *122*
　8　書証その他の物的証拠 ………………………………………… *124*
　　　(1)　違法収集証拠の排除 ……………………………………… *124*
　　　(2)　供述書・供述調書の証拠能力 …………………………… *126*
　　　(3)　公正証書の証拠能力 ……………………………………… *128*
　　　(4)　鑑定書の証拠能力 ………………………………………… *128*
　　　(5)　合意書面の証拠能力 ……………………………………… *129*
　　　(6)　その他の物的証拠 ………………………………………… *130*
　　　(7)　科学的証拠の意義 ………………………………………… *132*
　9　上告の証拠法則と再審のための証拠 ………………………… *133*
　　　(1)　上告の証拠法則 …………………………………………… *133*
　　　(2)　再審のための証拠 ………………………………………… *136*
　10　おわりに ………………………………………………………… *138*

目　次

第 3 部　国際仲裁法 ……………………………………………… *141*

1　国際仲裁の主要判例 ……………………………………… *141*
- (1)　国際仲戦法の形成 ……………………………………… *141*
- (2)　イギリスの国際仲裁に関する判例法 ………………… *144*
  - (a)　イギリス判刑法の概観 …………………………… *144*
  - (b)　仲裁管轄と仲裁人の権限 ………………………… *145*
  - (c)　仲裁判断の司法審査 ……………………………… *148*
- (3)　アメリカの国際仲裁に関する判例法 ………………… *153*
  - (a)　アメリカ法の二元制 ……………………………… *153*
  - (b)　アメリカにおける国際仲裁の現状 ……………… *156*
  - (c)　国際仲裁に関するアメリカ判例法 ……………… *159*
  - (d)　アメリカ判例法の展望 …………………………… *166*
- (4)　ICCの国際仲裁に関する判例法 ……………………… *167*
  - (a)　ICC仲裁のグローバル化 ………………………… *167*
  - (b)　ICC仲裁に関する主要な諸判例 ………………… *169*
  - (c)　ICC仲裁判断の最近の動向 ……………………… *177*
- (5)　国際仲裁法の将来展望 ………………………………… *180*

2　英米の国際仲裁手続 ……………………………………… *187*
- (1)　イギリス仲裁法の概観 ………………………………… *187*
- (2)　国際仲裁の合意と仲裁法廷の管轄権 ………………… *193*
  - (a)　当事者自治の原則 ………………………………… *193*
  - (b)　仲裁法廷の管轄権 ………………………………… *197*
  - (c)　「将来の紛争」の仲裁 …………………………… *200*
  - (d)　違法行為を目的とする仲裁の否認 ……………… *202*
- (3)　仲裁人の諸問題 ………………………………………… *204*
  - (a)　仲裁人の選任 ……………………………………… *204*
  - (b)　仲裁人の権限・責任 ……………………………… *207*
  - (c)　仲裁人の報酬 ……………………………………… *209*
  - (d)　仲裁人の罷免 ……………………………………… *210*
- (4)　仲裁手続 ………………………………………………… *213*

	(a)	開始手続 ………………………………………	213
	(b)	仲裁地 …………………………………………	216
	(c)	聴聞手続 ………………………………………	217
	(d)	仲裁の言語と通訳 ……………………………	219
	(e)	証拠に基づく仲裁判断 ………………………	219
	(f)	仲裁手続の停止 ………………………………	221
	(g)	仲裁手続の司法的監督 ………………………	221
	(h)	仲裁手続の費用 ………………………………	222
(5)	仲裁の準拠法 ………………………………………		224
	(a)	国際私法の準用 ………………………………	224
	(b)	仲裁手続の準拠法 ……………………………	227
	(c)	仲裁の実体法 …………………………………	228
(6)	仲裁判断の効力と司法審査 ………………………………		232
	(a)	仲裁手続人への裁判所による司法審査 ………	232
	(b)	仲裁前置主義 …………………………………	239
	(c)	仲裁判断の強制 ………………………………	239
(7)	ＥＣ統合後のイギリス仲裁法の展望 ……………		241

第4部　ヨーロッパ人権規約 …………………………………… 245

1. Introduction ……………………………………………………… 245
2. Freedom of Expression, *per se,* in Article 10 of the
   Convention ……………………………………………………… 250
3. Implementation of Freedom of Expression by the
   Council of Europe ……………………………………………… 268
4. Safeguards Still Neede for Further Protection ……………… 293
5. Conclusion ……………………………………………………… 302

第5部　日本刑法の比較法的考察 ……………………………… 305

1. Brief History …………………………………………………… 305
2. The Framework of Japanese Criminal Law ………………… 307

目　次

　　3. Examples of Buddhist lnfluence —General Principles of
　　　　Criminal Law …………………………………………………… *310*
　　4. Examples of Buddhist Influence —Classification of Crimes …… *314*
　　5. Examples of Buddhist Influence —Criminal Procedure and
　　　　Execution ………………………………………………………… *315*
　　6. Some Concluding Remarks……………………………………… *319*

第6部　そ の 他 ……………………………………………… *321*

　1　ウルフ・レポートと証拠法則………………………………… *321*
　　(1)　ソクラテスの『弁明』………………………………………… *321*
　　(2)　ウルフ・レポートの勧告 …………………………………… *323*
　　　　(a)　事件説明書 ………………………………………………… *323*
　　　　(b)　書　　　証 ………………………………………………… *325*
　　　　(c)　証　　　言 ………………………………………………… *328*
　　　　(d)　専門家鑑定 ………………………………………………… *331*
　　(3)　我が国の証拠法則との比較 ………………………………… *333*
　　　　(a)　比較のための2つの事例 ………………………………… *333*
　　　　(b)　要件事実論と証拠法則 …………………………………… *334*
　　　　(c)　書証および証言 …………………………………………… *335*
　　　　(d)　鑑定の問題 ………………………………………………… *337*
　　(4)　比　較　検　討 ……………………………………………… *341*
　　　　(a)　先例拘束性の原理と法創造機能 ………………………… *341*
　　　　(b)　司法アクセスの判断基準──「人間性」……………… *342*
　　　　(c)　三　段　論　法 …………………………………………… *344*
　　　　(d)　お　わ　り　に …………………………………………… *345*
　2　公証人の面前で作成された供述証書の証拠能力 ………… *348*
　3　ブランダイス・ブリーフについて ………………………… *353*
　4　イギリスの特別裁判所 ……………………………………… *356*
　　(1)　「特別裁判所」ということばの意味 ……………………… *356*
　　(2)　特別裁判所評議会(The Council on Tribunals)の構成とその役割 *357*

	(3)	特別裁判所の実例 …………………………………………… *360*
	(4)	「素人」裁判官の資質……………………………………………… *363*
	(5)	行政法の展開と特別裁判所 …………………………………… *365*
5	フィリップス卿の訪日―イギリス憲法の新展開のはなし …… *367*
6	レンキスト首席裁判官(アメリカ合衆国最高裁判所)の訃報……………………………………………………………… *375*
7	法科大学院の教材づくり―国立裁判制度研究所創設の夢―… *382*
	(1)	はしがき ……………………………………………………… *382*
	(2)	法律情報データベース・システム ………………………… *384*
		(a) 法科大学院の教材としての利用 ……………………… *384*
		(b) 国際法比較法データベース・システム (ICLDS) … *386*
		(c) 教材の入力 ……………………………………………… *388*
	(3)	「国立裁判制度研究所」の設置 …………………………… *389*

刑法・証拠法・国際法

第1部 刑　　法

1　英米刑法の基礎

(1)　犯罪行為の要件

　刑法では罪刑法定主義がもっとも重要な法原理とされているが、英米刑法の教科書では、いきなり違法な行為 (actus reus) と犯罪の意思 (mens rea) の説明から書き始めることが多い。アメリカでは、当事者主義 (adversary system) の説明から始めることもあるが、デュー・プロセス法理の説明と関連して罪刑法定主義が論じられる。ドイツ法と比較すると、「犯罪の構成要件」の説明が欠けていることになる。これは、英米刑法もまたコモン・ローであり、今日でも、多くの犯罪は制定法に定義されておらず、判例法によっていることによる。もっとも、殺人罪に関する法律、財産犯罪に関する法律、詐欺罪に関する法律、性的犯罪に関する法律など、制定法により一定の明文化が進んでいる[1]。イギリスの刑法の一般理論および犯罪の類型については、筆者の『イギリス法入門』(2002年)の中で説明した。

　イギリスでも罪刑法定主義は憲法原理である。グランヴィル・ウィリアムズは、ダイシーを引用し、「イギリス人は法によって、また法のみによって、規律される。人は法の違反に対し、われわれと同じように、処罰されるが、

（1）　Homicide Act 1957 は、殺人に先立って「挑発行為」があった場合について規定しているが、殺人罪は現在でもコモン・ロー上の犯罪である。Theft Act 1968, Fraud Act 2006, Sexual Offences Act 2003 も見よ。

法以外の何ものによっても処罰されえない。」と述べている[2]。そして、罪刑法定主義がどのように現代法の中に定着したかについて、フランス人権宣言、フランス憲法、ドイツのフォイエルバッハの学説、ワイマール憲法、世界人権宣言、ヨーロッパ人権規約へと受け継がれて行く系譜を説明している[3]。世界の諸国のほとんどすべての基本法（憲法）が、今日では、罪刑法定主義を基本原理として定めている。

　グランヴィル・ウィリアムズは、犯罪の意思がいかに明白であっても、その意思と共にそれに呼応する (contemporaneous) 客観的犯罪行為が存在しなければならないという[4]。明白な自白が存在していても、その意思を実行に移した明白な外見的行為 (overt act) が存在しなければ、刑罰を科することはできない。ここにいう「外見的行為」は、大陸法でいう「構成要件該当性」を指す。殺人罪のようなコモン・ローの重罪では、「死亡」などの結果が発生することが成立要件とされるが、偽証罪やコンスピラシー罪では、結果の発生は重要ではない[5]。

(2) 犯罪の意思

　刑事責任を問うためには、外見的行為の証明だけでなく、その行為を行う犯罪の意思 (mens rea) の証明が必要である。例えば、サイク事件[6]では、ロンドンのマーブル・アーチ駅近くで外貨両替商をしていたムンバが高額の外貨を両替したことがマネー・ロンダリング罪に該当するかどうかが争われて

---

(2)　GRANVILLE WILLIAMS, CRIMINAL LAW (The General Part) (2d ed. 1961) at 575. ダイシーの引用は、DICEY, THE LAW OF CONSTITUTION (10th ed. 1959) at 202 である。
(3)　European Convention on Human Rights art. 7 は、
(4)　Williams, *supra* note 2, at 2.
(5)　殺人罪などコモン・ロー犯罪では特定の結果が発生したことが必要であるが、偽証罪 (perjury) のように、特定の結果の発生が必要でない場合もある。
(6)　Saik [2006] UKHL 18 (H.L.).

いる。サイクは、高額の外貨の両替に不信はもったが、それがどのような犯罪によって得た金であるかについては知らないと主張した。しかし、この両替は仲間の活動の一環としてなされたものであり、そのような両替であるという認識があれば、コンスピラシー罪の主観的要件は満たされる、と判決された。

犯罪の意思 (mens rea) の要件について、アンダーソン判決とイッ・チュー・チャン判決も説明しておこう。アンダーソン判決では、囚人を刑務所から脱走させることが計画され、壁を切り取るために必要なダイヤモンド・ワイヤーを提供した者が、その計画の共謀者として訴追された。その被告人は、道具を提供したときから、その計画は実行できないと考えており、犯罪の実行には反対であったと主張した。しかし、実行計画を知っており、黙認をしただけで、犯罪の意思の要件は満たされていると判示された[7]。これに対し、チャン事件では、麻薬犯罪のおとり捜査が行われ、麻薬取引が実行されたのであるが、その犯罪に参加した秘密捜査官は、犯罪の意思はなかったと認定された。刑事被告人は、犯罪の意思がなければ合意がなかったはずであり、共謀罪は成り立たないと主張したが、裁判所はこの主張を否定した[8]。

(3) コンスピラシー犯罪の特殊性

上に説明したように、英米法でも罪刑法定主義は基本原理であるが、罪刑法定主義が適正に運用されていないと疑わせる重要な事例として、コンスピラシー法理がある。コンスピラシーは2人以上の者によって行われる犯罪である。違法行為を実行するという「2人以上の者の間の合意」が犯罪を構成するので、1人だけではこの犯罪は行い得ない[9]。その目的が実行されてい

---

[7] R. v. Anderson [1986] A.C. 27 (H.L.).
[8] Yip Chiu-Cheung v. The Queen [1995] 1 A.C. 111 (P.C.).
[9] Commonwealth v. Donoghue, 250 Ky. 343, 63 S.W.2d 3 (1933). なお、「合意の目的またはそれを遂行する手段のいずれかが違法でなければ、コンスピラシーは成立しない。」United States v. Britton, 108 U.S. 199 (1883).

第1部 刑　　法

ないときでも、当該合意の外見的行為があれば犯罪が成立する。その合意の目的が違法なものであるか、あるいは目的を達成する手段が違法なものでなければならない[10]。しかし、目的が実現されたか否かは、犯罪の成立とは関係ない[11]。

　ムンバ事件では、複数の異なった詐欺行為が行われたのであるが、裁判所はこれを1個のコンスピラシー事件として扱い、事件全体の評価に基づき、2人の犯人に対し5年および3年半の懲役判決を下した[12]。この事件では、数人の犯人のうちの1人がバークレー銀行の職員になり、その者が流した顧客情報により、その顧客の名義を使って、高額の借金をさまざまな形で繰り返し、銀行から金員を詐取した。日本でも共謀共同正犯の理論があり、この理論はコンスピラシー法理に類似した側面をもつが、本質的な点で両者には相違がある。このような特殊な法理の研究によって、むしろイギリス刑法の理論をより深く理解できるものと思われる。

---

(10)　「コンスピラシーは犯罪のパートナーシップであり、構成員相互が代理人であり、共同責任を負う。」Fiswick v. United States, 329 U.S. 211 (1946).
(11)　例えば、R. v. Shivpuri [1987] 1 A.C. 1, [1986] 2 All ER 334 は麻薬取引に関する事件であるが、不能犯の事例であり、犯罪は実行され得なかった。しかし、コンスピラシー罪については、犯罪が完成する必要はないと判示して、裁判所は有罪を判決した。
(12)　R. v. Mba [2006] All ER 73.

2 コンスピラシー法理の形成
―― エドワード１世の法律

(1) 研究課題の設定

　コンスピラシー法理は、スティヴンも「イギリス刑法史」の中で述べているように、イギリス法研究者にとって最も興味深い研究テーマの１つである[1]。しかし、その法理は、いわばカメレオンのように、歴史の中で変色し、種々の使い方がなされてきたものであるために、その実体が何であるかを正確に理解することは容易なことではない。法は単純で一般国民にとって明瞭なものでなければならないと主張し続けてきたグランヴィル・ウィリアムズが、真先にこの法理の法改革を主張したのは当然なことであった[2]。

　本稿では、最終的には、ウィリアムズの法思想を紹介し、法改革の動向を説明した上で、この研究の結論を述べるつもりであるが、その前にその法理自体がいかなるものであるかについて説明する必要があろう。

　まず第１に、これに続く第２章では、その法理の起源を説明する。英米法では、法の歴史的継続性ということが強く言われ、起源を明らかにすることは重要な意味を持つのである。しかし、先にも一言ふれておいたように、コンスピラシー法理は歴史的継続性ということに疑いを持たせる実例であって、いかなる意味でそれが言われているかを後に改めて問い直してみる必要がでてくる。

　その法理が著しく違った内容のものに変えられたのではないかと思われる

---

(1) 3 Stephen, A History of the Criminal Law in England 209 (1883) 参照。

(2) G. Williams, *Criminal Law Reform,*〔1958〕J.S.P.T.L.217 参照。なお、ウィリアムズのこれ以外の文献は 73-74 頁で紹介する。

のは、主に 15 世紀の終り頃から 17 世紀の前半である。その主な原因は、スター・チェンバー[3]によってその法理が盛んに利用されたことによるものと思われる。実際、この時代の諸判例をどのように評価するかが、第 5 章以下で問題となる今日の諸問題に結論を出す鍵となっている。そこで、第 3 章では、スター・チェンバーの裁判所としての特質を明らかにすると共に、当時の萌芽的状態にあり、不完全な形の刑法理論に照らして、その法理がどのように理解されていたか説明しなければならない。その際、メンズ・レア（犯罪の主観的要素）や証拠法の原則が特に重要な論点となる。

これに続く第 4 章では、スター・チェンバーが廃止された後に、コンスピラシー法理がどのようなものとして取扱われたかを説明する。ここでは、主に 19 世紀のいくつかの判例を紹介することになるが、そこで明らかにされるように、その法理はスター・チェンバーと運命を共にすることなく、むしろその規制の道具としての便利さの故に、新しい 19 世紀の社会問題に対処するために使われた[4]。その 1 つが労働法のコンスピラシーであり、他の 1 つが経済法のコンスピラシーである。

以上がコンスピラシー法理の歴史的説明の部分であるが、これに続く第 5 章および第 6 章では、20 世紀、特に 1960 年代以降の判例を分析し、現行のその法理がどのようなものであるかを説明し、それに関連していかなる法改革が提案されているかを述べたいと思っている。その際、先例拘束性の原理や法解釈の諸原則などの技術的問題も関係してくるが、中心問題は、法的責

（3）　これは、3 Hen. VII c. 1 (1487) によって新設されたといわれる一定の刑事管轄権を付与された一種の行政裁判所である。この裁判所は、16 Car. I c. 10 (1640) によって、その翌年から廃止された。この裁判所の起源、手続、権限等について、小山貞夫、「星室裁判所素描」『法と権力の史的考察』上（加藤・小山編、1977 年) 358 頁以下を見よ。

（4）　前掲注(3)に引用した 16 Car. I c. 10 (1640) は、スター・チェンバーが処理していた事件は廃止後にはコモン・ロー裁判所によっても処理できるものとし、スター・チェンバーの救済手段もそのまま引き継がれることを定めている。

任の基礎をどこに求めるか、または、別の観点から言えば、裁判の機能をいかなるものと理解すべきかということである。

(2) 13世紀のコンスピラシー法理の起源

(a) 研究の視点

　コンスピラシーは「不法な目的を持ったパートナーシップ」であると定義される。言い換えれば、ある人と人との結合があり、その結合の目的が不法であれば、コンスピラシーが成立する。我国では、この用語が「共謀」と訳されたり、その法理は共謀共同正犯の理論と類似したものであると理解されたりしているようであるが、その訳語は、事実上の共謀と混同させやすいし、法的概念としては主観的要素が必要以上に強調されすぎるように思われるので、ここでは原語のまま「コンスピラシー」と呼ぶことにした。

　コンスピラシーは、犯罪でもあり、不法行為でもある。しかし、個人が不法な目的を持っていたとしても何ら法的責任が問われないのに、2人以上の者が一緒に不法な目的を持った場合には、なぜそれが問われるのであろうか。また、「不法な目的」という言葉の概念が不明晰であって、その法理がどのように使われるかを示す基準も、必ずしもはっきりしていない。

　歴史的に見れば、コンスピラシー法理は、はじめは裁判手続の濫用を防ぎ、ある面において封建的な法の運用を抑止して、公正な裁判を保障する機能を果す法理としてイギリス法の中に生まれ出たものである。それは、スター・チェンバー裁判所で使われるようになってから、時には国家権力が国民の自由な政治活動を弾圧する道具として使われたり、また時には国民の公正な経済活動を保障するために用いられたりする。そうして、イギリスの産業革命から今日に至る時期においては、法理の内容を漸次変えつつ、時代の経済的要請に対して貢献をなしてきたのである。このように、コンスピラシー法理はイギリス法の歴史のほぼ全体にわたって、また、刑事民事の両面において使われてきた。

　この歴史の中に含まれる諸問題については、既に前章の中でも簡単にふれ

ておいたところであるが、もう一度それを別の言葉で言い換えれば、次のようなことが研究課題となる。

1、コンスピラシー法理が拠って立つところの法源は何か。

2、その法理の内容は歴史と共に変ってきたのではないか、また、それはコモン・ローの特質として当然に認められることであるのか。

3、法の普遍性ということと関連して、新しい時代の要請に対し裁判所が古い法理でもって応えようとする場合に、そこには一定の限界はないか。これは、裁判と立法との関係をどう理解するかという問題でもある。

以上の諸問題を考慮に入れながら、本章ではまずコンスピラシー法理の起源について、13世紀末から15世紀前半までのことを記した文献を注意深く検討していくことにしたい。

(b) 最初の法律

コンスピラシーの内容がどのようなものであったかをはっきり示している最も古い資料はDeffinitio de Conspiratoribus[5]であるが、それは、次のように規定する。

「共謀者（conspiratours）とは悪意を持って虚偽の正式告訴を提起したり、提起させたり、あるいは虚偽の訴訟を提出したり、援助したりすることを、宣誓や捺印契約やその他の盟約（alliance）によって同盟し、結合する者をいう。……（以下略）」

この規定からも分るように、コンスピラシーは、誣告によって刑罰を受ける危険にさらされた者を救済し[6]、裁判手続きが濫用されるのを防ごうと

---

(5) De Parl. 33 Ed. I. この表現はPrinted Copiesに従ったものであるが、Inrollmentの端に附されていたものは、"Ordinacio de Conspiratoribus"となっている。1 STATUTES OF THE REALM 145 (1810).

(6) はじめは主として民事救済を目的としていた。しかし、後に説明するように、やがて刑事の面でより多く使われるようになる。

2 コンスピラシー法理の形成——エドワード1世の法律

するものであった。この勅令が制定された当時には、新しい権力者としての国王政権の下に作られた新しい裁判所と封建裁判所とが並存していた[7]。そうして、地方の有力者が古い裁判所の裁判手続きを濫用し、好ましくないと思っている者を迫害することがしばしばあった。かかる封建裁判所の裁判に対する不満が国王裁判所に多く持ち込まれたのである[8]。こういう不満の1つに答える役割りを担わされたのが、コンスピラシーだったのである[9]。

制定された年代もその内容もはっきりしないものではあるが、いま紹介したDeffinitio de Conspiratoribusより以前に、Statutum de Conspiratoribusが出されている。この制定法は、Statutes of the Realmに印刷されているコピーによれば[10]、2つの部分からなるものであるが、前段では利益分配の特約附きの訴訟援助（champerty）を禁じそれに違反する場合には国王の裁量にしたがい3年の懲役又は罰金の責を負わされると規定し、後段では、コンスピラシーの令状の発給手続きについて述べている。

この法律がいつ作られたかはコンスピラシーの歴史的理解に非常に重要な点であり、色々研究がなされているところである。1つの見解によれば、エドワード1世第33年に作られたことになっている[11]。これに対し、前段の利益分配の特約附訴訟援助（champerty）に関する部分は、エドワード1世

（7） 州裁判所や領主我判所などの古い裁判所と、Exchequer, Common Pleas, King's Benchの3つの国王の裁判所があった。

（8） 例えば、THE MIRROR OF JUSTICESには、かような濫用（abuses）の例が155もあげられている。THE MIRROR OF JUSTICES 155-200 (Whittaker ed. 1895)。

（9） 2 POLLOCK & MAITLAND, THE HISTORY OF ENGLISH LAW 539-40 (2d ed. 1898) 参照。

（10） 1 STATUTES OF THE REALM 216 (1810).

（11） STATUTES OF THE REALMの脚注によれば、原文と訳文をあわせて印刷しているコピーはすべて"The Statutes of Champerty"という題名を附していて、その日附は33 Ed. Iとなっている (*Id.*)。

第1部　刑　法

治世第 11 年又はエドワード 1 世第 20 年又はエドワード 1 世第 21 年に作られたものであるとか、後段のコンスピラシー訴訟の手続に関する部分は、不明であるとかエドワード 1 世第 21 年である、とする諸見解がある[12]。ウィンフィールドは、これらの見解を 1 つ 1 つ精査し、法律の中に出てくる国王の官吏の在任期間などから、前段は、エドワード 1 世第 11 年ではなくエドワード 1 世第 20 年に作られたもので、おそらくエドワード 1 世第 21 年ではない、そして後段は、エドワード 1 世第 21 年に作られたものと思われる、という結論を出している[13]。

次に、13 世紀末頃より以前にコンスピラシー令状（writ of conspiracy）が使われた事例があるかどうか記録を調べてみなければならない。もしあるとすれば、コンスピラシーの起源がコモン・ローにあったか制定法にあったかという問題を決定する重要な根拠となる[14]。その点で問題となる最初の事例は、1285 年から 1290 年の間に書かれたと思われる Mirror of Justices の中にあがっているものである。第 2 の事例は、ブリットンの著述に見られるもので、公正な裁判の妨害（hindrance of justice）のために結合（alliances）することを禁じたものである。その他、フレタやグランヴィルについても調べてみる必要がある。

---

(12) 注(11)の文献の脚注によれば、前段を 11 Ed. I とする見解として、Pynson と Berthelet のコピーでは、33 Ed. I のところに前段部の言葉を少し変え（この部分は 20 Ed. I に作られたものとしている）、後段部を加えたものに Statutum de Conspiratoribus という表題をつけ、33 Ed. I という日附を付している。Tottell のコピーでは、後段については日附がついていない（*Id.*）。クックは、後段の部分を Ordinance と呼んでいるが、制定された年は 21 Ed. I としている。2 INST. 561.

(13) WINFIELD, HISTORY OF CONSPIRACY AND ABUSE OF LEAGAL PROCEDURE 28（1921）.

(14) Statutum de Conspiratoribus 以前に、コンスピラシー法理の起源がコモン・ローにあることを示す有力な証拠となる。

10

2 コンスピラシー法理の形成——エドワード1世の法律

ところで、Articuli super Chartas, 28 Ed. I は、主として、Magna Charta の再確認を目的とするものであるが、その10章にコンスピラシーの法 (droit) について述べているところがある。クックは、Institutes で、その章の中の "Ce roy ad ordeine〔ordinance〕remedie as plantiffes per briefes de chancelarie" という言葉に次のような註釈を付している[15]。

「ここに述べられている勅令 (ordeine) は、共謀者に対する令状を発給するためのものであって、21 Ed. I Rot. 2 に開かれた議会によって制定されたもので、Vet Magna Charta に見られる勅令と同じものである。ただし、そこでは 33 Ed. I に作られたことになっているが、実際には 21 Ed. I に作られたものである。〔この誤りは印刷屋の Richard Tottell によるとしている[16]。〕……（中略）……。

この勅令は、コモン・ローを確認したものにすぎない。なぜなら、コンスピラシー令状は、Register や Fitzherbert's Natura Brevium〔以下、F. N. B. と略す。〕やその他の著書に見られるように、生命に関する刑事事件にも、民事事件にも使われうるものだったからである。生命に関する事件で、もし共謀者が国王の訴訟で訴追され有罪判決を受けたとすると、奴隷判決 (villenous judgment[17]) が下されるであろうが、当事者だけの訴訟ではそうでない。それはコモン・ローによる判決である。それは制定法によっては与えられないからである。」と。

クックが註釈している勅令（ordinance）は、先に制定の日附を問題とした

---

(15) 2 INST. 561-2.
(16) 注(12)で説明したように、Tottell の日附は、前段 11 Ed. I.、後段は不明としているので、Tottell がどんな誤りを犯したか筆者には理解出来ない。
(17) Villenous judgment とは、法によって与えられる自由 (liberam legem) を失わせる判決で、それによって、(1) 陪審員又は証人となることが出来なくなる、(2) 財産 (goods and chattels, and lands) を一生涯没収される、(3) 土地は荒され、家は壊され、樹木は切り倒され、少くとも1年間身体は拘禁されることになる。4 BLACKSTONE, COMMENTARIES 136 (1st Rep. ed. 1769).

11

第1部 刑　法

Statutum de Conspiratoribus の後段のことであり、クックによれば、その制定法はコモン・ローを確認（affirmance）したものにすぎないと言うのである[18]。また、Institutes の別の個所でも、「その法律の制定以前に」名誉剥奪（infamy）や拘禁（imprisonment）や訴訟濫用（vexation）に関して損害賠償を与えるためにコンスピラシー令状（writ of conspiracy）を用いた例を読んだことがある、と述べている[19]。この見解は、クック以後、多くの裁判官によって支持されている見解である[20]。プラクネットも、必ずしもはっきりしていないが、『イギリス法制史』の第2部4章（陪審）の中の脚注で付しているコンスピラシーの説明は、その見解と矛盾するものではない[21]。

　ところで、コンスピラシーの起源が何年であったかが、なぜ重要なのであろうか。それは、コンスピラシーはコモン・ローに基づくとした場合と制定法に基づくとした場合とで、重要な相違が生じてくるからである。一般的に言って、その当時は、制定法は慣習法又はコモン・ローを明文化したもので

---

(18)　当時でも制定法（statutes）はコモン・ローを確認する（in affirmance of common law）ものであって永久に効力をもつものであるのに対し、勅令（ordinance）は一時的にだけ効力を持つものであるという区別があったとする見解がある。（MC ILWAIN, MAGNA CHARTA ESSAYS 145-6 参照。）この見解からすれば、クックのように勅令（ordinance）が最初の成文法であったと考えるとすると、それはコモン・ローを確認したものというより、新しい政策のための立法であるとする説の方が有力となる。もっとも、その区別はなかったとするのが通説であるから、（PLUCKNETT, STATUTES AND THEIR INTERPRETATION IN THE FOURTEENTH CENTURY 32-4 [1922] 参照。）問題の解決には役立たない。

(19)　2 INST. 383(1797). ウェストミンスター第二法律の12章の一般的な解説の初めの部分に出てくる。

(20)　例えば、典型的な例として、O'Connell v. R., (1844) 11 Cl. and. F. 155, at 233 における Tindal 裁判官の見解。また、ほとんどのアメリカの法律家がこの見解をとっている。

(21)　PLUCKNETT, A CONCISE HISTORY OF THE COMMON LAW 127 (5th ed. 1956).〔同訳書（上）288頁〕。

あると考えられていたから、そのいずれの見解をとっても法の解釈に直接影響を及ぼすものではない(22)。しかし、制定法に規定されているような虚偽の告訴などは、今日では悪意訴追（malicious prosecution）という独立の法によって処理されるようになっており、もし制定法にコンスピラシーの起源があるとすれば(23)、次章以下で説明していく新しいコンスピラシーとの間に断絶があることになる。これに対し、制定法のコンスピラシーは、かなり漠然とした内容のものとして存在していたコモン・ローを明確にしたものであるにすぎないとすれば、その断絶は見られないことになる。この二つの見方の違いは、後に説明するように、コンスピラシーを適用する際に裁判官のメンタリティにかなりの影響を与えてきたものと思われる。

コンスピラシー令状が、元来、コモン・ローに基づくものか、あるいは制定法に基づくものであるかは、かようにその性質及び適用範囲を決定する上で重要な意味を持つが、ライトやウィンフィールドは、クック等の見解に強く反対している(24)。彼らによれば、第1に、クックがあげているRegisterやF. N. B.には彼の見解を支持するような叙述は見当らない、というのである。第2に、クックが別の個所でコンスピラシー令状が使われているのを読んだと述べているのは、Mirror of Justicesであろうと思われるが(25)、そ

---

(22) 当時の立法は、裁判官たちの手によってなされたことを合わせて考えれば、この点は理解できる。PLUCKNETT, *supra* note 21, at 22, 28, 49参照。
(23) 本文では、この見解を裏付ける消極的な理由を紹介したが、より積極的な理由としては、法律の内容から判断して、エドワード1世の新しい政策を支える反封建的（antifeudal）立法の1つであるということが考えられる。注(9)にあげた、ポロックとメイトランドの見解参照。なお、エドワード1世の反封建的立法についてはPLUCKNETT, LEGISLATION OF EDWARD I, 21-49 (1949) ことに、22-3頁参照。
(24) WINFIELD, *supra* note 13, at 29 *et. seq.* またWRIGHT, LAW OF CRIMINAL CONSPIRACIES AND AGREEMENT 15 (1873) も見よ。
(25) ポロックやメイトランドも、「クックはMIRRORの中の作り話を信頼している。」と述べている。〔彼らもまた、コソスピラシーの起源は、コモン・ローで

第1部 刑　法

もそもその著書が法律家でない者によって書かれ、叙述も必ずしも正確でないとされているものであるし、一応根拠としてあげうるとしてもクックのいうようには信頼出来ない、とする。第3に、クックがあげていないその他の典籍を調べてみても、それは使われていないというのである。

そこで、両方の立場の重要な根拠となっている Mirror of Justices をまず調べでみると、コンスピラシーという言葉が使われているのは、「十家相互善行保証制度について（The View of Frankpledge）」の章においてである[26]。そこでは、1年に一度、国王の官吏が百戸邑をおとずれ、あらゆる態様の共謀者（all manner oF conspirators）の有無について尋ねる慣習について述べているが、それは、ブリットンによれば、〔公正な裁判の妨害のための〕結合（alliances）について述べているところのものである[27]。クックが述べていることと一致するのは、Mirror of Justices の中で「心の中の殺人」（homicide in will）について述べている部分であるが、そこでは、コンスピラシーの概念は使われていないようである[28]。第三点のモの他の典籍（グランヴィルやブラクトン等）について調べてみても、見当たらないとすれば、クックらの立場より、ウィンフィールド等の立場の方がより有力だといわざるをえないように思われる[29]。

はなく制定法にあると考えているように思われる。〕2 POLLOCK & MAITLAND, *supra* note 9, at 539 n. 7. また、クック自身も、その Reports の Part IX の序の中で、イギリスの古い法や慣習について学んだのは MIRROR によってであるということを書いている。

(26)　MIRROR 40.
(27)　Nichols 版（1901 年）前掲注(15)の文献の 79 頁を見よ。この頁の脚注には、Northampton の州奉行（sheriff）が無実の者を招集し、裁判を受けさせた事例があがっている。しかし、そのためにその州奉行は罷免されているが、コンスピラシー法理が使われたかどうか、はっきりしていない。また、この事例は、30 Ed. I のものであって、コンスピラシーの制定法が作られた後のものである。
(28)　MIRROR 136.
(29)　ブライアンは、フレタやグランヴィルやその他の典籍を調べた上で、クッ

2 コンスピラシー法理の形成——エドワード1世の法律

しかし、かように言い切る前に、実際にコンスピラシー令状が出された事例を調べてみなければならない。それは、もし最初の制定法で示される範囲より広い法としてコンスピラシーを用いている事例があるとすれば、クックらの、制定法以前にコモン・ローのコンスピラシーが存在していたという主張を裏づけるかなり有力な証拠になるからである。そこで、節を改めてコンスピラシー令状が出された事例を調べていくことにする。

(3) コンスピラシー法理の民事法と刑事法への分化

(a) 制 定 法

前節で説明したように、コンスピラシー法理に関する最初の制定法は、Statute of Conspirators である。その後しばらくしてエドワード1世第28年に出された Articuli super Chartas は、コンスピラシーの法律を再確認する規定を置く法律である。これらの法律は、コンスピラシーに対する民事的救済を与えることにむけられていた。さらに、エドワード1世第33年になると、A Definition of Conspirators が制定されるが、これは、刑事事件にコンスピラシーを適用するのを容易にするために作られ[30]、すべての裁判官に配布されたものである[31]、と言われている。

それらの法律が制定された当時は、民事と刑事の区別は、それほど厳格ではなかった。それは、個人に対する侵害は、同時に社会に対する侵害であると考えられたからである[32]。したがって、コンスピラシーによって損害を

クの論拠となるような事例はないと述べている。BRYAN, THE DEVELOPMENT OF THE ENGLISH LAW OF CONSPIRACY 13 (1903). また、筆者も、セルデン・ソサイエティの版やその他の英訳版をあたってみたが、見当らなかった。

(30) BRYAN, THE DEVELOPMENT OF THE ENGLISH LAW OF CONSPIRACY 51 (1903).

(31) PLUCKNETT, STATUTES AND THEIR INTERRETION IN THE FOURTEENTH CENTURY 33 (1922).

(32) 2 POLLOCK & MAITLAND, THE HISTORY OF ENGLISH LAW 519 (2d ed.

第1部　刑　法

こうむった者（原告）は，コモン・プリーズへもキングズ・ベンチへも訴えることができた。さらに，しばしば，大法官府（Chancery）へもコンスピラシーの救済を求めて請願が出されることもあった。しかし，やがて時代がたつにつれて，民事の面では，コンスピラシー令状（writ of conspiracy）はコンスピラシーの特質を持った場合侵害訴訟令状（writ of trespass on the case in the nature of conspiracy）に置きかえられるようになり，ジェームズ1世の時代（1603-25年）以後には，古い型の令状は完全に姿を消すことになる。他方，刑事の面では，スター・チェンバーで新しい内容のもられたコンスピラシー法理が盛んに便われるようになる。便宜上，その頃（1600年頃）までで時代を区切り，前節で残した問題にふれつつ，その間に起った実際の事例を調べていくことにしよう。

前節で残した問題とは，コンスピラシー法理の起源は，制定法にあるかコモン・ローにあるかという問題である。

権威的典籍の叙述については，一応すでに前節で調べたので，次にコンスピラシー令状が実際に使われた事例を調べ，制定法が制定される以前にそのような事例が存在しないかどうか，また，制定法で示される範囲よりも広い法としてコンスピラシー法理を用いている事例がないかどうか，確かめられなければならない。

(b)　コンスピラシー令状

この点に関して，ウィンフィールドは，Register の写本に残っている，コンスピラシー令状が発給された9つの事例を調べている[33]。その九つの事

1898）参照。
(33)　ウィンフィールドは，ケンブリッジ大学図書館，ボドリーアン図書館，及びインナ・テンプル図書館にある Registrum Breviam の写本と，Register のコピーとを対比しつつ，9つの事例を詳細に調べている。WINFIELD, HISTORY OF CONSPIRACY AND ABUSE OF LEGAL PROCEDURE 31-7 (1921).

2 コンスピラシー法理の形成――エドワード1世の法律

例の最初のものは[34]、おそらく1294年のものと思われる。〔Statute of Conspirators は 1293 年。〕しかし、九つの事例のうちいくつかのものに後生の編者の註記[35]があり、ウェストミンスター第2法律〔13 Ed. I, c. 12[36]〕によって、私訴（appeal）に用いられていたコンスピラシー令状は使われないことになり、その代りにこの制定法に基づく教唆者（abettors）に対する裁判所令状（judicial writ[37]）に置き換えられることになった、という趣旨のことを述べている[38]。そこでエドワード1世第13年以前にその註記が述

---

(34) Add. 3022 D.
(35) WINFIELD, *supra* note 33, at 39-40 参照。
(36) この条文は「他人を苦しめる目的で、害意（malice）をもって、殺人罪やその他の重罪の判決が下されるよう虚偽の私訴（appeal）を提起する者も多くあるから、その私訴について国王を納得させる、あるいは、当事者に与えた損害をはっきり示すものが何もないなら、重罪で私訴を受けた被疑者に、国王裁判所で直ちに無罪判決を言い渡してやらなければならない。……（中略）……。もし同じ審問によって私訴を提起した者に害意（malice）が見られる時には司法令状（judicial Writ）によってその者は裁判所に拘引され、そこで害意める教唆（malicious abetment）で有罪が言い渡されると、懲役又は損害賠償を命ぜられる。……以下、略……。」と規定するものである。
(37) 裁判所令状（〔judicialia brevia〕）は、訴訟の各段階において裁判所が発給するもので、大法官が発給する訴訟の開始に用いられる基本令状（original writ）と区別される。writ de odio et atia（これについて、後掲注(55)参照）が刑事訴訟の係属中に出されると、被告人の拘禁が解かれることになるので人身保護令状（habeas corpus）と同じような効果が生じるが、コンスピラシーの裁判所令状も、同じような効果を持つものであったと思われる。
(38) この点は、Statute of Conspirators はコモン・ローを明確にしたものにすぎないとするクックらの見解に有利な論拠となる。なお、コンスピラシーが適用されうる事例に教唆者（abettor）の訴訟令状が用いられた例として、PLUCKNETT, *supra* note 31, at 58 に紹介されている。Anon., Y. B. 32 & 33 Ed. I, 171（夫を殺人によって失った婦人を何人かが共謀で教唆し、誤った訴訟を提起させた。）悪意私訴の場合に、教唆者（abettor）の訴訟をウェストミンスター第二法律に基づいて起すべきで、コンスピラシーの訴訟は認められないとして事

17

第1部 刑　法

べているような事例が実際に存在したかどうかを確かめてみる必要がある。この点について、スタンフォードは、エドワード1世第13年の制定以前にも虚偽の私訴を提起した者（procurers of appeals）に対してその令状が使われていたが、エドワード1世第13年の制定法によって、その手続きをより迅速にとられうるようにしたものである、と解釈した[39]。さらに、ホーキンズも、コモン・ローによって虚偽の悪意私訴（malicious appeal）に対してコンスピラシー令状を使って損害賠償を請求しえたと解した[40]。

しかし、エドワード1世第21年以前に、実際にコンスピラシー令状を用いた例は1つもないようである。筆者自身も、入手しうる限りの資料にあたってコンスピラシーの事例を捜してみても、索引にコンスピラシーとして載っているものは2つしかない[41]。それらは、いずれも今日のボイコット（現代のコンスピラシーの一種）の事例であって、その当時のコンスピラシー概念にはあてはまらない[42]。また、さらに、虚偽の悪意私訴に対しては、コン

　　　件を却下した例として、F. N. B. 261 (F).
(39)　P. C. 167. WINFIELD, *supra* note 33, at 40 によった。
(40)　2 P. C. ch. 23, sect. 138.〔WINFIELD, *id.* によった。〕
(41)　SELECT PLEAS OF THE CROWN に載っている1225年の例〔セルデン・ソサィエティ版115頁（1887）——Placta Corone, Somersetshire Gaol Delivery, A. D. 125〕と、1230年のブラクトンの NOTE BOOK にあがっている事例〔2 BRACTON'S NOTE BOOK 377 (Maitland ed. 1887) —— Case 479, A. D 1230〕の2つである。前の事例は、Hilleshall の僧正が、Shrewsbury の荘役（bailiffs）たちが僧正の特権（liberty）をひどく侵害し、町の教区役人（bedell）に、もし僧正及びそのお付きの者（his men）に物を売ったら10シリングの罰金を科するという御触れを町に出させた、というので救済を求めたものである。後の事例は、数人の者が集まり、また他の者にも強制して William Wymer の水車小屋（Mills）へは粉ひきを頼まないと約束しあい、また Stafford の市場にも同趣旨のことと、もし違反した者があれば、家畜（cattle）を没収し、その身柄を拘禁する、という御触れを出したので Wymer が救済を求めたという事例である。
(42)　注(41)に紹介した事例が、コンスピラシーとして索引にあがっているのは、

スピラシーより適用範囲の広い悪意令状（writ of odio et atia[43]）が用いられたという事実から、かような場合に、コンスピラシー令状は用いられていなかったと推測できそうである[44]。

　それでは、もしエドワード１世第21年以前にコンスピラシー令状が使われた事例が１つも無いとすれば、Register の編者達は、何を根拠に前述の註記を付したのであろうか。その点は、はっきりしないが1310年に、Goldington v. Bassingburn[45]でベヤフォード裁判官が、ウェストミンスター第２法律が規定しているコンスピラシーに対して救済を与えるための令状は、あまりに一般的すぎるので、それをより具体的にするためにコンスピラシーの制定法によって確認したものにすぎない、という趣旨のことを述べている部分から推測したのではあるまいか。しかし、ここでは、ウェストミンスター第２法律が、コンスピラシーの事件にも適用しうることを示したにすぎず、その法律以前のことについては何ら述べていない。また、その判決が、勅令の形式に反して（against the form of ordinance[46]）という言葉で結んでいる

編者が適当な分類名を見付け出すことができなかったからであろう。
(43) odio〔odium〕とは、憎悪（hatred）を意味し、atia〔acia〕とは、害意（malice）を意味する。この令状は、28 Ed. III, c. 9 によって廃止された。Stone v. Waters and Others〔いわゆる The Poulterers' Case〕, 5 COKE'S REPORTS 99 〔part 55b〕(Thomas & Fraser ed. 1826) 参照。なお、WINFIELD, *supra* note 33, at 15-22. も参照せよ。
(44) 私訴（appeal）に代って正式起訴（indictment）又は大陪審の告発（presentment）の制度がとられるようになった時には、私訴（appeal）の時に使われていた令状は何ら影響を受けなかったと言われているからである。O. W. HOLMES, COMMON LAW 34 (Howe ed. 1963) 参照。
(45) 〔1310〕, Y. B. Trin. 3 Ed II, 194（セルデン・ソサィエティ版）。
(46) この言葉は、Printed Register では、"Contra forman ordinationis" となっている。もっとも、その元の原典では、"Contra legem et consuetudinem" となっており、lex という言葉は、コモン・ローを含むものと概念されていたそうであるから、この点はさほど有力な論拠とはならない。WINFIELD, *supra* note 33,

第1部　刑　法

ことから、ベヤフォード裁判官も、コンスピラシー令状はコモン・ローに基づくものではないと考えていた、と解する方がより真実らしい。

(c)　2つの類型

　もう1つ確かめられなければならない点は、制定法が作られた以後の事例であっても、その事例が、制定法で示される範囲をかなりこえ、それ以外に法源を推測せしめるようなものはないかどうかである。この点に関して、たしかに制定法で示されている令状とは、かなり異なった型のコンスピラシー令状が出されているのを認めざるを得ない。しかし、たとえコンスピラシー令状の使い方に2つの類型があったとしても、そのことだけから直ちにコンスピラシーは、制定法以前にコモン・ローの中にあったという結論を導き出すことはできない。なぜなら、制定法ができてからそれに基づいて普通法裁判所でコンスピラシー令状が出されるようになり、その頃から、それと対抗する意味で大法官府（Chancery）からも同様の令状が出されるようになり、その2つの令状の間に多少の使い方の差異があったと考えられるからである。制定法の制定以前にコンスピラシー令状が使われた事実が無いということから判断して、この考え方の方がより真実らしく思われるし、大法官府（Chancery）から出された令状は、制定法のコンスピラシー令状をまねながらも、形式的にはウェストミンスター第2法律に基づいて出されていたことから生じた差異である、と考えれば説明がつくからである[47]。

(d)　中世のコンスピラシー

　後に改めてコンスピラシー法理の起源が相当重要な問題となるので、これまで、かなりの紙数をついやしてその問題を論じてきた。そこで、一応、これまで述べてきたことから、コンスピラシーの起源は、エドワード1世第

---

at 33 参照。
(47)　WINFIELD, *supra* note 33, at 37-9 参照。

20

2 コンスピラシー法理の形成——エドワード1世の法律

21年の Statute of Conspirators であると考えた上で、中世のコンスピラシーの事例を分析し、(1)いわゆる中世のコンスピラシーの一般概念を明らかにし、(2)刑事民事のそれぞれの面での適用の仕方について述べ、(3)それぞれの場合に与えられる救済手段について整理しておこう。

(i) 一 般 概 念

まず第1に、コンスピラシーの一般概念についてであるが、Deffinitio de Conspiratoribus が規定しているものは[48]、(1)他人を虚偽で、害意を持って起訴（indict）したり、起訴させたりするために結合すること、(2)虚偽に訴訟（pleas）を提出したり援助したりするために結合すること、(3)未成年者（infants）に重罪の犯人に対する私訴を提起させること、(4)害意のある企てを援助するために、騎士保有地引渡（liveries）又は手数料（fees）でもって国内に人を引き留めておくこと、(5)領主の荘官（stewards）や荘役（vailiffs）が、職権を利用して、他人に関する訴訟を援助すること、の五つである。しかし、実際上、用いられたのは、上の2つだけなので[49]、ここでの議論も、便宜上、その2つの場合に限ることにしたい。その場合、コンスピラシーの要件となるのは、結合（comblination）の存在、虚偽と害意（falsity and malice）、訴が開始されたこと（procurement）、被告人〔コンスピラシー訴訟の原告〕が無罪判決を得たこと（acquittal）の4つである。結合とは、2人又は2人以上の者が、相談（consultation）又は合意（agreement）することである。従って、被告人が1人だけではコンスピラシーは成立しない[50]。例えば、2人に対しコンスピラシーの訴訟が提起された場合、陪審は、双方を有罪とするか双方を無罪とするか、いずれかの評決をしなければならないの

---

(48) 前掲注(17)に付された引用文参照。
(49) WINFIELD, supra note 33, at 52.
(50) FITZHERBERT, NATURA BREVIUM 260 (D)（英語版 1793）。

21

第1部 刑　　法

であって、一方だけを有罪とすることはできない[51]。また、夫婦（baron and feme）は、法律上一体と見做されるから、夫婦の共謀は、コンスピラシーとならない[52]。一般的には、起訴者、陪審員（indictors）、証人、官吏等が対象とされ、稀れに、裁判官も訴えられることがあった[53]。コンスピラシーの要件として、2人以上の共謀者が必要だとする点に関して、刑事コンスピラシーの場合には、被告人が1人だけでも訴訟を提起しうるとする見解がある[54]。しかし、それは少くとも、エドワード1世第33年のA Definition of Conspirators が制定された以後についてはあてはまらない見解である[55]。

　次に、結合（相談又は合意）の内容は、原告を叛逆罪（treason）または重

---

(51)　VINER, A GENERAL ABRIDGMENT OF LAW AND EQUITY 4111 (1792) の(A)-3 に付記されている事例〔Br. Conspiracy pl. 13 (11 H. IV 2)〕では、陪審が2人の被告人のうち一方を有罪、他方を無罪とする評決を出したところ、裁判所は評決のやり直しを命じ、その結果、2人とも有罪となっている。また、同様に一方が有罪、他方が無罪となった場合に、裁利所が事件を却下した例もある。Marsh v. Vaughan & Veal, Cro. Eliz. 701 (Mich. 41 and 42 EIiz. B. R.).
(52)　FITZHERBERT, *supra* note 50, at 264 (L). 5 VINER, *supra* note 51, at 411 の(A)-1 の事例〔38 Ed. III, 3〕。これは、20世紀になってから修正されている。
(53)　WINFIELD, *supra* note 33, at 67-81 にそれぞれの事例が紹介されている。
(54)　FITZHERBERT, *supra* note 50, at 411 の脚注(a)で述べている見解。フィツハーバートは、そこで、国王が訴訟を起し奴隷にする判決（villenous judgment）〔第2節の注(54)参照〕が下される場合には、1人でよいとし、その実例として、24 Ed. 34, 73; 43 Ed. 33 をあげている。
(55)　21 Ed. I の制定法に示されている令状の被告人が1人だけであり、33 Ed. I の制定法では conspirators と複数になっているところから、ブラックストーン〔3 COMM. 125〕やクック〔2 INST, 562〕をはじめ、ほとんどの説が、33 Ed. I までは1人だけでよかったが、それ以後は少くとも2人を被告（人）として訴えなければならない、と考えている。ちなみに、後に説明する場合訴訟では、一般的に1人だけでよいとする見解もある。Savile v. Roberts,〔1698〕I Ld. Raym. Rept. 379, Mich. 10 W. 3 におけるホウルト裁判官の見解参照。

22

罪（felony）で起訴すること、又は起訴させることだけに限られる[56]。同時に害意によるものでなければならない[57]。例えば、Aらが旅行中に財物をBによって盗まれ、Bをよく知らないためにBによく似たJとその仲間のSを告発してしまったという場合、Aらはコンスピラシーの責任を問われることはない[58]。また、制定法の明文からは明らかでないが、実際の運用上、告発によって原告の生命が危険にさらされた場合に限られている[59]。さらに、コンスピラシーを訴追するためには、原告が訴追された後、無罪判決を得たものでなければならない[60]。

　ここで一つだけついでに述べておきたいことは、共犯 (accessary) との関係についてである。もし主犯と別に訴追を受けた従犯が、主犯が無罪の判決を得たために、従犯が審理を受ける前に事件が却下された場合にはどうなるのであろうか。この場合には、判例によれば、従犯の生命が危険にさらされ (in jeopardy) はしなかったけれども、コンスピラシー令状の発給を得ることができるとしている[61]。

---

[56]　5 VINER, *supra* note 51, at 416 の (B) － 24, 25 の事例。FITZHERBERT, *supra* note 50, at 261 (F), 263 (G), (H), 264 (F), (K) の事例。

[57]　5 VINER, *supra* note 51, at 412 の (A) － 7, 9 の事例。FITZHERBERT, *supra* note 50, at 260 (D) の事例。裁判官は、コンスピラシーの適用に消極的態度をとっていたから、被告（人）は、比較的容易に malice が無かったことを立証して責任を免れることができた。THAYER ON EVIDENCE 221 (1898). なお、その実例として、5 VINER, *supra* note 51, at 423 (F)-26 の事例（自己の財物を盗まれたと信じて訴えたところ、そうでなかった。）

[58]　5 VINER, *supra* note 51, at 412 の (A)-7 の事例。

[59]　*Id.* (A)-8 の事例〔注(55)〕であげた判例のホウルト裁判官の意見〕参照。

[60]　前掲注(43)にあげた Poulterers' Case におけるクックの意見を参照せよ。

[61]　5 VINER, *supra* note 51, at 419 の (D)-1 の事例。FITZHERBERT, *supra* note 50, at 262 (A).

第 1 部 刑　法

(ii)　適用の仕方

　コンスピラシー令状が出されるのは、いま述べたように、結合、虚偽と害意、起訴、無罪判決の 4 つの要件がそろった場合であるが、細部については、民事の場合と刑事の場合とで相違が見られ、その相違は、時代が後になるほどはっきりしてくる。民事の場合、最も典型的な事例は、法を利用して土地、財産を取り上げ、自分の富と権力を集約しようとする封建領主たち（land-grabbers）に対するものである[62]。このような民事事件では、土地、財産を奪われたことから生じた損害を補塡することが目的となるから、必ずしも 2 人又は 2 人以上の共謀者のすべてを相手とする必要はなく、告訴によって生命が危険にさらされたことの要件も、ゆるく解釈する傾向を持つ。かような場合には、大法官府型のコンスピラシー令状[63]によって救済することになる。

　またコンスピラシーの性質を持った場合訴訟（action on the case in the nature of conspiracy）が使われた最初の事例は、1584 年の Fuller v. Cook である[64]。1588 年になって Jerom v. Knight[65]で、そもそもかような訴訟方式は存在しないのではないか、という議論がなされるが、結局肯定され、以後、民事事件では、古いコンスピラシー令状は使われず、場合訴訟が用いられるようになる。そうして、1698 年の Savile v. Roberts[66]事件で、コンスピラシーの基礎は、名誉、身体の安全、財産（reputation, personal security, and propeirty）の回復にあることがはっきりうたわれ、後に我々が問題とする現代の不法行為法におけるコンスピラシーへと発展する基礎を築くことにな

---

[62]　WINFIELD, *supra* note 13, at 55.
[63]　これについて、本文 21 頁の説明を参照せよ。
[64]　(1584) 3 Leon. 100. もっとも、この事件では、場合訴訟（action on the case）という言葉しか使われていないが、それがコンスピラシーの性質をもった場合訴訟（action on the case in the nature of conspiracy）を略したものであることは、事件の内容から明らかである。
[65]　(1588) 1 Leon. 105.
[66]　前掲注(55)参照。

る[67]。

　これに対し、刑事の面では、4つの要件をますます厳格に解釈していく傾向を持つ。それは、国王が、1304年に大法官が令状を発給することを禁じた趣旨からもうかがわれるように[68]、あまり容易に令状を発給すると、たとえ犯罪が行なわれたと信じていても、被告人が無罪と決まった時に、遂に自分が訴追されることを恐れて、告発するのを躊躇するようになると考えられるからである[69]。国王にとって、刑事裁判は、当時では少なからざる2つの財源となっていたし[70]、刑事政策上も、それは望ましいことではないから、である。従って、刑事面で、スター・チェンバーで著しい発展をみるまでの間にコンスピラシー令状が用いられた事例は、あまり多くはない[71]。刑事面でのコンスピラシーが、はっきりした内容を持ってくるのは、スター・チェンバーの時代なので、その点については次章で説明することにする。

---

(67) 第四章でも説明するように、少くとも19世紀の終り頃までは、この判決のようにコンスピラシーは個人の法的権利を保護するものと考えられていた。
(68) WINFIELD, supra note 13, at 38-9 参照。プラクネットが、国王は1304年に起訴者たちに対するコンスピラシーの訴訟提起を禁止した、と述べているのは、このことを指していると思われる。PLUCKNETT, A CONCISE HISTORY OF THE COMMON LAW 127, fn. 1 (5th ed. 1958)〔同訳書（上）228頁、注72〕。
(69) セイヤーは、コンスピラシーがいかに証人たちに悪い影響を与え、そのことがいかに審理手続きを妨害したかについて実例をあげて詳しく説明している。THAYER, supra note 57, at 124-9.
(70) MAITLAND, THE FORMS OF ACTION AT COMMON LAW 10 (Chaytor & Whittaker ed. 1958) 参照。
(71) 1354年の27. Ass. 12 裁判官と4人の起訴陪審員及び証人1人が訴えられた事例）や1406年のY. B. 11 H IV. Mich. pl. 24; S. C. 8. id, 6, 8（執行吏と12人の陪審員が訴えられた事例）などが典型的なものである。THAYER, supra note 57, at 124-5 参照。

第1部 刑　法

(iii) 救　済

　最後に、中世のコンスピラシー法理が適用される場合、いかなる救済手段が与えられたかについて述べておこう。まず、民事事件の場合には、主として損害賠償であり、ごく稀れな場合に、特定的救済が与えられた[72]。刑事の場合には、はじめは、奴隷判決（villenous judgment[73]）が下されていたが、後になると、懲役、懲罰金又はさらし台（pillory）の判決が下されるようになった[74]。

---

(72)　WINFIELD, *supra* note 33, 55-7 参照。
(73)　前掲注(42)参照。
(74)　WINFIELD, *supra* note 33, at 99-101 参照。

3 スター・チェンバーによるコンスピラシー法理の利用

(1) 13世紀から15世紀へ

　前章ではコンスピラシー法理の起源について13世紀末から15世紀前半までの文献を注意深く検討し、その結果、その法理は、はじめは裁判手続の濫用を防ぎ、封建的な法の運用を統制して公正な裁判を保障する機能を果す法理としてイギリス法の中に出てきたものであることを説明した。その当時には、その法理の運用の際にいくつかの技術的制約が付されていたのであるが、16世紀以降になると、かかる制約は取除かれ、本章で後に説明するように、その法理は種々の法領域で利用されるようになる。このことは、スター・チェンバー裁判所においてもその法理が使われだしたという歴史的事実によるところが大きいと思われる[1]。そこで本章では、スター・チェンバーの裁判所としての特質を明らかにすると共に、当時の萌芽的状態にあった、不完全な形の刑法理論に照らして、その法理がどのように理解されていたかを説明しようと思う。

(2) スター・チェンバー裁判所

　イギリスの裁判所制度は相当に複雑であり、その説明のためにはかなりの

（1）　後掲注(13)に引用する末延教授の資料の中で、クック（Coke）とエルズミア (Ellsemere)（この大法官の背後にフランシス・ベーコン（Francis Bacon がいた）との間の種々の激烈な論争が紹介されているが、スター・チェンバー裁判所がその法理についての管轄権を持つかどうかに関しても、両者の間に論争があったようである。しかし、エルズミアの勝利に終り、その管轄権が認められた。5 HOLDSWORTH, A HISTORY OF ENGLISH LAW 204 (3rd ed. 1949) を見よ。

第 1 部　刑　法

紙数を必要とするのであるが、極めて大胆に分類すれば、コモン・ローの運用に当る普通法裁判所とエクイティの運用に当る衡平法裁判所とに大別ができる(2)。スター・チェンバーは、一応は衡平法裁判所の側に分類しうる特殊な裁判所であるということができるが、以下に説明するように、その管轄権の中には裁判というよりは行政であると思われるものまでも含んでいる。

　スター・チェンバーの創設の時期は不明であるとするのが通説である(3)。1640年のチャールズ1世第16年法律第10章は、同裁判所を翌年から廃止することを定めた法律であるが、その中に同裁判所はヘンリー7世第3年法律第1章によって創設された旨の記述がある(4)ために、この法律によって1487年に創設されたとする見解もあったが、この見解は現在では排斥されている(5)。この点については、中村英勝・小山貞夫両教授によって各々の

（2）　比較的明快に説明した一般的文献とし RADCLIFFE AND CROSS, THE ENGLISH LEGAL SYSTEM (5th ed. 1971) がある。スター・チェンバーについても、98-113頁にかなり詳しく説明されている。後掲注（4）に引用するハンベリの著書も裁判所制度の歴史についての概略を知るためには便利な文献である。

（3）　G. R. ELTON, THE TUDOR CONSTITUTION 159 (1960) 参照。この点は、後掲注（5）で引用する中村教授および小山教授の各々の研究でも詳しく説明されているところである。ちなみに、上に引用したエルトンの文献には、スター・チェンバーに関する研究文献がほとんど全て網羅されている。

（4）　但し、当該のヘンリー7世の法律にはスター・チェンバー裁判所という言葉は全く使われておらず、同法は、後掲第4節注（2）に言及する合議体に対し、一定の軽罪を処罰する権限を付与する旨を述べているにすぎない。例えば、STATUTES OF THE REALM などの典籍に印刷されているものには、「スター・チェンバーに関する法律」という表題が付されているが、これは後に付されたものであることは、今日ではよく知られている。

（5）　ハンベリは、この点を非常に明瞭に述べ、その根拠として「コモン・ローのあの逞しいチャンピオンであったクックが、裁判所に関する全ての注釈書のうち最も優れた FOURTH INSTITUTE の中で……解説している。」と述べている。H. G. HANBURY, ENGLISH COURTS OF Law 80 (2nd ed. 1953)。なお、そこで言及されているクックの著書の関連部分は明示されていないが、それは 4 INST.

3 スター・チェンバーによるコンスピラシー法理の利用

研究が発表されているので[6]、詳細な説明は省略するが、簡潔に要約すればその理由は次のようなことである。

　もともと国王は、立法、司法、行政を自ら行なっていたが、古くからその際に何らかの形で諮問委員会（Council）に相談する慣行があった[7]。国王の立法権は、議会制度の発達と共にだんだん制約されていき、名誉革命以後には、「議会における国王」という形で行使されるようになった。司法権については、国王の裁判所の制度ができて独自の裁判権を行使するようになった後においても、国王は具体的な事件についての請願を受け、先の諮問委員会に相談して処理することがしばしばあった。この相談の場所が、通常、「星の間（Curia Camerae Stellatae）」と呼ばれていたために[8]、ここでかなり定期的に審判が行なわれるようになり、やがて審判の合議体がスター・チェンバーと呼ばれるようになった。15世紀の後半には、コモン・ロー裁判所は国王に対し批判的な態度を示すようになり、その合議体にも裁判権があ

62-3 (1641) である。
(6) 中村英勝『イギリス議会政治史論集』（1976年）107-8頁、および小山貞夫「星室裁判所素描」、『法と権力の史的考察』上（加藤・小山編　1977年）36-171頁。
(7) 既に中世初期において、イギリスでは Curia Regis と呼ばれる機関が設立されていた。MAITLAND, THE CONSTITUTIONAL HISTORY OF ENGLAND 61-63 (1908)。なお、田中英夫「英米公法講義案(1)」4頁以下に、この機関の司法管轄についての簡単な説明がある。より詳しくは、CHRIMES, AN INTRODUCTION TO THE ADMINISTRATIVE HISTORY OF MEDIAEVAL ENGLAND (1959) の 18 頁以下を見よ。
(8) エルトンの文献に引用されている T. SMITHS DE REPUBLICA ANGLORUM 115-8 によれば、その部屋がスター・チェンバーと呼ばれたのは、窓が沢山あってきらきらしていたためか、または天井に輝く星がちりばめられていたためであろう、と説明している。ELTON, *supra* note 3, at 164. クックも、その他に2、3の理由をあげているが、結局、天井の星模様説に賛成している。4 INST. 66 (1641).

29

第 1 部 刑　法

ることを確認する必要が出てきたために(9)、先に述べた 1487 年法が制定されたということである。

　小山教授の研究の中でも指摘されているように、スター・チェンバーは悪名高い裁判所であると一般的に理解されているが(10)、その所以は、テューダー王朝後半以降の、いくつかの不幸な事情によるものと思われる。テューダー王朝の時代は、イギリスにおける絶対王政の時代であるが、その特色を示す 1 つのこととして、1539 年のヘンリー 8 世第 31 年に制定された法律によって、国王は勅令 (proclamations) の形式で立法することが許されていたことに注目する必要がある(11)。コモン・ロー裁判所は、議会勢力と結びついて国王に対立しはじめたので、かかる勅令は、スター・チェンバーによって強制されることが多くなった。テューダー時代のエリザベス 1 世からステュアート時代の 1641 年にスター・チェンバーが廃止される時まで、その裁判所としての機能はますます増大し、最高司法機関として、数多くの国家の安全や平和に関する事件、名誉毀損、詐欺、文書偽造等の事件の他、コンスピ

（9）　ハンベリは、バラ戦争後の混乱から秩序を立て直すためにヘンリー 7 世は諮問委員会の権限をまず第一に再確認する必要があったと見ている。HANBURY, supra note 5, at 81. またこの歴史的事情について、F. W. MAITLAND, THE CONSTITUTIONAL HISTORY OF ENGLAND 218-9 (1908) も見よ。

（10）　但し、これは 1600 年頃からスター・チェンバーがほぼ完全に裁判所としての機能に専念しはじめてからの評判であって、一般的にはむしろ好意的に見られていたと思われる。例えば、フィーフットは、「コモン・ローの獅子であるクックさえ、星室裁判所を『キリスト教世界にある（わが国会を除いて）最も栄誉ある裁判所』と呼んだのである。」と述べている。フィーフット著・伊藤訳「イギリス法」(1952 年) 108 頁。また、最近では特別裁判所の機能と関連して、スター・チェンバーの利点が改めて見直されている。例えば、WRAITH AND HUTCHESSON, ADMINISTRATIVE TRIBUNALS 20-21 (1973).

（11）　この法律の全文とその憲法上の問題について、DICEY, LAW OF THE CONSTITUTION 50 (10th ed. 1959) を見よ。ちなみに、この法律は、エドワード 6 世の時代に廃止されている。4 HOLDSWORTH, supra note 1, at 102-3.

3 スター・チェンバーによるコンスピラシー法理の利用

ラシーに関する事件をも処理した(12)。その際、陪審なしに審理をしたり、不従順な証人を説得するために拷問を用いることすら稀ではなかった(13)。

　スター・チェンバーが1641年に廃止された主な理由は、かかる訴訟手続がイギリス人の持つデュー・プロセスの観念(14)に反していたということであるが、この法律については、後に改めて説明する。ここで注意しておかなければならない点は、ケニーが述べているように、スター・チェンバーの諸判例は「いわば専制政治のエンジンとしてコンスピラシー法理の実体を無制限に拡張」していったということである(15)。

---

(12)　スター・チェンバーによって処理された事件数は、小山論文、前掲注(6)の中で表にしてあげられているが、それによれば、コンスピラシーの事件は、エリザベス1世第44年に16件、チャールズ1世第6年から第16年に53件もあり、他の時代のものも含めれば、相当の数になるものと思われる。主要なものは、後に紹介する。

(13)　スター・チェンバーの手続について、一般的に前掲注(3)のエルトンの文献の167頁以下参照。ライオンと渾名されたクックが、検事総長として訴追を行なった名医ロペッツの女王暗殺およびウォーター・ローリ卿の国王暗殺の共謀事件について書いた Bowen, The Lion And the Throne (1956) は、スター・チェンバーの手続を生き生きと描いている。なお、同じくクックの1600年のエセックス伯・サザンプトン伯の訴追および1603年のウォーター・ローリ卿の訴追については、末延三次、サー・エドワード・コウク（名裁判官物語）(1)、「法学セミナー」1956年1号40頁にもふれられている。次節の後掲注(25)および本稿に添付した参考資料〔本書49-51頁〕も見よ。

(14)　イギリス人の持つデュー・プロセスの観念がいかなるものであるかは、詳細な説明の必要な点であるが、マグナ・カルタ第39条はその観念を具体的に表現したものと言ってよかろう。なお、後掲注(32)も見よ。

(15)　Kenny, Outlines of Criminal Law 159 (16th ed. 1952). なお、ステュアート時代の専制的色彩の強いスター・チェンバーについて具体的に示したものとして、J. P. Kenyon, The Stuart Constitution 117-124 (1966) 参照。

31

第 1 部 刑　法

(3)　コンスピラシー判例法の新展開

(a)　序　文

　スター・チェンバーが処理したコンスピラシー事件の数は相当多い[16]。しかし、その多くの記録は残されておらないし、たとえ残っていたとしても、法理を理解する目的のためには、それらを全て検討する必要はない。エリザベス 1 世の絶対主義の政治に反対した者をロンドン塔の絞首台にかけるために使われたコンスピラシー法理（例えば、前掲注(13)に引用したエセックス伯、サザンプトン伯、ウォーター・ローリ卿などの事件に見られるもの）は、法理論としては単純であるし、事件の内容はよく知られているので、改めて説明する必要はない。

　本節では、いわゆる「家禽商事件（Poulterers Case[17]）」と「マルショ事件（Mulsho Case[18]）」とを紹介しようと思う。前者は、第 2 章で説明した中世のコンスピラシー事件に類似した事件であって、しかもスター・チェンバーによるコンスピラシー法理の理論を明瞭に示しており、しばしばそれ以後の判決の中で重要先例として引用されてきた。後者は、コンスピラシー法理の理論は全然説明していないが、その法理を曖昧にしたまま使わざるを得なかった 1 つの歴史的理由を説明した判決として取上げた。

(b)　家禽商事件

　この事件の原告は、ある家禽商の未亡人と結婚したストーン（Stone）という男である。ストーンは、同じく家禽商である被告人ウォーターズ（Wa-

---

(16)　前掲注(12)参照。スター・チェンバーの判決の多くは記録に残されていないが、重要なものは、クックの判例集（English Reports にも含まれている）およびセルデン協会の SELECT CASES IN THE STAR CHAMBER（以下、SELECT CASES として引用する）に収録されている。
(17)　(1611) 9 Co. Rep. 55b ; 77 E. R. 813.
(18)　SELECT CASES, *supra* note, 16 at 4-67.

32

ters) らによって、窃盗罪の誣告を受け、逮捕され、取調べを受けた。しかし、同犯罪事件のエセックスの大陪審は、ウォーターズらに害意（malice）があることを感知し（perceived）、当該事件を調査した[19]結果、ストーンはエセックスで窃盗を行なったと主張された日にはロンドンにいたことが判明したので、直ちに不起訴を決定した。

ストーンのコンスピラシー訴追に対し、ウォーターズらの弁護人は、本件の場合には、(1)ストーンは実際に起訴されたのではないのでコンスピラシーは成立しない[20]、また、(2)もし起訴に至らなかった場合でも後にコンスピラシーの訴追を受ける危険を真実に知っている者でさえ告訴・告発を躊躇するようになる[21]であろうが、これは望ましくない、という趣旨の弁護を行なった。

しかし、スター・チェンバーは、古いコンスピラシー令状によるその法理は厳格なものであったことを認めはしたが、当院はそれに必ずしも拘束されるものではないと述べた。そして、額やほおに、F & A（false accusation）の烙印を押して誣告者を見せしめにした先例[22]を引用し、本件の場合にも

---

[19] この調査は大陪審の commissioners 497 が行なったのであるが、調査権の有無についても争われた。スター・チェンバーはこれを積極に解した。(1611) 9 Co. Rep. 56b ; 77 E.R. 815.

[20] この点に関し、F. N. B 114b の他、エドワード３世のいくつかの法律などを引用している。ちなみに、中世では、原告が起訴され、無罪判決が下されたことが重要な要件となっていたことは本稿第２章で説明したところである。法学雑誌第24巻2号175-6頁（1977年）。

[21] この点について、本書25頁およびその注(69)を見よ。

[22] スター・チェンバーの Hil. 37 H. 8 および M. 3 & 4 ph. & Ma. の先例であるが、烙印を押し、犯罪の説明書を付けてロンドンのチープサイドに見せしめに立たせる刑を科したのは、被告人が僧侶だったためである。*Cf.* Miller v. Reignolds and Basset, [11 Jac. 1] God. 205（むち打ち刑）。もっとも、後にもふれるように、その当時コモン・ローは厳格になりすぎていて重罪に対しては死刑しかなかったため、「僧侶の特権（clergy's privilege）」の便法がとられた

第 1 部　刑　法

処罰されるべきであると判示して、罰金および懲役に処した。

　この判決の中で重要な点は、コモン・ローを慈悲の法 (law of mercy) であると理解していることである。その結果、注釈者が当該判決に注記を付しているように、第 2 章で説明した中世のコンスピラシー法理の諸要件を以下の点で変更したことになる(23)。第 1 に、「虚偽の起訴」および「無罪判決」の要件は、「不法な目的」が存在した場合の例示であるにすぎないとされたこと。第 2 に、その法理の核心は害意（malice）をもって〔他人に危害を加えることを〕約束または結合することにあると理解したことである(24)。

　かようにその法理を理解すれば、スティヴンが述べているように、不法な目的をもったあらゆる種類の結合を処罰できることになり、その法理は、1 つの別個の犯罪類型というよりは、未遂 (attempts) を処罰するための一般的犯罪類型を示したものといった方がよい(25)。今日の法律用語を用いてい

のであるかもしれない。これについて、後掲注(36)を参照。
(23)　この判決によってホーキンスは、「陪審による無罪評決は必要でない」と述べているが（Hawkins P.C.B. 1, c.72 §2) English Reports の注釈者は、この判決はスター・チェンバーの手続を明らかにしているものでもなく、特別の訴訟方式 (the particular form of action) を示したものでもないので、先例法 (an authority) とみなすことはできない、と注記している。77. E.R. 815, n.(B).
(24)　この点に関し、戒能通厚助教授が『国家・法の歴史理論（マルクス主義法学講座(4)）』(1978 年) 47-8 頁で説明をしているが、家禽商事件の核心が「共謀」であるとする見方は 19 世紀の 1 つの見解によるものである。スター・チェンバーにおいては、本文で述べたように、「害意」の存在および「不法な目的」に重点が置かれていたとみるべきではあるまいか。従って、1 人の共犯者の証言は他の被告人の犯罪の証拠となり得るし、かつ、1 人の被告人だけが有罪とされることもあり得た。
(25)　2 STEPHEN, HISTORY OF THE CRIMINAL LAW OF ENGLAND 227-29 (1883). ちなみに、本稿では attempt をいちおう未遂と訳したが、日本の刑法の概念によれば、予備、謀議および未遂の一部を含むものと思われる。具体的事例について、後掲注(43)を参照せよ。

3 スター・チェンバーによるコンスピラシー法理の利用

えば、実際に犯罪行為 (actus reus) が行なわれたかどうかは問題とされず、悪い心を持っているかどうか（mens rea の有無）が問題とされる。スター・チェンバーのコンスピラシー法理が、国王の平和と秩序を維持するために少しでも望ましくない行為を未遂の段階で処罰する統制機能の重要な道具となりえたのも、ここにその理由がある。また、コンスピラシーの事件では、疑いをかけられた場合に証言を拒否もしくは黙秘することは悪い心を持っている証拠とされ、この証拠に基づいて有罪判決を下しえたのも、それゆえである[26]。

(c) マルショ事件

先に紹介した家禽商事件は、中世のコンスピラシー法理の考え方によっても十分に処理できる事件であったが、先に述べたようにスター・チェンバーがその法理の適用範囲を一般的に拡げたのは、その当時の歴史的事情による。マルショ事件は、スター・チェンバーが担わされた歴史的役割を非常によく示している事例であると思われるので、この事例についても若干説明しておこう。

この事件の正式な名称は Mulsho v. Inhabitants of Thingden と呼ばれるが、これには、第一次囲い込み運動に直接関連のある一連の争訟が含まれている[27]。この事件は、領主マルショが自己の領地を囲い込み、そこに住む

---

[26] 例えば、1603 年のウォーター・ローリ卿の裁判の記録（ハウエルの STATE TRIALS 第 2 巻 1 頁以下）を見よ。もっとも、島田仁郎氏が詳細に説明しているように、かかる経験は、ステュアート時代以後、イギリス刑法を急速に発展させ、当事者主義を成熟させるのに大いに役立った。島田仁郎「英国刑事裁判における当事者主義発展の素描(2)」法曹時報第 21 巻 10 号 71 頁（1969 年）。

[27] 前掲注(18)。この判決は、1494 年から 1538 年までの間に、封建的身分関係を基礎とした耕作権および入会権の保全を求めて争われた複数の法廷闘争を整理したものである。本稿では、スター・チェンバーのコンスピラシーに関する判決の部分だけを紹介したのであるが、判決全体の中心は、謄本保有権（cop-

35

第 1 部 刑　法

自由土地保有者（freeholders）や借地人（tenants-at-will）を追い出したことから始まる。囲い込みによって追い出された農民たちは、テューダー王は自分たちを支持してくれるものと信じて、大規模の法廷闘争をくりひろげることになる[28]。その闘争は、1494 年にティングデンの農民たちが、スター・チェンバーに囲い込みを解く命令を出してほしいという請願を出したことに始まる。この事件は、政治的にも問題になり、調停で解決しようという試みがなされるが、農民側がそれに応じることを拒否し、裁判所の反感をかう結果になる。そして、管轄権について多少の争いがあったが、公の秩序に関する問題であるということでスター・チェンバーを中心に審理が進められ、結局、農民側の敗訴に終ることになる。その長い闘争の間に、種々の小ぜりあいもあり、感情的にこじれてきて、そこでマルショの側から住民たちを相手に告訴を提起することになる。その主張の 1 つが、セルビーを中心としたコンスピラシーである[29]。このコンスピラシーの事例は、セルデン協会の Select Cases in the Star Chamber の編者が注で述べているように[30]、従来の訴訟幇助（maintenance）に対する訴訟とは性格を異にするものであるけれども、「国王の法と判定法（your lawes and statutes〔ママ〕）に反する」行為であることを認定してコンスピラシーを適用したのである。

　この事件でスター・チェンバーがコンスピラシー法理をいかなるものと理解していたかは明瞭ではない。しかし、「謄本保有権の近代化」という観点からなされた望月礼二郎教授による研究でも明らかにされているように、スター・チェンバーは独立自営農民層（yeoman）に対して批判的な立場を示

---

　　　yholder）の権利性についての争いにある。スター・チェンバー以外の裁判所の判決も含め、この事件は、望月礼二郎、謄本保有権の近代化「社会科学研究」第 11 巻 2 号 21 頁以下（1959 年）に詳しく紹介されている。
(28)　SELECT CASES, *supra* note 16 の Introduction, at lix この事件の社会的、経済的背景及び政治的問題についての簡単な解説が付されている。
(29)　SELECT CASES, *supra* note 16, at 34-5.
(30)　*Id.* at 44, n. 41.

したのであり、このことが次節で説明する同裁判所の廃止に導く重要な一つの根となっていたように思われる[31]。

(4) コモン・ロー刑法とコンスピラシー法理

(a) チャールズ１世第16年の法律

既に第２節で述べたように、スター・チェンバー裁判所は、その手続がイギリス人の持つデュー・プロセスの観念に反していたことを理由として、1640年の法律によってその翌年から廃止[32]された。しかし、同法は、その裁判所の廃止後もそこで運用されていた法律はコモン・ロー裁判所にそのまま引継がれるべきことを定めたために、新たな困難な問題を生んだ。本稿でスター・チェンバーの法理を検討しなければならなかったのも、実はこの点にある。

正確には当該の規定は次のように述べている。

---

[31] 訴訟が開始された当時、農民たちはコモン・ロー裁判所の形式主義、陪審の腐敗、裁判手続が冗長かつ高費であることを嫌い、スター・チェンバー等の特別裁判所に対し大きな期待を待っていたようである。しかしスター・チェンバーは、請求裁判所等とは一応独立した機関であったが、コモン・ロー裁判所との対立が厳しくなり、結局、農民層の要求を拒否するに至った。これらの諸事情は、望月礼二郎「謄本保有権の近代化（その２）」社会科学研究第11巻2号18頁以下（1959年）に詳しく説明されている。

[32] 「デュー・プロセス」という言葉は、アメリカ憲法第５修正および第14修正にその規定が置かれているために、アメリカ法では盛んに使われる用語であるが、イギリス法においては、当該の法律の外、家賃法の中で公正な家賃を決定する適正手続に関する規定で使われているのみで、それはアメリカ法のものとはかなり内容の異なった概念であるように思われる。当該の法律では、マグナ・カルタやエドワード３世の諸法律がイギリス人の諸権利および自由を保障しており、それらがスター・チェンバーのデュー・プロセスに反する手続によって侵害されたと述べているだけであり、イギリス人の「デュー・プロセス」の観念は、改めて検討されなければならない。なお、前掲注(14)も見よ。

第1部　刑　法

「……（前略）……また、前述の裁判官たち(33)の面前または通常スター・チェンバーと呼ばれている裁判所において審理できるか、もしくは判決できる事柄は、全て、国のコモン・ローにより、かつ、別に存在する通常の司法過程において、各々の適切な賠償並びに救済および各々の適正な刑罰並びに矯正を受けることができる。」と。

　この規定の解釈の結果、コモン・ロー裁判所は、コンスピラシー法理をどのようなものであると理解しなければならなくなったのであろうか。スター・チェンバーの廃止後も、そこで使われていた法理がコモン・ロー裁判所で使われなければならなくなったのであろうか。

　この点に関して、先に引用した1640年の法律は、明瞭には答えていない。この法律は、スコットランド人の内乱に対処するためチャールズ1世によって召集された長期議会が最初の年に制定した数多くの法律の中の1つである。この議会の支持者層は、都市の商工業者や地方の独立自営農民たちであったようであり、国王に対する批判を急ぐあまりに、その中には十分熟慮されずに制定された法律がかなりある(34)。しかも、クロムウェルの内乱が起る数年前の混乱の中で作られたものであるので、コンスピラシー法理の将来の運用の仕方については熟慮しておらず、コモン・ロー裁判所自身の判断に委ね

---

(33)　大法官、財務官、枢密院の国璽保管者（または、このうちの2名）、大僧正、枢密院の世俗貴族1名、民事並びに刑事裁判所の両裁判長（または、それに代る2名の裁判官）からなる合議体。前掲注(4)に引用した法律参照。但し、実際には、これらのうちの3人の裁判官だけでしばしば審理が行なわれていた。

(34)　長期議会の歴史的意義について、TREVELYAN, A SHORTENED HISTORY OF ENGLAND 296-99 (1942) を見よ。ちなみに、トレヴェリアンは、議員の多くがエリオットやクックと委員会等の同僚であった者たちであり、1640年の一連の法律は「ストラフォード及び大権裁判所に対するサー・エドワード・クック及びその年次判例集の勝利」である、と述べている。また、前掲注(5)に引用したハンベリの著書の80頁も参照せよ。

3 スター・チェンバーによるコンスピラシー法理の利用

たと考えるのが、先の法文の正確な解釈であると思われる[35]。

(b) コモン・ロー裁判所によるコンスピラシー法理の継受

　実際にコンスピラシー法理を運用したキングス・ベンチは、おそらくはその技術的便利さの故に、フレキシブルな法理としてそれを受継いでいった 1640 年頃からイギリス刑法の法改革が行なわれるが、コモン・ローは余りにも厳格になりすぎていて、その近代化のためには新しい血液を必要としていた[36]。また、国王の平和と社会秩序を維持する必要性は、むしろ 1640 年

---

[35] イギリス人の諸権利および自由を保障した法律の中に、判決文等がラテン語で記録されるべき旨を定めたエドワード 3 世第 36 年の法律第 15 章も含まれていたが、当時のコモン・ロー裁判所は、むしろ英語で判決文を述べるスター・チェンバーの慣行を好ましく思ったのではあるまいか。

[36] 1640-60 年にかけてかなり大きな刑法改革が行なわれたが、その目的は、厳格になりすぎたコモン・ロー刑法を緩和することと、法律なしの犯罪の不存在の原理並びに法の前の平等の原理を導入することにあった。詳しくは、D. VEALL, THE POPULAR MOVEMENT FOR LAW REFORM (1640-1660) 127-141 (1970)。これと合わせて、刑事手続の改革、刑務所の改革も行なわれているが、id. at 142 - 66、前節注(25)に引用した島田論文は、この時代をイギリスにおける当事者主義の原則の確立期と見ている。

　ちなみに、厳格なコモン・ロー刑法によれば軽い窃盗罪のような犯罪でも窃盗は重罪（felony）であるために死刑に処せられた。コンスピラシー法理によれば、妥当な刑罰を選択することができた。本書 25 頁および、前掲注(22)参照。先に述べた刑法改革によってある程度コモン・ローの改革がなされたが、「僧侶の恩恵 (benefit of clergy)」——有罪とされた犯人を形式的に僧侶と見做し、当裁判所には裁判管轄がないと述べて、死刑に処する代りに多くの人の前で親指又は額に罪名のイュシャルの焼印を押した——のが完全に廃止されたのが 19 世紀中頃であり、このことからも、コンスピラシー法理の有用性が推定できる。「僧侶の恩恵」の廃止までの歴史について、J.J. MARKE, VIGNETTES OF LEIGAL HISTORY 269-80 (1965) を見よ。なお、1640 年以後の刑法改革について、一般に前掲注(1)に引用したホールズワースの著書の中の関連部分を見よ。

第 1 部　刑　法

以降により強くなるのであり、コンスピラシー法理が社会統制のために非常に便利な道具であることは、コモン・ロー裁判所もよく知っていたはずである。

　ラジノヴィッツは、イギリス刑法史の研究の中で、17 世紀のコモン・ロー刑法の一つの特色として公共倫理の保護を指摘しているが[37]、かかる特色が現われるのは、まさに先に述べたような理由による。事実、1664 年には、セドリ卿は、コンスピラシー事件の判決の中で「当裁判所は、国王の全臣民の倫理法廷（custos morum）である」と述べてスター・チェンバーの解釈を踏襲している[38]。後にも引用する 1763 年のデラヴァル判決でも、マンスフィールド卿は、「当裁判所は国民の倫理法廷であり、善良な道徳（bonos mores）に反する犯罪の監督権（superintendency）を持っている」と述べ、不道徳な徒弟契約を結んだことによりコンスピラシーが成立すると判示した[39]。かようにして、コンスピラシー法理のスター・チェンバー的解釈が、

---

[37]　2 RADZINOWICZ, A HISTORY OF ENGLISH LAW 1-29 (1956).

[38]　Le Roy v. Sir Charles Sidley, (1664) 1 Sid. 168, 82 E.R. 1036.

[39]　R. v. Delaval, (1763) 3 Burr. 1438, 97 E. R. 913, at 915. 但し、マンスフィールド卿の場合、スター・チェンバーの慣行に従ったというよりは同裁判官の個人的な法律観に従って本文に引用したような見解を連べたものと思われるふしがある。例えば、判決の結果に対する賭金のために作成された約束手形の効力を争った事件の中で、次のように述べている。「もし法が判例にのみ頼るものであるとしたならば、また、もし商業、学問並びに諸情況が非常に著しく変化した後でも、1 つの判例を見付け、何が法であるかを知るために、リチャード 1 世の時代まで遡らなければならないとしたならば、法は奇妙な科学（strange science）となってしまうであろう。先例は確かに諸原理を確定させるのに役立ちうるが、確実性の故にそれらは動かされてはならず、当該の原理がいかなる重さのものであれ、それは先例と独立したものである。けだし、先例は法の証拠ではありうるけれども、法それ自体ではない」と。Jones v. Randall, (1774) Loft 384, at 385 ; 98 E.R. 707. このような先例理論を前提として、第 5 章で問題となる次のような傍論が述べられているのである。

3 スター・チェンバーによるコンスピラシー法理の利用

微妙な修正を受けつつもコモン・ロー裁判所に吸収されていった。

(c) 近代コンスピラシーの五つの類型

以上に述べた事情から、第3節で説明した家禽商事件を先例として、コンスピラシー法理は種々の方向へ発展することになる。その発展の方向を大まかに分類すれば、次の5つのグループに分けることができる[40]。第1に、コンスピラシー本来の裁判手続きの濫用を防ぐことを目的としたもの[41]、第2に、いわゆる国事犯を未遂（attempt[42]）の段階でおさえようとするも

「善良な倫理および節操 (bonos mores et decorum)〔English Reports では et の代りに est となっているが、これは et の誤植〕に反するものは何であれ、全て我国の法原理が禁止するものであり、国民の善良な（public manners）の一般的検閲官であり、かつ、保護者である国王の裁判所は、それを規制し、処罰する義務を負う」と。Id.

(40) この分類には R.S. WIRIGHT, LAW OF CRIMINAL CONSPIRACY AND AGREEMENTS 19-67 (1873) を参照したが、1873年以降にも多くの重要判例があるので、その点を考慮に入れて筆者なりに再構成した。

(41) このグループに属するものとして、R. v. Amerideth, (1599) Moore 562; R. v. Lord Gray of Groby, (1607) Moore 788; R. v. Ashley; (1612) Moore 816, 12 Co. Rep 91; Tailor v. Towlin, (1629) Godb; 444; R. v. Opie, (1671) I Wms. S.301; R. v. Armstrong, (1678) I ventr. 304; R. v., Blood, (1680) 2 T. Raym. 417; R. v, Best, (1705) 2 Ld. Raym. 1167, 1 Salk. 174, 6 Mod. 185; R. v. Spragg, (1760) 2 Burr. 993, 1027; R. v. Teal, (1809) 11 East. 307; R. v. Askew, (1814) 3 M. & S. 9; R. v. Hollingberry, (1825) 4 B. & C. 392; R. v. Biers (1834) 1 A. & E. 327; R. v. Jacobs, (1845) 1 Cox 173 など30ほど判例がある。〔19世紀後半以後については、次章で説明するので、便宜上、19世紀中頃までの判例を引用した。以下同じ。〕

(42) このグループで使われるコンスピラシーは、従来の訳語に従って「未遂の段階」に含まれるものである。（但し、この論文では、「未遂」という言葉を広義に用いている。前掲注(25)参照。）ちなみにイギリスにも、コンスピラシーは、attempt（狭義）とはっきり区別すべきであるとする説も少数ながら存在する。この点については、第6章で改めて説明する。

第1部　刑　法

の[43]、第3に、公共倫理の危害に関するもの[44]、第四に、詐欺を中心とした個人の財産権に対する侵害に関するもの[45]、そして最後に、17世紀の後半頃から新たに生じてきた労働組合（trade union）の規制に関するものである[46]。その他、この5つの分類に属さないものが若干ある[47]。

(a)　第1の類型については、既に第2章で説明したし、また、悪意訴追（malicious prosecution）という独立した犯罪を構成するものと理解されるようになり、その重要性を失っていくので、改めて解説する必要はなかろう。

(b)　第2の類型に関して1665年のスターリング事件（Starling Case[48]）を説明しなければならない。この事件は、ロンドンの酒造業者たちが、貧しい農民たちが好んで飲んでいたロン単位の酒の取引を長期にわたって縮減し、そのことによって農民たちが収税吏（excisemen）に対して暴動を起し、そ

---

[43]　この類型の判例には、R. v. Starling, (1665) 1 Sid. 174, 1 Keb. 605, 655, 682, 1 Lev. 125 ; Vertue v. Lord Clive, (1769) 4 Burr. 2472 ; R. v. De Berenger, (1814) 3 M. & S. 67 ; R. v. Vincent, (1839) 9 C. & P. 91 ; R. v. O'Connell (1844) 11 Cl. & F. 155 などがある。

[44]　このグループに属する判例として、R. v. Delaval, *supra* note 39 ; R. v. Young (1780) (R. v. Lynn, (1788) 2 T.R. 733 に引用されている。) ; R. v. Mears, (1851) 2 Den. 79 ; R. v. Howell, (1864) 4 F. & F. 160 などがある。

[45]　このグループに属する判例として、R.v. Thody, (1674) 1 Ventr. 234 ; R.v. Orbell, (1704) 6 Mod. 42 など60あまりの判例がある。このグループの判例から、19世紀末から20世紀にかけて経済法のコンスピラシーが出てくるのであるが、これについては第4章で説明する。ちなみに、アメリカでは、この分野のコンスピラシー法理が租税法の中に採用されている。その法理の曖昧さを非難する立場から書かれた論文として、Note, *Conspiracy to Defraud,* 68 YALE L.J. 405 (1959) 参照。

[46]　この類型のものについては、さらに説明を付加する必要があるので、第4章で諸判例を紹介することにする。

[47]　例えば、R. v. Pollman, (1809) 2 Camp. 227（税関の役人に一定の者を任命する約束が結ばれ、贈収賄が行なわれた事例）。

[48]　R. v. Starling, *supra* note 43.

の結果、彼らが判定法に規定されている消費税の国王への納入を彼らの破滅によって不可能となるようにすることを同盟し（confederate）、共謀（conspire）したことを訴追したものである[49]。被告人らは、暴力（vi et armis）の要件が欠けているから犯罪とはならないということを強く主張した[50]。しかし、裁判所は、暴力（vi et armis）の要件はコンスピラシーには不要であると認めたので、陪審はコンスピラシーの成立を認め、有罪の評決をした。そこで裁判所は、国王の財政収入を減少させたことを強調してコンスピラシーの有罪判決を下した[51]。

この判決は、ロー・フレンチ（法律家が使ったフランス語）まじりの英語で書かれていることもあって、その核心となる部分を抽出しにくいのであるが、ホウルト裁判官は、後にこの判決を分析し、その犯罪（offence）は、「公的性質のもので、国（government）に対するものとして分類されるものである。そして、その犯罪の本質は、その行為が大衆に与える影響にある。」と、述べた[52]。そして、19世紀になると、典型的な国事犯の事例である1839年のヴィンサント事件（Vincent Case[53]）、1840年のシェラード事件（Shellard

---

[49] 普通の言葉で言えば、集会を開いてかかる決議をしたということである。
[50] 本節で後に説明するように、犯罪の構成要件の1つとして、何らかの外顕行為（overt act）が要求されることを29 Ass. 45を根拠として主張したようである。しかし、国側はこれは家禽商事件、前掲注(17)によりコンスピラシーの場合には否定されていると主張し、裁判所はこの点を認めた。
[51] 但し、裁判所は、暴力もしくは外顕行為の要件が不要である理由をスター・チェンバーの慣行によるものであると述べ、スター・チェンバーには懲役刑を言い渡す権限はなかったので罰金だけを認めた。ちなみに、コンスピラシーが軽罪（misdemeanour）として取り扱われた事例が多くあるが、これも同じ理由による。
[52] R. v. Daniell (1704) Moor 99 ; 1 Salk, 380.
[53] R. v. Vincent, *supra* note 43.

Case[54])、1844年のオコンネル事件（O'Connell Case[55]）などがスターリング判決に基づいて出されることになる。

(c) 第3の公共倫理の危害の事例としては、1763年のデラヴァル事件（Delaval Case[56]）が極めて重要である。この事件では、音楽家が女弟子を音楽の修業のために自己の指定した家に住まわせるのであるが、その家主であるフラシス卿なる者との間に別の契約があり、そこで売春をさせた収益が当該音楽家に分配されることになっていた。裁判所は、かかる契約はコンスピラシーに該ると判決した[57]。また、1780年には、感化院の官吏らが、死体の埋葬を妨害しようとする共謀をコンスピラシーに該るとしたヤング事件（Young Case[58]）も、この類型に分類することができる。しかし、これらの事例からも分るように、「公共倫理」などという極めて不明晰なものを刑事コンスピラシーを用いて保護する必要があるかどうかは疑問である。その論議は、今日まで続いているのであるが、刑法の機能は倫理の実現にあり、それ以外の何ものでもないというスター・チェンバー的な考え方を前提としなければ、それを肯定することはできない[59]。

第4のグループは、詐欺を中心とした個人の財産権に対する侵害に関するものである。裁判手続きの濫用とか、国家犯罪の未遂とか、公共倫理の危害などの事例は、市民生活において稀れに起るものであるが、他人の財産に対する危害は、多く起りうるのであり、このグループに属する判例は非常に多

---

(54) R. v. Shellard, (1840) 9 C. & P. 277.
(55) R. v. O'Connell, *supra* note 43.
(56) R. v. Delaval, *supra* note 39.
(57) 本件では、売春をさせられた娘の両親が告訴し、従弟契約違反を主張し、裁判所もその点を詳しく論じているのであるから、コンスピラシーに関する部分は傍論であるとする主張がある。Shaw v. D.P.P.,〔1962〕A.C. 243。この点は改めて第5章で論じる。
(58) R. v. Young, *supra* note 44.
(59) 前掲注(50)および(51)参照。

3 スター・チェンバーによるコンスピラシー法理の利用

い。手形を偽造したり[60]、財物を詐取（falsepretence）したり[61]、偽の貸借対照表を作ったり[62]、強迫して利益を得たり[63]することの共謀が、これに含まれる。このグループに属する事件であるが、その適用が否定された例として次のようなものがある。例えば、私生子を嫡出子として届出て正当な相続人の相続権を侵害するような行為は、民事的救済の問題とはなっても、刑事コンスピラシーの問題として論ずることはできない[64]。また、子持ちの貧乏女と結婚して一教区の経済的負担（扶助のための）を重くしても、それは、コンスピラシーとならない[65]。さらに、劇場で、何人かの観客が役者に向って「大根」というような声を発したとしても、その者たちの間に、演劇を妨害する共謀がなければ、有罪とならない[66]。この種の事件で有罪とされるのは、「公益に有害な時期に」契約を破棄したり[67]、通常人の観念からして著しく違法性の強いと思われる（必ずしも犯罪となる場合に限られない）手段を用いた場合にのみ問題となる[68]。

---

(60) 例えば、R. v. Hevey, (1782) 2 East, P. C. 858.
(61) R. v. Gill, (1818) 2 B. & A. 204 ; R. v. Whitehead, (1824) 1 C.&P. 67 ; R. v. Cookes, (1826) 5 B.&C. 538 ; R. v. Hamilton, (1836) 7 C.&P. 448 ; R. v. Steel, (1841) 2 Moor 246 など多くの判例がでている。
(62) 例えば、R. v. Burch, (1865) 4 F. & F. 407. なお、同種のものとして会社の資本を偽った R. v. Mott, (1827) 2 C. & P. 521 がある。
(63) R. v. Fowlers (1788) 1 East. 461, 462.
(64) Chetwynd v. Lindon, (1752) 2 Vesey, sen. 450.
(65) R. v. Seward, (1834) 1 A. & E. 706.
(66) R. v. Leigh, (1775) (Clifford v. Brandon, 6 Wentw. Pl 443 に引用されている。)
(67) 例えば、軍隊の将校たちが、突然辞表を提出して兵舎を退去する行為がこれに該ると判示された。Vertue v. Lord Clive, *supra* note 43.
(68) 例えば、悪いうわさをばらまき、ある店に客が寄りつかなくするような行為が、それに該る場合がある。また、他の工場で働く労働者を引き抜いてくる行為も、場合によっては、コンスピラシーを構成する WRIGHT, *supra* note 40,

第1部　刑　法

(c) 最後に、労働組合の結成およびその諸活動の規制のためにコンスピラシー法理が用いられた諸事例があるが、これについては第4章で説明することにする。

(d)　総　　括

　本章で明らかにしたように、スター・チェンバーによってその守備範囲が拡張されたコンスピラシー法理は、ほとんどそのままコモン・ロー裁判所に受け継がれ、主として先に説明した5つの法領域において利用された。それにもかかわらずコモン・ロー裁判所が、スター・チェンバーほど非難を受けなかったのは、当該裁判所では陪審による裁判が行なわれていたからである[69]。また、既に述べたように、1640年以降数度にわたって刑法改革が行なわれたのであるが、その間接的影響を受けて、コンスピラシー法理も徐々に

---

　at 42. しかし、トランプ製造元の工員にワイロを握らせ、印刷のインキに汚れた油をまぜさせ、製造元に大きな損害を与えた事件のように、その行為が別罪を構成する場合には、コンスピラシーは問題とならない。R. v. Cope, (1719) 1 Stra. 144.

(69)　前掲注(23)に言及したホーキンスの見解も、スター・チェンバー的なコンスピラシー法理を支持するものであるが、その見解の基礎には、この陪審割についての考慮がある。コンスピラシー法理における陪審の機能については、第5章で詳しく検討しなければならない重要な点であるが、ここでは、とりあえず Shaw v. D.P.P., 〔1962〕 A.C. 243, at 293（ホドソン卿の意見）および *Id.* at 269（シモンズ卿の意見）参照。

　もちろん、最近の陪審割に関する研究が明らかにしているように、国民が一時的感情にかられて極端な世論を形成する場合もなくはなく、陪審裁判による判決であっても、後の時代にそれが激しく非難されうることはありうる。一例として、R. v. O'Connell, (1844) 11 Cl. & F. 155. なお、最近の陪審制に関する研究としては、繁田実造「英国の陪審制度論」『現代の刑事法学（平場博士還暦記念）』（下）(1977年) 52-66頁、同「英国における陪審制度に関する文献の紹介」龍谷法学第9巻3・4号 (1977年) 457頁以下が信頼できる文献である。

46

3 スター・チェンバーによるコンスピラシー法理の利用

ではあるが近代化されていったことにもよる。最後に、その近代化された法理を整理して、本章を結ぶことにしよう。

　(1) 犯罪行為（actus reus）の要件——近代のコモン・ロー刑法が犯罪の成立のために要求した最も重要な点は、犯罪行為（actus reus）が存在することであった[70]。コンスピラシーの場合、犯罪の実行行為そのものは必要とされなかったが、少なくとも外顕行為（overt act）が要求されるようになった[71]。従って、原告は、違法な行為を共同して行なうことを内容とする合意の存在をまず第1に立証しなければならない。この証明は、被告人の1人が違法な行為を共同して行なう意思（intention）を表明し、共同被告人がそれを否定しないで了解したことが証明されれば十分である[72]。

　目的とされた違法な行為がすでに既遂に達している場合には、コンスピラシーの犯罪は、理論上、その犯罪と競合することになるが、実際には前者は後者に吸収されたものとして取り扱われる。起訴の際に、最初にコンスピラ

---

(70)　クックの 3 INST. 6 (1641)。同じような原理の説明が後の判例の中にも見られる。例えば、Fowler v. Padget, (1798) 7 T.R. 509 で、ケンヨン卿は、「actus non facit reum nisi mens sit rea ということは、自然法、またイギリス法の一原理である」と述べているし Younghusband v. Luftig, 〔1949〕2 K B 354〕でも、ゴダード卿が、「actus non facit reum, nisi mens sit rea は刑法の根本原理である。」と述べている。

　また、ブラックストーンは、「全ての世俗の裁判においては、人が刑罰に服するものとされる前に、当該の意思の邪悪さを証明するために、外顕行為、すなわち意図された外部に表われた一定の証拠が必要である。そして、一方では、悪い行為のない悪い意思はコモン・ローの犯罪とならないように、他方、悪い意思のない是認しがたい行為も全然犯罪とされない。」と、述べている。4 BLACKSTONE, COMMENTRIES 21 (1769).

(71)　KENNY, *supra* note 15, at 339.

(72)　*Ibid.* ケニーは、具体例として、相愛の仲の2人が心中をしようと決心したというだけで、たとえ後になってその決心をひるがえしたとしても、コンスピラシーは成立すると述べている。

シーを訴追し、その後に実行行為について起訴することも理論上はできるが、被告人に二重の危険を負わせることになって不公平であるという理由で、それは許されない(73)。

　2人又は2人以上の者の共同が必要であるが、その間のコミュニケーションは必要でなく、全員の間に1つの違法な目的が存在しさえすればよい(74)。何が違法な目的かについては、犯罪を行なう意思（mens rea）の要件と関連して説明する。

　(2) 犯罪を行なう意思（mens rea）の要件——コンスピラシーにおける犯罪を行なう意思、すなわち、不法な動機又は害意の問題は、犯罪行為（actus reus）の問題よりも厄介である(75)。民事・刑事の未分化の時代には、法的責任の基礎は、侵害に対し被害者が自救行為によって社会秩序を乱すことを防ぐために、国家が、その被害者に代って損失に対する賠償を取り、それを被害者に与えてその復讐心（vengeance）を取除くことにあったが、その際、令状の型に合致した犯罪行為（actus reus）が存在していたことが被害者の救済を得るための前提条件となっていた(76)。刑事法が独立した分野として認識されるようになってからでも、コモン・ロー裁判所は、犯罪を行なう意思が認められただけの事例について被告人を刑罰に処したことはなかったよ

---

(73)　R. v. Boultons (1871) 12 Cox 87, at 93. なお、R. v. West & Others,〔1948〕1 All E.R. 718 も参照。

(74)　Sir Christopher Blunt Case, 1 STATE TRIALS 1412 (1600).

(75)　コンスピラシーにおける意思の問題に Note, *Mens Rea in Conspiracy Cases,* 60 L.Q.R. 214-5 (1944) を見よ。なお、この問題は、訴追時効の起算点とも関係する。コンスピラシーの場合、その起算点は、外顕行為の終了時ではなく、結合又は不法な目的の消滅時であると考えられているようである。U.S.v. Cohen, 145 F. 2d 82 (1944) 参照。

(76)　法的責任の基礎について、HOLMES, THE COMMON LAW 34 (Howe ed. 1963) 参照。なお、イギリス法において令状の持つ意味について、一般的 MAITLAND, THE FORMS OF ACTION AT COMMON Law (Chaytor & Whittaker ed. 1909) を見よ。

うである⁽⁷⁷⁾。しかし、スター・チェンバーにおけるコンスピラシー法理では、外顕行為（overt act）としての合意又は結合は、害意（malice）の存在を推定せしめる有力な証拠として取り扱われており、その法理の重点は、犯罪を行なう意思（mens rea）としての害意にあるように思われる⁽⁷⁸⁾。

ところで害意宣（malice）は、中世の法理の場合のように、重罪を目的とすることだけに限られない。全ての犯罪、不法行為、大衆にもかなりの影響を与える契約違反、善良な風俗を紊乱し、または大衆に危害を及ぼす行為を目的とすることであると考えられている⁽⁷⁹⁾。

最後に、以上に説明されたようなコンスピラシー法理は、スター・チェンバーを経たことによって従来の個人主義的性格を完全に否定するものと変ったかどうかという問題があるが、どの点については次章で改めて検討したい。

〔参考資料〕 ローリ卿事件の裁判記録の抄訳
（国王暗殺の共謀の主張に対し）
ローリ「……一度も聞いたことのない話をあなたは語っている。……」
検事総長「もちろん全てを証明しよう。お前は化け物だ。お前はイギリス人の顔をしているが、スペイン人の心を持っている。さて、お前はお金をも

---

(77) 前掲注(70)参照。

(78) *Developments in the Law-Criminal Conspiracy*, 72 HARV. L. REV. 922-3 (1959) 参照。但し、この論者は、大陸法における刑罰の加算要件としてのコンスピラシーと対比しながら反社会性を強調しているが、そこまで言い切ることができるかどうか疑問がある。

(79) 例えば、R. v. Whitechurch,〔1890〕24 Q.B.D. 420（軽罪）、Vertue v. Lord Clive, (1769) 4 Burr. 2472（前掲注(12)参照）、R. v. Young,〔1944〕30 Cri. App. R. 57 (public mischief を目的とした場合)、R. v. Howell, (1864) 4 F. & F. 160（婦女の誘拐を目的とした場合）、Gregory v. Duke of Brunswick, (1844) 6 Man. & G. 205（演劇を不当にやじった場合）、R. v. De Berenger, (1814) 3 M. & S. 67（基金や商品の虚偽の報告をした場合）などがこれに当る。

第1部　刑　法

らったにちがいない。……」
ローリ「私にも答えさせて下さい。」
検事総長「それはならぬ。」

　　　　　　　＊　　　＊　　　＊

ローリ「私が有罪であると証明することは1つも聞いていない。本件で私自身が大逆罪を犯した証拠は何もない。もしコウバム伯が謀叛人であるとしても、それが私とどんな関係があるのか。」
検事総長「彼がしたことは全て汝の扇動によるものだ、この悪党め。……」

　　　　　　　＊　　　＊　　　＊

首席裁判官「否。コモン・ローの裁判は審理によるものである。もし3人が叛逆罪を共謀し、全員が自白をした場合には1人も証人がいないのだが、それでも3人全員が叛逆罪で処罰されうる。」

　　　　　　　＊　　　＊　　　＊

ローリ「情況証拠だけで2人の証人も呼ばないで訴訟を進めるのは、スペインの糾開式裁判ではないか。」
検事総長「これは大罪となりうる言葉だ。」

　　　　　　　＊　　　＊　　　＊

セシル故判官「ウォーター・ローリ卿はコウバン伯と直接対面すべきだと主張していますが。……」
首席裁判官「それは許されない。……」

　　　　　　　＊　　　＊　　　＊

　（検事総長側は、コウバン伯の自白を裏付ける証拠として、ローリ卿との共謀の話を聞いたという商人の伝聞証拠を提出する。ローリ卿の側は、ローリ卿に嫌疑がかけられたことを謝罪するコウバン伯の自筆の手紙を提出する。しかし、有罪が決定される。）

　　　　　　　＊　　　＊　　　＊

首席裁判官「（コウバン伯はローリ卿を誣告したものと信じるが、スペインのためのスパイとして僅かばかりの賄賂は受け取っているはずであり、国王に対し

3 スター・チェンバーによるコンスピラシー法理の利用

て忠実でないことは事実であると思うと述べる。）私は、今日、こうしてここに座って、お前に対し死刑判決を下さなければならないとは考えてもみなかった。……私はこのような裁判をかつて見たこともないし、二度と見たいとも思わない。」

＊　　　＊　　　＊

　首席裁判官は死刑判決を読む。そして、ローリ卿が立派な裁判を行なったことを誉めたたえ、改めて自白をして国王の恩赦を請願することを勧める。しかし、ローリ卿は、「良心に従ってすませておきたいことがあるので」死刑の執行を少し猶予してほしいという希望を述べ、最後まで無罪を主張する。ぢなみに、検事総長は、若き日のサー・エドワード・クックであった。また、判例集の注釈者（コベット）によれば、ローリ卿と親友であったセシル裁判官は、コウバン卿の謝罪の手紙が真実のものであることを知っていたと伝えられている。

4　労働法と経済法のコンスピラシー

(1)　19世紀のコンスピラシー

　場面は19世紀に移る。コンスピラシー法理は、この時代に装いを新たにして2つのシーンに登場する。その1つは、労働法のコンスピラシーであり、他の1つは、経済法のコンスピラシーである。第3章で説明した刑事のコンスピラシーも、この時代にしばしば利用された法理であるが[1]、ここでは先に述べた新しい装いの法理（一種の不法行為の法理）を中心に判例法を分析することにしたい。

　かかる観点から19世紀のコンスピラシー法理は何かを考察するとき、1つの重要な技術的な問題が生ずる。それは先例拘束性の原理に関する問題である。19世紀は自由放任主義を基礎とした議会民主制の確立期であるといわれるが、コモン・ローの立場から見れば、それは中世以来、その基礎になっていた自然法論の崩壊期であったと見ることができる[2]。そして、あたかも古き良きコモン・ローの伝統を守るかのように、19世紀末頃に厳格な先例拘束性の原理がコモン・ロー裁判所によって確立されるのであるが、コ

---

(1)　特に著名な判例をあげれば、Thomas Hardy Case, 24 Howell's State Trials 200 (1794) ; R. v. Turner (1811) 13 East. 228 ; R. v. Rowlands, (1851) 17 Q.B. 671 ; R. v. Druitt, (1867) 10 Cox. 592 などがその例である。
(2)　この論点について、改めて確かめてみたいと思っているが、樋口陽一『比較憲法』（青林書院新社、1977年）103-124頁に負うところが大きい。また、西洋政治史の観点から書かれた、山口定『現代ヨーロッパ政治史』上（福村出版、1982年）45-57頁、73-89頁、182-192頁、240頁以下、また近代経済史の観点から書かれた、吉岡昭彦『近代イギリス経済史（岩波全書）』（岩波書店、1981年）も本章の論述に役立つところがあった。

ンスピラシー法理の諸判例はその際に重要な役割を果す。後に詳しく説明されるところであるが、営業の自由の制約という新しい社会問題に対処する古いコモン・ローの能力が問われたようである。実際、19世紀のコンスピラシー法理は、これまで説明してきたものとは全く異なった性質のものに見えるのであるが、議会の絶対的立法権が支持された19世紀において、コモン・ローの裁判所は、その事実を正直に認めて判例法による法創造を行なう決意をすることができなかった[3]。

かかる歴史的背景の下に出された19世紀の諸判例の理論には、こじつけとさえ思われるような論理が含まれている。そして、このことが、最後の章でもふれるように、20世紀になってからコンスピラシー法理が再び濫用される原因になっているように思われる。

(2) 労働法のコンスピラシー

(a) 個人主義から団体主義へ

オックスフォード大学のヴァイナ講座担当教授であったダイシーは、『法と世論』と題する著書において、19世紀を個人主義から団体主義へと徐々に移行していった時代として理解し、これを具体的に説明するための2つの素材としてコンスピラシー法理を説明している[4]。そこでわれわれも、そのような見地から、どのようにしてコンスピラシー法理が労働法の重要な領域を占めるようになっていったかを跡付けてみたい。ただ、イギリス労働法はそれなりの固有な歴史をもっており、労働法のコンスピラシーそれ自体を

---

[3] 当時の judge-made law に対する見方は、次注に引用するダイシーの著書の付録4（483-94頁）に見ることができる。また、D. LLOYD, PUBLIC POLICY (1953) の第7章は、本橋に関連のある諸判例を分析しながら、フランス法と比較しつつ裁判官の役割について考察した興味深い文献である。

[4] A.V. DICEY, LAW AND PUBLIC OPINION IN ENGLAND (1905)〔E.C.S. Wade の序文の付いた1962年版または R.A. Cosgrove の序文の付いた1981年版が現在でも入手できる〕の95-102頁、153-58頁、191-201頁、267-73頁を見よ。

53

第 1 部　刑　法

説明する前に、その序説的な素描を少し加えておきたい。

　実質的意味での労働法は、断片的な法律の集合体としてではあるが、相当古くから存在していた。例えば、1349 年および 1351 年の農民等の団結を禁止する法律は、広い意味での労働者の団体活動を規制する側面を持っていた[5]。しかし、この法律は、ペストが大流行した後の社会秩序の混乱を治めることが目的となっていたもので、再び秩序が回復されると意味を持たなくなる。親方と徒弟との関係を規律することを目的とした労働法が現われるのは、主に 18 世紀になってからである[6]。

　さて、19 世紀のイギリスは、産業革命に成功し、農地の囲込みなどの結果社会構造が大きくかわり、資本家と労働者という新しい階級意識が現われた。労働法は、親方と徒弟という個人的人間関係を規律する法律という性格が徐々に薄れ、相対立する 2 つの階級の利益を調整する近代的法原理となる[7]。当初は、コモン・ローのコンスピラシー法理を利用して労働者たち

---

(5)　An Ordinance concerning Labourers and Servants, 1349 [23 Ed. III] 1 Statutes of the Realm 307 (Rep. 1963); The Statutes of Labourers, 1351 [25 Ed. III] 1 STATUTES OF THE REALM 311 (Rep.1963). これらの法律は、労働時間や賃金に関する規定を含んでおり、これに反対する運動を起すことを禁じている。

(6)　例えば、Journeymen Tailors (London) Act, 1720 [7 Geo. I, Stat. 1, c. 13]（裁縫職人たちが賃金の増額または労働時間の減少を要求する目的で結んだ同盟契約を無効とし、かような契約を結んだ者を 2 月間の懲役に処することを定めている）; Combination Acts, 1797 [37 Geo. III c. 123], 1799 [39 Geo. III c. 79], 1817 [57 Geo. III c. 19]（労働者の団結を一般的に禁止した）などが主要なものである。なお、その裁縫職人たちに関する法律に類似した立法は、1725 年の羊毛手工業職人に関する法律（12 Geo I c. 34）、1749 年の帽子製造職人に関する法律（22 Geo. II c. 19）、1777 年の絹織物職人に関する法律（12 Geo I c. 34）、1795 年の紙製造職人に関する法律（36 Geo. III c. 111）などがある。古い文献であるが、これらの歴史的背景については、浅見隆平「コンスピラシーの一考察（四）」法学論叢第 9 巻 4 号（1923 年）が詳しい。

(7)　35-36 で説明したマルショ事件でも示されているように、一方では農民の農

4 労働法と経済法のコンスピラシー

の団結や結社を弾圧することが行なわれた[8]。しかし、ベンサム主義者たちは、労働者たちのかかる諸活動も「営業の自由[9]」に含まれるものと理解し、国家はそれに干渉すべきでないと主張した。ダイシーの先の著書に詳しく説明されているように、ベンサム主義が世論を大きく動かすようになると、コンスピラシーに関係のある重要ないくつかの労働立法が実を結ぶ[10]。

村からの追放が合法的に行なわれ、他方では救貧法（1601, 43 Eliz. c. 2 [4 STATUTES OF THE REALM 962 (Rep.1963)]；amended by 4 & 5 Will. IV c. 76 [1834]）は無産者としての労働者を１つの階級として固定してしまう結果を生んだ。今井登志喜『英国社会史』上（増訂版 8 刷、1965 年）186-7 頁、192-4 頁参照。そして、イギリス労働法は、ロバート・オーウェンらの人道主義者たちのチャーティスト運動の大きな影響の下で徐々に形成された。これについて一般的に 1 S.J. WEBB, ENGLISH POOR LAW HISTORY (1927) が詳しい。ちなみに、イギリス経済史においては、投資家、事業者、労働者という三階層に分類されることが多い、という。この場合、利益の対立は投資家と労働者の間で起るのが通常である。

(8) 引用すべき判例は枚挙にいとまがないが、これらの判例は労働者の抑圧というよりは治安維持を目的としたと思われるものが多い。主な例として、R. v. Journeymen Tailors, (1721) K.B., 8 Mod. 10, 88 E R. 9；R. v. Eccles, (1783) 1 Leach 274；R. v. Mawhey (1796) 6 T.R. 619；R. v. Ferguson, [1819] 2 St. 489 などをあげられる。なお、Thomas Hardy Case, [1794] 24 HOWELL'S STATE TRIALS 200, at 438；R. v. Vincent, (1837) 9 C. & P. 91；R. v. Cooper, (1843) Stra. 1246 なども参照。これらの判決の基礎として、前掲注 (6) に引用した法律やコモン・ロー上の煽動罪 (sedition) の外、エリザベス女王が治安維持の目的のために制定した労働者団結禁止法（An Acte towching dyvers Orders for Artificers Laborers Servantes of Husbandrye and Apprentices, 1562, 5 Eliz.c. 4 [4 Statutes of the Realm 414 (Rep. 1963)]）などが使われている。ちなみに、これらの判決の背後には、フランス革命後のジャコバン党のテロ行為に対するイギリス国民の恐怖感が見られる。
(9) 「営業の自由」は重要な概念であるが、これに関しては、本書 62 頁以下で説明する。
(10) Dicey, *supra* note 4, at 126-210. なお、後掲注 (12) も見よ。ダイシーは、1825

まず第 1 に、1825 年の法律によって結社の禁止は廃止された[11]。その後、労働組合の大憲章と呼ばれた 1871 年の労働組合法が制定され、そして 1875 年には、コンスピラシー法により労働者の団結権や団体交渉権が認められた[12]。特に、労働争議の刑事免責を定めたこの法律の第 3 条の規定は、最近の判例の中でもしばしば問題となる重要な規定である[13]。

(b) クイン対リーザム判決

以上のようなことを背景として起ったクイン対リーザム判決をまず最初に説明することにしよう[14]。この事件は、労働組合の役員ら被告 5 名が非組合員を雇用している原告屠殺業者に対しその非組合員の解雇を求めたが、原告はこれに応じなかったことから起った事件である。そこで被告は、原告の得意先に対し、原告から食肉を買うのを中止しない場合には当該得意先で働いている組合員たちを引きあげさせる、と脅かした。原告の食肉は売れなくなり、損害が生じた。この事件の陪審は、害意の存在を認め、これに従って、第一審裁判所、上訴裁判所および貴族院は、原告の損害賠償の請求を認める判決を下したのであった。但し、後に説明するように、各裁判官の理由づけ

年から 1870 年までの時代をベンサム流の功利主義（個人主義）の時代と呼んでいる。

(11) Combination Act 1825. この立法はベンサムの考え方の影響の下で作られたものであり、労働の領域において「営業の自由」を促進することを目的とし、団結権・争議権は認めていない。Dicey, *supra* note 4, at 270.

(12) Conspiracy and Protection of Property Act, 1875, 38 & 39 Vict.c. 86.

(13) 第 3 条は次のように定めている。「使用者と労働者との間の労働争議を目的とする又はそれを促進する何らかの行為を行なうか又は行なわせることの 2 人以上の者による合意又は結合は、もしその行為が 1 人で行なわれた場合、犯罪として処罰できないときは、コンスピラシーとして起訴されえないものとする。」

(14) Quinn v. Leathem, [1901] ALL E.R.1. この判例は、ジュリスト英米判例百選（旧版、1964 年）192-93 頁［秋田評釈］に詳しく紹介されている。

は各々異なっている[15]。

　この判決の各裁判官の理由づけの中で特に重要であると思われるのは、ホールズベリ卿のそれである。ホールズベリ卿はコンスピラシー法理について次のように述べている。

　「もしそのように認定された諸事実に基づき、原告がそのようにして自己を傷つけた者を相手とし、何ら救済方法を持ちえないならば、我々の法律は文明国家のそれであると言いがたいし、また、この貴族院におけるアレン対フラッド判決以前に、かかる事実が被告たちに対する訴訟原因となりうることも疑う者は誰もいない、とわたしは本当に考えている[16]。」と。

　つまり、ホールズベリ卿は、コンスピラシー法理がアレン対フラッド判決[17]より以前に存在しており、先に説明したように諸事実があればその法理を適用できると考えているのである。そして、アレン判決は、類似した情況の下でその法理の適用を拒否した判決であるが、クイン事件ではそれとは全く異なる事実が含まれており、アレン判決から区別できるというのである。その異なる事実とは、アレン事件では脅迫もなければ共謀もなかったクイン事件ではそれが見られるというのである[18]。アレン判決をここでも分析してみる必要があるが、その前にマクノートン卿の意見も見ておきたい[19]。

(15)　下級審の判決について、[1899] 2 I.R. 667 参照。その他の裁判所の判決について、前注参照。ちなみに、上訴裁判所では、パルズ裁判官は、不法行為の成立を認めていない。

(16)　[1901] A.C. at 506. このホールズベリ卿の意見は、先例拘束性の原理と関連して後掲注(18)で説明する微妙な問題を含んでいる。

(17)　Allen v. Flood, [1898] A.C.1.

(18)　本章第4節で説明するように、ホールズベリ卿のこの判決の意見は先例法理と関連して注目されてきたが、特にこの部分は、「区別」の技術を使い判例法の弾力性を示したものであると言われている。

(19)　[1901] A.C. at 508. この意見は、第三者が契約違反を誘致することが別個の不法行為となるという準則を説明したもので、前掲注(17)の判例でのホールズベリ卿の意見と対立した代表的意見である。

第1部　刑　法

マクノートン卿の意見によれば、テンパートン対ラッセル判決[20]がクイン事件の先例であるという。この判決は、共謀などを手段とした営業妨害の不法行為を認めた判決である。それは、3ケ月の出演契約により原告の劇場に出演中のオペラ歌手を誘って当該契約を破棄させた者を相手として原告が損害賠償を請求できることを認めた、ラムリ対ガイ判決[21]の類型に属するものであるという。そして、テンパートン判決では「遺恨（animus）」がその不法行為を成立させる重要な要素であることを確認し、アレン判決では単なる悪い意図または悪い動機だけではそれに当らないとしたものであるという。従って、問題のクイン事件では、得意先を脅迫して原告に復讐することを意図していたことを認め、不法行為に当ることを判示した。

以上2人の裁判官の他に、シャンド卿、ブラムトン卿、ローバートソン卿、リンドリ卿が各々意見を述べ、結論としてはいずれも不法行為の成立を認めているが、クイン事件で不法行為が成立する実際の理由が何であるか依然として不明瞭である[22]。

(c)　関連のある過去の諸判例

クイン判決の中で引用されている22の諸判例のうち特に重要なものはアレン対フラッド判決である。この判決は181頁にも及ぶ長い判決であり、21

---

(20)　Temperton v. Russell, [1893] 1 Q.B. 715. プロッサーは、次の注で引用する判決と共に、この判例を「経済関係への干渉」という別個の類型の不法行為を形成した主要判例の1つに数えている。PROSSER, LAW OF TORTS 928, 930 (4th ed. 1971).

(21)　Lumley v. Gye, (1853) 2 E. & B. 216. この判決は、ジュリスト英米判例百選〔旧版、1964年〕194-95頁〔水田評釈〕に見られる。

(22)　テキストは、後に注(30)で説明する2つの判断基準がこの判例により確立されたとするクロフタ判決の見解を支持するものが多い。例えば、J.F. FLEMING, THE LAW OF TORTS 689-94 (5th ed. 1977) ; C. GRUNFELD, MODERN TRADE UNION LAW 407-10 (1966).

58

4 労働法と経済法のコンスピラシー

人もの裁判官がコンスピラシー法理に関する種々の意見を述べており、この判決が全体として何が法であると判示したかを理解することはクイン判決以上にむつかしいのである[23]。アレン事件の諸事実はクイン事件のそれに類似しているが、ホールズベリ卿の言葉を借りて言えば、アレン事件では労働組合の役員が船舶建設業者に対しユニオン・ショップ制への協力を求めたが、それを拒否され、そこで、当該組合に属するボイラー職人にその業者の仕事を請負わないよう指令したにすぎない[24]。貴族院では、多数派の裁判官たちは、本件では被告の害意は認められても被告の単独行為であるから、たとえ損失が生じていたとしても法律上の責任を認めることはできないと判示した[25]。

この判例は多くの点で異例なものである。例えば、第一審および第二審の裁判官たち全員が不法行為を認めたのに対し、貴族院の5名の裁判官が、2名の裁判官の反対を押し切って、それを拒否した。それだけにとどまらず、

---

(23) 特に貴族院判決では、11名の裁判官の外に10名の裁判官が意見を述べており、しかもその10名のうちの7名が不法行為の成立を認めている。このことは、貴族院としては不法行為の成立を認めなかったけれども、イギリスの大多数の裁判官はその成立を認めていたことを意味している。

(24) [1901] A.C. 506-507. 但し、ホールズベリ卿は、アレン判決では反対意見を述べており、本文で述べたこととはかなりちがった言葉で事件を評価している。[1898] A.C. at. 67. 多数意見とは異なり、フラッドらと一緒に働いていた約40名の職人たちが労働組合の役員に通報してフラッドの解雇を迫ったのであるから、コンスピラシーは成立する、と考えている。

(25) これが [1897] A.C. at 181 で述べられている判例集の編者の注記の要旨である。前掲注(20)および(21)で引用した判例を分析しながら、これらの事件では「契約破棄の誘引」が見られるが、アレン事件では、新たな日雇契約の締結が妨げられたにすぎないとも言う。さらに、ワトソン卿、ハーシェル卿、シャンド卿は、刑事事件では不法な動機があれば害意（malice）の要件が満されるとしても、民事事件ではそれ以上のものがなければならないともいう。[1897] A.C. at 92, 130, 169.

59

第1部 刑　　法

　さらに2名の貴族院の裁判官と8名のコモン・ロー裁判官が貴族院で登場し、各々が本件では陪審に判断させるべき不法行為が含まれているかどうかという質問に答え、1名の貴族院裁判官と6名のコモン・ロー裁判官がそれを肯定した[26]。判決理由に至っては、さらに意見がまちまちであり、コンスピラシー、脅迫または契約違反のいずれであるとも読みうるように思われる。

　このアレン判決の中でこれまで本橋で紹介されたコンスピラシー法理に関する諸法源が検討されていることは言うまでもない。しかし、この事件と過去の諸判例とは著しく抽象されたレベルでしか結びつかない。例えば、アレン事件では反対意見を書いたホールズベリ卿は、ブラムウェル卿の判決の言葉を引用[27]しながら、まず個人の自由を守るのがイギリス法の責務であると述べる。そして、アレン事件のような形態の権利侵害に対する訴訟は新奇なものであるけれども、場合訴訟（action upon the case）の歴史は、このような場合に新しい先例を作って救済を認めるべきであるということを示している、という[28]。コンスピラシーの成立を認めた残り2名の貴族院裁判官たちも、ホウルト卿の「他人の営業または生計を妨害する者はそれに対して提起された訴訟で責任が認められる」という言葉に頼っているように思われる[29]。

(d)　20世紀における新展開

　それ以上判例を遡ればこれまでの説明を繰返すことになるので、ここで視

---

[26]　これらの参考意見が付されていることが、アレン判決の先例法としての意味を理解するのをいっそう困難にさせている。ちなみに、この中に見られるホウキンス卿の意見は、ホールズベリ卿の意見に大きな影響を与えたものと思われる。

[27]　[1897] A.C. at 72. ここで引用されているのは、R. v. Druitt, [1867] 10 Cox C.C. 600におけるブラムウェル卿の意見である。

[28]　Id. at 73.

[29]　Id. at 112 (per Lord Ashbourne) および Id. at 158 (per Lord Morris).

4 労働法と経済法のコンスピラシー

点をかえて、クイン判決以後の事件においてそれがどのような意味を持ったかについて述べることにした。

　先にアレン判決はコンスピラシー、脅迫または契約違反のどれに関する判例であるとも読みうることを述べたが、その後の発展においても、少なくともその3つの方向に枝を伸ばしていく様子を見ることができるのである。第1にクイン判決におけるホールズベリ卿のように新しい装いをした独立の不法行為としてのコンスピラシー法理を形成するものである。この法理はクロフタ毛織ハリス・ツイード株式会社判決により諸要件が明確にされ[30]、やがて次章以下で説明される新しい装いをした刑事コンスピラシーの法理を生むのである。第2に、労働組合を組織するための活動についても1875年法による免責が認められるか否かは、クイン判決でも問題となっていたが、激しい暴力行為を伴ったタッフ・ベイル事件をきっかけとして1906年に労働争議法が立法され[31]、違法な手段によるものは免責されないことが明確になった[32]。そして、違法な手段としての脅迫または強圧の先例として使わ

---

(30) Crofter Hand Woven Harris Tweed Co. Veitch, [1941] A.C. at 442. ここで大法官サイモン卿は、次の2つの判断基準を示している。(i)ある者の取引を妨害する2人以上の者の結合は違法であり、もしその結果、その者に損害を与えたときは、訴えられる。(ii)もし結合の本当の意味の目的が他人を傷つけることではなく、営業を開始する者がそれを促進または守ることにあるときは、たとえ他人に損害が生じている場合でも、不法行為は行なわれておらず、訴追はできない。この判例の意義について、秋田成就「イギリス労働組合法史におけるコンスピラシー」労働法第6号（1955年）参照。

(31) Taff Vale Railway v. Amalgamated Society of Railway Servants, [1901] A.C. 426 Trade Disputes Act 1906. この立法の1つの重要な点は、前掲注(10)で引用した規定では争議行為が使用者と労働者との間のものに限られていたのに対し、労働者間のそれも含めたことである。

(32) ポローは、コンスピラシー諸判例の本当の準則は本文のようなものであると考え、Garrett v. Taylor (1620) Cro. Jac. 567 が先例として使われるべきであったと考えている。18 L.Q.E. 5-6 (1902)（第3章の注(15)に引用するダイシー

61

第1部 刑　法

れた。ルーカス対バーナード判決がその主要な判例である(33)。第3に、契約違反の誘引に関する判例であるとも読みうるのであるが、これについては、もう少し別の面から検討しなければならない点が含まれているので、節を改めて説明することにしたい。

(3) 経済法のコンスピラシー

(a) 「営業の自由」の概念

前節では trade dispute という用語に「労働争議」という訳語を当てて使ったが、trade という言葉は、「営業」とも「取引」とも訳しうる言葉である。マグナ・カルタ以来、一定の事業について国王の干渉を受けない自由もしくは特権が認められることがしばしばあったが、それは親方（master）に対し認められたものであり、労働争議が営業の自由（freedom of trade）の侵害として禁止されたのは、かかる自由または特権の存在を前提としていたのである(34)。しかし、18世紀の終りに、アダム・スミスによって「営業の自由」

の評釈にさらに付け加えられた付記）。ポロックの見解について、1 HOLMES-POLLOCK LETTERS 65 (Howe ed. 1941).

(33) Rookes v. Barnard, [1963] 1 Q.B. 623. この判例の準則は、Trade Disputes Act 1965 によって多少狭められている。その第1条1項は、「労働争議と考えて、またはそれを進めるために、ある者によってなされた行為は、……（中略）……雇用契約（その者がその契約の当事者であるか否かに関係なく）が破棄されるよう脅迫したという理由のみによって、……（中略）……不法行為により訴追できるものではない。」と定めている。

(34) 「取引のための自由な経路は、最も古い時代から維持されてきた。」と言われている。R. v. Druitt, (1867) 10 Cox C.C. 592, at 600 におけるブラムウェル卿の意見参照。スチーヴンは、これを具体的に示すものとしてマグナ・カルタ第30条、1333年のエドワード3世の法律（9 E. III c. 1）、これを若干拡張した1350年の同じ国王による法律などを説明し、「営業の自由」がやがてコンスピラシー法理によって保護されるようになる複雑な過程を詳しく説明している。3 J. F. STEPHEN, A HISTORY OF THE CRIMINAL LAW OF ENGLAND 202-28

4 労働法と経済法のコンスピラシー

は自由競争の保証または自由放任（laissez-faire）を意味するものと説明され、やがて経済法の領域にもコンスピラシー法理が登場することになる[35]。

この労働法から経済法への移行の役割を果す重要な判例はヒルトン対テッカースリ判決である[36]。この事件では、ランカシャの 18 名の綿糸製造業者による、労働賃金、労働時間、労働管理等に関する労働協約の締結が違法行為であると主張されたが、審理に当った財務裁判所は、その申立てを認めなかった。しかし、かかる協約は営業の自由を制限するものであり、公序に反するから無効である、と判示した[37]。やがて、この判決は、前節で言及した 1871 年の労働組合法の立法を勧告したアール委員会の解釈を経て、不公正な取引を規制するための判例準則を生み出す基礎となった[38]。

(1883).
(35) 13 HOLDSWORTH, A HISTORY OF ENGLISH LAW 323-25 (1952).
(36) Hilton v. Eckersley, (1855) 6 E.&B. 47. 特にキャンベル卿（Lord Campbell）の意見を見よ。*Id.* at 62.
(37) 賃金の増額などを要求する労働組合活動が取引制限（restraint of trade）には当らず、違法でないということは、判決時には既に判例法上確立していた。R. v. Rawlands, (1857) 5 Cox C.C. 466 参照。
(38) Trade Union Commission Report on Law relating to Trade Unions (1969) (Erle Report). 営業の自由な流れ（free course of trade）を保護する必要があるが、他人の身体に暴力を加える行為等は別として、賃金等の労働条件の改善を要求する諸活動もその保護に含まれると主張している。但し、ライト卿は 1873 年に著書を書き、スター・チェンバーで拡張されたコンスピラシー法理を前提としても、それにより労働条件の改善を要求する団体活動を取引制限（restraint of trade）を理由として規制することはできない、と主張している。WRIGHT, LAW OF CRIMINAL CONSPIRACIES AND AGREEMENTS 43-62 (1987). しかし、R. v. Eccles, 1 Leach. 274 (per Mansfield) 参照（ライト卿は、この判決は 1811 年のエレンバラ卿の判決によって退けられているという）。

第1部　刑　法

(b)　モーグル汽船対マクグレゴー・ゴウ会社判決

　不公正な取引を規制するための判例準則としてコンスピラシー法理が利用できることを認めた判例は、1893年に貴族院が下したモーグル汽船対マクグレゴー・ゴウ会社判決である[39]。但し、新しい類型の準則を形成する基礎となる三大判決[40]の1つであるとはいえ、コンスピラシーの成立は認めなかった。

　この事件は、船舶の所有者のグループが事業者団体を設立し、グループの利益を排他的に増大させるために団体規約を作って、貿易港に送られる各会員の船舶数、積荷の種類および運賃の規制を行なったことに関するものである。会員の船舶だけを利用する貿易商人に対して5パーセントの運賃割戻金が認められることになっていた。イギリスの貿易船は、5月下旬から数週間、中国の貿易港に寄港して新茶を買って船積することを慣行としていた。先の団体に所属しない船舶がそこへ行ってみると、既にその団体が、団体の会員と取引する貿易商は5パーセントの運賃割戻しを得られ、また会員以外の者と取引きした者とは当該団体は取引きしないという通知を出していたため、新茶を買入れることはできなかった。別の港へ行っても同じであり、原告は多額の損害を被ったというのである。

　この事件で、貴族院は、既に述べた通り、本件の被告たちの行為は合理的な取引競争であり、不法な手段を用いたとはいえないと判決した。しかし、この判決の中で、新しい類型のコンスピラシーの判断基準を示している。第1に、2人以上の者の結合があってその目的が違法なものであることである[41]。第2に、たとえ目的が違法なものでなくても、目的を達成する手段

---

(39)　Mogul Steamship Co. v. McGregor, [1891] A.C. 25.
(40)　大法官サイモン子爵は前節で紹介したクイン判決、アレン判決、それにこの判決を合わせてコンスピラシー法理の「有名な3部作」と呼んでいる。Crofter Hand Woven Tweed Co. v. Veitch, [1941] A.C. 435, at 441 (per Viscount Simon, L.C.).
(41)　この点に関しては、前項の最後に言及した、ヒルトン判決のアール委員会

64

が違法であることである(42)。

(c) モーグル判決以後の展開

先に述べた２つの判断基準は後の諸判例によってもっと明確なものにされていくが、第２のそれは、1956年の制限的取引慣行法などの法律の解釈によって処理される問題となり、コモン・ローが直接関与するものではなくなる(43)。そこで、第１のそれだけが問題として残るのであるが、これと関連して重要な判決は、クロフタ毛織ハリス・ツイード判決である(44)。

事件はこうである。ハリス・ツイードと呼ばれるスコットランドの毛織物がルイズ島の織人たちの手で作られている。「スタンプ」という商標を付けた商品を作るグループが、運送業者たちと合同で組合を結成していた。この組合が、運送業者が組合に所属しない者の原料を陸上げしたり、その商品を船積みすることを、組合決議によって禁止した。運送業者がこの決議に従ったために、非組合員たちは多大の損害を被った。そこで、非組合員である原告たちは、組合およびその役員を相手方としてコンスピラシーの訴えを起したのである。貴族院は、不法な目的の結合がコンスピラシーとなりうること、そしてまた、本件がそれに近いものであることを認めながらも、証拠を全体として評価すれば主たる目的は取引競争にあったと判示し、原告敗訴の判決

による解釈（前掲注３および５参照）に従い、団体規約を作ることは自己の利益の増大をはかることであるにすぎず、違法ではないとする見解をとっている。

(42) この点に関しては、Keeble v. Hickeringill, (1706) 11 Mod. Rep. 14, 130, 3 Salk. 9, 103 E.R. 1127（音をたてて小鳥の捕獲を直接妨害した事件）のように、営業を実際に妨害したことが必要である、とする見解をとっている。

(43) この問題については、主として再販価格維持協定の問題を中心に書かれた著書であるが、砂田卓士『英国再販規制法の研究』（国際商事法研究所、1980年）で詳しく説明されている。ちなみに、関連法規は、すべて付録としてその本の末尾に付されている。

(44) Crofter Hand Woven Harris Tweed Co. Ltd. v. Veitch, [1941] A.C. 435.

を支持した(45)。この判決の中で、大法官サイモン子爵は、たとえ1人の者が害意をもっていても違法な行為が実行されない限り問題はないが、2人以上の者が同じ害意を共有するとき、それは力となり、場合によってはそれ自体が犯罪に匹敵するほど危険なものになる、と述べている(46)。この考えに基づき、次章で説明する刑事コンスピラシーの再生がはじまるのである。

---

(45) *Id.* at. ダイシーは、モーガル判決（前掲注6）、テンパートン判決（前掲2注17）、アレン判決（前掲2注14）およびクイン判決（前掲2注11）を評釈し、自己の営業上の利益をはかること̇だ̇け̇が目的となっている場合に免責が認められると評釈した。A.V. Dicey, *Notes*, 18 L.Q.R. 1 (1902). しかし、この見解はサムナー卿によって否定された。Sorrel v. Smith, [1925] A.C. at 742.
(46) *Id.* at 742.

5 現在のコンスピラシー法理

(1) 関連する諸問題

(a) 先例拘束性の原理

　本章で説明したような過程を経てコンスピラシー法理は非常に幅広く利用されるとになった。「結合の目的」が最も重要な要素となっているが、このことは、1人の者が同じことを行なっても法律上問題とならないのに2人以上の者が行なえば不法行為となる場合が生じたことを意味する。また、そのように要件が主観的なものに頼るようになると、判例法の客観性の問題が改めて問われ、コンスピラーシー法理と関連して先例拘束性の原理が何を意味するかが論じられた。さらにまた、法がいかに時代に順応するものであるべきか、という観点から、法と世論の関係が論じられている。これらの付随的な諸問題を説明して本稿を終ることにしたい。

　先に詳しく説明したクイン対リーザム判決は、その3年前に貴族院が下したアレン対フラッド判決と区別して同じ貴族院によって出された判決である。換言すれば、アレン対フラッド判決の読み方がクイン対リーザム判決に大きな影響を与えたと言ってよい。そしてこの点と関連して、その当時、先例というものがいかなる性質のものであると考えられていたかということが、非常に重要な意味を持っている。クロス教授が「イギリス法における先例」と題する著書[1]の中で、クイン対リーザム判決の説明に一節を当てているのもそれ故である。

　特に重要な部分は、ホールズベリ卿の意見で次のように述べている部分である。

（1） R Cross, Precedent in English Law 59-66 (3rd ed. 1977).

第 1 部　刑　　法

「一判決はそれが実際に決定した対象であるものに対してのみ法源となる。論理的にそれから推論できる一命題を導き出すために、判決が引用されうるということは、わたくしは全面的に否定する[2]。」

クロス教授は、この先例法理に係わる重要な意見がいかなる意味を持つかを具体的な諸事件の脈絡の中で説明した後、次のように述べている。

「クイン対リーザム判決は、ホールズベリ卿は、それより前のアレン対フラッド事件における貴族院判決の範囲に関するものであった。この判決は種々の裁判所で吟味されるうちに、かなり交錯した経歴をつんだ。というのは、その判決は民事のコンスピラシーに対し損害賠償の請求を認める生命を持ちはじめたが、コンスピラシーの存在は証明されなかったからである。……（中略）……ホールズベリ卿は、クイン対リーザム事件において貴族院が出した結論、すなわち、原告勝訴の判決が下されるべきであること、に同調したかった。そこで彼は、アレン対フラッド事件とクイン対リーザム判決との間の主要事実の相違を 1 つ強調した。それらの相違は、個人的行為および単なる警告に対しクイン対リーザム事件ではコンスピラシーおよび脅迫が存在していたことである[3]。」と。

こう述べてから、クロス教授は、ホールズベリ卿の先例法理についての考え方がイギリス法の発展の妨げとなったのではないか、という疑問を提起している。

かかる疑問が起るのは、ホールズベリ卿の先の考え方は確かにベンサム主義者たちの法典化運動の波に対する 1 つの大きな防波堤となった、と思われるからである。ベンサム主義者たちの主張の 1 つの主要な論点は、「先例の朽ちかけた殻がいつまでも法制度の中に残る」ことは法と社会とを遊離させる原因となるので先例法理はむしろ廃棄し、最大多数の最大幸福を実現するために積極的な法改革（特に刑法改革）がなされるべきであるとするもので

（2）　Quinn v. Leathem, [1901] A.C. 459, at 506.
（3）　R. CROSS, *supra* note 1, at 65-66.

あった[4]。しかし、ホールズベリ卿は、判例法主義の長所を固く信じ、事実の区別によって先例の呪縛から自由になることは容易である、と反論したのであった[5]。クイン対リーザム判決は、その1つの実証であった。そして、クロス教授のようなベンサム主義者に近い立場からこれを見れば、これは法の予測を困難にさせるものであり、結果としてイギリス法の近代化を妨害するものである、ということになる。

(b) 法と世論

本章第2節の最初に引用した著書は、現在では古典の1つに数えられているが、コンスピラシー法理はその本の主題を論じるための格好の素材であった。実際、その法理をいかに運用するかということについては、世論や常識が入り込む余地が広く残されている。古いキーブル対ヒッカリング判決におけるホウルト裁判官の言葉を借りれば、「他人の営業や生計に対する妨害について訴訟により救済が得られる」という法原理は決して新しいものではないが、それに何か当てはまるかは、新しい時代の世論によって決められる[6]。労働法に関していえば、世論は、19世紀のはじめ頃には、労働者が団結すること自体を営業の妨害と考えた。しかし、1870年頃には、労働組合は合法的なものと考えられるようになり、さらに、1907年には、争議行為は民

---

(4) 拙著『議会主権と法の支配』（有斐閣、1979年）83-85頁参照。
(5) この点は、立法と裁判との関係をいかに理解するかという問題と深いかかわりのある点であるが。ホールズベリ卿の考え方について ABEL-SMITH & STEVENS, LAWYERS AND THE COURTS 122-25 (1967) を見よ。
(6) Keeble v. Hickeringll, (1706) 103 E. R. 1127, at. 1128 の判例でも、ブライトマン裁判官（Brightman, J.）は、コンスピラシー法理を適用するかどうかについて、次のように述べている。「たとえ原告たちが、法律と事実の双方について有利であっても、実利の比較較量の問題がさらに残っている。」Cory Lighterage Ltd. v. TGWU, [1973] 1 W.L.R. 792, at 806.

事上も免責された[7]。さらに先を言えば、この法律は 1965 年の同名の法律によって手直しされ、この現行法によれば、(a)労働組合は不法行為の訴追から原則として免責された、(b)労働争議と関連してなされる共謀について違法な手段が用いられていない限り、訴訟を起すことはできない、(c)労働争議と関連して行なわれる雇用契約の破棄の誘引については訴訟を起すことはできない[8]。

経済法に関していえば、19 世紀のはじめ頃の世論は、見えざる手による秩序維持、すなわち、私的自治を尊重すべきであり、裁判所といえども取引競争に干渉することはよくない、と考えられていたようである。しかし、不公正な競争は規制すべきであるとする考え方が徐々に現われ、既にみたとおり、そのために労働法のコンスピラシー法理が利用されはじめる。このことと関連して、注目すべき 1 つの重要な点は、それを利用する際に営業の自由の制限は公序に反するという推論に頼っているということである[9]。つまり、

---

(7) Trade Disputes Act, 1906. この歴史的過程を、樋口教授は次のような言葉で説明している。「17 世紀市民革命のひとつの中心課題は、独占を否定するために私人間の関係に介入して実質的意味での《営業の自由》——これは、反独占を内容とする実質的自由である——を確保することだったのであり、その課題は、19 世紀の初頭までかかって達成された。そして、その成果のうえにたって、19 世紀の 20 年代から、私的自治の領域への国家の介入を否定する形式的意味での自由——これは、独占形成をも放任する形式的自由である——が登場するのである。」と。樋口・前掲 52 頁注(1)、118-19 頁。この観点からより詳しく論じた文献として、石井宜和「「営業の自由」とコンスピラシー」高柳＝藤田編『資本主義法の形成と展開 2』(東京大学出版会、1972 年) 287-340 頁参照。

(8) Trade Disputes Act, 1965. ちなみに、Industrial Relations Act, 1971, § 167 (1) の規定が、「労働争議 (trade dispute)」という用語の定義を与えており、1906 年法で含められた「労働者間の争議」を再び除いており、これが次章で紹介する訴訟の新しい争点を生む。

(9) Mogul S.S. Co. v. McGregor, Gow & Co. [1892] A.C. at 45 におけるブラムウェル (Lord Bramwell) の意見、前掲 63 頁注(36)および注(37)に対応する

「公序」は法律問題であり、陪審の判断の対象から除かれるということである。

　もっとも、取引競争で違法な手段が用いられたか、またはそれが不公正な競争であるかの判断には、経済界の諸事情や取引のやり方についての専門知識を必要とする。既に説明したように、かかる問題を判断させるための専門家からなる特別裁判所が設立されたのは、当然の帰結であったと言ってよい。しかし、今日でもなお、結合の目的が不法であるかどうかは、コモン・ローの裁判所によって判断されるべき問題であると考えられている。この判断について世論が与える影響は大きなものであるが、これと関連して陪審の役割の今日的意義が問われている。

(c) 不法行為法と刑事法の関係

　不法行為法と刑事法とは、いちおう別の法領域として区別されているが、判例法上はそれほど截然と分離されているわけではない。特にコンスピラシー法理については、古い時代に起源があり、民事法と刑事法とがはっきり分化されていなかった時代にでき上った法理である。エリザベス女王の時代に、その法理は刑事法の領域で大きな発展をみたのであるが、本章で紹介した不法行為の諸判例は、それを基礎としたものであった。この19世紀のコンスピラシー法理が、20世紀になってから刑事コンスピラシーの再生に大きな役割を果したとしても、さして驚くべきことではないのである。

(2) 現在の共謀罪

(a) 法と道徳に関するウォルフェンデン・レポート

　上述のような過程をへて、20世紀（特にその後半）に入ってから、刑事コンスピラシーの法理が新たな装いをつけはじめる。これについて特に注目すべきことは、1957年にウォルフォンデン報告書が出されたことと1961年の

　本文を見よ。

ショウ判決が出たことである。この判決をきっかけとして、刑法の役割はなにかという問題と関連してコンスピラシー法理が盛んに論じられるようになった。この論争の中には、本論文の第2節で述べた先例拘束性の原理や法解釈の方法をめぐる議論、裁判の機能と法源に関連のある《法と道徳》をめぐる議論も含まれている。ここでは、まず最初に、1957年のウォルフェンデン報告書について説明しよう。

この報告書は、街頭での諸犯罪(特に性犯罪)に関するウォルフェンデン卿を長とする委員会の報告書である[10]。この報告書は、同性愛については、成人の間で人目につかない場所で行われる行為を犯罪としないことを勧告し、また売春については、街路上の勧誘行為のみを刑法で禁止することを勧告した[11]。日本でのよく知られている、当時貴族院の裁判官であったデヴリン卿は、1959年のマッカビアン講演の中で、次のように批判したのである[12]。

「社会は道徳がなければ存在しえない。この道徳は、理性あるものが承認する行動の基準である。理性あるものは善良な者でもあるが、その者は異なった基準を持っているかもしれない。もしそのものが全然基準を持たないならば、その者は善良な者でなく、その者のことをそれ以上考慮する必要はない。その者が基準を持っている場合、その基準が非常に特異なものでありうる。たとえば、その者は同性愛や売春に反対しないかもしれない。この場合、その者は一般的倫理を共有してないけれども、このことは、それが社会にとって必要なものであることを否定させるものではない。」と。

要するに、デヴリン卿は、社会の基礎には一般倫理が存在し、それを傷つ

---

(10) Report of the Committee on Homosexual Offences and Prosecution (Wolfenden Report), Cmd. 247 (1957).

(11) Id. at §13. この報告書の勧告の基礎には、「法が関与すべきでない個人の私的領域がある」というジョン・ステュアート・ミルの思想が見られる。

(12) DEVLIN, THE ENFORCEMENT OF MORALS (1959) at 24.

5　現在のコンスピラシー法理

ける行為は犯罪であり、同姓愛や売春がその実例であるというのである。このデヴリン卿の考えは刑法学者の論争に火をつけた。もっとも厳しい批判を述べたのはハートであるが、その議論については、重要判例をまず紹介した後に説明する。

(b)　ショウ判決とクナラ判決

　上述のデヴリン卿の意見は、1961年のショウ判決を下した貴族院裁判官たちを非常に勇気付けたものと思われる[13]。この事件は、売春婦の電話帳を作って市販したことに関与したものたちをコンスピラシー罪で刑事訴追した事件であるが、貴族院は、第3節4の注8で説明したマンフィールド卿の判例を引用しながら、裁判官は公共道徳を守る責務を負っており、本件の行為は厳しく処罰されなければならないと判決した[14]。さらに、1972年には、同性愛の相手を求める新聞広告を出したことに関与したものたちを刑事訴追したクナラ事件が起こったが、貴族院は、先のショウ事件を先例として有罪判決を下したのである[15]。

　ショウ判決およびクナラ判決で示されたコンスピラシー法理の要件は、2人以上の者が共同してある行為をしようと企んでおり、その行為が一般倫理に反するものであれば足りる、とするもののように思われる。もしそうであるとすれば、これはスター・チェンバー時代のコンスピラシー法理を再生させたものと理解しうる。そこで、先のデヴリン公演およびショウ判決は、非常に大きな論争を巻き起こした[16]。特に、オックスフォードのハート教授

---

(13)　Shaw v. Director of Public Prosecutions, [1962] A.C. 220.
(14)　Knuller v. Director of Public Prosecutions, [1973] A.C. 435.
(15)　但し、この判決を書いたリード裁判官は、前掲注4の判決で反対意見を述べており、その考えは正しいと信じると述べた上で、本判決を書いた。トレイナ（キャリフォーニア州最高裁判所首席裁判官）は、この判決は裁判官の良心に従ったものではない、とイギリスのバーミンガム大学講演で批判した
(16)　この批判は前掲注3のデヴリン裁判官の著書に文献リストとして掲載され

73

は、反対の矢面に立ち、ヴィクトリア時代のジョン・スチュアート・ミルとジェイムス・フィッツジェイムス・スチーヴンとの論争に注意を喚起し、ミルの見解の方がより合理的なものであることを論証しようとした[17]。さらに、前者がアメリカ法律協会の十分な検討の後にモデル刑法典の中で採用された考え方[18]であるのに対し、後者はナチの法律[19]にもつながるものであることを述べて、最初に言及したウォルフォンデン報告書の考え方を支持した。

(c) 刑法改革

デヴリン＝ハート論争およびそれをめぐる種々の議論については、別の機会に本格的に検討されるべきである。それとは別に、コンスピラシー法理の法改革・法典化の必要性は、それ以前からグランヴィル・ウィリアムズによって説かれていた[20]。その作業は徐々にではあるが、着実に進められてきた。グランヴィル・ウィリアムズの見解は刑法全体の法典化であるが、すくなくともコンスピラシー罪については、1976年の法律委員会報告書の勧告に従って1977年の刑法が制定された。刑法改革委員会がコンスピラシー法理の法改革の仕事を最初に手がけてから、種々の経過を経てそこに至るまでの過程については、先の報告書の序文の中で説明されている[21]。また、そ

───────────────

ている。主要な批判は、次注に掲げるハート教授の講義である。
(17) H.L.A. HART, LAW, LIBERTY, AND MORALITY (1963). 本文で述べたミルの
(18) Model Penal Code § 207.5 (1955).
(19) 1935年6月28日に制定された法律が規定する「刑法の基本的諸概念および健全な国民感情」による刑罰を意味している。
(20) ウィリアムズのライフ・ワークは刑法の法典化であった。そのコンスピラシー罪の理論は G. WILLIAMS, TEXTBOOK ON CRIMINAL LAW 349-367 (1978) に説明されている。
(21) Law Commission, Criminal Law Report on Conspiracy and Criminal Law Reform (Law Com. No.76), 17th March 1976 参照。

5　現在のコンスピラシー法理

の報告書は、コンスピラシー法理の諸問題を類型別に説明している。その類型別の諸問題の中に既に言及した「公の道徳や節度に関するコンスピラシー」が含まれている[22]ことは言うまでもないが、それ以上に、「不法侵害のコンスピラシー」[23]、「いやがらせを行うコンスピラシー」[24]、「不法行為をするコンスピラシー」[25]の問題を論じている。そして、報告書の結論として、コモン・ローのコンスピラシーを全面的に廃止し、新しい立法を行ってそこから再出発することを勧告した。

1977年の刑法第1条1項は、次のように定めている[26]。

「本法の本論の以下の初規定に従うことは別として、ある者が、他の誰かと合意し、もしその合意が、それらの者たちの意図どおりにそれが実行されるとき、その合意の当事者の一人もしくはそれ以上の者によって何らかの犯罪が当然犯されたことになるか、またはかかる犯罪と関連することになる一連の行為を実行することである場合には、その者は当該の犯罪に関してコンスピラシーで有罪となる。」

この規定は日本刑法第40条（共犯）と同じようなことを定めている。複数の犯罪者によって犯罪が実行された場合に、刑事裁判の進め方において、最も責任の大きい者が最も重い刑罰を科することができるように定めている。しかし、コモン・ローのコンスピラシーは、上述の刑法によって原則として

---

[22]　前注の報告書1節ないし6節。
[23]　報告書45-72頁。Kamara v. Director of Public Prosecutions [1974] A.C. 104 が特に注目されている。この事件は、
[24]　報告書125-132頁。検討された主要判例は、Withers v. Director of Public Prosecutions [1947] 3 WLR 752 である。
[25]　報告書132-140頁。
[26]　この規定は、Director of Public Prosecutions v. Withers [1975] A.C. 842, [1974] 3 All ER 984 を正式に承認したものと理解することもできる。この事件では、目的となる犯罪が特定されておらず、計画の反社会性だけが強調されていた。

第1部 刑　法

廃止されているが、同法第5条は、若干のコモン・ロー上の犯罪を存続させている[27]。さらに、4頁注(12)で引用したムンバ事件で問題となったコンスピラシー罪は、現在では、国際法上の犯罪であり、国際法の解釈とイギリス判例法の解釈との整合性が問われている[28]。日本法との関係では、ロス・アンジェルスの妻殺害事件では、キャリフォーニア州の共謀罪が日本法には類似性のない独立の犯罪類型であるかどうかが問われている[29]。独占禁止法の「通謀罪」や「談合」の解釈は、一応確立されたものとなっているが、証拠法との関係でも議論の余地がないわけではない。

---

[27]　Criminal Law Act 1977, s.5. 存続した法理は、「共謀による租税回避」、「公の道徳や節度に反する行為」などである。ちなみに Criminal Law Act 1977, s.1 は重罪（felony）と軽罪（misdemeanor）の区別を廃止した。

[28]　国際的な組織の防止に関する国際連合条約第6条（「1項(b)　自国の法制の基本的な概念に従うことを条件として、……（中略）……(ii)この条の規定に従って定められる犯罪に参加し、これを共謀し、これに係る未遂の罪を犯し、これをほう助し、教唆し若しくは援助し、又はこれについて相談すること。」）参照。マネーロンダリングや国際テロ犯罪などの共謀罪が問題となる・Criminal Law Act 1977, s.1A は、海外におけるコンスピラシー犯罪について定めている。

[29]　B.S.Lin, *Developments in California Homicide Law: VIII. Conspiracy in Homicide*, 36 Loy L.A. L. Rev. 1541 (2003) 参照。

第2部　証　拠　法

1　田中和夫『新版証拠法』(有斐閣、1959年) の意義

§1（田中和夫教授の研究）　かつて独協大学法学部で田中和夫教授が活躍しておられた時期があり、途中、かなりの空白があったけれども、わたくしがその英米法講座を引き継いだ形になっている。この大先輩のご研究は多岐にわたるものであるが、わたくしは証拠法の研究が特筆すべきものであると考えている。わたくしは、日本弁護士連合会の綱紀審査会委員長の職も兼任したときに、証拠法の必要性を痛感した。我が国の司法制度改革においても、裁判員制度を導入するためには、証拠法の整理は重要なことであると信じている。証拠法は、アメリカ法では、陪審審理と関連して、非常に精緻なものとなっており、我が国の制度をアメリカ法と比較検討することには大きな意義があると思う[1]。とはいえ、わたくしは訴訟法の専門家ではなく、この論考はわたくしの研究ノートであると理解していただきたい。

§2（田中和夫『新版証拠法』(1959年)）　田中和夫『新版証拠法』（有斐閣、

---

(1)　田中和夫「英米証拠法」『民事訴訟法講座』2巻（有斐閣、1957年）637頁は、同趣旨のことを述べている。アメリカ証拠法の権威的書籍は JOHN HENRY WIGMORE, *infra* note 25 の体系書の他、THE PRINCIPLES OF JUDICIAL PROOF (1913) であるが、現在では、WEINSTEIN'S FEDERAL EVIDENCE (Matthew Bender, 2nd ed.)（ルーズリーフ式）が一般的に参照されている。証拠法則のルールを編纂した Federal Rules of Evidence (1975) があるので、本稿では主にこれに依拠する（以下、FRE という）。

第 2 部　証 拠 法

1959 年）は、1971 年（増補第三版）に刷り直されたときにかなり加筆・改訂されているので、本稿ではこれを基本書［以下、『新版証拠法』という］として扱う。証拠法に関して網羅的に説明した我が国で唯一の書籍であると思われるのに、これは余り引用されてこなかった。その理由は、実務家によって書かれたものでなく、実務家にとっては証拠法の一般論は余り役にたたないということであったのではあるまいか。証拠法に関する他の書籍は、ほとんどすべて実務家によって書かれたものであり、多くの具体的な事例を分析したものが多い[2]。しかし、上記の著書のように、理論的な整理をすることが、裁判員制度のもとでは特に重要になる。そこで、その著書を改めて再検討し、今日的視点に立って、証拠法の構造を概観してみたい。

§3　（本研究の横想）　『新版証拠法』は、第 1 章序説において、憲法第 37 条および第 38 条がアメリカ法の影響により作られたものであるが、これと関連して、英米証拠法と比較研究を行い、憲法の精神が生かされているかどうか検証することの重要性を説いている。

　上記の著書は、7 章からなり、36 の項目を立てて証拠法を解説している。その大部分が「伝聞証拠」と「自白」に当てられている。後の §13 で取り上げる大正時代（あるいは戦前）の状況を前提として考えると、この著書の意図がよく理解できる。しかし、ここでその著書の順序に従って同じ論述を繰り返すつもりはない。現在では情況が大きく変わっており、いま証拠法を

（2）　門口正人編『民事証拠法体系』全 5 巻（青林書院 2003〜5 年）、石井一正『刑事実務証拠法（第 3 版）』（判例タイムズ、2003 年）、小林秀之『新証拠法』（弘文堂、2003 年）、三井＝馬場＝佐藤＝横村『新刑事手続』（悠々社、2002 年）、白井滋夫『証拠（刑事法重点講座）』（立花書房、1992 年）、ローゼンベルグ（倉田卓次訳）『証明責任論』（判例タイムズ、1987 年）、『証拠法大系』4 巻（日本評論社、1970 年）、鴨良弼『刑事証拠法』（日本評論社、1962 年）の外、田宮裕＝多田辰也『セミナー刑事訴訟法（証拠編）』（啓正社、1997 年）、横井大三『証拠―刑事裁判例ノート(2)』（有斐閣、1971 年）などがある。

78

書くならば、法科大学院においてもっとも重点の置かれている要件事実論をアメリカ証拠法と比較検討する形で、論述を進めるのがよいと考えている。

2　証明の必要

(1)　主張責任と立証責任

§4（証明の必要）　裁判は、過去の事実に対する評価であるから、事実認定が必要となる。主張される事実が存在するか否かを第一に決めなければならない。その存在について裁判官を納得させることを証明という。この証明に関するルールが証拠法則と呼ばれるものである。本稿では、まず主張責任と立証責任について少し述べることにしたが、訴訟法の専門書では、これは証拠法の最後の部分で論じられる項目である。それは、要証事実について、その事実がどちらとも判然としない場合に、だれが不利益を負うかという意味をもつからである[3]。しかし、最初に証明の仕事の大枠を説明し、どの程度の証明が必要であるかが明確になれば、学生が証拠法に関する基本的な概念を得るためには、かえって理解しやすいのではないかと考える。

§5（主張責任）　さて、そこで主張責任の説明から始める。当事者主義をとる現代の裁判制度のもとでは、原告は法律および事実を主張し、その主張が正しいことを立証しなければならない。要件事実が存在していることを原告が主張し、これを証明しなければ、法律効果の発生が認められないので、原告は不利益を負担することになる。証明の責任は原則として訴える者の側が負う。証明の可能性がなければ、裁判所は訴えを却下し、事件を門前払い

（3）　つまり、当事者による証明が終了し、自由心証主義によって、裁判官が一定の心証を得た後に、不明瞭な部分が残っている場合、その不利益をいずれの当事者が負うかを決定するルールだからである。

第 2 部　証　拠　法

の形で処理する[4]。原告が主張する要件事実があり、法律効果を認めることがあり得ると確信するときに、公開審理が進められることになる。このプロセスの中で、まず最初に論点整理が行われ、それぞれの論点についての立証へと進められることになる。

§6（真実の発見）　『新版証拠法』は、証拠法則の説明において、民事裁判と刑事裁判とを明瞭に区別していない。それは、証明の基本的な部分では、民事と刑事に相違はないからである。共に真実の発見を目的としている。しかし、刑事事件の方が、厳格な証明が要求される。それは、刑事裁判においては、「公益」の保護が目的となっているからである。司法警察職員として職務を行う警察官は、犯罪があると思料するときは、犯人および証拠を捜査しなければならない（刑事訴訟法第189条2項）。刑事裁判手続きにおいては、検察官が犯罪事実の説明をし、一応の証拠を提出しなければ、決定により公訴が棄却される（同第339条）。起訴状には主要な事実が記載され、冒頭陳述のときに立証趣旨が具体的に説明される（刑事訴訟法規則189条(1)）[5]。

§7（立証責任）　訴訟原因（訴因）が真実であることを証明することが要求される。しかし、最先端の科学においてすら100％の真実の立証はありえない。しかも裁判の場合には、限られた時間内に迅速に結論をだすことが要求されるのであり、一定限度の証明がなされれば真実が証明されたものとフィクションされる。どの程度の証明を必要とされるかは、民事と刑事で大きく異なる。民事裁判の場合には、「真実の高度の蓋然性」を示せば足りるとさ

---

(4)　これは弁論主義または当事者主義の一側面である。訴訟当事者は、（1）事実を主張し、（2）証拠調べを申立て、（3）証拠によって事実を証明しなければならない。

(5)　英米法の影響を受け、「起訴状一本主義」が採用されている。「防御・審判の対象」が訴因に限定される（刑訴256条(3)、312条）、当事者による証拠調べ（刑訴298条(1)）、証人尋問における交互尋問方式（刑訴304条(3)）などは、弁論主義を規定したものである。

れているが、刑事裁判の場合には、「合理的な疑いを超える程度」の証明を必要とされる[6]。この基準は陪審制と関連して生まれたものであり、裁判員制度が導入されたときには、重要な意味をもつであろう。

§8（挙証責任の配分）　立証責任は主張する者が負うが、100％の立証は不可能であり、裁判官を納得させるためにどの程度の証明が要求されるかということが実際上問題となる。だとすると、50％の立証しかできていない場合に、当然に原告敗訴の判決がくだされることになるのか。たとえば、ある薬品が一定の副作用を生んだと主張する患者が、この事実を科学的に立証することは一般的には不可能である。しかし、裁判官は、科学の問題としてではなく、社会規範の問題として、その推測が成り立つと考えるならば、被告の側がその因果関係がないことを立証しなければならない。このような挙証責任の配分は、法政策的な価値判断による。事実の真偽が不明な場合に結果をコントロールする[7]。

（6）　日本の最高裁判所は、「『高度の蓋然性』とは，反対事実の可能性を許さないほどの確実性を志向したうえでも『犯罪の証明は十分』であるという確信的な判断に基づくものでなければならない。」と述べ、英米の「合理的な疑いを超える程度」の証明と同じ判断基準であるという。しかし、英米の裁判慣行では、12名の陪審員のうち1名でも無罪を信じる者がいれば、被告人の利益のために無罪が推定される（beyond a reasonable doubt の原則）。民事裁判では preponderance of evidence が原則である。

（7）　兼子一「立証責任」『民事訴訟講座』2巻（有斐閣、1954年）561-582頁；田中和夫『立証責任判例の研究』（巌松堂、1953年）、中島弘道『挙証責任の研究』（有斐閣、1949年）；長島敦「自由心証主義と挙証責任の諸問題」『法律実務講座（刑事編）』9巻（有斐閣、1956年）2085-2167頁；田村豊「立証責任と立証程度の分析」『木村博士還暦祝賀・刑事法学の基本問題（下）』（有斐閣、1958年）941-983頁参照。

第2部　証拠法

(2)　証拠の関連性

§9（関連性）　アメリカ法では、まず最初に証拠法とめ関連性が問題にされる。「関連性（relevance）」のない証拠は法廷に提出できない[8]。関連性とは、要証事実を証明する蓋然性をもっていることを意味し、その可能性のないものには証拠能力を認められない。この「関連性」は事実認定に関係するものであるが、法律解釈に関係しない証拠を裁判で許容しないという意味において、関連性は法律の枠内で判断される。この「関連性」の概念は、後に述べる日本の基準よりもっと曖昧な概念である[9]。

§10（証拠の種類：人的証拠）　証拠は、証言（人的証拠）と書証等（物的証拠）に分けられる。それぞれの問題について、本稿第7章および第8章で詳しく論じることになるが、ここではアメリカの証拠法のケースブックを参照して、そのサンプルを示しておこう。まず人的証拠に関して、シンプソン（O. J. Simpson）の事件でのロナルド・シップの証言の関連性を論じている[10]。この事件は、バスケットの選手がその妻およびその友人を殺害したという嫌疑がかけられ、刑事陪審裁判に付されたものである。公判において、シンプソンの長年の友人ロナルド・シップが、殺人の日の夜、シンプソンが「妻を殺す夢をみた」と言った、と証言した。この証言がシンプソンの殺人

---

(8) FRE§402. なお、FRE§401は、「その証拠がなければそうであると思われるものと比べ、行動の決定に対する結果が、そうでありそうである、またはそうでなさそうである、事実の存在を示す傾向のある証拠を意味する。」と定義している。

(9) D. Crump, *On Uses of Irrelevant Evidence*, 34 HOUS. L. REV. 6 (1997) で、クランプは、何の証明もできそうにない証拠に「関連性」が認められることが多いという現実を説明し、このことのアメリカ法の陪審システムのもとでもつ意味を詳説している。

(10) ROTHSTEIN, RAEDER, AND CRUMP, EVIDENCE: CASES, MATERIALS, AND PROBLEMS 33 (2d ed. 1998).

事件に関係するかどうかが問題である。「シンプソンが殺害した」という仮定の事実との関連性の決定に関係し、もしそれを証明できるのであれば証拠として法廷に提出することが許される。

§11（証拠の種類：物的証拠） 同じケースブックは、第2の設問として、エレベータの中で起きた死亡事故について、死亡者の妻が、被告の過失によってこの事故が起こったと主張し損害賠償を求めた事件を取り上げている[11]。この事故は、死亡者とその召使が大きな書架をエレベータへ運ぶときに起こった。死亡者が先にその中へ入り、召使が後ろから押す形でゆっくり書架をエレベータに入れようとしていた。そのときに死亡者はエレベータから転落し、死亡した。召使が殺す意思をもっていたかどうかが争点となるが、死亡者の靴の片一方が、かかとが緩んだ形で発見され、公判に証拠として提出された。この靴が証拠として許容されるかどうかは、それによって何を証明できるかにかかっている[12]。

§12（事実認定の論理構造） 日本の法律家には、上記のような議論が何のためになされるのか理解しがたいかもしれない。アメリカでは陪審裁判が前提となっており、関連性を争う議論を進めるうちに、陪審員には事件の実体が見えてくるのである。しかし、証明の論理構造に日米間で大きな違いがあるわけではない。『新版証拠法』は、「証拠のみによって直接に主要事実（要件事実）を認定することのできる場合は稀であって、多くの場合には、証拠

---

[11] *Id.* at 33-34. この第2の設問は、Standafer v. National Bank of Minneapolis, 52 N.W.2d 718 (Minn. 1952) に基くものである。実際の判決では、問題の靴は関連性がなく（つまり、何も証明できない）、証拠として許容されなかった。

[12] しかし、被告人は死亡者に恋愛感情を抱いており、ラブレターを出したことがあり、これが公判に提出された。さらに、殺人の嫌疑をかけられ、拘留中に自殺をしようとした。これらのことは、動機を証明する証拠として、裁判所は許容した。これらはいずれも日本では情況証拠と呼ばれるものであり、これを採用するか否かは、裁判官の裁量にかかっている。

によってまず他の事実を認定し、その事実からの推理によって、又はその事実と証拠との双方からの推理によって、主要事実を認定する」と説明している（65頁）。そして、「証拠から事実を推理するにも、間接事実から他の事実を推理する場合と同様に、経験法則を大前提とする三段論法推理が行われる。」と説明している（77頁）[13]。

§13（間接事実による推理）　『新版証拠法』は、間接事実による推理の例として、大正14年3月25日（刑集4巻198頁）の刑事判決を取り上げている（72-73頁）。この事件は放火事件であって、被告人の自白その他の直接証拠はない。(1)被告人は同業者である被害者を嫉妬して、憤怒の情をもっていた。(2)石油1缶を買った（被告人らしい人物が買ったという証言があるが、被告人はこの事実を否認している）。(3)放火に使われた石油は、買ったとされる石油と同一のものである。(4)被告人の袢天に数日間にわたり石油の臭気があった。(5)被告人は、被害者が旅行中で留守していると思っていた。(6)被告人以外に怨恨を受けていなかった。これら6つの間接事実から、原審裁判所は被告人を有罪とし、上告を受けた大審院も、「総合スレバ」有罪が推理できるとして、上告を棄却した[14]。

---

(13)　実際には、三段論法ではなく、「直観的、総合的な推理判断」を行っている。田尾挑二「民事事実認定論の基本構造」『民事事実認定』（判例タイムズ社、1999年）42頁、また一般的に、田辺公二『民事訴訟の動態と背景（弘文堂、1964年）82頁。

(14)　現在では、このような判決はあり得ない。最高裁判所昭和48年12月12日判決は、「『疑わしきは被告人の利益に』という原則は、刑事事件における鉄則であることはいうまでもないが、……情況証拠によって要証事実を判断する場合に、いささか疑惑が残るとしても、犯罪の証明がないとするならば、情況証拠による犯罪事実の認定は、およそ不可能といわなければならない。」と判示している。大阪高等裁判所昭和29年9月25日（高裁裁判特報1巻8号317頁）も見よ。

2 証明の必要

§14（証拠と認められないもの） このような判決が下されることは、現在ではありえないと思われる。『新版証拠法』が説明しているように、違法収集証拠など一定の証拠は証拠能力を否定されている。アメリカ法では、証拠に関連性が認められても、不公正な偏見、時間の浪費、争点の混乱を導きそうな証拠は排除される（FRE§403）。それ以外に、被疑者の性格に関する証拠や単なる意見を述べるにすぎない証拠は、法廷では証拠として認められない[15]。さらに、特権の認められる証拠は裁判で使うことができない。たとえば、日本刑法第134条は、医師、弁護士等が職務上知り得た秘密を漏らすことを犯罪とする規定を置いている。これらの機密は原則として証拠とすることはできない[16]。

(3) 要件事実・間接事実・補助事実

§15（要件事実） 日本では、証拠の採用は裁判官の自由心証の問題とされるため、関連性はほとんど議論されていない[17]。司法研修所では、「要件事実」を徹底的にたたき込むと言われている。ここにいう「要件事実」については、「まず訴訟物である権利が何であるかを把握した上で、数多い主張事実の中から、その権利の発生、根拠に必要不可欠の事実のみを選び出し、それのみを判決書の請求原因として記載すべきである」と説明されている[18]。例えば、伊藤滋夫は、売買代金請求訴訟を例として取り上げ、訴訟物を代金請求権とし、要素の錯誤があるという抗弁を次に問題にし、さらに重過失の再抗弁を問題にし、その上で、信義則違反という再々抗弁を論じている。訴

---

(15) 鑑定の場合は除く。また、イギリス法では、裁判官が人の性格に関する証拠を重要であると思料する場合には、許容することができる。 Criminal Justice Act, s. 101(c) and (d).
(16) しかし、正式な証拠調べの手続で裁判所の照会による場合は、利用できる。
(17) 「要件事実」は、伊藤滋夫編著『民事要件事実講座』第1巻（総論1）（青林書院、2005年）12頁。
(18) 田尾桃二「村松先生と法曹教育」判例タイムズ630号（1987年）87頁。

訟当事者が、これらのことを主張立証していくうちに、代金請求権の存否が明らかになって行く。「訴訟物である実作法上の権利について各種の要件事実の存否の判断の組み合わせで裁判が行われる」というのである[19]。

このような要件事実論は、ドイツの法理論による影響を受けてきた。E・ベーリング、M・E・マイヤー等の犯罪構成要件理論が小野清一郎らによって日本に伝えられ、その後20世紀に入り、W・ザウエル、J・ゴールドシュミット等の訴訟を動態的にとらえる考え方が兼子一によって「訴訟承継論」という形で日本に継受された[20]。そして、司法研修所の民事教官室の長年にわたる研鑽を経て、現在のような「要件事実論」へと昇華したといわれる。このプロセスにおいて重要な役割を果たした裁判官の一人が、上に引用した伊藤滋夫である。同裁判官は、民法を行為規範としてでなく、裁判規範としてとらえ、主張責任は立証責任と一致すると考えている[21]。

永石一郎は、「要件事実とはなにか」を説明するために、最高裁判所昭和33年6月20日判決（民集12巻10号1585頁）を引用し、土地引渡請求権を訴訟物とする場合、売買契約の成立を主張するだけでは、「主張自体失当」ということになることを説明している[22]。この理論によれば、売買代金の支払いがあってはじめて所有権は買主に移転するのであって、要件事実の主張立証の要件を満たしておらず、訴えが却下されるべきであるということになる[23]。しかし、もし要件事実論がこのようなものであるとしたら、イギリスで19世紀に訴訟方式を廃止したときの議論を、あたかも亡霊を生き返

---

(19) 伊藤滋夫『要件事実・事実認定入門』（有斐閣、2003年）120頁。また、伊藤滋夫『民事要件事実講座』第1巻（総論1）（青林書院、2005年）8頁。
(20) 兼子一『実体法と訴訟法』（1955年）125-129頁。
(21) 伊藤滋夫『要件事実の基礎』（有斐閣、2000年）81頁。
(22) 永石一郎「当事者からみた要件事実」伊藤滋夫編著・前掲注(17)、103頁、117-8頁。
(23) 純粋に弁論主義をつらぬけばそうなるが、実際には、裁判官が「代金の支払済み」について釈明を求める。

えらせるかのように、復活させることを意味している。

§16（間接事実） 訴訟方式に対応して要件事実と呼ばれるものがあり、これが存在することを主要事実によって証明しなければならない。田尾桃二は、「主要事実とは、法律が権利、法律効果の発生、消滅などの要件として定めている要件事実に該当する具体的事実をいう。」と説明している[24]。主要事実は要件事実の存在を示す直接証拠である。直接証拠があることは稀であり、間接証拠からの類推により主要証拠が存在するものとされる。間接証拠は状況証拠と呼ばれることがある。例えば、上記§13で引用した『新版証拠法』の例は、間接証拠の例である。「放火」を目撃した者がおらず、放火に使った道具も発見できない場合に、被告人を人間として憎んでいたことを示す証拠により有罪判決がくだされたが、これが間接証拠である。

§17（補助事実） 民事訴訟では、証拠の外に弁論の前趣旨を事実認定の資料とすることができる（民事訴訟法185条）。裁判所が釈明処分（民訴131条）として命じた検証、鑑定、または調査嘱託の結果もこれに含まれる。『新版証拠法』は、証人の証言中の態度を補助事実の例にあげている（33頁）。また、別の箇所において、証拠価値を明らかにするための補助事実を説明している（79頁）。補助事実は、後に論じることになる証言や書証の信憑性の弾劾に使われる資料であって、証拠ではない。刑事訴訟については、「口頭弁論の全趣旨」を参酌することは許されておらず、すべて証拠にもとづいて、事実認定が行われなければならない。

§18（補強証拠） アメリカ法の場合、自白は証拠ではなく、有罪の答弁にすぎないので、補強証拠を必要とする、と考えられていた[25]。その他の一定の犯罪についても、補強証拠を法律が要求する場合がある。たとえば、偽

---

(24) 田尾桃二「民事訴訟法の争点」ジュリスト増刊号（1976年）218頁。
(25) J.H. WIGMORE, EVIDENCE IN TRIALS AT COMMON LAW (J.H. Cladbourn rev. 1970) §818 [vol. 3, p. 292].

証罪の場合、アメリカ合衆国のいくつかの州では、イギリスの法律にならって、偽証の事実が証明されればその犯罪が成立するとしているが、合衆国最高裁判所は、そのような州においても、1人の証人による証言だけでは不十分であり、コモン・ローは補強証拠を要求すると判示している[26]。また、強姦罪に関して、テキサス州法が改正され、補強証拠は被害者が14歳以下であれば必要ないとされていた規定を18歳以下に引き上げた事例で、合衆国最高裁判所は、この法律の改正は、手続的なものではなく、刑事被告人の実体的な権利にかかわるものであり、遡求的に適用することは違憲であると判決した[27]。日本の場合も、判例法の整備が不十分であり、具体的な法理を摘出することは困難であるが、司法裁量の問題として、具体的な情況に応じて補強証拠を要求されることがあると思われる。

3　裁判所による検察官・弁護人の役割

§19（弁護人の一般的義務）　弁論主義のもとでは、証拠を収集し裁判所に提出する権限と責任は訴訟当事者の側にある。弁護人と依頼者の関係は委任契約であるが、この契約により弁護人が負う履行義務の大部分が、証拠の収集・保全であると思われる。裁判官は、当事者主義（弁論主義）のもとでは、積極的な役割を果たすことは期待されていないが、刑事訴訟法第178条により証拠開示を命じることができるし、職権により証拠調べを行うこともできる[28]。

§20（検察官の役割）　民事裁判では、依頼人の利益を守ることが委任契約

---

(26)　Weiler v. United States, 323 U. S. 606 (1945). *Cf.* Perjury Act 1911 ［英］, s. 13.
(27)　Carmell v. Texas, 529 U. S. 513 (2000).
(28)　最高裁判所昭和44年4月25日判決、刑集23巻4号248頁。

の目的であるが、検察官は、公益を守ることが法的義務になっている。真実発見が最も重要な任務であり、自己に不利な証拠が見つかった場合、それも提示しなければならない。刑事裁判を進めるに当たって、検察官は、犯罪事実が存在することを証明しなければならない。違法阻却・責任阻却の事由がなく、処罰条件がそろっていることも証明しなければならない。法律に加重・減免の条項が含まれているならば、これについても証拠を集めなければならない。情況証拠だけから漫然と信用性を肯定する事実認定は、経験則に反する違法が含まれる可能性があり、認められない[29]。

　§21（国選弁護人の役割）　刑事被告人には国選弁護人依頼権を保障されている（憲法37条3項）。国選弁護人は、国が弁護士に命じて弁護を要求される者であり、被告人と弁護人との間に委任契約が存在しない。しかし、弁護の仕事は、私選弁護の場合と国選弁護の場合とで差異があるわけではない。真実を発見するために弁護人は証拠を調べ、その保全に努力しなければならない。また、特に違法収集証拠の排除には注意を払わなければならない[30]。刑事訴訟規則第178条の6は、「検察官は、第一回の公判期日前に、……被告人または弁護人に対し、閲覧する機会を与えるべき証拠書類または証拠物

---

(29)　平成元年7月20日判決。「自白」については第6章で論じる予定である。この事件については、そこで再び検討する。ここでは、被告人らの「強姦、殺人」の自白に基いて有罪判決が確定した後に、民事裁判においては、最高裁判所は、事実認定に経験則違反の違法があると判示して、東京高等裁判所に差戻した。最高裁は、「幾多の問題点があるのに、漫然とその信用性を肯定した原審の判断過程には経験則に反する違法があるといわざるを得ず、その違法は原判決の結論に影響を及ぼすことが明らかである。」と述べた。

(30)　井上正仁『刑事訴訟法における証拠排除』（弘文堂、1985年）は、日本の実態を説明しながら、アメリカ法のデュー・プロセスの導入の必要性を説いている（特に、57頁）。ちなみに、同書28頁において、『新版証拠法』の見解に対し、批判的な意見を述べているが、これについては後に違法収集証拠を論じるところで紹介する。

があるときは、公訴の提起後なるべくすみやかに、その機会を与えること」を義務づけられているので、その調査を行わなければならない。

§22（民事弁護人の役割） 弁護人は、依頼人の利益を弁護することを職務とする。弁護人と依頼人の関係は委任契約であると理解できる。法廷で立証を行うのは通常弁護人であるが、依頼者の依頼にしたがってこれを行うのは当然である。しかし、依頼者は、法律については素人であり、その者が述べることが真実であるとは限らない。また、依頼者が証拠として何が重要であるかを知らないため、具体的な指示を出せない。例えば、消費者金融会社から借金をし、返済ができない状態になった個人から弁護士が相談を受けた場合、どのような証拠が重要であるかは、その依頼人が知らないことが少なくない。当該消費者が超過利息を払っており、すでに債務がなくなっていると推測できる場合、弁護士は、原告債権取立入と直接交渉して、必要な証拠を集めなければならない[31]。

§23（弁護人の個別的義務） 検察官の証拠収集とは異なり、被告人側は、具体的な仕事の内容については、事件の類型により異なる。株主代表訴訟であれば、公訴提起の前後を問わず、改竄されるおそれのある会計帳簿のコピーを作成したり、株主決議の公証を行ったりしておかなければならない。自動車事故に関係する事件であれば、目撃者やアリバイの証人を探し、場合によっては供述録取書を作成することも弁護人の義務となる。労働事件の例としては、安全配慮義務の違反を訴える場合に、その職場の写真を撮っておくことも必要となる。詐害行為が問題になる事件では、登記を取り寄せ不動産譲渡を見張ることも必要となる。知的財産権の侵害訴訟では、コンピュータに保存されている問題のファイルのコピーをとっておくことも必要である。

---

(31) 民事訴訟実務研究会編『証拠収集実務マニュアル』（ぎょうせい、1999年）155頁。

§24（証拠保全）　正規の証拠調べを待っていたのでは、その証拠方法の使用が困難となる事情がある場合、あらかじめその証拠を調べ、その結果を保存しておくための手続きが必要となる。たとえば、医療過誤訴訟の場合に、原告申立人は、カルテを見ることなしにどのような診療が行われたかを知ることは非常に困難であるし、他方、医師側はこれを排他的に所持しており、歪曲の誘惑が大きいという情況のもとで、証拠保全が認められる[32]。証拠保全は、被告に不当な負担をかけるおそれもあるが、事実関係を明確にして、真実により和解を促進して、不必要な訴訟を防止するという効果もある[33]。

4　裁判官による事実認定

(1)　裁判例の分析

§25（自由心証主義の原則）　刑事訴訟法318条は、「証拠の証明力は、裁判官の自由な心証に委ねる。」と規定する。これは、公判に出された証拠が何を証明しているかの判断は裁判官の自由であるということを意味している。言い換えれば、当事者が提出した証拠にどれだけの信憑性があるかについての価値判断は、裁判官に委ねられいるということである[34]。民事訴訟法247条も、「裁判所は、口頭弁論の全趣旨及び証拠調べの結果を斟酌して、自由な心証により、事実についての主張を真実と認めるべきか否かを判断する。」と規定する。しかし、自由心証主義は、裁判官の恣意を許すものではない。

---

(32)　小島武司「証拠保全の再構成」自由と正義29巻4号（1978年）34頁。
(33)　長谷部由起子「証拠収集手続のあり方」ジュリスト1028号（1993年）103頁、106頁。
(34)　最高裁判所大法廷昭和26年8月1日、刑集5巻9号1684頁。

第2部　証拠法

§26（ルンバール事件）　事実上の推定と関連して、加藤新太郎は、医療過誤事件に関する研究の中で昭和50年10月24日の最高裁判所判決を例として取り上げている[35]。この事件では、化膿性髄膜炎に罹っていた三歳の幼児（患者）にルンバール（髄液採取およびペニシリン注入）を実施したところ15分ないし20分経過した後、その幼児は嘔吐し、痙攣発作を起こし、さらにその幼児にさまざまな病変が続いた。そこで、ルンバールと、結果として生じた病変との間に因果関係が存在するかどうかが争われた。第一審審理に当たった東京地方裁判所は、3人の鑑定人による鑑定を依頼し、本件の後遺症の原因がルンバールであると断定できない不確定な要素があるという結論を得た。原告は挙証責任（§8）を尽くしたとはいえ、被告勝訴の判決を下した。東京高等裁判所もこれを肯定した。しかし、最高裁判所は、本件の諸事情を総合すれば、「病変との因果関係を肯定するのが、経験則上相当である。」と判決し、下級審判決を破棄・差戻した。

§27（判例の分析）　最高裁判決は、「訴訟上の因果関係の立証は、一点の疑義も許されない自然科学的証拠ではなく、経験則に照らして全証拠を総合検討し、特定の事実が特定の結果発生を招来した関係を是認しうる高度の蓋然性を証明することであり、その判定は、通常人が疑いを差し挟まない程度に真実性の確信を持ちうるものであることを必要とし、かつ、それで足りる」と述べている[36]。差し戻し後の東京高等裁判所の判決は、これに従って原告勝訴の判決を下した。しかし、上述の最高裁判所の判決に対しては、相当の批判が出されている[37]。批判は、結論の部分の「因果関係に関する

---

(35)　加藤新太郎「医療過誤訴訟における因果関係」川井＝田尾編『転換期の取引法―取引判例10年の軌跡』（商事法務、2004年）364頁。

(36)　最高裁判所昭和23年8月5日判決、刑集2巻9号1123頁を先例としたものと思われる。

(37)　木川統一郎＝生田美弥子「民事鑑定と上告審の審理範囲」木川統一郎編『民事鑑定の研究』（判例タイムズ社、2003年）641頁。野田寛『ジュリスト・医療

4 裁判官による事実認定

法則の解釈適用を誤り、経験則違背、理由不備の違法をおかした」という文言に向けられている。筆者の論考の立場からすれば、この批判は第 8 章（鑑定）および第 9 章（上告理由）に関係するので、そこで改めて取り上げることとし、ここでは、判決の論理構造（経験則違反と法則の解釈適用の誤り）を分析することにしよう。

(2) 法令の適用と顕著な事実

§28（三段論法） 上述のように、裁判官は、三段論法によって判決を書くことになっている。ここで三段論法の推論の構造を簡潔に説明しておこう。大前提として、法規範を説明し、小前提としてそれに該当する要件事実の存在を説明し、このことから結論として、法規範の適用を導き出す論理手法である。例えば、§26 の事例では、医師に過失があれば損害賠償の責任があるということが大前提であり、適切な医療が施されていれば、悪い結果が生じなかった高度の蓋然性があること（小前提）から、結論として医師に「過失」を認め、損害賠償義務を負わせたのである[38]。

§29（顕著な事実） 公知の事実および裁判上顕著な事実は、証明は必要とされない。「公知の事実」とは、不特定多数の一般人が信じて疑わない程度

過誤判例百選』（第 41 事件）（1989 年）118-119 頁は、「鑑定結果などからみて、原因から結果への機序を十分に解明されておらず、……（中略）……過失を否定すべき」だったと述べている。

[38] 最高裁判決からの差し戻し審において、東京高等裁判所の昭和 54 年 4 月 16 日判決（判例タイムズ 383 号 56 頁）は、「本件ルンバール終了後 15 分から 20 分後に始まった本件発作の程度及び経過に照らせば、本件ルンバールは幼児に対し異常に大きなショックを与えたものと推測するに難くなく、……（中略）……施術を中止すべきであったというべきである。しかるに、F 医師は本件ルンバールの施術を続行し、その結果その幼児に対し脳出血を発現させ、これにより本件発作及びその後の病変を生ぜしめたのであるから、F 医師に本件ルンバール施行上の過失があった。」（下線、筆者）と判決している。

に知れ渡っている事実を指す。歴史的事件（2001年5月11日にＮＹで国際貿易センタービルが破壊されたことなど）、公知の建造物の所在（裁判所の所在など）、著名人の死亡（三島由紀夫の自殺など）が、その例である。裁判所が職務上知り得た事実も、顕著な事実であり、証拠調べが不要であるとされる。しかし、たまたま裁判官が個人的に知り得ただけの事実は顕著な事実ではない。判決理由の中に、顕著な事実である理由を示しておかなければならない。上述のルンバール事件についていえば、その施術の副作用がこれに当たる。

§30（経験則） ルンバール事件の経験則は、ルンバールの施術が本件の後遺症に結びつくかという形で論理が立てられている。しかし、不幸な結果が生じるまで、何ら別の要素が加わっている可能性はないので、病院側に何らかの責任があると推定できる（英米法では、この推定を res ipsa loquitur という）。このことを前提にして考えるならば、副作用があらわれたときに適切な処置がなされれば、その結果は避けることができたと推定できる。そして、病院側に予期しない副作用が生じたときに適切な対応ができない事情があった。一般的に、この経験則には、日常の常識から専門科学上の法則にいたるまで、さまざまなものが含まれる。

§31（政策的価値判断） 加藤新太郎は、証拠の証明度について、ルンバール判決は「（因果関係が存在することについて）高度の蓋然性説」を採用したものと考えている。しかし、問題になっているのは「過失」であり、これは伊藤滋夫の理論においても、規範要件の問題であり、科学的な因果関係の問題であるよりは、価値判断の問題である。「過失は、当該不法行為について損害賠償という法的保護を与えるかどうかという観点から、種々の対立する利益を調節するための高度の政策的価値判断そのものである。」[39]。最高裁判所が問題にしたのは、「適切な指示を与えずに学会にでかけたこと」や、「急変が起こっているのに患者の診察を怠ったこと」などではなかったかと

---

(39) 平井宜雄『損害賠償法の理論』（東京大学出版会、1971年）394頁。

思われる⁽⁴⁰⁾。

(3) 法律行為の解釈

§32（法律行為の定義） 法律行為の解釈についても、事実上の推定が問題となる。「要件事実」（§15）と関連して、売買契約の成立のためには「申込」と「承諾」が合致していることが要件事実であると述べたが、具体的な事件において、「代金」の支払いがなされたことが「申込」の要件を満たす主要事実であるかどうかが問題となる。この場合、「代金の支払い」は法律行為であり、紙幣で支払ったとか、硬貨が混じっていたとか、こまごまとした事実行為とは区別される。このように、法律行為は主要事実との関連で識別されるものであって、抽象的に「法律行為」を定義することは不可能である⁽⁴¹⁾。

§33（法律行為の解釈） たとえば、民法555条は売買契約について規定し、一方が財産権を相手方に移転することを約束し、相手方が代金を支払うことを約束することによって成立すると述べている。そこで、余り現実的な例ではないが、鉄道の駅に置かれた金属製の箱の中に120円の硬貨を投入したとき、売買契約の要件事実である「申込」がなされたことになるのかどうかという問題に当て嵌めてみよう。120円を投入したときに缶コーヒーが飛び出してくる仕掛けになっているときに、小学生がその硬貨を投入したのに缶コーヒーがでてこない場合、そもそもことばは全く使われていないから、意思表示の事実認定は不可能であり、適切な意思表示のフィクションが必要と

---

(40) 前掲注38参照。アメリカ法についていえば、カルテが紛失していたり、患者側に著しい証明の困難がある場合には evidential damage doctrine の適用を認めて、日本の最高裁と同じような判決を下すものと思われる。

(41) しかし、前掲注38の引用で示したように、裁判所が「過失」の価値判断の対象とした法律行為は「ルンバールの施行」であるが、そのどの部分が法律上問題であるかを具体的に明示すべきであったと思われる。

なる[42]。

§34（法令上の推定） 法令上の推定が問題になるのは、証明の対象である事実Ａの証明にあたって、他のより証明しやすい事実Ｂが証明されたときは、反対の証明のない限り事実Ａが証明されたと認められるべきであることが、法律の規定として定められている場合である。たとえば、商法205条2項は、「株券ノ占有者ハ之ヲ適法ノ所持人ト推定ス」と規定しており、盗難取引を取り次いだ証券会社は、真の権利者か否かの調査を行わなかったとしても、そのことについて責任を負うことはない[43]。また、公職選挙法251条の2、第2項は、秘書という名称に類似する名称を使うことを承諾または容認している場合には、「公職の候補者等の秘書と推定する」と規定しており、地元事務職員の行為について、連座責任を認めた[44]。

§35（事実上の推定） 間接事実に経験則を適用して他の事実（主要事実または間接事実）を推認することを事実上の推定と呼んでいる。これは、裁判官の自由心証の領域内の問題であり、証明責任とは直接的には関係ないとされてきた。間接事実から事実上の推定により主要事実を認定するために、間接事実が使われる。たとえば、「窃盗の被害時刻から余り時間がたっていない時に、被害現場の近くで、被告人が贓物を所持していた場合」、窃盗犯であるという推定が働く[45]。ルンバール事件では、施術と病状の急変は時間的に接近している。

---

[42] 「法律行為の解釈は、……（中略）……表示行為が有する意味を決定することであるから、事実認定の問題ではなく、法律問題である。」我妻栄『新訂民法総則』（岩波書店、1965年）258頁。
[43] 東京地方裁判所平成13年1月18日判決、判例タイムズ1073号（2002）194頁
[44] 大阪高等裁判所平成10年5月25日判決、判例タイムズ979号（1998年）251頁。
[45] 札幌地方裁判所昭和32年5月14日判決。

これまでの議論は、主に退官された裁判官たちが法科大学院での教育を意識してなされてきた議論を整理したものである。アメリカ法では、裁判官は陪審への説示が必要であり、その議論は説示の目的のためになされてきたものといえる[46]。我が国でも、裁判員制度を導入することになれば、上述のような議論をより厳密に行わなければならないときが来るであろう。

5　伝聞証拠法則

(1)　序　　説

§36（その2の構成）　これまでの論考では、証拠法全体の構造を説明しながら基礎的な概念を説明することに重点を置いてきた。次に、証拠法則の重要な具体的法則を論ずることになる。熊谷＝浦辺＝佐々木＝松尾編『証拠法大全』（日本評論社、1970年）全4巻では、まず「自白」が論じられ、次に「伝聞証拠」が論じられている。このような構成になっているのは、「新しい構想による完結的な刑事訴訟法典が、……（中略）……英米法の強い影響の下に採用された証拠法に関する諸規定であった。」（同書、はしがき）という意識があり、憲法問題にかかわる「自白」が第一に重要であると考えられたものと思われる。しかし、自白の問題の重要性は今日でも否定できないとしても、伝聞証拠の方が民事・刑事の両方に関係するよりいっそう一般的な問題であり、まずこれについて論ずることにしたい[47]。

---

(46)　陪審は事実認定を行う責務を追っているが、「証拠法に従って行う」ことになっており、裁判官は、本稿で説明した諸ルールで関連性のあるものを陪審に説示することになる。

(47)　本稿で特に参考書としている田中和夫『新版証拠法』（増補第3版、1971年）（本稿§1参照）も、このような扱いをしている。第4章「伝聞証拠」93頁以下、第5章「被告人の自白」211頁以下。

第 2 部　証　拠　法

§37（伝聞証拠の事例）　伝聞証拠の問題は公判審理の場で問題になる問題であり、公判審理における証言と関連して本稿その 3 の部分でその問題を論ずるが、ここではその理論面の検討を行いたい。その検討のために、例のケース・ブックから本章の主題である伝聞証拠の排除に関するモデル事例を紹介しよう[48]。アメリカ合衆国ノース・ダコウタ州の事件において、原告はトラクタを運転していたが、被告の自家用車によって追突され、危害を被ったと主張し、損害賠償を請求した。これに対し、被告は、日没後に原告はランプも点けずに公道を走っていたのであり、原告側に過失があると主張した。この事故の現場を調べた調停官（adjuster）が証言し、この証言の中で、「原告の息子が、トラクタにはランプが付いていなかったと言っていた」と述べた。これにより原告は敗訴した。しかし、同州最高裁判所は、その息子が海外にいたために反対尋問が行われておらず、これは伝聞証拠であるから、その証拠に基づく判決は違法であると判示し、事件を破棄差戻した[49]。

§38（伝聞証拠の不確実性）　「伝聞証拠」の一般的な説明は、どの教科書をとっても同じようなものであるが、田宮裕の著書の説明が比較的分かりやすい（ちなみに、田宮裕は英米刑事法の専門家でもある）。「乙がやった」という証言は直接証拠であるが、「『乙がやった』と丙がいっている」という証言は間接証拠であり、伝聞証拠である、と説明している[50]。裁判官（アメリカでは、陪審）は、供述者が真実を述べているかどうかを考えながら、事実認定を行うが、(1) 供述者が何を知覚したか、(2) それをどのように記憶し、(3) その記憶をどのように表現したか、が問題となる。上の例では、証人（ad-

---

(48)　Weinstein, Mansfield, Abrams and Berger, Evidence 475 (9th ed. 1997). ロー・スクールでは、本文で引用した教材事例を素材として、伝聞証拠法則の外、問題の供述が抗弁であるか、海外から呼び戻すことができないかなど、多くの論点が議論される。
(49)　Leake v. Hagert, 175 N.W. 2d 675 (N.D. 1970).
(50)　英田宮裕『刑事訴訟法（新版）』（有斐閣、1996 年）367 頁。

juster) は、乙（原告の息子）の知覚（ランプが消えていた）と言うのを聞いたと記憶している、と主張しているが、真実でないかもしれない。

§39（英米法上の伝聞証拠の扱い） 伝聞証拠は、英米法では、古くから証拠として許容されなかった[51]。陪審が事実認定を行うので、上述のような不確定な証拠を許容することは危険であると考えられた。しかし、伝聞証拠法則を余りにも厳密に適用すると、立証が非常に困難になり、訴訟の遅延の原因になりかねない。また、伝聞証拠によって陪審が常にだまされるものとは限っておらず、相当の判断能力をもっているはずである[52]。そもそも陪審に対する見方が、現在では大きく変わってきている。このようなことを背景として、イギリスでは、2003年に刑事裁判法が制定され、裁判官が、伝聞証拠を「最良証拠 (best evidence)」と思料する場合に、これを許容することができるようになった[53]。アメリカでも、後に説明するように、伝聞証拠法則には、多くの例外が認められるようになっている。

(2) 伝聞証拠法則

§40（刑事被告人の権利） 日本国憲法第37条2項は、「刑事被告人は、すべての証人に対して審問する機会を充分に与えられる権利を有する。」と規定しており、この規定は伝聞証拠の排除を規定したものと理解されている。これを受けて、刑事訴訟法第320条は、「第321条ないし第328条に規定す

---

[51] この法則の起源および発展の歴史について、後掲注66の文献参照。ちなみに、伝聞証拠法則を生み出す重要なきっかけとなったのはウォータ・ローリ郷の事件であったとされるが、これについて、1 J.STEPHEX, A HISTORY OF THE CRIWNAL LAW OF ENGLAND 326 (1883) および田島裕「コンスピラシー法理の研究2」法学雑誌第251巻1号（1978年）1頁参照。

[52] 純粋な理論の問題としてとらえるならば、大学の学問のすべてが仮説（伝聞証拠）によってなりたっているのに、それに対する信憑性は極めて高い。伝聞証拠にも信憑性の高いものが少なくない。

[53] Criminal Justice Act 2003, s.114(1)(d).

る場合を除いて、公判期日における供述に代えて書面を証拠とし、または他人の供述を内容とする供述を証拠とすることはできない。」と規定している。第321条ないし第328条は、アメリカ法にならって伝聞証拠法の例外を規定しているが、これについては後述§43以下で説明する。

§41（FRE§802の規定） アメリカの伝聞証拠に関する規定は、連邦証拠規則（Federal Rules of Evidence：FRE）第801条に規定されている。連邦証拠規則第802条は、原則として伝聞証拠の許容性を否定しているが、同第803条が例外として許容される場合を規定している。しばしば問題になるのは、「公判期日における供述に代えて提出される証拠書面、または公判期口外における他の者の供述を内容とする供述」であるが、これらは原則として伝聞証拠として禁止される。これと関連して、伝聞証拠法則は「証人」に対してのみ適用される法理であるか、そうでない者に対しても同じように適用のある法理であるか、が問題となる[54]。

§42（ホワイト対イリノイ州判決：例外の事例） マッコーミックのケース・ブックは、ホワイト対イリノイ州判決[55]を取り上げ、伝聞証拠の問題点を議論している。この事件では、事件当時4歳であった子供の証言が争われている。1988年4月16日の真夜中を過ぎた頃、その子供が泣き叫ぶのをベビー・シッターが聞きつけ、その子供の部屋へ入るときに被告が逃亡するのを目撃した。子供は泣きながら一部始終を説明した[56]。子供が叫び声をあげ

---

[54] 田中、前掲注(47)、120頁。田中は、日本の判例を分析し、最高裁判所昭和42年5月18日判決、刑集3巻6号789頁（現実に召喚された狭義の証人のみに限定）などを批判している。

[55] White v. Illinois, 502 U.S. 346 (1992) (*per* Rehnquist) MCCORMICK, EVIDENCE (6th ed. 2006) §252. *Cf.* Idaho v. Wright, 497 U.S. 805 (1990)（違憲判決、但し、レンキスト反対意見）。

[56] 事件の直後に少女が泣きながら自分ではなしたもので、はだかにされ、いたずらされたことを内容とするものであった。犯人は近所に住む独身の男で、

てから約45分後に警察官が到着し、その警察官はその子供を台所で一人だけで尋問したが、子供の説明は、ベビー・シッターの話と一致していた。この子供は、証人喚問を受けることはなかったが、ベビー・シッターの証言が被告人の有罪判決を支える主要な証拠となった。被告人は、州裁判所で有罪判決を受けた後、第6修正（反対尋問権）の違反を訴えて、連邦最高裁判所に上訴したが、同裁判所は、この上訴を棄却し、判決が確定した。この判決では反対尋問権が重要な争点となっているが、問題は被害者である4歳の子供を法廷に証人として立たせることが適切であるかどうかである。

(3) 伝聞証拠法則の例外

§43（例外の認められる理由：信用性と必要性）　前述のように、FRE第803条は、伝聞証拠法則の例外を定めているが、ウィグモアは、これらの例外を「信用性」と「必要性」の概念で説明した[57]。日本の刑事訴訟法第321条1項に規定する例外は、そのアメリカ法の規定を参考にして定めたものと思われるが、憲法制定当時とは情況が大きく変わっており、日米間にかなりの相違が生じている[58]。田中和夫の研究は、同条の定める3つの例外のうち、2号の例外は違憲であるとする見解を述べている。この2号は、検察官の面

少女の顔見知りであった。
(57)　5 Wigmore, Evidence in Trials at Common Law (Chadbourn ed. 1974) §§1420-2.
(58)　FRE§803は、24項目の例外を規定している。(1)現場での印象、(2)興奮して発せられたことば、(3)精神状態、(4)医師の専門家意見、(5)記録の読上げ、(6)公式の記録、(7)公式記録の元となる資料、(8)公官庁の記録・報告書、(9)統計、(10)(8)または(9)の元となる資料、(11)宗教団体の記録、(12)婚姻証明書等、(13)戸籍記録、(14)土地に関係する権利を証明する登記、(15)同関係書類、(16)20年以上存続する文書、(17)市場レポート、(18)学術的研究業績、(19)家系に関する風評、(20)境界線に関する風評、(21)性格に関する風評、(22)前科、(23)(19)以下に関する判決、(24)上記のいずれかに匹敵すると考えられるものである。後掲注(62)と比較せよ。

前での供述調書に証拠能力を認める規定であるが、「犯罪捜査のため又は公訴を維持する資料を得るため、第三者に供述させて録取した書面に供述者をして署名又は押印させただけでそのままそれを証拠とすることができるとするのであって、如何に必要性があるとしても、憲法に違反する」と述べている[59]。

§44（例外：信用性） 日本の刑事訴訟法第321条1項1号および3号による調書は、「信用性」が高いため、伝聞証拠であっても証拠能力が認められる[60]。2号の事例に関して、売春防止法違反の事件に関する最高裁判所の判決を取上げて、田中和夫の主張について検討してみよう。この事件では、管理売春を証明するために、検察官はタイ人の売春婦たちから供述をとり、記録したのであるが、供述者たちはその後直ちに強制送還され、日本国内にはいなかった。そこで、刑事訴訟法第321条1項により、その供述書が証拠として裁判所に提出された。最高裁判所は、「許容されないこともある」と説明しつつも、本件ではそれを証拠として採用することを許容した[61]。一般論としては、このような証拠には虚偽が含まれるおそれがあり、有罪を証明する客観的な独立した証拠が必要とされるべきであろう。

§45（例外：必要性） 刑事訴訟法第322条ないし第328条は、伝聞証拠を使う必要性があり、その証拠の信憑性が高いものを採用することを許容する場合について規定している[62]。上述の§37や§42の事例がその例である

---

(59) 田中、前掲注47, 130-1頁。
(60) 1号は裁判官面前調書について規定したものであり、3号は現場での検証調書などについて規定したものである。後者に証拠能力が認められるのは、事件から近接しているし、経験上、一般的には、信用できるからである。
(61) 最高裁判所平成7年6月20日判決、刑集49巻6号741頁。
(62) 刑事訴訟法第321条の2にビデオリンク方式の証人尋問調書について規定した他、被告人の供述書等の証拠能力（第322条）、戸籍謄本等の書面の証拠能力（第323条）、伝聞の供述、供述の任意性の調査、当事者の同意の効力、弾劾

5 伝聞証拠法則

が、前者は供述者が法廷に出廷できないとされる事例であり、後者は反対尋問を受けさせることが不適切であると考えられる事例である。§46で取り上げる事例は、供述者の所在が不明であるため、反対尋問が不可能である場合であるが、これもその例の1つである。また、§47の事例は、証言拒否特権を行使して証言が拒否されたため反対尋問ができない場合である。その他、証人が死亡した場合、精神異常者となった場合などが、刑事訴訟法の諸規定が認める例外である。

(4) 証拠法則と反対尋問権

§46（ロバーツ判決） アメリカの指導的判例の1つはロバーツ判決である[63]。被告人ロバーツは、知人の女性の家にその女性の留守中、数日間滞在し、その間にその両親の小切手とクレジット・カードなどを窃取した。小切手を偽造し、行使した。また、ヘロインを所持していた。被告人は、小切手偽造罪およびヘロイン所持罪で逮捕され、市裁判所で予備審問を受けたとき、小切手などの使用を許されていたと主張した。しかし、その女性はその事実を否定したが、被告人の弁護人による尋問を受けることはなかった。その後、正式な刑事裁判が開始され、その女性の陳述調書が提出された。被告人は、反対尋問を求めたが、その女性は家出をしていて住所不定なため、その尋問はできなかった。しかし、オハイオ州裁判所は、その調書の信頼性が高いことを理由として、有罪判決をくだした。その上訴を受けた連邦最高裁判所も、この判決を肯定した。

§47（クローフォード判決） クローフォード事件では、ロバーツ判決の法理の破棄が求められた[64]。この事件では、被告人は暴行罪および殺人未遂

証拠について規定しているが、本稿その3で論ずる予定である。
(63) Roberts v. Ohi0, 448 U.S. 56(1980).
(64) Crawford v. Wasington, 541 U.S. 36 (2004).
　　妻は被告人に強姦されかかり、これを知った夫が妻と共に犯罪者の家へ行き、

103

第2部　証 拠 法

で訴追を受けた。その犯罪を被告人の妻が目撃しており、警察の調書に犯罪を認める陳述をした。この妻は刑事裁判では証言を拒否した[65]。ワシントン州裁判所は、この調書の信憑性が高いと認め、有罪判決を下した。その上訴を受けた連邦最高裁判所は、長い判決を書いてロバーツ法理を破棄した[66]。反対尋問権は憲法上の権利であり、この権利が侵害されていると認定できるならば、いかに信憑性の高い証拠であっても、証拠能力が否定される、と判決した。この判決の意味するところは、反対尋問権を認めることが公正であると思われる場合に、その権利は憲法上の権利であるから、法令の解釈によってそれを否定することができない、ということであると思われる。

6　被告（人）の自白または自認

(1)　自白の証拠能力

§48（自白に関係する憲注の規定）　日本国憲注38条1項は、「何人も、自己に不利益な供述を強要されない。」と規定する。また、同条3項は、「何人も、自己に不利益な唯一の証拠が本人の自白である場合には、有罪とされ、または刑罰を科せられない。」と規定する。これらの規定は、英米憲注原理を参考にして規定されたものであるが、我が国においても現代刑事裁判の要石となっている。犯罪を証明するのに白白は便利な証拠であり、過去の歴史中にしばしば濫用されたことが記録されている。現在は、強制、拷問もしく

そこで夫が犯罪者を刺した。しかし、夫は正当防衛を主張した。この事件では、妻に証言拒否権が認められる。

[65] この判決は、伝聞証拠法則の歴史的意義を考察したうえで、反対尋問権を認めることの憲法上の意義を説明している。

[66] 5 WIGMORE, *supra* note 57, at §1364. イギリスについては、I STEPHEN, *supra* note 51, at 446-7 (1883).

は強迫による白白または不当に長く抑留もしくは拘禁された後の自白は、これを証拠とすることが禁止されている（日本国憲注 38 条 2 項）。

§49（自白の任意性） 先に引用した憲注条項に従い、刑事訴訟注第 329 条 1 項は、「強制、拷問または脅迫による自白、不当に長く抑留または拘禁された後の自白その他任意にされたものでない疑のある自白は、これを証拠とすることができない。」と規定している。この規定は、先の憲注条文と比較すると、「任意性に疑いのある証拠」についても言及しており、『新版証拠法』は、これを憲法に追加されたものとみている[67]。学説では、任意性に疑いのある証拠の採用も憲法に違反するものであり、証拠能力を否定すべきものであると考えている[68]。最高裁判所の判例の考え方は必ずしも明瞭ではない[69]。

§50（自白の証拠能力） 自白の証拠能力が否定される根拠は、虚偽排除および人権擁護の 2 つであると言われている[70]。『条解刑事訴訟注（第 3 版増補版）』（2006 年）は、「最高裁判所の判例は、明確に根拠を示したことはな

---

(67) 田中、前掲注 47、213 頁。この主張は、「任意性のない証拠」の採用は、単なる違法であり、最高裁判所への上告理由にならないことを意味する。また、法律の改正によって、「任意性のない証拠」を適法とすることさえできる。

(68) 団藤重光『新刑事訴訟法（七訂版）』（創文社、1967 年）250 頁は、「第 319 条は一見して、憲法よりもいっそう強い制限をおいたもののようにみえるが、実は、憲法の解釈として当然のことであり、その意味で、解釈的・確認的な規定であるといわなければならない。」と述べている。

(69) 最高裁昭和 45 年 11 月 25 日判決、刑集 24 巻 12 号 1670 頁は、偽計によって得た自白について、「その任意性に疑いがあるものとして、証拠能力を否定すべきものであり、このような自白を証拠に採用することは、刑訴注 319 条 1 項の規定に違反し、ひいては憲注 38 条 2 項にも違反するものといわなければならない。」と判示している。

(70) 田中、前掲注 47、213-3 頁に、詳しい説明がある。

いが、虚偽排除説によったものと理解しやすいものが多い。しかし、最近では、人権擁護説の展開やアメリカの判例の発展等をふまえて、本項［319 条 1 項］をもって任意性の観点をこえ広く自白採取の過程におけるデュー・プロセスを担保する規定とみる見解（違法排除説）が有力になりつつある。」と述べている(71)。強制などによる自白は、後に述べるように、英米法では違法収集証拠とされ、証拠能力を否定される。

§51（民事上の自白または自認） ちなみに、自白の証拠能力については、刑事裁判と民事裁判とで大きな違いがある。民事訴訟上は、当事者間に争いのない証拠は、証明を必要としない（民訴 257 条）。民事裁判の目的は、真実の発見というよりは、主として当事者間の紛争の解決にある。したがって、注廷において当事者が自白した事実があれば、裁判所はこれに拘束される(72)。しかし、裁判である以上、真実の発見と無関係であるというわけでもない。「いかに自白があったとしても、性質上不能である事実については、拘束力を有しない」（大判昭和 8 年 1 月 31 日民集 12 巻 51 頁）。

(2) 自白の補強証拠

§52（自白の証明力）「強制、拷問または脅迫による自白」でもなく、「不当に長く抑留または拘禁された後の自白」でもない自白は、憲法に違反するものでないと考えるならば、証拠が単に任意性に欠けるというだけでは証拠能力が否定されるものでなく、その証明力が問題とされる(73)。従って、日

---

(71) 『条解刑事訴訟法（第 3 版増補版）』（2006 年）666 頁。ここにいう「違法排除説」は、後掲注 77 を指すと思われるが、前掲注 50 の田宮の研究に従ったものであろう。

(72) 民事訴訟法第 179 条参照。当事者主義の考えによるものであるが、刑事訴訟注第 326 条および第 327 条が同意のある書面の証拠能力を認めているのも、当事者主義の考えによるものである。

(73) 前掲注 67 参照。

6 　被告（人）の自白または自認

本の判例では、自白が真実であることを示す補強証拠があれば、自白を証拠として採用することができる、と考えられている。埼玉県で起こった殺人事件（いわゆる草加事件）の最高裁判決は、自白そのものの証拠能力を否定してはいないが、客観的証拠（物証）によってそれが裏打ちされていることを要求している。憲注第 38 条 3 項は、「自己に不利益な唯一の証拠が本人の自白である場合には、有罪とされてはならない。」と規定している。したがって、有罪判決を支える補強証拠が必要であると述べている。

§53（少年の殺人事件）　草加事件では、被告人である少年らが犯人であることを示す直接証拠がなかったのに、少年らの自白だけで有罪判決を下したことがある。しかし、被害者の両親が少年らの親を相手に起こした民事裁判（損害賠償請求事件）において、最高裁判所は、自白の証拠能力について、次のように述べている[74]。

「本件事件と少年らとを結びつける直接証拠としては、少年らの自白があるだけであり、少年らが本件事件の真犯人と認められるかどうか、ひいては本件請求が許容されるかどうかは、少年らの自白が信用し得るものであるかどうかにかかっている。確かに、原審が指摘するように、少年らの最終的自白は、極めて詳細かつ具体的であるばかりでなく、その自白内容は各少年とも大筋において一致し、互いに補強し、補完し合うものである。しかしながら、前記事実関係によれば、少年らの自白は客観的証拠の裏付けに乏しく、自白内容に変遷が見られ、一部とはいえ虚偽供述が含まれていることは原審の認定判断するところでもあって、その信用性には疑いを入れる余地があり、その信用性は慎重に検討されなければならない。そして、このような場合、自白を裏付ける客観的証拠があるかどうか、自白と客観的証拠との間に整合性があるかどうかを精査し、さらには、自白がどのような経過でなされたか、

---

[74]　最高裁平成 12 年 2 月 7 日判決、民集 54 巻 2 号 255 頁、判例タイムズ 1026 号（2000 年）75 頁。井澤一友裁判官は、この判決に少数意見を付し、この事件は「実質的には事実上の再審事件であると考えるべきである。」と述べている。

その過程に捜査官による誤導の介在やその他虚偽供述が混入する事情がないかどうか、自白の内容自体に不自然、不合理とすべき点はないかどうかを吟味し、これらを総合考慮して行うべきである。」

§54（独立の補強証拠と「毒の本の実」の理論） アメリカ法には「毒の本の実」の理論と呼ばれる憲法判例の法理がある[75]。1つの本の実の毒性が非常に強ければ、木全体に毒がまわっており、他の実もすべて毒性をもつので、食べることはできない。自白を採取した違注が憲法上の権利を侵書するようなものであれば、訴追することの正当性が失われる。しかし、その違法が注令違反の程度のものであれば、その違反の責任が別途問われることを別として、自白の証拠能力が否定されることはなく、証明力が問題とされる。もしその自白の信憑性が高いと判断されるならば、これを証拠として有罪判決がくだされることもあり得る[76]。とくに日本では、上に紹介した草加事件がその例である。しかし、団藤重光は、晩年の教科書では、「毒の木の実」の理論に近い考えをのべている[77]。

---

[75] Hurrison v. United States, 392 U.S. 219 (1968). この判決では、ステュアート裁判官が多数意見を書き、違憲と思われる自白の採取により得られた関連証拠の許容性を認めず、無罪判決を書いた。これに対して激しい反対意見が付されており、「毒の木の実」の法理は不確定のものとなっている。United States v. Tyrese, 413 F.3d 1253 (2005)（キング・マフィア撲滅事件）、Kordenbrock v. Secroggy, 889 F.2d 69 (1989)（殺人に対し死刑が科された事件）でも、その注理はいちおう尊重されてはいるか、ミランダ警告違反は harmless error（判決の結論に影響を与えない間違い）であると判決している。

[76] People v. Hawkins, 668 N.W.2d 602,609 n.9 (Mich. 2003) において、ミシガン州裁判所は、憲法上の権利侵害が認められない場合には、真実追求が重要視されると述べている。

[77] 団藤、前掲注68、250-1頁。「わたくしは本書六訂版までは、憲注38条2項はもっぱら自白の任意性を規定したもの……（中略）……として理解してきた。しかしいま、……（中略）……アメリカではマクナブ事件（1943年）[McNabb v. United States, 318 U.S. 332（1943）] が表れていたことを考え合わせてみる

⑶ 黙秘権の保障

§55（黙秘権の規定） 「強制、拷問もしくは強迫による自白または不当に長く抑留もしくは拘禁された後の自白」を証拠とすることを禁止するだけにとどまらず、刑事被告人は、黙秘権が保障されている。「逮捕または勾留されている場合」を除き、被疑者は出頭を拒み、又は出頭後、いつでも退去することができる（刑事訴訟注 198 条 1 項）。被疑者に対し、あらかじめ、自己の意思に反して供述する必要がない旨を告げなければならない（同条 2 項）。この告知義務は、アメリカ注では、ミランダ・ルール（後述 §59）と呼ばれている。

§56（黙秘権が認められる理由） 黙秘権を憲法上の権利にまで高めたのは、メーンであったと思われる。メーンは、インドの総督府に注務官として勤務しているあいだに、警察が犯罪を立証する努力をせず、偽の犯人をしたてあげているのをしばしば目撃したため、「黙秘権の保障」が近代国家の一里塚であるとのべた[78]。しかし、被疑者が黙秘権をもっていることを積極的に告知する義務があるとまで考えていたかどうか、明らかでない。アメリカの最高裁判所は、その積極的義務を憲法上の義務であると考えている。日本の最高裁判所は、「事前に告知しなかったからといって、違憲とはならない」と判示している[79]。つまり、告知がなかったからといって被疑者の供述の

と、憲法のこの規定には、単なる任意性の見地をこえるものが含まれていたとみるべきではないかと思う。……（中略）……非人道的・反文化的な取扱いを根絶し、人道的かつ科学的な司法を実現しようという考え方が、その背後に存在する。」

(78) L.W. LEVY, ORIGINS OF THE FIFTH AMENDMENTS (1968), E.N. GRISWOLD, THE FIFTH AMENDMENT TODAY 81 (1968) に説明されている。黙秘権は、無罪の推定の法理の裏の側面である。
(79) 最判昭和 25 年 11 月 21 日、刑集 4 巻 11 号 2359 頁。

任意性を欠くことにならない、とされている。

§57（アメリカ法の刑事免責制度）　連邦法は、刑事免責を認めたうえで、自白をとることを許している[80]。たとえば、暴力団が麻薬取引を行った場合、その主たる犯罪者の刑事責任を追求するために、共犯者の1人に刑事免責を認め、自白を強制することが行われる。しかし、1人の検察官がその裁量で刑事免責を決めることができるわけではなく、法務総裁がその決定を行うことになっている。日本法の場合には、刑事免責が認められないので、「被告人本人との関係においては、被告人以外の者であり、純然たる証人とその本質を異にするものとして、共犯者の自白は、独立完全なる証明力をもつと考えられている[81]。

§58（ロッキード事件）　上で述べたような刑事免責が日本法とまったく無関係というわけではない。最高裁判所平成7年2月22日判決、刑集49巻2号1頁（丸紅ルート事件）で、刑訴317条に従う証人尋問調書の証拠能力について判決した。この事件では、収賄罪を立証するために、贈賄者に訴追免責を認めて自白を強要した。最高裁判所は、この自白を違法と認めたが、これは法令違反にすぎず、独立した証拠によって有罪が証明されていることを理由として、有罪判決を支持した。しかし、その自白はアメリカ法の手続に従って採取されたものであり、たとえ日本法の「公序」に反するものであるとしても、アメリカ法では適法なものであり、外国法の承認の場合として適法とすることもできたと思われる。

---

[80]　18 U.S.C. §6003 (2006).
[81]　最高裁判所昭和32年5月28日判決、刑集12巻8号1718頁（練馬事件）。*Cf.* Lilly v. Virginia, 527 U.S. 116 (1999). 共犯者の自白の信用性が否定された事例として、最高裁判所昭和62年10月2日判決、判例タイムズ675号（1988年）246頁参照。

6 被告（人）の自白または自認

⑷ 違法収集証拠としての自白

§59（ミランダ・ルールの意味）　アメリカ法では、司法警察官が被疑者に最初に接触するときに、被告人の憲法上の権利を説明しなければ、被疑者の供述などの証拠能力が否定される。ミランダ判決は、この法理を明言している(82)。ミランダ判決以来、アメリカでは、警察官が被疑者に最初に接見するときに、被告人の黙秘権などを説明したミランダ・カードが渡される(83)。この判決に対し、警察関係者からの強い批判が世論を動かし、連邦議会は、任意性のある自白に証拠能力を認める法律を制定した(84)。ディッカーソン事件でミランダ法理を否定することが求められた(85)。

§60（ディッカーソン判決）　この事件では、連邦犯罪の訴追を目的とした拘留中の尋問のとき、ミランダ警告が与えられなかった(86)。連邦地裁は、

---

(82)　Miranda v. Arizona, 384 U.S. 436 (1966). ミランダ判決のアメリカ法での意義について、田島裕『アメリカ憲法』（信山社、2005年）202頁参照。この事件は、被害者がいわゆるラインアップ（半透明のガラス越しに数人の者の中から被疑者を選択させる手続）のときに、被告人を名指し、これを信頼しきったため、長時間にわたる拘留尋問の後、自白をやっと取得し、つじつま合わせが行われた事件である。

(83)　このカードには、1　黙秘権があること、2　しゃべったことは法廷で証拠とされることがあり得ること、3　弁護人に相談する権利があること、4　国選弁護人を付する権利があること、の警告が明瞭に記載されている。州によっては、この意味を理解したことを証するために、署名を残すことを義務づけている州もある。

(84)　18 U.S.C. §3501 (2006). 但し、現在の法律集には、次注の判決により違憲の判決が下されているという注が付されている。

(85)　Dickerson v. United States, 530 U.S 428. 443 (2000).

(86)　この事件では、銀行強盗およびそのコンスピラシーの事件に関する供述調書を作成するためにFBIの取調室で尋問をしているときに、ミランダ警告が与えられなかった事件である。

このことを憲法違反と認め、無罪の判決をくだした。しかし、第4上訴裁判所は、ミランダ違反は直ちに憲法違反となるのではなく、本件の場合のように自白が任意になされた場合には、その自白は証拠能力をもち、それに基づいて有罪判決を下すことができると判決した[87]。連邦最高裁判所は、ミランダ判決を否定することが求められたが、上述のように、「ミランダ・ルールはアメリカ国民の文化の一部となっている。」と判示した[88]。

§61（日本法との比較：強制、拷問または脅迫による自白） 強制、拷問または脅迫は違注であり、それにより取得された証拠には証拠能力が認められない。しかし、実際には、我が国でもそれにより自白を得ることがまったくないとも言い切れないように思われる。古い判例であるが、「被告人に手錠をはめたまま取り調べ」をしたり、「警察署長が被告人を殴った」りして、自白をとり、これを証拠として有罪判決が下された事例がある[89]。これらの事例においても、最高裁判所は、事件の情況のもとではやむをえない処置であり、証拠の信憑性は高いと認定し、有罪判決を支持した。イギリスでは、国際テロリストの犯罪については、不適切な取り調べであるにもかかわらず証拠能力を認めたが、強制、拷問または脅迫による自白は、そもそも証拠能力が認められない[90]。

---

[87] United States v. Dickerson, 166 F. 3d 667 (1999). なお、前掲注57のコーデンブロック判決も見よ。

[88] ミランダ判決は憲注上の人権を認めた判例であり、連邦法によりこの人権が否定されたとする解釈は、間違いであると判示している。Dickerson, *supra* note 85, at 432.

[89] 最高裁判所昭和26年8月1日判決。なお、判例タイムズ37号（1954年）29頁参照。河上和夫『自白－証拠法ノート(2)』（1982年）にはもっと多くの事例が示されている。

[90] A and Others v. Secretary of State for Home Dept. (No.2), [2006] 2 A.C. 211（イギリスの判決）。「国家の安全」を理由として、ヨーロッパ人権規約の適用を排除した。Jalloh v. Germany, [2006] 20 BHRC 575参照。」

6 被告（人）の自白または自認

§62（日本注との比較：誘導または偽計による自白） 昭和 45 年 11 月 25 日の判決で最高裁判所は、偽計により得た自白の証拠能力を否定した[91]。浜田寿美男『（新版）自白の研究』（北大路書房、2005 年）は、自白に落ちる刑事被告人の心理などを詳細に調査・分析した研究であるが、その「心理は、けっして異常なものでもなければ、複雑・難解なものでもない」と述べ、被告人は、「犯人を演じる以外にないと思いこむ」という（xi 頁）。ここでは主に「おとり捜査」が問題になるが、アメリカ法では、麻薬犯罪など一定の犯罪については、一定のおとり捜査が許されている[92]。しかし、通常、被疑者が行っていると思われる行動を誘発するまでは許されるが、犯罪を実行するまでの誘発は許されていない。

§63（日本注との比較：その他の違法収集証拠（盗聴など）） 河上和夫「自白―証拠法ノート（2）』（1982 年）は、違法収集証拠の手法を数多く紹介し、それらに関係する諸判例を分析している。オックスフォード大学のアシュワースは、バーミンガム大学でのスタッフ・セミナーにおいて、その問題を議論したことがある。難解な事件で証拠が得られず、捜査に当たった警察署長が、部下の女性に色仕掛けで被疑者に近づき、証拠を収集するよう命じた。この女性警察官が、職務命令に忠実にその被疑者と同棲するようになり、騙して自白をレコーダーに記録した。この自白により犯罪事実が明らかになり、有罪判決がくだされた。アシュワースは、確かに真実が明らかになったのであるが、イギリス国民は、税金を使って国家がテレビドラマに見られるような刑事捜査をすることは許さないだろうと結論した。団藤重光も、「ワイヤー・タッピングや盗聴などの結果を証拠として許容するべきでない」と言い、

---

[91] 最高裁判所昭和 45 年 11 月 25 日判決。なお、前掲注 61 の判決も偽計により証拠を得た事例である。
[92] 「おとり捜査」が一般的に認められているわけではない。これが認められる厳格な要件について、W.R. LAFAVE. PRINCIPLES OF CRIMINAL LAW 379-394 (2003) に詳しく説明されている。

第 2 部　証　拠　法

「この法理は『注の適正な手続』(憲 31 条)の精神からも、みちびかれるべきであろう。」と述べている[93]。

§64（証拠法則と公正原理）　ミランダ判決に並ぶ重要な判例であるマロイ対ホーガン判決において、プレナン裁判官は、「基本的公正（fundamental fairness）」が問題だという[94]。現代社会において警察が犯罪を捜査し、検察が刑事裁判手続を進めるのは、「法の支配」を実現するためである。アシュワースは、この問題の研究を続けているが、最近の著書において、ヨーロッパ人権規約による事件の分析をおこなっている[95]。関連する条文は第 6 条および第 7 条であるが、前者は「公正な裁判」を規定し、後者は「罪刑注定主義」を定めている[96]。これらの規定は、司法の運用に関する構成原理を定めたものであり、これにより司法への国民の信頼を確保しようとしている。デュー・プロセスに独立した憲法価値を認め、その価値を傷つけることがあれば、たとえ凶悪な犯罪の裁判であっても、被告人を放免することが近代国家の司注の在り方である[97]。

---

[93]　団藤重光、前掲注 68、275 頁。
[94]　Malloy v. Hogan, 378 U.S. 1 (1964).
[95]　A. Ashworth, Principles of Criminal Law 243-244 (4th ed. 2003).
[96]　Teixeira de Castro v. Portugai, (1999) 28 EHRR 101. Cf Jacobson v. United States, 503 U.S. 540 (1992); Kokkinakis v. Greece, (1994) 17 EHRR 397, para. 52.
[97]　田島裕、前掲注 82、267 頁参照。要するに、裁判官の「自由心証主義」は刑事訴訟法の基本原理であるが、上位規範である憲法原理（公正原理）によってそれが制約されている、ということを理解することが重要である。

7 証　言

(1) 序　説

§65（その3の構成）　これまで、田中和夫の証拠法の研究を参考にしながら、証拠法全体にわたって諸法理を概観し、田中の研究をフォロー・アップしてきた。今回は、残された問題（主として公判手続における証拠調べ）について論じることになるが、それに続いて、上訴および再審の問題にも少しく論じておきたい[98]。ここでは、より厳密な証明が必要とされる、主に刑事手続における証拠の扱いについて論じる。田中の研究は、証拠法は民事・刑事に共通するルールであると考えているようであり、本稿でも若干、刑事裁判だけでなく、共通の証拠法の問題にふれる。

§66（刑事裁判の流れ）　刑事裁判の公判審理の流れを一般的に図式化すれば、次のようになる。
　①被告人への人定質問、②検察官の起訴状朗読、③被告の罪状認否、④検察官の冒頭陳述、⑤証拠調べ、⑥検察官の論告求刑、⑦弁護人の最終弁論、⑧判決の言渡し
　この刑事裁判の流れの中で本稿に関係する部分は「証拠調べ」のプロセスである。この証拠調べは、証人尋問または物的証拠の提出という形で行われる。刑事訴訟法189条(2)項は、「司法警察職員は、犯罪があると思料するときは、犯人および証拠を捜査するものとする。」と規定しており、この規定

---

(98)　田中和夫『新版証拠法』（有斐閣、1959年；増補第三版、1971年）302-381頁では「(第6章) 証人尋問」、382-521では「(第7章) 書証」を論じ、新版において追加された部分（521頁以下）では、「検察官の証拠開示」および「上訴審における証拠調べ」を論じている。

115

に従って収集された証拠の中から、検察官が公判審理に提出するものを選別し、関連証拠が法廷に提出されることになる。

§67（裁判員制度における公判） 証拠の収集は、常に刑法の罰条を念頭において進められる。この公判審理の進め方は、裁判員制度の導入前と導入後では大きく変わるものと思われる[99]。讀賣新聞2005年6月30日朝刊は、その一面で「裁判員制」を取り上げ、検察官の役割についてシミュレーションを示した。これによれば、奈良県の女児誘拐事件では3日間の裁判を想定し、検察側の陳述はせいぜい4時間程度であり、オウム真理教の松本智津夫の審理でも、検察側の説明は4時間半で終わらせることが検討されている。このようなシミュレーションが実際にうまく機能するためには、裁判に参加する法律家（プレーヤー）の間で十分な事前の打ち合わせが行われる必要がある。刑事訴訟法第316条の2が事件を公判前整理手続に付することができると規定しているのは、そのためである[100]。

§68（証拠開示） 上述のように、第一回公判期日前の段階から事件の争点および証拠を十分に整理し、被告人が防御の準備を十分に整えることができるようにするため、証拠開示が要求される。アメリカ法では、この証拠開示の義務はすでに法律に定められているが、開示請求権が濫用されるケースがある。一般に司法取引と呼ばれる悪弊がその濫用の1例であるし、相手方を困らせることを意図して、高い経費のかかる証拠開示を要求した事例もある[101]。日本においても、証拠開示が認められたことがあるが、判断基準は

---

(99) この論点を指摘した文献として、村井敏邦編『刑事司法改革と刑事訴訟法（下）』（日本評論社、2007年）、東京弁護士会法友会編『徹底討論・裁判員制度－市民参加のあるべき姿を展望して』（現代人文社、2003年）がある。

(100) ちなみに、民事訴訟法も改正され、民事訴訟法第164条（準備的口頭弁論）、第168条（弁論準備手続）、第175条（準備手続）が規定されている。

(101) 田中・前掲注98、521-530頁に英米における証拠開示のルールと比較し、日本の判例に示されたルールを説明している。

明確でなかった(102)。裁判員制度の導入にあたり、これに関する諸法理も、刑事訴訟法第316条13以下の規定の中で詳細に規定した(103)。

§69（弁論主義の再検討） 裁判所は、当事者の主張しない事実を審理することはできない。しかし、裁判の進行指揮は裁判官の職務であり、裁判員制度のもとでは、対審式の弁論主義を貫きすぎるべきではない。また、証拠としての公知の事実（§29）は、裁判所は証拠として採用することはできるが、裁判員制度のもとでの運用について、再検討を要する。公知の事実は、一般人がだれでも知っている事実と、裁判官が職務上知り得た事実が含まれるが、後者については、要証事実であると考えるべきであろう(104)。

(2) 公判手続における証拠調べ

§70（証人の選定と資格要件） 証人とは、自己の五感による経験にもとづいて知りえた事実を裁判所に対して供述する、訴訟の第三者である。特別な知識により知りえた過去の事実を供述する者は、とくに鑑定人と呼ばれるが、鑑定人も広義の証人である。しかし、鑑定人は、経験事実から特別な知識にもとづいて推測した事実を述べるだけでなく、「自分の意見」を証言することができる。証人は法廷に出頭して証言する義務をおっている(105)。事実を

---

(102) 最高裁判所昭和44年4月25日、刑集23巻4号275頁；東京高裁昭和54年10月18日、判例タイムズ397号52頁、判例時報942号17頁。

(103) 刑事訴訟法第316条の13が「検察官による証明予定事実書面の提出」を義務づけていること、第316条の28が「期日整理手続」を規定していること、なども上記の必要に応えた立法である。

(104) 小林秀之『新証拠法』（弘文堂、1998年）255頁。

(105) 刑事訴訟法第143条は「証人を尋問できる」と規定し、同法第150条ないし第153条の2は、証言の拒絶に対する制裁（10万円以下の過料、留置など、損害賠償など）を規定している。ただし、証人にも自己負罪の特権が認められることは、すでに説明したとおりである。また、公務上の秘密の証人や国会議員などに対して、免除を認める例外がある。

認識する能力があれば、未成年者でも証人になることができる。後に説明するように、被告人は、英米法では、黙秘権を放棄したうえで証人となることができるが、日本では被告尋問のみで、証人適格は認められていない[106]。

§71（証拠調べのプロセス） 証人尋問の先立ち、証人に宣誓を求められる。英米の宣誓においては、神に誓って真実を述べる旨が述べられるが、日本の裁判では「真実だけを述べる」という単なる誓いである。しかし、後に嘘を言ったことが後に発見されれば偽証罪に問われることになるという意味では、欧米諸国の宣誓と変わるところはない。証人が五感で経験した真実のみを語らせることによって、「迅速で公正な」裁判を進めることが意図されている。どのように証拠調べを進めるかは、裁判官の訴訟指揮にまかされている。証拠の証明力の判断も裁判官の自由心証主義によるが、その判断は「真実発見のための法則」に反するようなものであってはならない。

(3) 証人尋問

§72（証人尋問の一例） 例のケース・ブックは、証人尋問の例をいくつか示し、そのテクニックを解説している。その1例は、次のようなものである[107]。

主任弁護人「その後、あなたの奥さんから連絡があった？」
証人「はい。」
主任弁護人「どのように？」
証人「郵便で妻から手紙をもらいました。」

---

[106] 後に黙秘権を放棄して証言が強制された事例として、ロッキード事件を後に §86 で紹介する。

[107] テキストの事例は、筆者が R.C. PARK, D.P. LEONARD, AND S.H. GOLDBERG, EVIDENCE LAW (2^d ed. 1998) pp.24-34 の例を参考にして、簡略化したものである。ちなみに、田中・前掲 98 は、尋問の順序や範囲について詳細に論じているが、技術的な問題なので本稿ではその問題にはふれない。

主任弁護人「いつその手紙を受理しましたか。」
証人「1998年7月13日です。」
主任弁護人「その手紙には、なにが書かれていましたか。」
相手方弁護人「異議あり。」

ロー・スクールの学生たちは、裁判官として、この異議申立てにどう答えるかが問われている。

正解は、「異議を認めます。」である。第1に、この手紙の内容を読み上げれば、伝聞証拠（§40参照）を法廷に提出したことになる。第2に、たとえ特定目的のために利用することを条件に、この提出が例外的に認められるにしても、そもそも手紙の特定が不十分である。第3に、最良証拠のルールに違反している。他にも理由（例えば、妻には証言能力が認められるか）を議論することもできるかもしれないが、すくなくともこの3つ論点を議論しなければ、学生は合格点を取得できない。

§73（被告人の尋問） 被告人には黙秘権が認められており、たとえ原告が証人として尋問を申し出てもこれに応じる義務はない。日本法では、被告人は「訴訟の第三者」ではなく、そもそも証人適格がないと考えられているが、アメリカ法では、証人台に立った以上は、証人としての義務を負う。証人台にたったときに、裁判官に向かって新しい主張をしても、この主張は§15で述べた訴えの主張とは区別される[108]。また、訴訟経済上の考慮から、すでに裁判所に分かっている主要事実を重複して述べようとしている場合には、「異議」の申立がだされる。

§74（目撃証人の尋問） ウォルナット通りとウィルシャー通りの交差点で自動車事故の事件がおき、刑事裁判が行われていると仮定しよう[109]。この

---

(108) §15の主張は、犯罪事実ないし要件事実の主張を意味する。
(109) R.C. PARK, D.P. LEONARD, AND S.H. GOLDBERG, *supra* note, 106, at. 24-34.

第2部　証拠法

事件は、2005年12月23日午後5時30分頃に起きた。

　弁護人「あなたは、12月23日午後5時30分頃に、スターバック喫茶店の窓際に座って外をご覧になっていたのですね。」

　証　人「はい。友人と待ち合わせていましたから。」

　弁護人「外に何を見えましたか。」

　相手方弁護人「異議あり。」

　裁判官「認めます。」

　弁護人「フォードがシボレーに衝突するのを見ましたか。」

　相手方弁護人「異議あり。」

　裁判官「認めます。しかし、証人はすでに肯いてしまっているので、続けてください。」

　ロー・スクールの学生は、上の2つの異議申立てについて、検討することが期待されている。最初の異議は、質問が漠然としすぎており、本件との関連性がはっきりしていない。二番目の異議は、誘導尋問に対する異議である[110]。そもそも、「フォードがシボレー」に衝突したという認定は、まだなされていない。しかし、裁判官は、この誘導による危害はないと判断して、尋問を先へ進めることを促している。

§75（アリバイ証人の尋問；反対尋問）

　上の例は目撃証人の尋問であるが、アリバイ証人の尋問もこれに類似している。例えば、殺人事件がサンタ・モニカで起こっており、証人は被疑者がその時刻にフォードを運転しているのをウィルシャー通りで見たという事例を想定すれば、上の尋問と同じ形の審問が行われることになる。ちなみに、アリバイ証人の尋問の代わりに現場写真の形で証拠が提出されるかもしれな

---

[110]　誘導尋問は、反対尋問の場合には許容される。とくに証人の弾劾のためには、しばしば使われている。Adams v. Canon, Dyer 53b (1622) (*per* Coke) が誘導尋問の法理を確立した先例であるとされているが、その法理は明瞭ではない。

いが、この場合にも、撮影者に対する尋問などが行われる[111]。反対尋問は、主尋問に現れた事項およびそれに関連する事項について、相手方の証言の信用力を弱めることを意図して行われる尋問である。誘導尋問は、反対尋問の場合には許容される。

(4) 禁止される証言

§76（意見証拠の禁止）　証人は、個人的な意見を述べることは禁止される。このコモン・ロー上の法則は、ウイグモアの強い支持を得て、現在ではFRE§602[112]として規定されている。たとえば、飲酒運転の事件において、証人が「被告人は酒を飲んでいたと思う」と法廷で証言した場合、陪審員ではなく、証人が有罪の認定をしていることになる。とくにその証人が、裁判が行われている地域において高い信頼を得ている人物（例えば、キリスト教の信仰のあつい地域を旅行中のローマ教皇など）であれば、その影響力はいっそう顕著なものになる。証人は、自分の五感で実際に知覚した事実だけを述べることが義務づけられる。

§77（被告人の性格）　被告人の性格に関する証言は、しばしば信憑性があり、証拠能力をもっている。しかし、性格に関する証言（例えば、前科など）は、陪審に対し余りにも大きな影響を与えるので、偏見を生むおそれがある。また、この証拠は不公正な方法で使われることがあるし、不意打ちの効果もある。しかし、性格に関する証拠は信憑性の高い証拠であり、真理の探究にも役立つところが多くあり、証拠能力を否定されるものではない[113]。2003

---

(111)　§73で問題になっているウォルナット通りとウィルシャー通りの交差点の写真は、目撃証人が座っていたスターバックからの位置関係を明瞭するために便利である。しかし、とくに現場復元モデル写真には偽造や脚色の問題がある。
(112)　連邦証拠規則第602条は、「本案について個人的な知識をもつ場合を除き、証言してはならない」と規定している。
(113)　田中・前掲注98、316頁は、証人の弾劾と関連して証人の性格を証拠とし

年の刑事裁判法（イギリス）は、重要な補強証拠であると裁判官が納得する場合には、これを許容することができるようになった（第101条(c)および(d)）[114]。

(5) 鑑定証言

§78（鑑定尋問の一例） ここでも、例のケース・ブックを引用しよう[115]。

弁護士「（医者の資格を説明した後）ビリー・ジョンソンの死亡の原因について、医学上合理的に確実であると言える意見をお持ちですか。」

証　人「はい。」

弁護士「あなたの意見はどのようなものですか。」

証　人「手術中に彼のspleenを取り除いたことが、感染に対する抵抗力を失わせ、その結果、大量の感染を受けることになり、彼の死亡へとつながった。」

弁護士「あなたの意見では、ビリーのspleenを取り除くことが、正しい医療のやり方だと思いますか。」

証　人「いいえ。」

弁護士「ビリーのspleenを取り除くことに決めたとき、スミス医師は、この地域の専門家の世界で他の医師が通常もっている、専門家としての注意を払い、技術力を示したと思いますか。」

証　人「いいえ。彼はそうしていません。」

この証人尋問は、FRE§705では許されるかもしれないが、コモン・ロー

て許容した事例を紹介している。

(114)　(c)項の性格証拠は事件の性質を陪審に理解させるための重要な「説明的証拠」であり、(d)項の性格証拠は検察と被告人間での争点に関連性をもつ証拠である。(d)項の証拠の許容に対し、被告人は異議を申し立てる権利を与えられている。(c)項の「説明的証拠」は、刑事裁判法第102条に定義されている。

(115)　P.C. PARK, D.P. LEONARD, AND S.H. GOLDBERG, *supra* note 105, at 542.

では禁止される(116)。正しい尋問の仕方は、起こった事故を仮説として説明し、その仮説を前提として、鑑定人ならばどのような医療を行ったか、ということを質問する仕方である。

§79（鑑定証言に関するルールの変遷） 上記§76において「意見証拠の禁止」のルールを説明したが、鑑定証言では、その性質上、学識経験者の意見表明が求められる。例えば、§26で説明したルンバール訴訟において、6名の医師が鑑定証言を行った。しかし、もしこの事件で、裁判所が日本医学会に鑑定を依頼し、同学会の会長が「被告には責任がない」という鑑定意見を述べたとすれば、医学会が裁判をすることになる(117)。そこで、鑑定証言は、(1)裁判を下すために専門知識が必要であること、(2)検定人が十分な専門知識をもっており、鑑定人に相応しい適格性をもっていることを個別的に確認したうえで行われ、証明力の判断は裁判官に委ねられている。鑑定人は裁判所の補助者であるから、その確認は裁判所の義務である(118)。従って、裁判官が鑑定人に質問し、鑑定人は裁判所に対し回答することになる。

§80（鑑定人の適格性） アメリカのFRE§702（鑑定人の要件）は、鑑定人の適格性についても規定している。この条文の解釈を示した指導的判例は、フライ対合衆国判決(119)であった。この事件では、第二級殺人事件の弁護人（心理学者でもあった）が、自分が発明したと称する「うそ発見器」を使って

---

(116) P.C. Giannelli, *The Admissibility of Novel Scientific Evidence. Frye v. United States: A Half-Century Later,* 80 COLUM. L. REV. 1197 (1980). ちなみに、FRE§705は、専門家意見の基礎となる事実・データの開示を義務づけている。
(117) 小林秀之『新証拠法（第2版）』（弘文堂、2003年）は、現代型訴訟と鑑定というテーマについて、ルンバール事件の鑑定の問題を論じている。また、加藤新太郎「医療過誤訴訟における因果関係」川井健＝田尾桃二編『転換期の取引法』（商事法務、2004年）357頁、364－368頁。
(118) 『注釈刑事訴訟法［新版］第二巻』（立花書房、1997年）387頁。
(119) Frye v. United States, 293 F. 1013 (D.C.Cir. 1923).

無罪を立証しようとした。しかし、裁判所は、生理学および心理学の研究領域において「うそ発見器」は一般的な承認を得たものではなく、この鑑定は容認できないと判決した。この判決以後、「専門領域での一般的承認」が鑑定を容認する判断基準とされてきた。今日では、フライ対合衆国判決はその後の判例によって否定された[120]。

§81（反対尋問；弾劾の尋問） 当事者は、いつでも鑑定人を弾劾することができる。弾劾の目的のためには、証拠能力が一般的に否定される証拠でも使うことができる。日本法では、刑事訴訟法第328条は、「証拠とすることのできない書面または供述であっても、被告人、証人その他の供述の証明力を争うために、これを証拠とすることができる。」と規定している。しかし、自己が申し立てた鑑定人を弾劾することはできない。その理由は明瞭ではないが、一種の禁反言の原則が働いているものと思われる。弾劾には、(1)鑑定人（証人）の利害関係・偏見・予断を理由とするもの、(2)証人の観察・記憶の不正確を理由とするもの、(3)証人の自己矛盾を指摘するもの、(4)特定事項についての誤りを理由とするものがある。

8　書証その他の物的証拠

(1) 違法収集証拠の排除

§82（違法収集証拠の排除） 証言に関する法理の説明はここで終わり、次に物的証拠の法理について議論することにしよう。第一に、違法に収集され

---

[120] Daubert v. Merrell Dow Pharmaceuticals, Inc., 509 U.S. 579 (1993); General Electric Co. V. Joiner, 522 U.S. 136 (1997); Kumbo Tire Co. v. Carmichael, 526 U.S. 137 (1999) 参照。

た証拠は、原則的に証拠能力が否定される[121]。日本の判例でもそのように考えるものがあるが、証拠物の証拠能力は肯定すべきであると判決した判例もある。例えば、巡査が自動車を停めて遊び人風の男と話をしていた被疑者を職務質問し、その時の被疑者の態度や顔色から覚せい剤犯罪の嫌疑をもち、内ポケットを調べて覚せい剤らしい粉末と注射針を発見した事件で、下級審裁判所は、覚せい剤を違法収集証拠として排除し、自白に補強証拠がないことを理由として無罪判決を下した（大阪高等裁判所もこれを肯定）。しかし、最高裁判所は、本件を破棄差戻し、本件証拠物の証拠能力は肯定すべきであると判決した[122]。

§83（ローチン対キャリフォーニア判決） アメリカ法では、違法収集証拠は証拠能力が否定される。ローチン対キャリフォーニア判決の中で、ウォレン裁判官は、「デュー・プロセス（違法収集証拠排除）は国民の伝統と良心の中に基本的であると位置づけられた感情」と述べている[123]。違法収集証拠排除に関するアメリカの事例（ミランダ・ルールなど）については、本稿第6章(4)で説明した。日本の判例も、アメリカ法に類似したものが多いが、日本法では証拠能力が完全に否定されるものではない、という点に相違がある[124]。

---

[121] 一般的に、田宮裕『刑事訴訟とデュー・プロセス』（有斐閣、1972年）。井上正仁『刑事訴訟における証拠排除』（弘文堂、1985年）第2篇第1章は、排除法則の修正の動向を説明している。

[122] 最高裁判所昭和53年9月7日判決、刑集32巻6号1672頁（「違法は必ずしも重要であるとはいえないのであり、……違法な捜査の抑制の見地にたってみても相当でないとは認めがたい」）。
　Mapp v. Ohio, 367 U.S. 643 (1961). 田島裕『アメリカ憲法』（信山社、2004年）209-211頁と比較せよ。

[123] Rochin v. California, 342 U.S. 165, 169 (1952).

[124] 例えば、浦和地方裁判所平成4年2月5日判決、判例時報1418号（1992年）138頁（警察官の職務質問）；最高裁判所昭和53年9月7日判決、刑集32

(2) 供述書・供述調書の証拠能力

§84（供述録取書） 物的証拠の主要なものは書証であるが、伝聞証拠である書証には証拠能力がないとされることは、すでに §40 で説明した（刑事訴訟法第 320 条参照）。しかし、刑事訴訟法は、一定の書証の証拠能力を例外的に認めている。まず、刑事訴訟法第 321 条は、被告人以外の者の供述録取書に一定の証拠能力を認めている[125]。自分が作った日記などの書面は、供述書と呼ばれる。これに対し、司法警察職員が参考人の供述を記録したものは、供述録取書と呼ばれる。後者は、伝聞証拠であるとする意見もあったが、現在では、両者はほぼ同じものとして扱われている[126]。

§85（刑事訴訟法第 321 条） 第 1 号の書面は、証拠保全手続きなどの目的のために作成された裁判官面前調書である。第 2 号は、検察官面前調書であるが、立法者は裁判官と同じ程度の信憑性を検察官にも認めた[127]。田中がこの第 2 号を違憲と考えていることは、すでに説明した（§43）。第 3 号は、供述者が死亡したり、所在不明、海外在住、などの理由により、法廷での証言を得られない場合に、例外的に提出を認められる供述証書である。第 1 号および第 2 号の証拠は、その書面の性質上「信憑性」が認められるので、伝聞証拠法則の例外とされているのに対し、第 3 号の証拠は、立証の方法が外にないためやむをえず認められる証拠である。

§86（ロッキード事件） 刑事訴訟法第 321 条 3 号の証拠であると思われる外国人の嘱託供述書の実例として、ロッキード事件に注目しよう。刑事免責

巻 6 号 1672 頁（1978 年）、判例時報 901 号 15 頁（1978 年）（おとり捜査）。
[125] 刑事訴訟法第 322 条（刑事被告人の供述書・供述録取書）については後述。ちなみに、被告人は証人能力が否定されている。
[126] 『条解刑事訴訟法（第 3 版増補版）』（弘文堂、2006 年）680 頁。
[127] 藤永＝河上＝中山編『大コンメンタール刑事訴訟法』第 5 巻 I（青林書院、1999 年）253 頁。

を付与することによって自己負罪拒否特権を失わせて供述を強要し、その供述を他の者の有罪を立証する証拠とすることは、アメリカ法では許されるが、日本法では許されない。しかし、ロッキード事件では、実際上これが使われた。国際司法共助のルールに従い、東京地方検察庁の検察官が列席して、キャリフォーニア連邦地方裁判所の裁判官により証人尋問が行われたが、証人が刑事免責を求めたため、検事総長が訴追しないことを約束し、最高裁判所がその約束を有効と認める趣旨の念書を作成した。最高裁判所は、本件（外国為替管理法違反、贈収賄事件）において、日本では刑事免責の制度がないことを理由として、その尋問調書の許容性を認めなかった[128]。

§87（共犯者の供述書） わたくしは、上述の尋問調書の許容性を認めなかったことは正しい判断であったと考える。その調書は、共犯者の自白を内容とする供述書である。共犯者の自白は「本人の白白」とは異なるが（最高裁判所昭和33年5月28日判決、刑集12巻8号1718頁；最高裁判所昭和51年2月19日判決、刑集30巻1号25頁）、共謀罪に関しては、共犯者の供述書を濫用させない意味においても、被告人本人と同じような扱いがなされるべきであろう。刑事訴訟法第322条は、第321条の供述書とは異なり、「不利益事実の承認」を内容とし、「特に信用すべき状況のもとで供述がなされた」証拠であって、「任意になされた供述」であることを要件として、例外的に許容性を認めている。上述の尋問調書の許容性を認めるためには、この要件が満たされているかどうか、確認を必要とするものといえよう。

---

[128] 但し、最高裁判所は、この証拠を排除しても有罪判決が変わることはないと判示した。最高裁平成7年2月22日判決、刑集49巻2号1頁。なお、大野正男裁判官は、補足意見を書き、アメリカ法の刑事免責により得られた証拠であり、許容性の認められる証拠であるから、日本の裁判において排除する理由はない、と述べている。法学新報109(1)号229頁、法曹時報50(4)号1168頁、判例時報1527号129頁、ジュリスト1101号113頁参照。

(3) 公正証書の証拠能力

§88（公正証書の効力） 刑事訴訟法第323条は、公正証書の証拠能力を肯定しているが、これは、その性質上、信憑性の高い証拠であるからである。公務員によって作成される公正証書は、内容が偽造されることは考えにくく、しかも公文書偽造等は犯罪となるので強い抑止が働いている。しかし、捜査書類はこの類型には含まれない。本条の証拠に含まれるものは、戸籍謄本、公証人が作成する公正証書謄本などである。第323条2号は、商業帳簿、航海日誌も同じような性質の書面とみなしている[129]。

(4) 鑑定書の証拠能力

§89（鑑定書の意義） 鑑定書は、当事者の請求にもとづいて、あるいは裁判所の職権により、裁判所の命令によって作成される書面[130]であるが、刑事訴訟法第321条4項により検察官等が作成した供述証書と同じように扱われる。同法第326条の「同意を得た鑑定書」は別として、一般的には鑑定尋問（反対尋問を含む）を経て、はじめて証拠能力をもつと考えられている。鑑定書の多用が、訴訟遅延の大きな原因の1つになっているように思われる。イギリス法について、ウルフ・レポートは一本化することを勧告し、その勧告は法制化されている[131]。要証事実の判断に専門的知識が必要な場合には、鑑定を依頼すべきであるが、鑑定を命じるか否かは裁判官の裁量に委ねられており、必要がない場合には、むしろ鑑定書を使うべきではない。

---

(129) その他、3号は「特に信用すべき状況」のもとで作成された書面にも証拠能力を認めている。墜落直前に飛行機の中で手帳に書かれたメモや事故を目撃した直後に記した覚書などを指す。
(130) 精神鑑定、法医鑑定、理化学鑑定、情況鑑定、その他筆跡鑑定などがある。
(131) ウルフ・レポートについて、田島裕「ウルフ裁判官訪日特別講演とアーデン・レポート」法の支配第110号（1998年）22頁。

8　書証その他の物的証拠

§90（鑑定書の時間・費用の節約）　ウルフ・レポートの視点に立って§26で紹介したルンバール事件を分析・検討してみよう。この裁判には26年余りの時間がかかっている。最終的には、患者が請求する損害賠償のうち、2,465万8,496円（内508万2,090円の部分につき年5分の利息を加算）の請求を認める判決が下された。この損害賠償は、F医師が国立大学に勤務していたので、国が負担することになる。そのうえ、鑑定人や弁護士に支払われた金額を加算し、さらに裁判所が負担した裁判の経費も加えれば、膨大な金額が使われたことになる。そして、もし最終判決の結論が、「いやがる子供を押さえつけて注射したこと」、「看護婦らに適切な措置方法を教え、緊急時の体制を整えなかったこと」などの認定によるものであるとすれば、上記の鑑定はいらない。コスト・ベネフィットを考えると、いかに効率の悪い裁判が行われたかということを、この裁判は示している。この裁判に26年余りの時間がかかった主たる理由が、鑑定書の利用の仕方にあったことは疑いない[132]。

(5)　合意書面の証拠能力

§91（合意書面の証拠能力）　刑事訴訟法第326条は、「証拠とすることに同意した書面または供述」に証拠能力を認めている。同意のある証拠の利用は、裁判を迅速に進めることに大いに役立つが、同意によって違法とされる証拠にまでも証明力を付与するものと考えてはならない。証拠能力が認められても、証明力ないし信憑性は争うことができるはずで、反対尋問権の放棄を意味するものではない。上述のように、ロッキード事件の嘱託尋問証書が合意書面であるとしても、「情況を考慮し相当と認められる」場合でなければならない。憲法上の権利侵害をともなうような合意は、証拠能力を否定す

---

[132]　6人の鑑定人は、ルンバール施術と原告の発作・障害との直接的因果関係を否定するものである。

第2部　証拠法

べきであろう(133)。

(6)　その他の物的証拠

§92（物的証拠が問題になった事例）　次に物的証拠の問題を整理しておきたい。その目的のために、名古屋高等裁判所平成19年7月6日の判決に注目することにする。この事件は、被告人が1歳10か月の幼児を誘拐し、殺害して海中に投棄した、とされた事件である。名古屋高等裁判所は、被告人を懲役17年（未決勾留日数800日を算入する）に処すると判決した。非常に長文の判決であるが、被告人の自白の外、物証はほとんどなく、間接証拠・状況証拠がその補強証拠とされた。しかし、名古屋地方裁判所は、「被告人が犯人であることを示す客観的証拠はなく、捜査段階の自白証書は信用性を認めるのに重大な疑問を抱かせる」という理由により、無罪判決を下した。高等裁判所は、「証拠の適正な評価や取捨選択を誤った結果、無罪の判断をしている点において、事実誤認がある」としてその判決を破棄したのである。

§93（§92の事例で使われた証拠）　上述のように、地方裁判所と高等裁判所の間で事実の評価がこれだけ大きく異なるのはなぜだろうか。まずこの事件の大まかなストーリーを整理しておこう。被害児は、愛知県豊川市のゲームセンター駐車場に駐車中の乗用車に一人でいたところ、犯人がその子を連れ出して自分の「白いワゴン車」に乗せ、海中に投棄した。その被害児が泣いていたこと、駐車場に「白いワゴンR車」があったことを目撃した証人が数人いた。被告人が犯罪に使われたと思われる「白いワゴンR車」をもっていたことから疑いがかけられ、取り調べが行われ、供述証書が作成された。この供述書に基づいて検証が行われた。

§94（ウソ発見器）　「白いワゴンR車」の目撃証言は、事件後しばらくた

---

(133)　最高裁判所昭和29年7月14日判決、刑集8巻7号1078頁。なお、最高裁判所昭和53年9月7日判決、刑集32巻6号1672頁参照。

130

ってから得られた証言であり、しかもその証言は「小豆色のワゴン車」だったかも知れないと言っている⁽¹³⁴⁾。警察は被疑者（住所不定）をホテルに宿泊させて、こっそり監視していた。他方、ウソ発見器を使って尋問したところ、陽性の反応を示した。これによって、警察は有罪の確信を強め、合計80日にわたる未決勾留を行い、最終的に犯罪を自白させた。しかし、被告人の供述はころころと変わり、警察は不安をもち、さらに証拠収集の努力（ポリグラフ検査を含む）を続けた⁽¹³⁵⁾。ちなみに、別の観点から、被告人の経歴についての虚偽証言が問題になっているが、被告人には虚偽癖があったことが指摘されている。

§95（指紋、血液、尿、毛髪、その他の検証） 警察は、被告人のワゴン車に残された証拠を徹底的に調べた。しかし、指紋は一致しなかった。毛髪のDNA鑑定も行われたが、被害児のそれとは一致しなかった⁽¹³⁶⁾。血液および尿の検査でも、被告人が犯人であることを示すものはなかった⁽¹³⁷⁾。そこ

---

(134) この点は犯人識別供述の信用性に関係するが、司法研修所編『犯人識別供述の信用性』（法曹會、1999年）97頁において、「犯人の同一性識別に関する供述は、そもそも、脆弱なものであって、暗示、誘導により記憶の内容が変容しやすいものであることに加え、目撃者」が誤認することが多く、証拠開示を行い、反対尋問権を与えるべきであると述べている。

(135) この点について、「ポリグラフ検査は、『現代の踏み絵』といっても過言でない。」といわれている。東京高等裁判所昭和41年6月30日判決、高裁判例集19巻4号447頁参照。

(136) 宇都宮地方裁判所平成5年7月7日判決、判例タイムズ820号177頁において、「DNA鑑定についても証拠能力及び信用性を認めることができる。」と判決された。東京高裁平成8年5月9日判決、判例タイムズ922号296頁、最高裁決定平成12年7月17日、刑集54巻6号550頁、判例タイムズ1044号99頁。

(137) 杉森研二「毛髪鑑定の証拠能力・証明力」大阪刑事実務研究会編『刑事証拠法の諸問題（上）』（判例タイムズ、2001年）252-268頁で検討されている。千葉地方裁判所平成6年5月11日判決、判例タイムズ855号294頁、東京地方裁判所平成4年11月30日判決、判例時報1452号151頁（頭髪の鑑定を採用）、

で、警察は、被告人に犯行現場へ案内させることにしたが、被告人は最初は公園へ案内した。警察は、海で殺害されたことを主張し、結局、海岸に移動し、犯罪現場を特定した。被告人は、岸壁のガードレールの向こう側に被害児を突き落としたと述べていたが、後にバスケットボールを投げるように水中へ投げ落とした、と供述した。しかし、この供述に従う漂流シミュレーションが行われたが、実際の事件との間に相当の乖離があった。

(7) 科学的証拠の意義

§96（科学的証拠） 供述証拠は人的証拠と呼ばれるもので、人間的な誤謬性の危険を含んでいるために、それに対しては反対尋問権が認められる。これに対し、非供述証拠または物的証拠と呼ばれるものはそうでない。とくに科学的証拠は、真実を伝えるものであって、信憑性が高く、強い証明力をもっている[138]。しかし、科学的証拠は常に発展を続けており、その中には実験的な段階のものがある。科学的原理や方法の正確性がどの程度認められるようになったとき、証拠として許容されるかという問題がある。上述の事件で使われた証拠方法の外、録音テープ、現場写真、映画フィルム、ビデオテープは、証拠方法として今日ではしばしば用いられているが、これらの証拠は、非供述証拠として使われている[139]。さらに、臭気鑑定や飲酒鑑定など

最高裁判所昭和55年10月23日、刑集34巻5号300頁（強制採尿は適法）参照。最高裁平成6年9月16日判決、刑集48巻6号420頁。

[138] 浅田和茂『科学捜査と刑事鑑定』（有斐閣、1994年）118頁「戦後の刑事警察活動は、『人を得て証を求める捜査』から『証を得て人を求める捜査』に移行すべきものとされ、それに呼応して都道府県警察の鑑識課および科学捜査研究所、警察庁の科学警察研究所を中心に、科学捜査は飛躍的に進展してきた。」119頁。

[139] 東京高裁昭和62年5月19日判決、判例タイムズ651号242頁、判例時報1239号22頁。自白を録音したテープおよび犯行再現ビデオテープについても、任意性、信用性を肯定し、有罪認定の証拠とした。大阪高裁平成8年7月16日

も用いられるが、これらも刑事訴訟法第321条3項にいう「検証の結果を記載した書面（巡査の捜査報告書）」として証拠能力が認められている[140]。

§97（自由心証主義の問題） すでに総論の部分で述べたように、刑事訴訟法第318条は、「証拠の証明力は、裁判官の自由な判断に委ねる。」と規定しているので、情況証拠を総合的に判断して判決をくだすことは違法ではない。上述の判決においても、名古屋高等裁判所は、「被告人の自白の細部にこだわり過ぎて、［中略］事実を誤認して、捜査官による誘導の可能性まで認めたのであるが、これはうがちすぎた見方というほかなく、全体を通してみれば、殺害方法についての被告人の説明内容はほぼ一貫していると解釈すべきである。」と判決して、原審判決を破棄した。しかし、とくに裁判員制度が導入された後に、このような事実認定の仕方を認めることは余りにも危険であり、「科学的な証拠法則」は、もっと厳格に守られるべきであるといわなければならない。

9　上告の証拠法則と再審のための証拠

(1) 上告の証拠法則

§98（上訴および再審） 田中の著書は、上訴や再審についても言及しているが、ほとんど未整理のままで、注目に値するものはない。本橋では、最高

判決、判例時報1585号（1997年）157頁（麻薬授受現場写真）。
[140] 「飲酒鑑識カード」に関して、最高裁判所昭和47年6月2日判決、最高判刑集26巻5号317頁；最高裁判所昭和28年10月15日判決、刑集7巻10号1934頁。血痕に関して、高松高裁昭和35年12月15日、高裁判例集13巻10号479頁。その他各種の証拠の証拠能力について、石井一正『刑事実務証拠法』（判例タイムズ、1988年）88-179頁を見よ。

第2部　証拠法

裁判所が果たすべき重要な役割を指摘しておきたい。最高裁判所は、第1に、刑事訴訟法の制定に当たり、戦前の制度をできるだけ継続することが意図されていた[141]。第2に、控訴も上告も事後審であり、最高裁判所が憲法審としての機能を果たすことが十分に考慮されていない[142]。芦部信喜は、その編著『憲法訴訟』の中で、「『憲法の番人』と言われる最高裁判所は、違憲審査権を通じて行う憲法保障機能よりも、……［中略］……法令解釈の統一機能により大きな比重」を置いており、「憲法訴訟の特殊性が一般の私的紛争解決の司法の中に埋没」することを危惧している[143]。

§99（上告理由）　たしかに、刑事訴訟法第405条は、上告できる場合を憲法違反若しくは憲法解釈に間違いがある場合、または最高裁判所等の判例に相反する場合に制限している[144]。単なる経験則違反は上告理由とはならない。しかし、上告理由が存在すると最高裁判所が認定するならば、原審判決を破棄する義務がある[145]。民事裁判の上告も、刑事の場合と異なる側面はあるが、上告が制限される傾向がある[146]。「憲法違反の主張」は、下級審

---

[141]　青柳文雄「上訴審の構造」刑事訴訟法講座3（裁判・上訴）（有斐閣、1964年）71-2頁。

[142]　田宮裕「上訴の理由」刑事訴訟法講座3（裁判・上訴）（有斐閣、1964年）90頁参照。

[143]　芦部信喜編『憲法訴訟』第1巻（有斐閣、1987年）25頁。

[144]　最高裁判所昭和38年9月12日、刑集17巻7号661頁は、「判例と相反する判断」が原判決に示されていなければならないが、「証拠が、自白のほかになく、その自白の信用性に疑いがあるときは」有罪と判決することはできないと判示した。

[145]　刑事訴訟法411条の定める上告理由があれば、同414条による職権調査を行う。

[146]　高裁の判決を破棄する理由は、審理不尽、理由不備、理由齟齬、判断遺脱、法令解釈の誤りと並んで、保証法則の違背が使われる。例えば、最判昭和27年12月4日判決（民集6巻11号1103頁）（争点の判断を省略）；最判昭和35年3月17日判決最高裁判民事40号449（審理不尽、理由不備）。民事裁判の場合

9 上告の証拠法則と再審のための証拠

の審理では事件との関連性が希薄であり、ふれられておらず、違憲審査に必要な立法事実を欠いているので、芦部のいう「憲法訴訟」は、このような訴訟法のもとでは、上告事由にならないのである(147)。

§100（エクイティ裁判所としての上告審理） 芦部の主張する「憲法訴訟」を説明しよう。芦部は、司法研修所において、時国康夫と共に「憲法訴訟セミナー」を行い、アメリカの最高裁判所における違憲審査との比較検討を行った。芦部は、高柳賢三『司法権の優位』(1947年、58年増補版) および伊藤正己『言論・出版の自由』(岩波書店、1959年) に示されたような違憲審査が、なぜ日本で行えないかの検討を研究課題とした。それに対する答えは、上述の著書『憲法訴訟』の中に収載された時国康夫の論文で部分的に示されているように思われるのであるが、わたくしのことばで言い換えれば、アメリカのサーシオレアライ (certiorari) が日本では理解されていなかったことによると思われる(148)。憲法訴訟の研究者らは、1973年の判決に対し、「時代の針を逆に戻す判決」と評釈し、また、1974年の判決に対しては、「残念というほかない」と嘆かせた(149)。

には、肩すかし判決すら否定される。最判昭和34年6月23日判決裁判民集36号763頁。民事裁判においても、主要事実を認定できる間接事実があるにもかかわらず、主要事実を認定できないとした最判昭和24年4月28日判決、民集3巻5号164頁がある。

(147) この事件の憲法事実は、国家公務員法第102条が選挙ポスターを張る行為に適用する意図であったかどうかの立法事実である。

(148) 刑事訴訟法第406条は、アメリカのcertiorariにならって裁量上訴を認めているが、余り使われていない。実務上は、第411条の破棄判決を求める形で裁量上訴が行われている。松尾浩也『刑事訴訟法（新版補正第2版）』下（弘文堂、1999年) 246-247頁参照。しかし、違憲審査の実態は、アメリカのそれとは著しく異なっている。

(149) 戸松秀典「日本の司法審査」憲法訴訟第1巻、前掲注146、192頁。

第2部　証拠法

(2) 再審のための証拠

§101（再審手続）　上告審判決が出された後は、事件は確定し、二度と審理に付されることはない（憲法第39条参照）。しかし、判決が確定した後に誤判が明らかになったときに、それを放置することは基本的正義に反するので、刑事訴訟法は非常救済手続きを定めている。同法第435条は、1号ないし7号まで再審を許す場合の理由を規定している。偽造または変造による証拠に基づいて判決が下された場合（1号）、鑑定、通訳、翻訳などが虚偽であった場合（2号）、有罪の言い渡しを受けた者を誣告した罪が別の判決で証明された場合（3号）などである。6号は、無罪または免訴を認めるべき「明らかな証拠をあらたに発見した」ときに再審を認めているが、多くの事件は本号の解釈にかかわっている。

§102（明らかな証拠をあらたに発見した場合）　§53 2741で引用した最高裁民事判決（最高裁平成12年2月7日判決、）は、同じ事件の刑事裁判における有罪判決の基礎事実を否定した判決である。その判決に付された補足意見において、井嶋一友は、再審手続について、次のように述べている[150]。

「判決が確定した後は、何人も、同一の事件について再び刑事責任を問われることはない。民事事件についても、判決の既判力が生じるために、再び裁判を起こすことは許されない。しかし、刑事判決が確定した後に、それが誤審であったことを明確に示す証拠があるにもかかわらず、それを放置すれば裁判制度への国民の不信を惹起し、司法制度全体の威信にかかわることから、再審の途が聞かれている。」

この補足意見は、囚人に対する同情を示し、再審の途の扉を叩くよう促したものと理解することができる。

---

(150)　医科大学教授が死体の検死を行い、4点にわたる証言をしている。その中の1つが、無罪を推定させるというのである。

§103（「単独評価」説から「総合判断」説へ）　「確定判決における事実認定につき合理的な疑いをいだかせ、その認定を覆すに足りる蓋然性のある証拠」が発見された場合に再審が認められる[151]。再審に関する判例法の歴史をながめると、「単独評価」説から「総合判断」説への移行があり、「新証拠を既存の全証拠と総合的に評価する」ことが行われる[152]。しかし、再審の事由は明瞭厳格に解釈される。刑事訴訟法435条6号にいう無罪を言い渡すべき明らかな証拠」であるかどうかの判断にあたっては、確定判決が認定した犯罪事実の不存在が確実であるとの心証を得ることを必要とするものではなく、確定判決における事実認定の正当性についての疑いを生む合理的な理由に基づくものであれば足りる、とされている[153]。

§104（新規性と明白性）　再審が認められるためには、提出する証拠が「新規性」と「明白性」の要件を満たすものでなければならない。「明らかな証拠」とは、証拠能力があり、証明力が高い証拠を意味する。「新たに発見した証拠」とは、そのような明白性を備えた証拠であって、確定判決の公判審理において証拠として評価の対象となっていなかった証拠を意味する。その裁判において提出されていても、その証拠が異なった意味をもつことが証明されれば、新規性のある証拠といえる。しかし、異なった結論を導く意見を記述した鑑定書を提出するだけでは不十分である。また、評価方法を変更し、

---

[151]　最高裁決定昭和50年5月20日、刑集29巻5号117頁（白鳥事件）。名古屋高裁昭和36年4月11日判決、高裁刑集14巻9号589頁も見よ。団藤重光『法学の基礎（第2版）』（有斐閣、2007年）237頁注19は、「最高裁がわたくしの在職中に出した『白鳥決定』［引用省略］は、これを法律の許す最大限にゆるめたものであった。」と述べている。

[152]　最高裁決定昭和51年10月12日、刑集30巻9号1673頁（財田川事件）。（足跡石膏証拠）。昭和55年12月11日刑集34巻7号562頁（免田事件）も見よ。

[153]　東京高裁昭和46年7月27日判決、高集24巻3号473頁。証拠があることを知りながら提出しなかった場合、弁護人が変わり、別の角度から新たな評価ができたとしても、「証拠をあらたに発見したとき」に当たらない。

第 2 部　証 拠 法

別の観点から評価しなおして新規性を主張しても認められない[154]。

10　おわりに

§105（真実の発見）　証拠法は真実を明らかにすることを主要な目的としている。真実を歪曲する目的ために証拠法を使ってはならない。 2007 年 8 月 10 日に最高検察庁は、富山県が強姦事件や鹿児島県の選挙法違反事件などで証拠の扱いの不適切さが冤罪を生んだことを指摘する報告書を発表した（日本経済新聞 2007 年 8 月 10 日（夕刊）19 面）。富山県の事件については、足跡のサイズの違いおよび通話履歴のアリバイを無視したことを説明している。鹿児島県の事件については、密室で行われた検察官の取り調べにおいて誘導尋問が行われたことを指摘している。これらの不祥事に対する反省から、取り調べのプロセスをビデオに記録して保存することが、法律上義務づけられようとしている。

§106（証拠法の過度の技術性の禁止）　法の正義は真実に基づく価値判断である。しかし、裁判により求められる真実性は、100％のものである必要はない[155]。裁判は相対的な価値判断であり、真実を前提としたうえで、その価値判断がなされるべきではあるが、100％の真実の証明がなくても、法廷にいる人物の行為に対する客観的評価が可能であれば、その証明で十分であ

---

(154)　犯罪事実について「合理的な疑いを超える」有罪の証明、つまり、「真実の高度の蓋然性」の証明で足りるとされている。一般的に、増田豊『刑事手続における事実認定の推論構造と真実発見』（勁草書房、2004 年）185-6 頁は、ドイツ法の諸学説を検討した後、本文で述べた趣旨のことを説明している。
(155)　非常に多数の判例を丁寧に分析しており、私見をのべることを差し控え、謙虚で慎重な書き方をしている。イギリスならば、このような書籍は、適切な執筆者にお願いして、新しい情報を追加して、存続させると思われる。

る。本稿で示したように、過度に鑑定書を利用したことが、しばしば迅速な裁判を進めることを妨げてきた。また、裁判員制度が導入されたとき、裁判員には理解のできない技術的な証拠法則によって、有罪判決が書かれるべきではない。

§107（国民が納得できる裁判制度） さて、本稿では、田中和夫の証拠法研究をアップツーデートするつもりで、証拠法の基本法理を全般にわたって再検討してきた。その著書が書かれた時代には裁判員制度の導入は考えられなかった。しかし、田中は英米法学者であり、田中は陪審制を十分意識して書いており、その新しい制度が運用されるようになってからも参考になるところが少なくない[152]。現在、「国民が参加する裁判」における、証拠の扱い方を検討する必要性が高まっている。その検討に当たり、§92の名古屋高等裁判所の判決を否定し、真実の発見をよりいっそう重要視する法理を育てていかなければならない。「国民のための司法」ということが司法改革のモットーとされているが、証拠法もまた、国民が納得できるようなものでなければならない。

第3部　国際仲裁法

1　国際仲裁の主要判例

(1)　国際仲戦法の形成

§1　はじめに。昨年度の委託研究として「英国における訴訟・仲裁制度と法律実務の現状と動向」の研究を行った。その研究報告書では、イギリスのロンドンで行われている国際仲裁慣行を主に説明した。その最後の第7章において、ヨーロッパ裁判所のマルク・リック対ソシエタ・イタリアーナ・インピアンチ事件[1]（以下、マルク・リック判決という）を紹介しながら、欧米諸国の国際仲裁法が大きく変わりつつあることを指摘した。この判決は、ロンドン仲裁ではあるが、国際商業会議所（ICC）の手続によるものであるし、いわば国際法の判決であるため、十分には紹介しなかった。しかし、この判決は、商事仲裁国際評議会（ICCA）の1992年のイヤーブックでも主要判例として紹介されているし、この事件のイタリア国の裁判所の判決（英文抄訳）も同時に掲載されているので、改めてこの判決に注目したい。そして、先の研究で残された諸問題を引き続き本稿で究明し、研究の視野をロンドンからニューヨーク、パリなどの他の世界的商業都市にまで拡げ、国際仲裁法

---

(1) Marc Rich & Co. AG v. Societa Italiana Impianti PA (Case 190/89), 17 Yearbook 233 (1992), The Times, 20 Sept. 1991.

に関する判例法の最近の動向を見極めたいと思う。

§2 マルク・リック判決。 先に言及したマルク・リック判決では、国際仲裁法という新しい法領域が形成されつつあることが指摘されている。まず最初に、昨年の報告書を読んでおられない読者のために、事件の内容を簡単に説明しておこう。

この事件は、イタリアで締結された原油売買に関して起こった紛争である。テレックスによるその売買契約にはイギリス法による仲裁規定が含まれており、ロンドンの裁判所に仲裁人の選任の申立てがなされたところ、この申立てとは全く別に、被申立人の側がイタリアの国内裁判所でその責任を否定する宣言判決を得た。その後、被申立人は、ヨーロッパ共同体を設置する条約（いわゆるローマ条約）は1つの加盟国で裁判管轄があるとされた同一の事件について、他の加盟国には裁判管轄が認められないと主張し、ロンドンの仲裁は中止されるべきであると争った事件であった。同条約220条は、「裁判判決および仲裁判断の相互承認および相互執行に関する手続の簡素化」について規定している。これに対し申立人は、ブラッセル条約付託書第1条(4)は、「仲裁」をローマ条約の適用から除外しているから、ロンドン仲裁人が選任されるべきであると主張した。ちなみに、先の報告書では深く立ち入って説明しなかったが、イタリアの最高裁判所（Corte di Cassazione）の判旨は、申立人マルク・リックはスイス法人であり、スイスはブラッセル条約に加盟していないので、そもそも条約の適用がないということに重点を置いている[2]。

ヨーロッパ裁判所は、イギリスの裁判所から条約の解釈についてのお伺い上訴（case stated）を受けて、ロンドンで国際仲裁を行うことを認める判決を下した。その判決は、次のように結論している。

---

(2) Corte di Cassazione (Supreme Court), 25 Jan. 1991, 17 Yearbook 554 (1992). イタリア最高裁判所は、テレックスの書面にだけ仲裁条項が含まれているが、これに対する返事がだされておらず、仲裁の合意がなかったと判断している。*Id.* at 558.

(1) 国際仲裁法の形成

「たとえ仲裁合意の存在または有効性が問題の訴訟の予備的争点である場合でも、条約第 1 条(4)項は、同条に定められた例外が一国の裁判所に継続中の仲裁人の選任に関する訴訟にも適用されるものと解釈されてはならない。」と。

さらに、その判決に添付された上訴申立て準備書面は、今日では「国際仲裁法」は各国の国内法によって制約されるべきものでなく、既に存在するいくつかの仲裁に関する条約を統一ないし改良して、国より一つ高いレベルに立って規制するものでなければならないと述べている。かかる仲裁に関する条約としては、1958 年のニューヨーク仲裁条約（国連条約）、1966 年のストラスブルグ条約、1972 年のモスクワ条約、1975 年のパナマ条約、1985 年の UNCITRAL 条約（国連条約）などが含まれるであろうが、ICC の国際仲裁慣行も国際慣習法として大いに参考にされるであろう。国際仲裁法をこのように積極的に形成しようという動向は、本稿で後に紹介する最近のアメリカの判例法などにも見られる。

§3　本研究の論点。　国際仲裁法は既に非常に膨大なものになっており、ここでその全体を概観することはできない。本稿では、将来、上述のような国際仲裁法の法体系を形成するのに大いに参考にされるであろうと思われる主要判例を紹介することが目的となっている。特にこの研究報告書では、(1)適切な仲裁人の選任の問題、(2)仲裁地と仲裁人の権限、(3)将来の紛争の解決のための準拠法の問題、および(4)仲裁判断の司法的強制の問題に焦点を当てることにしたい。

国際仲裁法が、事件の本案を解決するための実体的法規であるか、単なる手続的法規であるかという問題については、本稿でもしばしば論じなければならない問題ではあるが、本稿では実体法の領域には余り深く立ち入らない。そもそも仲裁は、非公開でなされることが多いし、仲裁判断に適用された法規が何であったかを詳細に説明されることも少ない。先に挙げた 4 つの論点は、将来の国際仲裁法の主要な柱である。

第3部　国際仲裁法

(2) イギリスの国際仲裁に関する判例法

(a) イギリス判刑法の概観

§4 イギリス仲裁法の特徴。 イギリス判例法については、ハーバー・アシュアランス判決、メラット銀行事件、ブレマー・ヴュルカン判決など多数の判決を昨年の報告書で紹介した[3]。しかし、そこで紹介したものは狭義のロンドン仲裁に限られていたので、ICC 仲裁やニューヨーク仲裁に関係するものはほとんど無視されている。従って、本稿では、それらを補充するとともに、イギリス仲裁法の最も特徴的であると言える仲裁管轄権に関する考え方および仲裁判断の司法審査についての考え方を改めて説明しておきたい。

最初に、イギリス仲裁法の特徴を概観しておこう。仲裁人（判定者）を契約当事者が合意によって選任できるという点は別として、原則として通常の裁判と本質的に変わりがないことにその重要な特徴がある[4]。裁判で認められる抗弁や救済は、仲裁でも認められる。しかし、一定の強行法規以外の法規の適用は、当事者の合意によって排除することができるし、救済方法についても、当事者が合意する限り裁判所による救済以外のものも利用できる。とくに手続に関しては、例えば仲裁のための聴聞を夜ホテルでおこなうようなことも仲裁ならば行いうる。

---

(3) Harbour Assurance Co. (UK) Ltd. v. Kansa General International Insurance Co., Q.B.D. 1991年7月31日判決; Bank Mellat v. GAA Development and Construction Co. 〔1988〕2 Lloyd's Rep. 44 (Q.B.D.); Bank Mellat v. Helleniki Techniki 〔1983〕3 All E.R. 428; Bremer Vulkan Schiffbau und Maschinenfabrik v. South India Shipping Corp. 〔1981〕A.C. 909 (H.L.) など。

(4) WALTON & VITORIA, RUSSELL ON THE LAW OF ARBITRATION 1 (1982).

(2) イギリスの国際仲裁に関する判例法

§5　仲裁に関する制定法。イギリスは判例法の国ではあるが、仲裁に関しては、体系的に整理された制定法がある。第一に、1950年の仲裁法があるが、この法律は、それまでの仲裁に関する諸法理（個別的法律および判例法）を整理し、統合した法律であり、現在でもこの法律が仲裁のやり方の基本的な部分を規定している。1975年の仲裁法は、外国仲裁判断の承認および執行に関するニューヨーク条約を国内法化するために制定された法律である。1979年の仲裁法は、上述の1950年法を改正し、(1)いわゆるお伺い上訴（case stated）の制度を廃止し、(2)仲裁後の司法審査を制限し、紛争解決の迅速化を図った。その後、若干の法律によって小さな改正が数度行われている[5]。

(b) 仲裁管轄と仲裁人の権限

§6　仲裁管轄——アシュヴィル・インベストメンツ対エルマー判決も合わせて。ところで、管轄権は国家主権とかかわりのある法観念である。裁判所が管轄権をもつという場合、その裁判所に提起された事件を当該裁判所が審理する権限を主権者が付与しているものと擬制される。この権限が認められるのは、対人的にまたは対物的に裁判所の力が及びうる範囲内に限られる。換言すれば、裁判所が判決を下すことができるのは、その判決ないし決定を執行できる限度においてである。これに比べて仲裁の場合には、仲裁人は、まず第1に、主権とはかかわりのない存在であり、その権限は当事者の合意によって与えられるものである。しかし、日本法について言われているのと同じように、仲裁の消極的効力として、裁判所は管轄権を行使する権限を放棄するものと考えられるので、いわば仲裁人がその管轄権を代わって行使しているような外観が生じる。

---

(5)　1990年の改正に至るまでの経過は、拙稿「イギリスの裁判所および法律事務に関する法律（1990年）の仲裁に関する諸規定（上、下）」JCAジャーナル7号、8号参照。

第3部　国際仲裁法

　イギリス法の場合、当事者が仲裁人を選任しない場合には、通常裁判所（高等法院）が当事者に代わって仲裁人を選任できることになっている。商事仲裁は、ロンドン商事裁判所の裁判官が担当したり、インズ・オブ・コートのバリスターが担当することが多い。この選任手続がとられるのは、当事者がイギリス（とくにロンドン）の仲裁に服する意思を表明している場合である。第1章で言及したマルク・リック事件がまさにその一例であるが、かかる意思表示は、当事者がイギリス仲裁法に従うということの意思表示であると擬制され、仲裁はイギリスの準司法機能として行われる。仲蔵人を当事者自身が選任する場合でも、ロンドンでの仲裁が行われる限り、それは準司法機能であると考えられている。この意味で仲裁地の決定は重要であるが、仲裁地の決定の問題も当事者の意思解釈の問題である。

　イギリス法の仲裁管轄権についての考えによれば、仲裁人には、解釈によって仲裁合意があるとする権限はないし、契約の一部を他の部分と分離し、その一部だけを無効とする権限もない。その分離が認められないことは、イギリス仲裁法の1つの特徴であると一般的に説明されているが、結論を見れば他の仲裁の制度と大きな違いはない。例えば、アシュヴィル・インベストメンツ対エルマー事件[6]では、契約の一部が錯誤によるもので無効とされたが、全体としては契約は有効なものとして仲裁が継続された。ちなみに、この事件は6つの倉庫建物の建設契約に関する事件であるが、契約書の交渉中に示された図面と契約書に添付された説明との間に齟齬があるにもかかわらず、両当事者がそれに気付かないで工事を進めたことから起こった。建築請負業者は、その齟齬に気付いたときに仲裁を申立て、契約交渉中の図面が契約の条件であることを確認すること、または契約をそのように改訂することを求めた。注文者側は、この問題は仲裁できないとして国王裁判所に訴えを提起し、同裁判所はこの訴えを認めた。しかし、その判決の上訴審理に当

---

(6)　Aschville Investments Ltd. v. Elmer Contractors Ltd. 〔1989〕1 Q.B. 488; 〔1988〕2 All E.R. 577; 〔1988〕2 Lloyd's Rep. 73.

たった控訴院（民事部）は、その判決を覆して仲裁管轄を認めた。

この控訴院の判決の中で次の点に注意を喚起しておきたい。メイ裁判官は、仲裁に関する先例拘束性の原理（precedent rule or the rule of stare decisis）に言及し、仲裁の場合にもその原則を遵守することが必要であると述べている。契約条項の狭い解釈とか広い解釈ということを当事者たちが論じているが、同じ条項の解釈に関しては、同じ状況の事件に適用される場合には判例法によって確立された解釈が選択されなければならないという。その特定の条項を契約に書き込んだとき、確立された解釈を前提にそうしているはずであり、事件毎に異なった解釈が採用されることになれば法的安定性が保てなくなり、当事者に不公正な結果をもたらすことになる。裁判所の司法審査の機能の重要なところは、このような法的安定性の維持にあるというのである[7]。

§7 マリーヴァ・コンパニア・ナヴィエラ判決。仲裁人が行使しうる権限と関連して次にマリーヴァ事件[8]を紹介しよう。この判決は有名なマリーヴァ・インジャンクションの法理を確立した判決である。この判決は、仲裁法に直接関係する事件ではない。しかし、次項以下に紹介する諸判例でも使われており、仲裁人が与えうる重要な救済方法を確立したという点て、見逃すことのできない主要特例である。

この事件では、インド政府が肥料を運ぶためにイギリスの船舶を傭船し、その傭船料の弁済の第3回分の支払いをかった事件である[9]。傭船契約が締結されてしばらくしてインド政府は全額の傭船料を支払いうるだけの資金をロンドンの銀行の自己名義の口座に入金した。その支払いを怠ったときに

---

(7) *Id.* at 581.
(8) Mareva Compania Naviera S.A. v. International Bulkcarriers S.A.〔1975〕2 Lloyd's Rep. 509.
(9) 傭船のため船が引き渡される前に半月毎2回で半金が支払われた。残りの半金は、船舶を返還するときに90％、後に10％支払われる約束になっていた。その残りの半金の支払いができなくなった。

も弁済可能な残高が残っているにもかかわらず、支払いをしなかったのは、本国で緊急に資金が必要になり、それを流用するつもりでいたためである。船舶所有者は、契約の履行拒絶があったものとして、高等法院に仮差止命令を求め、ロンドンの銀行の資金をインドに移転することを禁止しようとした。同裁判所のドナルドスン裁判官は、リスター判決の先例があるために躊躇を感じながらも、その差止命令を発給した[10]。このような緊急時に発給される救済がマリーヴァ・インジャンクションと呼ばれる。

この救済は現在では最高法院法第37条によって規定されている[11]。そして、仲裁の実効力を高めるために仲裁でもしばしば利用されている。この救済は、「正義と便宜」のために認められるエクイティ上のものであり、従って、対物的にではなく対人的に作用する。仲裁人が認めうる救済として、その差止命令だけでなく、文書の提出や証人の証言を強制することもできる。さらにまた、仲裁費用の供託を命じることもできる[12]。このように、他の諸国の仲裁と比較して、イギリスの仲裁人には裁判官に極めて類似した諸権限が認められている。

(c) 仲裁判断の司法審査

§8 マネ号事件とアンタイオス号事件。 1979年の仲裁法は、仲裁判断の司法審査が契約条項によって排除されている場合には、控訴院の審査権は

---

(10) 但し、差止命令が認められたのは、控訴院の3人の裁判官に再審理してもらうためであり、翌日の開廷までの短期間に限定された。Lister v. Stubbs〔1890〕45 Ch. D. 1 参照。

(11) 第37条は、(1)裁判所が公正（just）でかつそうすることが便宜（convenient）であると考える場合には、差止命令を発給するか、または管財人を任命することができる、また(2)その命令は、無条件とすることもできるし、裁判所が公正と考える条件を付して出すこともできる、と規定している。

(12) 昨年の報告書、25頁に紹介したBank Mellat v. Helliniki Techniki SA〔1983〕3 All E.R. 428 参照。

148

(2) イギリスの国際仲裁に関する判例法

著しく制限される。上訴裁判所が審査できるのは、(1)仲裁判断を仲裁人の「非行（misconduct）」を理由に破棄する場合、(2)保険、先物商品取引、海上輸送などの法領域の事件において、紛争が発生する前に司法審査を排除することにした合意を無効とする場合、(3)当事者の両方がイギリス人であり司法審査を排除する条項を無効とする場合である。マネ号事件(13)は、この制定法の規定により司法審査がなされた最初の事件である。

　この事件も傭船契約に関するものである。マネ号の船舶所有者は、1979年の4月から11月の間にカナダのソレル港にマネ号を着け、傭船者のチタニュームを荷揚げして、指定港（カレーまたはハートルプール）に運送する契約を結んだが、その中に港湾ストライキの場合には傭船者ではなく船舶所有者の側が責任を負うとする条項が含まれていた。6回の航行の他、1回のオプションの追加航行が予定されていたが、2度目の航行のときにソレル港で港湾労働者のストライキが起こり、船舶は契約どおり港に到着したが荷積みができなかった。そこで、契約の更改が行われ、ネマ号は契約外の短期航行にでかけることになり、「1980年度にも継続して7回の航行を行う」合意が成立した。3度目の航行予定日にちストライキは続いており、以後の損失については傭船者が負担するという新たな合意をした後、マネ号は別の契約外の短期輸送にでかけた(14)。7回目の航行のオプションを傭船者が行使しようとしたところ、船舶所有者側は、ストライキが長引きそうであるために、その要望に従わずに別の短期輸送にでかけた。傭船者側が仲裁を申立て、両当事者の迅速に判断してほしいという要望に応えて、仲裁人は、そもそも基本契約が後発的履行不能（frustration）となったとする仲裁判断を示し、1979年度の契約は効力を有しないと結論した。しかし、途中で2度に渡り

---

(13)　Pioneer Shipping Ltd. v. B.T.P. Tioxide Ltd.〔1982〕A.C. 724
(14)　出港の停止を命じるマリヴァ・インジャンクションが出されたが、既に短期航行契約が結ばれていて大きな損害が生じるおそれがあったので、確約書の提出を求めてその出港が認められた。*Id.* at 748.

第3部　国際仲裁法

当事者間で交渉が行われ、1980年にも運送契約が継続されることになっており、その効力がさらに問題となった。仲裁人は、これを判断の考慮に入れていなかったと言い、紛争は複雑化した。そこで、1979年のイギリス仲裁法により司法審査を求める上訴がなされたのが本件である。

ゴフ裁判官はこの上訴を認め、司法審査をした。そして、1979年の契約と1980年の契約は独立したものではなく、1979年の契約だけを無効とした仲裁判断は破棄されなければならない、と判示した[15]。しかし、船舶所有者側は、1979年法によればこの司法審査が認められないと控訴院に申立て、控訴院はこの申立てを認めた。控訴院は、確かに巨額な金銭が関係しており重要な事件であるが、この事件で司法審査を認めれば最初から裁判を行った場合と同じ程度の長い時間と費用が必要になるのであり、仲裁制度の意義を失わせるので、この司法審査は認めるべきではないと判示した[16]。仲裁の不手際で当事者が混乱させられることがあるとしても、当事者がその解決方法を選択したはずであり、裁判所がより複雑な事件を作りだすことは避けるべきであるというのである。そして、貴族院も、本件の仲裁判断には法律解釈の間違いはみられないので、そもそも司法審査をするべきではないという意見を支持した[17]。

アンタイオス号事件[18]も同じような傭船契約に関する事件である。この事件では、傭船者が不正確な記述が含まれている船荷証券を発行し、船舶所有者はこれが契約解除理由の一つに相当する「傭船者の非行」に当たると主

---

(15)　B.T.P. Tioxide Ltd. v. Pioneer Shipping Ltd. 〔1980〕2 Lloyd's Rep. 83.
(16)　Pioneer Shipping Ltd. v. BTP Tioxide Ltd. 〔1980〕1 Q.B. 547, 〔1980〕3 All E.R. 117.
(17)　Pioneer Shipping Ltd. v. B.T.P. Tioxide Ltd. 〔1982〕A.C. 724, 〔1981〕2 All E.R. 1030.
(18)　Antios Cia Naviera SA v. Salen Rederierna AB 〔1984〕3 All E.R. 229, 〔1984〕2 Lloyd's Rep. 235 (H.L.); 〔1983〕3 All E.R. 777, 〔1983〕2 Lloyd's Rep. 473 (C.A.).

張した。ロンドン仲裁が開始されたが、仲裁人は、契約解除の正当な事由には当たらないという判断を示した。マネ号事件と同じように1979年法に基づく司法審査を求める訴訟が提起され、同じような論理で控訴院は上訴を認めなかった。この事件もさらに貴族院まで上訴され、「上訴許可」の基準を明確にするために審理が行われた。貴族院は、「一般的に公的重要性をもつ事件」であって、「仲裁人が正しい判断をしたという可能性を排除できる程度に明らかに間違いがなければ」仲裁判断は尊重されるべきであると判示した(19)。

§9 D.S.T. 対ラス・アル・カイム国立石油会社判決。イギリス判例法を解説することを目的とした本章の最後に、国際仲裁法の形成に支持を与えると思われる比較的最近の判決を紹介しておこう。この事件はドイツの石油会社とペルシャ湾岸国との間で締結された石油掘搾契約をめぐって生じた事件である。この契約には、紛争はICC規則に従って行われるものとするが、仲裁地はジュネーヴとする旨の規定が置かれていた。そこで、原告D.S.T. (Deutsche Schachtbau-und Tiefbohrgesellschaft mbH) は、ジュネーヴで仲裁手続を開始し、自己に有利な仲裁判断を得た。これに対し、被告ラス・アル・カイム (Raknocという) は、仲裁を完全に無視して自国の裁判所で別個に訴訟を起こし、当該契約の原告の不実表示に基づいて契約は締結されたものであり、無効とするという判決を得た。この判決は、Raknoc側の損害賠償請求までも認めている。いずれの手続も一方当事者だけで進められたものであり、それを強制する方法に欠けていた。

しばらく後に第三者シェル石油がRaknocから石油を買い、その代金をRaknocに支払おうとした。そこで、D.S.T. は一方では仲裁判断の執行を求めてRaknoc口座の差押えを求める訴訟を開始すると同時に、支払い銀行

---

(19) ディプロック裁判官は、〔1984〕3 All E.R. 229 at 238において、迅速な事件処理を行うために一方当事者が提出した書面だけでその決定を下すことができると述べている。

第3部　国際仲裁法

のRaknoc口座にマリーヴァ・インジャンクションをかけて、その代金が原告D.S.T.に移転されるよう命ずる裁判所の決定を求めた。この訴えはメゴウ裁判官によって認められた。これに対し、Raknoc側も先の判決をロンドンで執行するための訴訟を開始し、高等法院のストウトン裁判官はこの訴えを認めた。それぞれ敗訴した側が、判決を破棄することを求める訴えを起こし、2つの上訴はともにレガット裁判官により審理されたが、Raknoc債権の執行判決を強制する管轄権がないことを理由に仲裁判断を強制する判決のみを肯定したが、その判決の執行は停止された[20]。控訴院がこれに対する上訴審理に当たったが、その判決の中でとくにドナルドスン裁判官（M.R.）の意見には注目する必要がある[21]。

　ドナルドスン裁判官は、仲裁人が準拠法についていずれの国の法律にも従っていないことに言及している。同仲裁人は、当事者が国家機関ないしそれに準じる機関であり、特定の国の法律を適用することは公正を書すると述べている。但し、仲裁の手続きは、仲裁地の法であるスイス法に従っている。ドナルドスン裁判官は、このように仲裁判断がたとえどの国の法制度に従うものでないとしても、その判断を強制することがイギリス法の公序（public policy）に反することにはならないと判決した[22]。この判決は、既存のいずれかの法制度を必ず選択しなければならないという考えを排除し、仲裁判断の基礎となる法源が自由に創造されうることを認めるものである。いわば仲裁判断の先例の蓄積により、新しい商慣習法（lex mercatore）の創造を志向するものである。この意見は多くの研究者の関心を集めているが、イギリス法の一般理論にまでなっているとは言えない[23]。実際上、別の論拠による

---

(20)　この時点で、シェル石油は、Raknoc側からニューヨークでの代金弁済を要求され、将来のトラブルを避けるため訴訟に参加し、差止命令の解除を求めた。
(21)　Deutsche Schachtbau- und Tiefbohrgessellschaft mbH v. Ras Al Khaimah National Oil Co., [1987] 2 All E.R. 769 (C.A).
(22)　*Id.* at 774.
(23)　[1990] A.C. 295, [1988] 2 All E.R. 833, [1988] 2 Lloyd's Rep. 293.

ものであるが、貴族院は、この判決を破棄しており、イギリス判例法上、先例法として確立されたものとは言いがたい[23]。

(3) アメリカの国際仲裁に関する判例法

(a) アメリカ法の二元制

§10 <u>連邦法と州法</u>。アメリカ法について述べるとき、二元制の問題を避けて通ることはできない。アメリカの法律制度は、連邦法と州法という二元的な法制度を採っており、そのいずれによって解決されるかがしばしば問題になる。国際仲裁についても、連邦法の仲裁法規と州法の仲裁法規には微妙な相違があり、この相違が難解な問題を提起している。さらに、具体的な紛争についてそのいずれによるべきか決定された後にも、裁判所が適用すべき法についていくつかの見解の相違があり、国際仲裁に関する理論的な整理が必要となっている。本章では、アメリカの国際仲裁に関する判例法の体系を説明することになるが、その理解のために制度的な問題についての知識が必要となるので、本節においてその概説をしておきたい。

§11 <u>連邦仲裁法</u>。アメリカ合衆国憲法の規定により付与された立法権に基づいて連邦議会が法律を制定した場合、連邦の裁判所はこの法律を裁判規範として強制する。仲裁に関しては、1925年に連邦法が制定されている[24]。

また、〔1988〕1 Lloyd's Rep. 164（差押手続きに関する判決）も参照。
(24) 9 U.S.C. §§ 1-16 (1992). なお、§§ 201-207 により、Convention on the Recognition and Enforcement of Foreign Arbitral Awards (1958)（以下、ニューヨーク条約という）を国内法化しており、また §§ 301-307 により、Inter-American Convention on International Commercial Arbitration (1975) を国内法化している。

しかし、このような法律があっても、その法領域を連邦の専属管轄にする意思がはっきり表明されていない場合には、州法によって規制することができ、州の裁判所は、自州の法律を適用することができると考えられてきた[25]。また、仲裁法が民事訴訟法に含まれる手続法であると理解されるならば、それは連邦裁判所の手続的な規定であって、州の裁判所は当然にはこれに拘束されることはないということになり、一定範囲内で独自の州法を形成することができることになる。本章第3節で紹介する仲裁に関するアメリカの主要判例は、主にこの論点に関係するものである。それらの判例の議論を検討するためにも、まず1925年の連邦仲裁法の内容を説明しておく必要がある。

第1条は、「州際通商」の規制および海事事件管轄という連邦に認められた憲法上の権限に基づいて制定されたものであることを宣言し、2つの用語を定義している[26]。そして、第2条は、現在の紛争であれ将来の紛争であれ、州際通商の契約に関する仲裁の合意を完全に強制できるという基本原則を述べている。第3条は、仲裁の係属中、訴訟が停止されるべきであること、そして、第4条は、連邦裁判所が仲裁の合意を強制する管轄権を有することを定めている。第5条以下第16条までの規定は、それらの基本原則を実施するための規定である。これら16条の規定は、全体として完結した仲裁法の1つの体系としての形態を整えている。

§12　州法との相違点。アメリカの州法は多様であり、カリフォルニア州のように、連邦法とは異なる仲裁法の制度をとっている州も少なくない。

---

[25] 連邦法が制定されれば、連邦法の適用のある事件に限り、抵触する州法は無効とされる。さらに、もし国際仲裁の領域がそもそも連邦法の排他的な専属立法管轄に含まれると理解されるならば、州法では全く規制できないことになる。連邦最高裁判所の判例の動向は、後に説明するように大きく動揺しているが、比較的最近までは州法による仲裁を排除する考えが強かった。

[26] 州際通商の規制は合衆国憲法第1条8節3項によって、また海事事件を審理する権限は同第3条2節によって認められている。

(3) アメリカの国際仲裁に関する判例法

　もっとも、アメリカで制定された最初の仲裁法は、イリノイ州のそれであり、この法律がニュー・ヨーク州法の制定のときに大きな影響を与え、先の連邦法はこれをモデルとしたものであると言われており、連邦法と類似した法律をもっている州もいくつかある(27)。47 州はアメリカ弁護士会が起草した統一仲裁法をモデルにして州法を制定したと言われており、それと類似した規定が多くの州法の中にみられる(28)。しかし、後に紹介する第3節の諸判例から理解できるように、連邦裁判所による連邦仲裁法の解釈は大きく変動しているし、州の裁判所の判例は、連邦裁判所の解釈に従わないことが少なくないので、法律の文章が類似していても、実際の運用の点で異なることが多い。

　連邦法と州法との相違点で特に注目すべきことは、第一に、連邦法が契約の自由を基本原理としているのに対し、キャリフォーニア州などの州法の考えによれば、仲裁は法の正義を歪めるものであり、少なくとも強行法規に関係する事件（例えば、後掲注52）では、仲裁は認められないとされ、法律の解釈については司法審査を免れることはできない。商人が仲裁による解決を選択する場合、大抵は脱法を目的としているというのである。第二に、キャリフォーニア州ほどではないが、連邦最高裁判所の最近の判例法が認める程度まで自由意思を尊重することに躊躇を示している州では、契約により合意の強制執行を認めることは、論理矛盾であり、裁判所の一般的裁判権を傷つけるとする考えを州コモン・ローでとっていることが多い(29)。このような

---

(27) この歴史的発展の過程は、I.R. MACNEIL, AMERICAN ARBITRATION LAW — REFORMATION, NATIONALIZATION, INTERNATIONALIZATION (1992) に詳しく説明されている。

(28) 最初の統一仲裁法は1924年に起草されたが、多くの批判を受け、1955年に現在のものが作られた。それをモデルにしていない州は、アラバマ、ミシシッピー、ウェスト・ヴァジニアの3州である。但し、1977年の時点でも20州しか採用しておらず、その後に採用した州の多くは統一法を多少修正している。

(29) 例えば、フロリダ州（149 So. 2d 380 (1963) 参照）、ウェスト・ヴァジニア

第3部　国際仲裁法

消極的な州では、仲裁が一方当事者だけに有利に進められていることが問題として指摘されている。こういった連邦法と州法との相違が、実際にどのような意味をもつかは、本章第3節で説明することになる。

(b) アメリカにおける国際仲裁の現状

§13　代替的紛争解決。アメリカの主要判例を紹介する前に、アメリカ仲裁の慣行に関して多少一般的なことを説明しておきたい。紛争の解決方法として仲裁が盛んに使われるようになっているが、その背景として、代替的紛争解決（alternative disputes settlements）のブームがある。アメリカでは弁護士の数が余りにも多くなりすぎて訴訟を起こしがちであり、しかも紛争解決に多大の費用がかかりすぎるという点に批判が高まっており、この批判に応えてアメリカのロー・スクールで代替的紛争解決の研究が盛んに行われるようになった[30]。法交渉学の研究もこの領域に含まれる。

一口に代替的紛争解決と言っても、多様なものがある。ベルベット・ハンマーと呼ばれるもの[31]、簡易陪審審理と呼ばれるもの[32]、「借り者」判事（rent-a-judge）によるもの[33]などは、むしろ調停に近いものである。本稿で

州（221 S.E. 2d 882 (1975) 参照）など。
[30]　DISPUTE RESOLUTION: A SELECTED BIBLIOGRAPHY (1987-1988) と題する本に収録された研究だけでも千件を超える。
[31]　ミシガン州で1970年代から採用されるようになった簡易な紛争処理制度（Michigan Mediation）である。地方裁判所の裁判の開始に当たり、裁判官は、法律家のリストを両当事者に見せて、その中から調停人を選択させ、略式の手続きで公開審理を行い、その後、10日以内に判決を下すことになっている。予備審問的な性格をもつ手続きである。Rhea v. Massy-Ferguson, 767 F.2d 266 (6th Cir. 1985); Tiedel v. Northwestern Michgan College, 865 F.2d 88 (6th Cir. 1988) 参照。
[32]　オハイオ州で最近行われるようになった制度であるが、6名の陪審員を選んで簡易手続きにより、紛争を解決するものである。
[33]　キャリフォーニア州やニューヨーク州で行われている制度であるが、主に

156

研究対象としている仲裁も、もちろん重要な代替的紛争解決方法の一つである。これらの解決方法に共通する重要な特徴は、効果的な交渉（negotiation）を可能ならしめるという点にある。例えば、建設請負契約に関して、一方当事者が瑕疵担保責任として損害賠償を請求した事例について考えてみよう。もし建設業者が多少は手落ちがあったことを認めており、2000ドルから2500ドルの範囲内であればその責任を負うことになってもやむをえないと考えているとしよう。注文者の側は、4000ドルを請求しているが、2000ドルでもやむをえないと考えているとしよう。この場合、裁判という対審的構造の紛争処理形式に従えば注文者は4000ドルを主張し、これに対し建設業者は2000ドルを主張する。しかし、もし仲裁人が両当事者の本心を理解しており、2500ドルの金額を提案できるのであれば、両者の合意を得ることは困難ではない。裁判官でもこれをすることは可能であるが、仲裁はこのような交渉をやりやすくする制度である。

　このような考えはとくに労働仲裁の慣行から生まれたものであると言われる。また、最近、証券取引をめぐる紛争が仲裁によって処理されることが非常に多くなったと言われるが、先に述べたような考えがその背後にあると思われる[34]。

　§14　アメリカにおける仲裁の現状。アメリカでは仲裁はますます盛んに行われている。しばしば指摘されているように、先に述べたような特徴以外に、成功すれば短期に紛争を解決でき、訴訟の経費を節約できるし、企業秘密などを守るためにも極めて好都合である。実際に行われる仲裁は、ほとんどの場合、アメリカ仲裁協会の規則[35]による仲裁であり、仲裁地がニュー・

　　退官した裁判官が、裁判所の委託を受けて、略式手続きにより紛争を解決する。
(34)　Djinis & Post, Securities Arbitration (1992) にこの仲裁に関する法律、慣行、様式等が非常に詳細に説明されている。
(35)　現行の規則は1991年3月1日から実施されているが、その規則は後に言及するUNCITRAL規則を大部分取り入れたものであると言われる。ちなみに、

第3部　国際仲裁法

ヨークとされることがしばしばある。仲裁条項も次のような標準的なものが使われるのが普通である。

「本契約またはその違反から、またはそれと関連して、生じるすべての紛争または権利請求は、アメリカ仲裁協会の規則に従う仲裁によって解決されるものとする。仲裁人によって下された仲裁判断は、それについて管轄権をもつ裁判所において、登録することができる。」

この仲裁条項は、次節で紹介するセブン・イレブンのフランチャイズ契約に関する事件でも使われている典型的な契約条項である。このような契約条項に基づいて、実際に仲裁が行われることが多くなった。

アメリカ法では、国際取引に関する仲裁については、州際通商をめぐる事件の仲裁とは別のものであると考えられている。比較的最近まで、アメリカの法律家は、国際条約の批准には消極的であり、1958年のニューヨーク条約を国内法化したのも1970年になってからである[36]。しかし、1970年代以降のアメリカは、仲裁の領域においても国際的に指導力を得ようと努力するようになり、本報告書の主要課題である国際仲裁法の形成にも積極的に貢献するようになった[37]。次節で説明するアメリカの諸判例は、いわばそのための環境作りの意義をもっている。

アメリカ法律協会は、1926年にニューヨークのマンハッタンで創設されてから、最も多くの仲裁の実績をあげている任意団体である。現在では、全米の主要な都市に支所が置かれている。

(36) Sept. 1, 1970, 3 U.S.T. 2517, によってニューヨーク条約を批准し、9 U.S.C.§§ 201-08 によって国内法化している。

(37) 米中友好条約（条約1871号）Art. VI, para. 4 (1946) には仲裁条項が見られる。また、1956年のオランダとの二国間条約（条約第3942号）は、事実認定についてだけでなく、法律解釈についても、仲裁判断が最終的かつ確定的なものであるとしている。このように、連邦政府は、第2次世界対戦以後には盛んに仲裁を利用にするようになった。最近の日米貿易摩擦に関するアメリカ側の主張の中には、日本における仲裁制度の改善も要求されている。

158

(3) アメリカの国際仲裁に関する判例法

(c) 国際仲裁に関するアメリカ判例法

§15 エリー判決の意義。アメリカの判例法を説明するに当たって最初にふれるべきものはエリー判決である。エリー判決とは、1938年のエリー鉄道会社対タムキンズ判決[38]を指すことはいうまでもない。この判決は、1842年のスウィフド対タイスン判決[39]を覆して、いわゆる「連邦コモン・ロー」と呼ばれる判例法は存在しないと判決したものである。司法府に関する法律第34条は、「諸州の法が、連邦裁判所におけるコモン・ローの裁判で、判決の法規範と見做されなければならない」と規定している。この規定にいう「諸州の法」は、文字通り事件に関係する特定の州の州法を指すのであり、いくつかの州法を比較して選択したり、自ら新しい法理を創造することは許されない、というのである。

このエリー判決の法理がどの範囲まで一般的に適用されるかについては、もともと議論の余地があった。しかし、この事件は鉄道事故に関して、線路上を不法に歩いていた客に対し鉄道の過失免責が認められるか否かが問題となっており、裁判手続きについては、この事件は全く関係のない事件である。アメリカ法では、各裁判所の自己の訴訟の手続きについて規則を制定できるものと考えられており、エリー判決の法理は実体法に関する判例法なのである。以下に紹介する諸判例の論点の一つは、仲裁法が実体法であるか、手続法であるか、ということであり、実体法であるとされるとき、エリー判決の法理が問題となる。

§16 連邦法優位の理論――プリマ・ペイント判決からサウスランド判決へ。　1956年にバーンハード対ポリグラフィック社判決[40]が書かれたとき、連邦最高裁判所が、詐欺を申し立てている事件（実体法に関する事件）の仲

---

(38) Erie Railroad Co. v. Tompkins, 304 U.S. 64 (1938).
(39) Swift v. Tyson, 16 Pet. 1 (1842).
(40) Bernhardt v. Polygraphic Co., 350 U.S. 198 (1956).

第3部　国際仲裁法

裁を連邦仲裁法によって強制的に行わせるのは連邦の権限を逸脱するものであると判示したのは、当然、エリー判決の論理的な帰結であった。同裁判所は、原告が連邦仲裁法第3条により訴訟の停止を求めたのに対し、第3条が適用されるのは「州際通商」または海事法の事件だけに限られると判決した。しかし、1967年のプリマ・ペイント社対フラッド・アンド・コンクリン製造会社判決[41]では、エリー判決の法理を著しく制限する理論が展開された。その論理は次のようなものである。

まず最初に、簡単に事実関係を説明しておきたい。プリマ・ペイントはメアリーランド州のペイント卸商であるが、被告フラッドと継続的ペイント仕入契約を結び、さらにその契約とは別に、技術相談契約も締結した。この技術相談契約によりプリマ・ペイントは一定率の相談料を被告に支払うことになっていたが、この契約は詐欺的誘引により締結された無効なものであると主張して、契約を解除しようとした。この契約に強制的仲裁条項が含まれており、被告は連邦仲裁法第3条により訴訟の停止命令を求めた[42]。連邦最高裁判所は、問題の技術相談契約は確実に州際通商に影響を与える側面をもっており、第3条により訴訟を停止させて契約どおり仲裁を強制することができると判決した。この判決は、フォータス裁判官によって書かれたものであるが、すべての多州籍間の訴訟に連邦仲裁法を適用できると述べており、この判決の効果は、エリー判決の法理を否定したのに等しい。

ブラック、ダグラス、ステュアートは、その法廷意見に反対する意見を述べている。この少数意見を書いたブラック裁判官は、契約締結の過程で詐欺があったため技術相談契約は無効であると判示しながら、その契約に含まれ

---

(41)　Prima Paint Corp. v. Flood & Conklin MFG Co., 388 U.S. 395 (1967). ブラック、ダグラス、ステュアートの3裁判官が反対意見を書いている。

(42)　連邦仲裁法第3条は、「書面による仲裁合意により仲裁に付託することができる争点（issue）に関し、合衆国裁判所に訴訟または手続きが提起されたときは、....当該争点が仲裁に付託できるものであると裁判所が考える場合、両当事者の中立により、裁判を中止させなければならない」と規定している。

(3) アメリカの国際仲裁に関する判例法

る仲裁条項だけを強制するのは論理矛盾であるし、本件を連邦実体法の事件であるとする限り、本項の最初に言及したバーンハード判決に拘束される、と述べている。そして、この少数意見は、1984年のサウスランド会社対キーティング判決(43)で仔細に再検討されることになる。

このサウスランド事件（クラス・アクション）は、キャリフォーニア州のフランチャイズ契約に関する事件である。サウスランドとフランチャイズ契約を締結していたセブン・イレブンが、その契約は詐欺であり、不実表示があり、誠実義務違反があり、州法の開示義務に違反したものであると主張して、その無効確認を求める訴訟を起こした。被告サウスランドは、その契約の仲裁条項による仲裁を申立て、訴訟は認められないと主張した。キャリフォーニア州のフランチャイズ投資法(44)は、法律上の権利を放棄することを要求する契約は無効であることを規定しているので、州裁判所は、訴訟は継続できると判示し、クラスの限定の手続に入ろうとした。そこでサウスランドは連邦裁判所に事件を提訴し、キャリフォーニア州は連邦仲裁法に違反するので最高法規条項に基づき違憲とされるべきであると主張した。連邦最高裁判所は、連邦政府が州際通商を規制する権限をもっており、この事件は州際通商に関して起こっているので連邦仲裁法によって判断されるべきである

---

(43) Southland Corp. v. Keating, 465 U.S. 1 (1984). オコンナおよびレンキスト裁判官が反対意見を書いている。その意見の中でエリー判決に言及し、「エリーは、連邦裁判所の管轄権を規定する[合衆国憲法]第3編だけによって実体法を作りだす連邦政府の権限を否定した。18年後に当裁判所はバンハート[引用省略]判決を下した。バンハート判決は、契約紛争を仲裁する義務は、結果決定——実体法——であり、それ故に多州籍用訴訟では通常州法によって規制される事項であると判決した」と述べている。*Id.* at 23. スティヴン裁判官の一部同調、一部反対の意見も、この解釈には支持を与えている。

(44) Cal. Corp. Code §31512 (1992)は、「フランチャイズ（実施権）を取得する者を拘束して本法またはそれに基づく規則もしくは命令の規定を遵守させる権利を放棄することを目的とする条件、記述または規定は、無効である」と規定している。

161

と判決した。

この判決を書いたのはバーガー首席裁判官である。連邦仲裁法は、州際通商の規制のために仲裁に関する法律が必要であると考えて作られたものであり、その法領域を先占している。もし当事者が仲裁を進めているときに、途中で州または連邦の裁判所で自分の都合のよい所へ訴訟を提起することができるとすれば、エリー判決が禁止しようとした法廷漁り（forum shopping）が起こる。連邦の仲裁法の考えに抵触する州法は違法であると判断されなければならないという。

§17　強行法規に関係する事件の仲裁——ウィルコ判決、三菱自動車判決、ボルト・インフォーメション・サイエンス判決。本節で紹介する3つの判決には、前節で述べたことと共通する考えが含まれていることは言うまでもないが、それ以外に独占禁止法などの公法的規制に関する仲裁であるという点に特徴がある。まず最初に、1953年のウィルコ対スウォン判決[45]に注目しよう。この事件は、証券業者の不実表示によって株を買い、損失を被ったと主張する一般客が、証券取引法第12条に基づく訴訟を起こした[46]。業者側は契約の中に拘束的仲裁の条項が含まれていることを理由に、訴訟は行われるべきでないと抗弁した。これに対して原告側は、同法第14条により、司法判断を回避する契約条項は無効とされるべきである、と反論した[47]。この事件は最終的には最高裁判所で審理されたが、同裁判所は、証券取引法上の紛争は強行法規の公序に関するものであり、仲裁判断にはなじまないと判決した。この論理は、独占禁止法の事件などにも当てはまるはずである。実際上、これに続く2つの判決で、独占禁止法違反を主張する紛争も、仲裁に

---

(45)　Wilko v. Swan, 346 U.S. 427 (1953).
(46)　15 U.S.C. §77l (2)(1981).
(47)　15 U.S.C. §77n (1981). この規定は、「この部（subchapter）の規定または委員会規則・通達の遵守を証券取得者に放棄することを義務付ける条件、条項または規定は無効である」と規定している。

162

(3) アメリカの国際仲裁に関する判例法

馴染まない「公序」の問題を含むので仲裁は強制できない、と判示している。

1985年の三菱自動車会社対ソーラー・クライスラー=プリマウス判決[48]は、既に昨年度の報告書で言及した事件であるが、そこで述べたとおり、反トラスト法上の不公正な取引が問題になった事件である。この事件では、先のウィルコ判決の論理とはかなり異なる推論をしている。たとえ仲裁人がアメリカ反トラスト法上の不公正な取引の有無について判断したとしても、それは契約の効力ないし内容に関する判断であり、連邦取引委員会の判断と異なっても差し支えない。また、アメリカはニューヨーク条約を批准しているが、過去にも類似の事件の仲裁判断を連邦裁判所が承認し、執行を認めた[49]。日本の国際仲裁協会の仲裁は、非常にすぐれたものであり、国際儀礼上も、本件は仲裁可能な事件であると判断する、というのである。

スティヴン裁判官は強力な反対意見を付しているが、この意見を読むと多数意見の趣旨がいっそう引き立って理解できる。同裁判官によれば、本件では国際カルテルにより不法な取引制限の共謀（シャーマン法第1条違反）が行われており、仲裁条項はシャーマン法の規制を逃れるために使われている[50]。多数意見が述べているように、外国の法律制度への敬意を示すことも必要であろうが、日本の国際仲裁協会の仲裁判断をアメリカで強制することになれば、この公序の観点からの司法審査は不可避であり、真の意味で国

---

(48) Mitsubishi Motors Corp. v. Soler Chrysler-Plymouth, Inc., 473 U.S. 614 (1985).
(49) Scherk v. Alberto-Culver Co., 417 U.S. 506 (1974). この事件は、アメリカの会社がドイツの会社からヨーロッパの一企業をそのまま買い取ったことに関係する事件でアメリカの証券取引法違反が訴えられている。ICC仲裁を判決は強制した。
(50) 473 U.S. at 640（ブレナンおよびマーシャルが同調）。この少数意見は、この事件は日本での仲裁により解決されるべきであるが、Fenderal Arbitration Act§2, 9 U.S.C.§201 (1970)はアメリカの強行法規であるシャーマン法の解釈を仲裁に委ねることはしてない、という。

163

第3部　国際仲裁法

際的に協調したことにはならないというのである。

1989年のボルト・インフォーメーション・サイエンス社対リーランド・スタンフォード短期大学事件[51]は、国際儀礼の問題には関係のない事件である。短期大学のコンピュータ基地の建設契約をめぐって紛争が起きた。原告ボルトは、プロジェクトの部分的変更などの理由で余計に掛かった経費の支払いを短期大学側に求めたが、短期大学側は支払いを拒否した。そこで、原告ボルトが先の契約に含まれていた仲裁条項による仲裁を申し立てた。これに対し、短期大学側は、同種の事件に関して訴訟を行っていたので、その判決が下されるまで仲裁を停止させようとした。先の仲裁条項には「プロジェクトの土地の法を準拠法とする」という規定が含まれており、キャリフォーニア州の裁判法によれば、仲裁の停止を裁判所が命じることになっている[52]。上の事件と同じように、州法が連邦法に抵触しており、無効であるとボルト側は主張したが、州裁判所は、仲裁条項および準拠法の条項を合わせて読むと、当事者は連邦法による仲裁を行う権利を放棄していると判示して、その主張を退けた。連邦最高裁判所も、仲裁契約の第一次的解釈権は州にあり、その解釈として準拠法が州法のであると判断されるならば、州裁判所の解釈は肯定できると判決した。

この判決は、理由はともかく州の仲裁を承認したという点てこれまでの判例の流れとは異なるものを含んでいる。しかし、同じ1989年のロドリゲ判

---

(51) Volt Information Sciences, Inc. v. Board of Trustees of Leland Stanford Junior University, 489 U.S. 468 (1989). ブレナンとマーシャルが反対意見を書いている。その反対意見は、多数意見が契約解釈は通常州法の問題である、という単純な一般原則の適用により当裁判所の干渉を排除したが、問題の取引が州際通商に影響を与えるか否かを問題としたそれ以前の判例法の流れに反するものである、と批判している。

(52) Board of Trustees of Leland Stanford Junior University v. Volt Information Sciences, 240 Cai. Rptr. 558 (1987).

決(53)において、本項の最初に紹介したウィルコ判決を明示的に否定しており、連邦法優位の考えは、現在でも連邦最高裁判所がとる見解であると思われる。

§18　州法優位の理論の復活——オクラホマ・シティ協会判決。このオクラホマ・シティ協会事件(54)はオクラホマ市のショッピング・センターのスペースの賃貸借契約に関するものである。賃貸人であるシティ協会が、賃料の未払分とその利息の弁済を求めた事件である。契約の仲裁条項に従い仲裁が開始され、仲裁人は、当該の支払分の他に年率で18％の利息を付けて弁済することを命じた。連邦地方裁判所は、この仲裁判断を司法審査し、年率で8.27％の法定利息に減らす修正をした。この判決が第10巡回区上訴裁判所に上訴され、同裁判所は、その判決を次のような論理で破棄した。

当該事件は、連邦仲裁法第9条により、仲裁判断の司法的強制が求められた事件である(55)。その第9条の規定は、契約の当事者たちが、仲裁に従ってなされた判断に対し（裁判所の）判決が下されることに合意している場合に限り、司法審査ができる旨を定めている。連邦裁判所が第9条の権限を行使するためには、積極的に司法審査を認める仲裁条項が規定されていなければならず、本件の連邦地裁の判決は第9条を誤って適用したものと言わなければならない。本件の場合、そのような当事者の意思は契約の文言からは読み取れない。いくつかの裁判所は、仲裁判断の終局性（finality）を定めた

---

(53) Rodriguez de Quijas v. Shearson/American Express, 490 U.S. 477 (1989). 法廷意見を書いたケネディ裁判官は、ウィルコ判決について、「ウィルコが明白に正しくないということは承認されている。」と述べている。

(54) Oklahoma City Associates v. Wal-Mart Stores, Inc., 923 F.2d 791 (10th Cir. 1991).

(55) Moses H. Cone Memorial Hospital v. Mercury Constr. Corp., 460 U.S. 1, 25（1983）を引用し、連邦裁判所が司法審査をするために、独立の管轄権（多州籍訴訟など）が必要であると判示した。

規定や通常使われている AAA 仲裁条項があれば、その意思があるとしているが、本件の契約にはそれすらない。

要するに、第 10 巡回区上訴裁判所は、連邦仲裁法は当事者の意思を最大限尊重しようとしているのであるから、連邦の裁判所で司法審査を受ける意思が見られないのに連邦裁判所が干渉するのは立法趣旨に反するというのである。この判決の結果、当事者が州法の仲裁を選択する意思をはっきり明示している場合には、州法が尊重されることになる。

(d) アメリカ判例法の展望

§19 動揺しているアメリカ判例法。　本文では各判決に付された反対意見をいちいち説明することはしなかった。しかし、注の中で少しふれておいたように、どの判決にも有力な反対意見が付いている。反対意見の理論は、当然、事件ごとに変わってはいるか、共通する点としては仲裁制度に対する不信感をあげることができる。仲裁制度は通常の裁判を回避するために使われるが、仲裁人の倫理と能力は裁判官のそれにはるかに劣るものとすれば、大きな問題がある。また、法律の適用を逃れることまでも許すものであるとすれば、問題はさらに重要である。これらの点はしばしば論じられているところであるが、現在は、仲裁に関するアメリカ判例法は大きく動揺しており、不確実なものであると言ってよい。特に最後に紹介したオクラホマ・シティ協会判決は、第 9 条の解釈のみに限定しているとはいえ、自らの裁判権を放棄し、州の仲裁に大いに活力を蘇生させるものとなっている。単純な論理で推論すれば、当事者が連邦裁判所が仲裁に関与することを否定する意思表示があれば、州法の仲裁制度を利用できるのである。

キャリフォーニア州やフロリダ州は、州法によって仲裁をさせようとしているものと思われる。I.R. マクネイル「アメリカ仲裁法」(1992) は、このような動向が一方ではアメリカ仲裁法の国際化の方向を示すと同時に、他方では、国際仲裁法の形成の過程に各州の商慣行を最大限取り入れさせようと

いう地域利益を保護するものであると見ている(56)。国際取引の都市として大きな発展を遂げようと目論んでいるのではないか、と先の本の著者は観察している。そして、連邦裁判所は、商事仲裁の国際化および自由化を目指す理論のなかに、このような地域的な利己主義を許す結果を生んでいると思われる。

(4) ICC の国際仲裁に関する判例法

(a) ICC 仲裁のグローバル化

§20 ICC 仲裁の概観。国際商業会議所（International Chamber of Commerce）は 1919 年に創設され、1922 年にその仲裁規則を作成し、その翌年にパリに国際仲裁裁判所を設置して実際に国際仲裁を開始した。1976 年 7 月までに 2978 件の事件を受理した。その後の 10 年間にはさらに 6000 件を超えるにいたり、受理件数は急速に増加している(57)。多数の仲裁判断の蓄積により、また後に述べるように ICC 仲裁の制度そのものが、1 つの仲裁法体系の形成に役立っている。理論上は、仲裁判断に既判力があるとしても、先例としての拘束力は認められない。しかし、現実には、裁判所の判例法の体系にどこか類似した機能を果たしている。

　プラント輸出、港湾建設、高速道路や高層ビル建設、地下鉄工事などの大規模の契約には国家が関与することがすくなくないが、大抵の場合、ICC 仲裁条項が入れられる。それは、紛争が起きた場合、相手方の国内裁判所で裁判を行うことが不都合であり、第三者機関によって解決しようとするため

---

(56) I.R. MACNEIL, AMERICAN ARBITRATION LAW (1992) AT 175.
(57) CRAIG, PARK & PAULSSON, INTERNATIONAL CHAMBER OF COMMERCE ARBITRATION (2nd ed. 1990), pp. 4-6.

である。ICC 仲裁は伝統があり、この仲裁が選択される可能性が高い[58]。しかし、各国が ICC 仲裁判断に全面的に服するかどうかは別の問題であって、第3章第2節の説明からも分かるように、とくにその強制の点て一定の制限を付するのが通常である。

ICC 仲裁のもう1つの特徴は、仲裁できる事物管轄について、同一の国民間の紛争であっても国際取引に関する紛争は仲裁可能であるとしている点である。国際取引に関する紛争処理機関として、国内裁判所と併置され、またはそれより上位に置かれる機関となることを目指していると思われる。この点は、後に述べる法源に関する考え方にも表れている。ICC 仲裁のグローバル化が目指されており、この企図は、徐々にではあるが実現されつつあると思われる。後に紹介する 1992 年のイヤーブックの巻頭の序文の中で、バーニニ教授は、「相互理解、公正、合理性の道具として仲裁をより広範囲に利用することが紛争処理の平和な手段にたよることへの信頼を強化することになるのは確実である」と述べている[59]。

§21 現行の ICC 仲裁規則。ICC の仲裁規則は、正式には国際商業会議所の調停および仲裁に関する規則と呼ばれている[60]。この正式名称が示し

---

(58) 同上 6-10 頁には、どのような種類の事件が ICC 仲裁にかけられるかについて詳細に説明されているが、ある調査によれば3分の1が国家の関与した事件であるという。国家が事件を ICC 仲裁による解決に付託した場合、国家はその主権を放棄したものと見做される。高額にのぼる極めて複雑な事件を ICC 仲裁によって処理した例として、Verlinden B.V. v. Central Bank of Nigeria, 647 F. 2d 320 (2d Cir. 1981); Ipitrade International S.A. v. Federal Republic of Nigeria, 465 F. Supp. 824 (D.C.D. 1978) などが説明されている。同上 643-57 頁にはさらに国家契約に関して詳細な説明がなされているが、リビア対アトランティック・リッチフィールド事件（20 ILM 1 1981）以来、非ヨーロッパ諸国も ICC 仲裁を盛んに利用するようになったという。

(59) G. Bernini, *ICCA's Activities in 1991*, in Yearbook *infra* note 84, at xvii.
(60) ICC 規則は 1955 年、1975 年、1987 年に改正されている。現行の規則は、

(4) ICC の国際仲裁に関する判例法

ているように、元来、ICC の機構では、調停と合わせて仲裁を行うことが考えられていたが、現在では、調停の事件はほとんどない。裁判に代えて調停による解決を選択するメリットは余りないが、仲裁には既に述べたような様々なメリットがあり、今日起こりつつある紛争の解決には適しているからである。

ICC の仲裁制度は、当事者が仲裁人を選任できること、仲裁事項やその手続きなどを当事者の意思によって決定できることなどの点では他の仲裁制度と大きく異なるものではない。しかし、実際に仲裁に当たる仲裁人と仲裁法廷とは別のものとしてとらえ、ICC の仲裁判断であると認められるためには、仲裁人の決定が ICC 本部の手続的側面からの審査を受けなければならない。この審査の中には先例との整合性の検査も含まれており、ICC の判例法体系が形成される遠因がここにある。この点は、ICC 仲裁の重要な特徴である。ICC 仲裁判断に関する判例を整理したいわゆる判例集が多数編纂されているということも、その特徴を生むのに大きく寄与している。

(b) ICC 仲裁に関する主要な諸判例

§22 フランス法。最初に ICC 仲裁に関するフランス判例法を紹介しよう。フランス法は、1981 年の新民事訴訟法の制定までは、国際仲裁に関して自由放任主義をとってきた。例えば、1980 年のジェネラル・ナショナル事件 [61] では、リベリヤ政府機関がスエーデンの造船会社に注文した 3 隻の船の建造に関する紛争が起こり、ICC 裁判所によって仲裁が行われた。この仲裁で敗訴したリベリヤ政府機関側が、フランスのパリ控訴院に司法審査を求めたが、同裁判所は、国際仲裁判断の司法審査をする管轄権をもたないと判

1988 年 1 月 1 日から実施されている。

(61) General National Maritime Transp. Co. v. Societe Gotaverken Arendal AB0 1980] Recueil Dalloz Direy 568 (21 Feb. 1980 Cour d'Appel).

第3部　国際仲裁法

示して訴えを却下した。同年の AKSA 対ノルソーラ判決[62]でも、同じような判決が下されている。

　しかし、先の 1981 年の法改正によって、フランスの裁判所も、国際仲裁を自国の司法制度に関連付け、一定の司法審査を行うようになった。フランス民事訴訟法第 1502 条は、(1) 仲裁合意に基づかないか、または無効もしくは失効した合意に基づいて行われた仲裁、(2) 仲裁人の選任について不規則（irregular）な点があった仲裁、(3) 仲裁人に付託されていない事項について判断が下されている仲裁、(4) 適正手続き（due process）に違反のある仲裁、(5) その承認または強制が国際的公序（international public policy）に反するような仲裁、を司法審査することとしている。

　なお、他国の場合とは大きく異なり、このような司法審査が行われる仲裁は、「国際的商業上の利害」を含む事件であると定義されている[63]。また、フランスは、1961 年の仲裁条約を国内法化しているために、たとえフランス国内裁判所が仲裁を無効と判決した場合であっても、一定の場合には、国際仲裁がなお効力をもつものとされることがある[64]。これらのことから、少なくともイギリス法の場合と比べれば、国際仲裁の効力が認められることがより多い。

　一般的な傾向としては、フランスの裁判所は、手続的公正の確保のためには干渉するが、実体的な判断には無干渉であるという姿勢をとることが多い。フランス法上の仲裁は、「善と公正」という一般原理に基づいて行われる

---

(62)　AKSA v. Norsolor, Judgment of 9 Dec. 1980, 20 ILM 887 (1981).
(63)　1981 年の Decree art. 1492,〔1981〕J.O. at 1402.
(64)　1961 年のヨーロッパ条約第 37.03 条は、仲裁判断の取消しが次のいずれかによるものでない場合には、その仲裁判断は強制されるものとすると規定している。(1)無効な仲裁契約、(2)適切な通知がないことまたは事件を提起する能力がないこと、(3)権限踰越（仲裁付託の範囲を超えていること）、(4)仲裁法廷が不法に（irregular）構成されたこと。

170

(4) ICC の国際仲裁に関する判例法

「友誼仲裁」が通常のものである[65]。この場合、厳密にフランス法に従うことは期待されていない。友誼仲裁人による仲裁の場合でも仲裁判断には理由が付されることを法律が要求しており、このことが一定の公正さの担保機能を果たしてはいるか、この要件も当事者が明示の合意によって逃れることができる[66]。フランスは、1958年のニューヨーク条約および1961年のヨーロッパ仲裁条約を批准しており、ロンドン仲裁に対し競争意識を燃やしつつパリを中心とした ICC 国際仲裁を助長しようとしている。

§23 スイス法。パリと同じようにジュネーヴでも盛んに ICC 仲裁が行われている。その理由は、§19 で指摘したように、国やその政府機関もこの仲裁制度を利用することがあり、その場合、ジュネーヴには国際機関が存在しているし、仲裁地として便利だからである。そしてまた、スイスには、ジュネーヴ大学その他、優れた法学研究機関がいくつかあり、イギリスやフランスの法律家とは多少性格の違った有能な法律家がここにいる、ということにも関係がある。

1989年1月1日から実施されている国際私法に関する連邦法の中に仲裁に関する諸規定が含まれている。その第12章は、当事者が連邦仲裁規則に従うか、またはルサーン以外の26カントンによって締結されたコンコルダ (Concordat) による仲裁のいずれかを選択することを認めている[67]。しかし、両当事者が外国人（スイス国籍をもたず、かつ、スイスに常居所をもたない者）

---

(65) ICC 仲裁規則第13条(4)は、両当事者が仲裁人に「友誼仲裁人 (amiable compositeur)」の権限を付与することに合意する場合、その権限をもつものとすると規定している。しかし、同条(5)は、契約の諸条項および関連取引慣行を参照することを義務づけている。

(66) フランス民事訴訟法 (N.C.P.C.) 第1471条参照。理由付け義務を当事者の合意によって免除した事例に関して、DE BOISSESON ET DE JUGLART, LE DROIT FRANCAIS DE L'ARBITRAGE (1983), sec. 386 参照。

(67) カントンの排他的仲裁管轄を認めてもらうためには、その旨の明白な規定を定める必要がある。

である場合、仲裁は連邦仲裁規則により規制される。この場合、両当事者は、明示的な合意によって司法審査を排除することができる。イギリス法の場合には、ICCのモデル仲裁条項を契約の中で使っておれば、通常、この司法審査の排除の意思があるものと認められるが、スイス法ではむしろ認められないと思われる[68]。但し、スイス連邦仲裁制度は、その他の点ではイギリス法にかなり類似しているといわれる。

コンコルダによる仲裁制度は、2以上のカントンの利害が関係する事件の仲裁による解決を目的としたものであり、連邦仲裁規則よりも詳細に規定されている。本研究で特に注目している仲裁判断と司法審査との関係については、まず第1に、通常の司法審査と、仲裁判断を失効させることを求める場合とを区別している。通常の司法審査（review）ができる場合は、次の2つの場合である。第1は、仲裁判断に犯罪行為が関連している場合である[69]。第2は、仲裁が開始される以前に重要な証拠が存在していたにもかかわらず、仲裁手続中にその主張がなされなかったために、それを考慮せずに仲裁判断が下された場合である。

仲裁判断を失効させることを求める申立てを認めることができる場合としては、9項目を規定している。そのうちの8つは手続き上の欠陥を理由とするものである[70]。(1) 仲裁法廷の構成が不適切（improper）であること、(2) 管轄権に関する誤りがあること、(3) 付託されていない事項について判断していること、(4) 当事者の適正手続き請求権を侵害していること、(5) 当事者が主張していないことを認めること、(6) 「恣意的な」判断を下すこと、(7) 仲裁人の権限が消滅した後に判断を下したこと、(8) 判断の形式に関する法規を遵守していないこと、(9) 不当に多額の手数料を課することの8項目である。第六の項目は仲裁判断の恣意性であるが、この申立がなされた場

---

(68) スイス連邦国際私法第192条参照。
(69) Concordat art. 41. また、BGB (OJF) art.137 も見よ。
(70) Concordat art. 38.

(4) ICC の国際仲裁に関する判例法

合には、司法裁判所はその実体的内容にまで立ち入って、審査することができる。

ところで、第 6 項目に関係する仲裁判断の恣意性については、いくつかの重要判例がある。仲裁判断の記録に残っている事実の説明とその結論の間に明白な矛盾があれば、恣意的なものとして司法審査を受けることになる。また、英米法のエクイティのように厳密な法規範としてではないが、一般的な公正の観念に反するような仲裁判断は、恣意的なものであるとされることがある。Clair et Westfin Anstalt v. Banfor Trust Registered（1981 年 9 月 30 日連邦裁判所判決）など、主要な判例は、クレイグ・パーク・ボールソンの著作のスイス法の章で紹介されている[71]。

§24 スウェーデン法。ストックホルムは、商業都市としてはロンドン、パリ、ジュネーヴなどより小規模の都市であり、仲裁の経験も決して深くはない。しかし、国際的に認められた中立国であり、アメリカ合衆国とソヴィエト共和国との間の冷戦を解決するための場所を提供したことが役立ち、最近では、東西間の紛争を処理する仲裁地としてストックホルム（国際商業会議所）が重要性を増しているといわれる。中国などの共産圏諸国がここで何度か仲裁を行っている。

スウェーデンの仲裁法は 1929 年に制定され、1976 年 7 月 1 日から実施されているその改正法が現行法である。スウェーデンは大陸法の国であり、フランスやスイスのように、裁判所は仲裁の実体的判断には干渉せず、形式的な観点から司法審査を行っている。これと関連するのが仲裁法第 21 条であるが、この規定は、4 類型の形式的欠陥に基づく司法審査を認めている[72]。

---

[71] CRAIG, PARK & PAULSSON, *supra* note 57, at 554. 記録上の事実に反する認定がなされている場合、契約に適用される法律の解釈に誤りが含まれている場合、手続的公正の原理に反する場合などの事例が例示されている。

[72] Swedish Arbitration Act of 1929, sec. 21 は、(1)仲裁人に付託された事項以外のことに判断を示しているか、その判断が示されるべき期限後の仲裁判断、

173

実体的な審査については、同法第 20 条が関係するが、特に両当事者ともに外国人である場合に干渉できるかどうかは明確ではない[73]。しかし、ウガンダ共和国対ノレル・ボネ・インターナショナル事件[74]でこの問題が主要な争点となり、スウェーデン最高裁判所は、干渉できると判示した。

このウガンダ共和国の事件では、同国がイスラエルの建設業者を相手に仲裁を訴え、スウェーデンにおける仲裁で自己に不利な仲裁判断を得た。そこで、ウガンダ共和国は、仲裁法廷が不適切に設置されたことを理由として、スウェーデン仲裁法第 21 条に基づく訴訟を起こしたのであるが、イスラエルの建設業者側は、第 20 条が問題とされるべきであり、スェーデンの裁判所には司法管轄権がないと争った。この事件の地方裁判所は、1958 年のニューヨーク条約を解釈し、本件で司法的な判決を下しても、外国で承認される可能性はないとして、司法審査を拒否した。しかし、控訴裁判所はこの決定を破棄し、そして、最高裁判所もこれを肯定したのである[75]。最高裁判所は、その判決の中で、ニューヨーク条約第 5 条(1)(e)[76]は、仲裁判断の強制執行力は、各国の裁判所が司法審査により否定できることとしているの

---

(2)スウェーデンで仲裁を行い得ない事件について、仲裁人が事件の判決を下したとき、(3)仲裁人の資格が欠如しているときか、適切な方法で選任されなかった場合、(4)当事者に帰責事由はないが、手続上の不法（irregularity）があり、それが判決に影響を与えたと思われる場合の 4 つを規定している。

(73) 第 21 条の場合には、第 26 条の適用によって連邦地方裁判所が管轄権をもつが、第 20 条に関してはそれに関する規定が全くない。

(74) 1989 年 4 月 18 日判決、事件番号 No. Ö 1332/85, 判決番号 No. SÖ 203, 4 Int. Arb. Rep. No.5, Sec. E-1 (1989).

(75) 控訴審判決（1985 年 7 月 9 日）および前注の最高裁判決は、CRAIG, PARK & PAULSSON, *supra* note 57, at 525 に説明されている。

(76) ニューヨーク条約第 5 条(1)(e)は、仲裁地の裁判所が仲裁判断を無効としたことを被告が証明する場合には、仲裁判断の強制は拒否されると規定しており、スウェーデンは同条約の加盟国であるから、その裁判所が仲裁判断を無効とする権限をもつと考えられるというのである。

(4) ICC の国際仲裁に関する判例法

で、第 21 条による司法審査だけが排除されるものと考えなければならない理由はない、と述べている。

このように、スウェーデンの裁判所は、司法審査に積極的な態度を示しているようであるが、当該判決自身、外国人の間の争訟の場合には、明示的な合意により司法審査を排除できると述べている点に注意する必要がある。上に述べたスイスの連邦法の考えに近い考えをとっているものと思われる。

§25 香港法。香港の中国返還の時機を近くに迎え、日本でも香港に対する関心が高まっている。少なくとも現在では、香港ではイギリス法が適用されるが、国際仲裁に関しては特別の法律が作られている。香港の法律改正委員会の助言に従い、1982 年に香港仲裁法 (Hong Kong Arbitration Ordinance) が作られており、これが現行法となっている。この法律は、基本的には 1979 年のイギリス仲裁法に倣っているが、いくつかの点では、当事者自治による国際仲裁法の形成に、より積極的な姿勢をしめしている。例えば、紛争の事物の性質にかかわりなく、当事者は契約によって司法審査を完全に排除できることになっている。仲裁人の選任については、高等法院の首席裁判官の許可が得られれば、地方裁判所の裁判官や治安判事たちも仲裁人に選任されうるし、また、法務総裁の許可が得られれば、公務員も仲裁人となることができる[77]。

国内問題を処理する仲裁機関とは別に、1985 年に香港国際仲裁センターが創設され、アジア地域における国際仲裁の中心になろうという意欲を強く示している。このセンターでは、ICC 仲裁も当然行われる。ここでも仲裁の権限が当事者の合意によるものであり、その合意は、テレックスの交換や郵便による手紙の交換の中に見られるものでよい[78]。しかし、香港仲裁は、第 2 章で説明したイギリス法の影響が強く見られることと、実際の仲裁慣行

---

(77) CRAIG, PARK & PAULSSON, *supra* note 57, at 49.
(78) Continental Corp. v. Vincenzo Fedele〔1964〕HKLR 213 参照。

には中国の伝統が残っていることは、注意する必要がある。中国法によれば、仲裁の前に調停が試みられる慣行になっており、この慣行が ICC 仲裁規則に抵触する可能性がある[79]。1990 年になってから、香港は国連の UNCITRAL モデル仲裁法を採用した[80]。この法律を高く評価しており、今後はこのモデル法に従った仲裁を行うことが多くなると思われる。キャプラン=スプルース=チェン「香港仲裁－判例と資料」と題する著書には、香港の仲裁に関する法令等の関連資料の他、主要な判例はほとんど全部詳細に紹介されている[81]。

香港は 1958 年のニューヨーク条約を批准しており、その裁判所に外国の仲裁判断を強制してもらうことができる。しかし、その条約の解釈は、他国の裁判所のそれとはかなり異なったところがあり、この点でも注意を要する。例えば、先の著書にはボック対エヌズ会社事件の仲裁が紹介されているが、この司法審査は、その著者が指摘するように、イギリス等の裁判所の司法審査に比べ、かなり異なっている[82]。このような違いは、1958 年のニューヨーク条約を批准するに当たり、「公序」の留保条項を付していることによるものと思われる。

---

(79) ICC 仲裁規則第 10 条は、「両当事者が別段の合意をしない限り、調停人は、当該の事件に関する司法手続きまたは仲裁手続きを行ってはならない ....」と規定している。しかし、本文で述べたように、中国法では、むしろ調停人が仲裁を行うのがよいと考えられている。

(80) Arbitration (Amendment) (No.2) Ordinance 1989. この法律は 1990 年 4 月 6 日から実施されている。

(81) KAPLAN, SPRUCE & CHENG, HONG KONG ARBITRATION: CASES AND MATERIALS (1991).

(82) Bock v. N's Co. Ltd. 〔1978〕 HKLR 281. *See also*, KAPLAN, SPRUCE & CHENG, *supra* note 79, at 202-204.

(4) ICC の国際仲裁に関する判例法

(c) ICC 仲裁判断の最近の動向

§26 最近の ICC 仲裁判断。ICC は数多くの仲裁判断を下しており、全体として1つの仲裁法の体系が出来上がりつつある。例えば、S. Jarvin と Y. Derains が編纂した Collection of ICC Arbitral Awards 1974-1985 (1990) には、約150件の主要仲裁判断が収録されている[83]。そして、その著書の目次に相当する部分には、仲裁に関するいわばキーワードと呼ぶものがアルファベット順に並べられているが、このキーワードの一覧表は、仲裁法のほとんど全部の領域を網羅している。

先の著書の中に収録された仲裁判断は、我が国でもよく知られているものと思われるので、ここでは、1992年度のイヤーブック（年報）に紹介されている事例を紹介することにしよう[84]。7件の事例が紹介されているが、最初の第6162号事件[85]は、エジプトの地方自治体とフランスのプラント・プロジェクトの計画作成者との間で争われた事件である。準拠法はエジプト法となっていたが、仲裁地はスイスのジュネーヴである。コンサルタント料の支払いとその未払分に対する利息の請求をした事件であるが、仲裁人は、第2節で紹介したスイス連邦仲裁法第176条の規定を引用し、スイスで国際仲裁が行われる場合、仲裁地の法を準拠法とすることができると規定していることから、スイス法に従う仲裁を行った。しかし、コンサルタント料の支払い義務を認めたうえ、その利息を計算するに当たってエジプト法を参照している。

---

(83) S. Jarvin & Y. Derains, Collection of ICC Arbitral Awards 1974-1985(1990).
(84) International Council for Commercial Arbitration, Yearbook: Volume XVII 1992 (1992).
(85) *Id.* at 153.

第 3 部　国際仲裁法

　第 2 の第 6230 号事件[86]は、FIDIC の電気・機械工事標準契約（国際）[87]に関する事件である。原告はイギリスの下請け会社であり、被告はオーストリアの工事請負会社である。被告は当該標準契約に基づいて Z 国の電力工場の建設工事を請け負い、Z 国はエンジニアを選任した[88]。原告と被告との間でその工事の下請け契約が結ばれたが、この下請け契約も標準契約に従っている。しかし、被告側はこの契約についてエンジニアを選任していない。被告は最初の 15％の頭金を支払ったが、Z 国が財政上の理由で工事の費用を支払わないことから、それ以後の費用の支払いを行っていない。その間にエンジニアが 13 月分の工事完了証明書（これに基づき工事費用が支払われる）が発行されている。原告はこの支払いを求めて仲裁の申立てを行った。仲裁地はチューリッヒであり、準拠法も同カントンの法である。この事件は、原告有利の仲裁判断が下された後、チューリッヒ最高裁判所まで上訴されて、その効力が争われたが、最終的に原告勝訴に終わった。この事件の争点は、厳密には被告のエンジニアによって査定されていない工事の費用を払う必要がないかどうかであったが、裁判所は、この点を争うならば仲裁手続きにおいてそれを申し立てるべきであったと判示している。

　第 3 の第 6283 号事件[89]は、ベルギーの旅行代理店がアメリカの会社の代理店となり、この代理契約に関して起こった事件である。準拠法はベルギー法となっていたが、代理に関する国際私法の法準則は、ベルギーもアメリカもオランダも同じである。その法準則によれば、仲裁地はオランダのヘーグ

---

(86)　Id. at 164.
(87)　FIDIC (Conditions of Contract International for Electrical and Mechanical Works) は、コンサルタント・エンジニア国際連合ヨーロッパ建設業者連合が作成した標準契約約款である。
(88)　Engineer は、発注者が工事遂行を監督させる目的で選任することになっており、その者が国際建設工事をめぐる紛争を迅速に解決する準司法的機能を果たしている。
(89)　International Council for Commercial Arbitration, *supra* note 84, at 178.

178

(4) ICC の国際仲裁に関する判例法

であるが、事件に適用される実体法はベルギー法である。この事件では、仲裁申立人はアメリカの旅行会社が世界中においている代理店であったが、被告はその名前を自己のものに変えようとした。当該代理契約の解釈として、アメリカ会社はその代理店を買い取ることができたが、長期に渡り代理取引が行われた後に、突然その変更を行うことは不公正であり、信義誠実義務に違反する、というのが申立人の主張であった。オランダの仲裁判断は、ベルギー法の解釈により、申立人の主張を認めた。

第4の第6363号事件(90)は、ドイツの完全子会社であるオランダ会社が、ライセンス契約により秘密情報を得た韓国の会社を相手に申し立てた仲裁事件である。原告オランダ会社は、中東の国から下水処理施設の建設を請け負い、韓国の建設会社がその下請けを引き受けた。この時にジョイント・ベンチャー契約の一部として「ノーハウ・ランセンス契約」が締結されている。韓国の会社は、原告が保有する秘密のデータ、知識、発明、技術を利用することが許されるかわりに実施料を支払う義務を負っていた。問題の工事が完了しようとしていたときに、その国から直接別個の工事を依頼され、韓国会社がこれを引き受けたが別途実施料を支払うことはしなかった。ICC 仲裁がオランダのヘーグで行われたが、仲裁判断は、その実施料を支払えと命じている。

第5の第6379号事件(91)は、イタリアの販売元がベルギーの販売会社を相手に申し立てた仲裁で、仲裁地はドイツのコロンであった。ベルギーの総代理店契約を解除しようとした事件であるが、同販売会社は、ベルギー法によれば、契約解除は3年前になされなければならず、本件では3月前の通知しかなされていないから、2年9月分の営業保証金を支払えと抗弁した。仲裁判断は、イタリア法を適用してこの主張を退け、当該解約は適法に行われたものと判示した。

---

(90) *Id.* at 186.
(91) *Id.* at 212.

179

第6の第6531号事件[92]は、ブルガリアの売主が、イタリアの買主を訴えた事件である。売買の対象物は苗木である。買主は送付された苗木は欠陥商品であると主張して、翌年送られてきた商品の代金を支払わなかった。フランスのパリで仲裁が行われ、仲裁人はフランス法を適用して売主に有利な仲裁判断を下した。

最後の第6560号事件[93]は、オランダの売主がフランスの買主を相手に訴えた仲裁事件である。この事件で問題になっているのは、肥料（化学薬品）である。商品の送付場所、弁済地、買主の国籍はフランスであり、仲裁地であるフランス（パリ）の法を適用するのが適切であるという中間的仲裁判断が下された。

§27 ICC仲裁の再検討。ICCの国際仲裁の歴史は長く、今日に至るまでに大きな変遷を経ている。また、最近では、国際情勢が大きく変わりつつあり、ICCもこれに対応して変化しようとしている。上に紹介した7つの事件は、どの国においても日常的に起こりうる事件であり、通常の裁判所でも処理できるものである。仲裁人の専門的知識がどの程度関係しているかは、不明であるが、両当事者に対して公正な手続きおよび法の適用を行うという点で、伝統的な裁判より国際仲裁の方がより大きな信頼を得つつあるように思われる。

(5) 国際仲裁法の将来展望

§28 国際仲裁の長所と短所。最近になって国際仲裁が盛んに行われるようになったのは何故であろうか。この報告書では、ロンドン、ニューヨーク、

---

(92) *Id.* at 221.
(93) *Id.* at 226.

(5) 国際仲裁法の将来展望

パリなどの世界的な商業都市で行われている仲裁慣行を説明してきたのであるが、アジア太平洋地域の諸国においても、またアラブ諸国においても国際仲裁に対する関心が非常に高まっている[94]。日本でも国際仲裁協会の国際仲裁が東京と大阪で行われているが、申立ての件数は増加しているという[95]。国際取引に関する紛争を解決するためには、仲裁には極めて好都合な側面があるからであろう。

この報告書で紹介した諸判例を分析してみると、国際仲裁には次のような利点があるために国際仲裁が盛んに行われるようになっていると思われる。第1に、当事者たちが事件の判定者を自分で選任することができる。第2に、仲裁による紛争解決は企業秘密を保護するためには極めてよい方法である。第3に、紛争が過去の事故の責任を問うことより当事者の関係、とくに将来に向けての契約関係を改善することに重点がある場合には、仲裁は裁判より勝っている。第四に、もし迅速に事件を解決できるならば、紛争の解決のための経費を大幅に節約することができる。

これに対し、国際仲裁にも多くの短所があり、その主要なものは、アメリカ仲裁法に関する章で紹介した連邦最高裁判所の判決の少数意見の中に指摘されている。実際、国際仲裁では、裁判制度が備えている基本的な公正の担保機能が適正に作勤しないことがある。第1に、非公開の手続きであるから、一方当事者に有利な手続きが進められていてもそれを是正する方法がない。

---

(94) SIMMONDS & HILL (ed.), COMMERCIAL ARBITRATION LAW IN ASIA AND THE PACIFIC (1987) にはアジア太平洋地域の14国の国際仲裁に関する慣行および法律が説明されている。また、FATHI KEMICHA (ed.), EURO-ARAB ARBITRATION III (1991) は、第3回ヨーロ・アラブ仲裁会議の報告・討論を記録しており、その地域の諸国の国際仲裁に関する慣行および法律が説明されている。
(95) 但し、道垣内正人「訴訟・仲裁を通じて見た日本の国際化」国際商事法務20巻4号335-362頁（1992年）に示された資料によれば、日本の国際商事仲裁協会などの仲裁機関が最終的に処理した事件数は、この10年ぐらいの期間では余り変化していないという。

第2に、厳格な手続きに従う必要がないというだけでなく、事件に適用する実体法についても、とくにフランス型の仲裁では、曖昧さが残ることになる。実際に、特定の法律に違反したことを行うために、排他的な仲裁条項が採用されることがあり、これを国家の司法制度が黙認することになる。その上、仲裁判断には十分な理由が記されることがないし、この文書が非公開のものとされるのであれば、後に研究者からの批判を受けることもない。もちろん、これらの欠陥は、仲裁人が優れた能力のある人物であれば、是正できる性質のものではあるが、仲裁人の能力が常に優れているとは限らない。

§29 適切な仲裁人の選任と仲裁管轄。国際仲裁が成功するか否かは、仲裁人の能力にかかっている。先にも述べたように、伝統的な裁判所による裁判よりも国際仲裁の方が選択される1つの理由は、かかる裁判所が提供してくれる救済が、当事者たちに必ずしも満足のゆくものでないことにある。これまでの法律制度上の制約のために、通常の裁判所ではできないことが多くある。例えば、裁判は定められた時間に裁判所の建物の中で行われなければならないし、裁判官は国会が制定した法律の枠の外へでることは許されない。もし法律そのものが、国際取引の実情に合っていないということになれば、そもそも裁判官に適切な紛争解決を求めることがむりだということになる。

　しかし、仲裁人の選任を誤ると、結果はより一層悪くなる可能性がなくもない。この点と関連して、「適切な」仲裁人とはどのような人を指すかが問題となる[96]。おそらく、取引の内容に関係する専門知識は、仲裁人の資質としては必ずしも要求されるものではない。大切な点は、事件に関係する利害関係を正確に理解し、将来の紛争を防止するという観点に立って総合的な判断ができる人が、仲裁人として必要である。そのために、前章第3節で紹

---

(96) このために仲裁人の倫理綱要を作り、仲裁人の過去の経歴を公表すること、特に利害関係の開示を義務付けることなどにより、適切な仲裁人を確保する努力がなされている。その倫理綱領について、W.O. Forbes, *Rules of Ethics for Arbitrators and Their Application*, 9 J. INT'L ARBITR. 5-26 (1992) 参照。

(5) 国際仲裁法の将来展望

介した ICC 仲裁では、多くの事例で大学教授が仲裁人に選任されている。これは、紛争解決のために使う時間的ゆとりが大学に勤める者の方が他の職業人よりも比較的容易に作りだすことができるためであろう。また、特定領域の専門家よりも一般的により広い知識をもっているということによるのであろう。

§30 <u>将来の紛争の解決</u>。国際契約が結ばれる場合、国際情勢が大きく変わりうることから、不可抗力や事情変更に関する契約条項が定められることが多い。このような場合に、仲裁を行うことは極めて適切である。継続して長期に渡るプロジェクトが行われることが内容となっている契約では、当事者は、契約の解除よりもプロジェクトの実現を希望するであろう。例えば、地下鉄工事の請負契約に従って数年間に渡る工事が行われ、その一部として使われる資材がA国から輸入される予定になっていたが、A国が戦争を始めたためにそれができなくなった場合、両当事者は、契約を解除することよりもA国以外の国からその資材を輸入して（あるいは代替物を探して）工事を実現することを望むものと思われる。このような場合には、仲裁人は、両当事者の権利義務関係を確認して紛争に黒白を付けることよりは、新しい事態を前提として、両当事者に公平に負担を配分して契約の更改作業を行うことになる。もっとも、不可抗力や事情変更に関する契約条項は、濫用されるおそれがあるので、当事者が契約締結時には予期できなかったかどうかとか、損害を最小限にとどめるために信義誠実な努力が払われたかなどを確認することが、その作業を行う前提条件となる。

予期できない将来の事件について、あらかじめどの国法がどのように適用されるべきかを決めておくことは困難であり、このような場合には、法の一般原理によって解決されることになろう。前章のフランス法の説明と関連して述べた「友宜仲裁」に近い形の仲裁が行われることになると思われるが、法的安定性を維持するために、類似の事例に対して類似の解決が図られるのがよいと考えられる。このような場合には、いわば国際慣習法の存在を確認

183

するための仲裁機能が重要である[97]。この意味において、将来の国際仲裁法の法源は、イギリスのコモン・ロー形成期のそれに近いものを含んでいる。

§31　仲裁判断の司法審査と仲裁判断の強制。イギリスでは、通常裁判所が、仲裁判断の司法審査をするのが伝統であったが、1979年以降、自己抑制をするようになり、司法審査は、仲裁判断の文面に見られる法律解釈の誤りを見直すことだけに限られるようになった。また、これと対比して、フランスでは、通常裁判所が自由放任の姿勢をとるのが伝統であったが、1981年に新民事訴訟法が制定されてからは、手続的公正さを担保するために司法審査を行うようになっている。アメリカの場合には、現在は、いわば混沌状態にあるが、多民族国家であることからも、通常裁判所の司法審査の機能は、伝統的に手続上の適正さを審査することに限られる傾向がある。

自分の国で行われた仲裁を司法裁判所が審査できるかどうかという問題とは別に、外国の仲裁判断を司法裁判所が強制できるか、あるいは強制すべきか、という問題がある。本研究で紹介した諸判例のなかでしばしば言及されていた1958年のニューヨーク条約は、まさにこの問題について定めた条約である。この条約は、現在、約90ヵ国により批准されており、外国の国際仲裁判断は原則としてほぼ世界のどの国においても強制できるものである。しかし、この条約は、「公序」の留保条項および「商業事件」の留保条項を付することを許している[98]。また、条約をどのように解釈するかは、各国の裁判所の自由裁量に属することである。

§32　終わりに。現在では、各国の国内法の国際仲裁に関する対応の仕方

---

(97)　この問題はいわば lex mercatoria と呼ばれる国際仲裁実体法に関係する問題であり、この研究では仔細な調査をしなかった。この問題について、一般的に、Simmonds & Hill (ed.) *supra* note 94, at 603-641 参照。

(98)　前者を立法している国は多くあり、前章の香港の事例で示したように、その条項の使い方によっては、各国の裁判所のその条約の適用には大きな相違が生じる。

(5) 国際仲裁法の将来展望

に微妙な相違があり、仲裁判断の実効力の点では不安定な部分が残っている。実際、多額の費用を使って仲裁判断を得たのにかかわらず、その内容が実現できないのであれば、国際仲裁のシステムそのものが存在意義を失う。1958年のニューヨーク条約は、前節で述べたように、実行力を高めるのに大いに役立っている。しかし、各国が公序を問題にする限り、先に述べたようにその実行力には限界がある。そこで、1985 年の UNCITRAL モデル法は各国の国内法を平均化し、その問題を解決することが意図されている。各国はこれを採用するか否か検討中であるが、まだ多くの国はそれを採用していない。しかし、スコットランドや香港のように、既に国内法化した国または領土においては、強力な支持を得ており、これがますます利用されるようになるであろう(99)。実際、アド・ホック仲裁においては、すでにしばしば使われている(100)。

本研究で示したように、国際仲裁はますますグローバル化している。しかし、同時に地域化の傾向があることも見逃すことができない。第 2 章で説明したアメリカの州法の考えは、国際仲裁をロンドン、ニューヨーク、パリなどに独占させず、我が地へ紛争の処理を引き込もうとするものである。このような傾向は、ヨーロッパ諸国や東南アジア諸国の動きの中にも察知される

---

(99) スコットランドは、Law Reform (Miscellaneous Provisions) (Scotland) Act 1990 によってそれを国内法化した。これについて F.P. DAVIDSON, INTERNATIONAL COMMERCIAL ARBITRATION: SCOTLAND AND THE UNCITRAL MODEL LAW (1991) が詳しく説明している。ちなみに、イングランドは、そのモデル法で使われている用語や文章の書き方がイギリス法のそれと異なっており、そのまま採用することに反対している。昨年の報告書でも少しく述べておいたように、別個の立法が検討されている。香港については、第 3 章注(55)の文献 172 頁以下参照。

(100) ICCA, Yearbook, *supra* note 82, at 11-41 には International Centre for Settlement of Investment Disputes の 1991 年 5 月 27 日仲裁判断（Societe Ouest-Africainedes Betons Industriels (SOABI) v. The Republic of Senegal, Case no.ARB/82/1) が記録されている。

185

のであり、完全な統一ができるようになるのには相当の年月が必要であると思われる。本研究は、現在、生成されつつある国際仲裁法の体系を説明することを意図したものであるが、大きく変動している時期であるから、この研究はさらに継続されなければならない。しかし、その動向を示し、やがて文字通り将来の国際仲裁法の1つのモデルが形成されたときの概観をこの研究によってある程度説明できたとすれば、筆者にとっては望外の喜びである。

2 英米の国際仲裁手続

(1) イギリス仲裁法の概観

§33 <u>ロンドン仲裁の起原</u>。古くからロンドンは国際仲裁のメッカであった。仲裁の歴史も少なくとも13世紀まで逆上ることができるが、ロンドンの国際仲裁慣行が確立したのは19世紀のことである。産業革命を経て19世紀のイギリスは通商の世界的な中心地となり、国際取引をめぐる法的紛争もロンドンの仲裁によって解決されることが多かった。ロンドンがこのような産業・通商の国際的中心地になりえた理由については、筆者が「ロンドンの証券取引」と題する別稿の中で説明したので、ここで改めて詳説することはしない[1]。要するに、ロンドンは、イングランド統一当時から既に自由商業都市として栄えており、マグナ・カルタでも自治特権が認められているが、ここではイタリア系の商人たちが実権を握っており、古代ローマの国際取引の紛争処理の仕方が、商慣習法としてロンドンで既に使われていたのである。今日でも国際取引に関する紛争がロンドンの仲裁によって解決される数が圧倒的に多いと言われるのは、このような伝統が存続しているからである。

ところで、イギリス仲裁法は、主として商慣習法ないしその存在を確認し

---

(1) 田島「ロンドンの証券取引―最近の改革の法的意義をめぐって」大阪市立大学証券研究センター・証券研究年報第1巻 (1986) 65-96頁。ちなみに、Kulukundis Shipping Co. v. Amtorg Trading Corp., 126 F.2d 978 (1942) は、参考文献などを示しながらイギリスにおける仲裁法の発展の歴史を詳しく説明している。

187

たコモン・ローからなるが、現在では、その主要な法理は1950年の仲裁法に規定されている[2]。イギリス仲裁法の特徴は、次のような3つの点にあると言われる。第1に、仲裁判断そのものに法律上の明白な間違い（error in law）がある場合には、通常裁判所はそれを取り消すか、差し戻して審理のやり直しを命じることができ[3]る。第2に、仲裁人が法律問題について通常裁判所の判断を仰ぎたいときに、いつでもお伺いを立てることができた[4]。第3に、コモン・ロー上、通常裁判所の仲裁に対する監督権を制限する契約条項等は違法であり、無効とされた。これらの原則はこの法律およびその後の改正法により、かなり緩和されている。

§34 イギリス仲裁法の制定。1950年の法律の制定後、数度の法改正がなされている。まず1966年に、仲裁（国際投資紛争）法が制定された。この法律は、その名称の通り、国際投資に関する紛争を仲裁によって解決する場合について1965年3月18日に制定されたワシントン条約を国内法化する法律であり、1950年法の基本的な考えに影響を及ぼすものではない。この条約によりアメリカの首都ワシントンに設置された世界銀行の中に国際投資紛争の解決を目的とした紛争処理機関の仲裁に対し、国内法的な効力を認め

（2） 仲裁に関する法律はこれ以前にもしばしば制定されている。例えば、Statute of 1698 (9 & 10 Will. III c.15); Arbitration Act 1889; Arbitration Act 1934など。しかし、古い法律は1950年法に併合されたものと見做されるので、この法律が現行法の基礎となっている。

（3） 国王裁判所は下位の司法機関に対し、国王大権による司法審査を行ってきたが、この慣行が仲裁にも適用されていた。一般的に、RUSSEL, ON THE LAW OF ARBIRATION (20th ed. 1982) 参照。この手続きは、後述のようにArbitration Act 1979, ss. 1 (1) and 8 (3) により特別のappealの手続きになった。

（4） Arbitration Act 1950, s.2 が、これについて規定していたが、現在は廃止されている。Case Statedと呼ばれる手続きであり、治安判事裁判所の慣行であるが、これは仲裁にも利用されていた。谷口安平「主要国の仲裁制度－連合王国」注解仲裁法（青林書院1988年）491頁以下参照。

ることを定めたにすぎない[5]。この国際仲裁機関は、(1) 1 加盟国と他の加盟国の国民との間に紛争が生じ、(2)両者の間に当該機関の仲裁に付託する合意ができており、(3)その紛争が世界の経済開発のための投資に関する紛争である場合に、仲裁に当たることになっている[6]。この条約に従う国際仲裁判断は、イギリスの高等法院に登録することによりその判決と同等の効力をもち、それと同じ手続によって強制できる。(1966 年法第 2 条) 同法第 3 条に調整規定が置かれており、これにより、原則として同条約の適用がある仲裁には 1950 年法の適用はないものとされているが、第 4 条による仲裁の司法審査は排除できないことになっている。このシステムは、利用の条件が狭く限定されているし、余りにも理想的過ぎる面があり、実務上、大きな意味をもってはいない[7]。

§35 1970 年法と 1975 年法。1970 年には裁判所法が改正され、1950 年法の仲裁人の選任に関して、高等法院の商事裁判所の裁判官たちが仲裁に関与できるシステムが導入された。同法第 4 条は、「商事裁判所の裁判官が仲裁の合意に基づいて仲裁人ないし審判人となることができる」旨を規定し、この場合の 1950 年法の運用の仕方について、同法付則 3 において、詳細な細目を定めている。これはロンドンの国際商事仲裁に関しても重要な意味をもっているが、第 6 章で詳しく説明されるように、裁判官が仲裁に関わる現在のシステムの基礎となっている。

さらに 1975 年になると外国仲裁判断の承認及び執行に関するニュー・ヨーク条約（1958 年）を国内法化する法律が制定された。この条約は、国際連

---

(5) Arbitration (International Investment Disputes) Act 1966, s.1 and s.2. International Centre for Settlement of Investment Disputes は、仲裁 (Washington Conv. arts. 36-55) の他、調停 (id. arts. 28-35) を試みることができる。
(6) Washington Convention art. 25 (1).
(7) この実態の評価について、Dellanme, *ICSID Arbitration: Practical Consideration,* INT'L ARB. 101 (1989) 参照。

盟時代に創設されたいわゆるジュネーブ条約にある問題点を取り除くことを目的として作られたものである[8]。1975年法は当該条約をイギリスでも適用するために制定した短い法律である。この法律は、まず第一に、外国人が一当事者である仲裁については、仲裁条項が無効でない限り、訴訟手続を停止しなければならないと規定している。特に注目すべき規定は第5条であるが、この規定は、同条2項ないし5項に定める例外の場合に該当するものは除き、同条約による仲裁判断をイギリス法上も承認しかつ強制されることを規定している。この例外の場合は、当事者に契約能力がないと認められるときとか、仲裁手続に一方当事者が参加していないときなどである[9]。これにより、外国仲裁判断の承認・執行の可能性が高まり、国際仲裁制度への評価ないし地位が向上したと思われる。イギリスでは、この法律が使われた事例は著しく少ない。それは、外国でなされた仲裁判断をロンドンで強制することは比較的少ないためであろう。

§36 1979年法。1979年の仲裁法による改正は極めて重要なものであり、我が国でもこれについては多くの紹介がある。高桑昭氏がジュリスト766号（1982年）において明快に説明しておられるように、この改正は、上述のお伺い上訴の制度を廃止するとともに、仲裁後の司法審査を制限し、解決の迅速化を図ることに重点が置かれている[10]。この法律については、第1条の

（8） Geneva Convention (1927) は、1923年の Geneva Protocol の適用がある仲裁合意に従う仲裁判断の承認および強制に関して定めた国際連盟の規約である。Geneva Protocol は、仲裁の各当事者が各々帰属する国が当該条約の加盟国でなければならないことなど、色々な制限を設けている。

（9） Arbitration Act 1975, s.5 (2) は、本文で例示したような例外について(a)ないし(f)の6の場合を規定している。また同3項は、解釈ができない場合、または仲裁判断を強制することが公序（public policy）に反する場合にも、承認・強制を拒否できることを規定している。

(10) 高桑昭「1979年英国仲裁法における裁判所の審査権」ジュリスト766号（1982）86-91頁。また、同「英国における1979年仲裁法」ジュリスト739号

司法審査に関する規定に注目する必要があるが、この規定については第6章で詳細に説明する。要するに、この規定は司法審査を受けることのできる場合を著しく制限した規定である。そして、1981年に最高法院（Supreme Court）の職務・権限などの本格的な見直しがなされたときに、「1979年の仲裁法が規定する場合を除き、高等法院の決定から上訴院への上訴は認められない」とする規定が置かれ、仲裁が通常裁判所のコントロールに服するために、紛争の解決が長引くことが少なくなった[11]。

§37 <u>1990年法</u>。1990年にヨーロッパ統合との関連で再び仲裁への裁判所の関わり方が再検討され、裁判所および法律事務に関する法律が制定され[12]、この法律の中に仲裁に関する1章が加えられた。この章の諸規定は、JCAジャーナル（1991年）第8号および第9号に全訳したので、重複して説明することは避けたい。要するに、この法律は、原則として、裁判官が国際仲裁に関与する場合は高等法院の管轄であり、仲裁の司法審査は控訴院においてなされるということを再確認した法律である。第102条の規定（訴追の欠如）が新たに追加され、紛争の解決の迅速化がはかられた点もこの立法の重要な点である[13]。また、アメリカ人の弁護士が仲裁に関与する場合、証拠開示請求がしばしば濫用されることがあり、第103条は高等法院の証拠開示を命じる権限を廃止した。

これらの法律以外にも、商品取引や消費者取引など、個別的な法領域に関

(1981) 74-79頁も見よ。

(11) Supreme Court Act 1981, s.18 (1) (g). なお、第6章で説明するように、上訴は厳格に制限されているし、国際仲裁については、いわゆる「契約による排除（contract out）」が認められる。Marine Contractors Inc. v. Shell Petroleum Development Co. of Nigeria Ltd. [1984] 2 Lloyd's Rep.77; Arab African Energy Corp. Ltd. v. Olieprodukten Nederland B.V. [1983] 2 Lloyd's Rep. 419参照。

(12) この法律は本稿の主題と関連して重要な意味をもつ法律であるが、その意味について第3章注8の文献参照。

(13) この規定の意味は、第6章第1節の最後の部分で説明する。

する法律の中にも仲裁に関する規定が含まれているが、イギリスの仲裁法の大枠は、上述のような考えによって出来ている。また、建築等に関する紛争に関しても、別個の商慣習法による仲裁機関が存続する[14]。ロンドンの仲裁は、このようなイギリス法の枠組みの中で行われている。後に詳しく述べるように、当事者自治の原則が貫かれており、実際の仲裁慣行は多岐に分かれているが、仲裁と裁判のつながりが完全には断ち切られていないという点に、その特徴が残っていると言ってよかろう。

§38　ロンドン仲裁慣行。本章において「ロンドンの国際仲裁慣行」と呼んだのは、主にロンドン国際仲裁裁判所の慣行を指している。この仲裁機関は、ロンドン市、ロンドン商工会議所、および仲裁人協会によって組織されたものであるが、政府機関ではない[15]。1975年に現在の組織になり、1981年に制定された規則に従って仲裁が行われているが、古くから行われていたロンドンの国際仲裁の慣行を受け継ぐ正当な団体であり、国際商工会議所（ICCという）の機関やアメリカ仲裁協会（AAAという）などに匹敵するものである。この運用の中心はいうまでもなく仲裁人協会であるが、これはイギリス国内の問題に関する仲裁に当たらせるために勅許（Charter）によって作られた団体であり、裁判官や法廷弁護士が活動の中心になっている。ロンドン国際仲裁裁判所は、その国際部とでも呼ぶべき性格の組織である。ヨーロッパ共同体が単一の政治組織に移行しはじめ、イギリス法曹界全体が大

---

(14)　ロンドン海事仲裁人協会（London Maritime Arbitrators' Association）、土木建築技師仲裁協会（Institution of Civil Engineers' Arbitration）などの伝統的機関仲裁の他、消費者法、土地法などの諸領域の制定法に基づく種々の仲裁が数多くある。例えば、Water Act 1989, Appropriation Act 1988, Consumer Arbitration Agreements Act 1988 などを見よ。

(15)　もっとも、イギリス法上、政府機関という概念がそもそもないし、裁判官やインズ・オブ・コートが間接的に関与しており、公的性質をもつことも否定できない。なお、ロンドン国際仲裁裁判所について、小杉丈夫「ロンドン国際裁判所規則」注解仲裁法（青林書院 1988年）679頁以下参照。

きな変貌をとげようとしているが、その中でロンドンの国際仲裁がどのように運用されようとしているか、本稿で出来る限り解明してみたい。

(2) 国際仲裁の合意と仲裁法廷の管轄権

(a) 当事者自治の原則

§39 <u>ハーバー保障対ジェネラル国際保険事件</u>。(1) ロンドンの仲裁に関して当事者自治を認めないのがイギリス法の基本的な立場であったが、最近では、むしろそれが基本原理になっている。ハーバー保障株式会社対カンサ・ジェネラル国際保険会社事件で、シュタイン裁官はこの政策の変遷を次のように説明している[16]。

「ヘイマン対ダーウィンズ判決以後の50年の間に、仲裁を広範囲に司法審査する政策から当事者自治を尊重する必要を認める方向へ、著しい変遷があった。今日では、もっとバランスのとれたアプローチが採られている。1979年の仲裁法が分岐点であったかもしれないが、この政策の変更は、控訴院や貴族院の判決にも見られる。例えば、仲裁条項の分離可能性の原則と関連して、アシュヴィル投資株式会社対エルマー建設株式会社判決がある。アシュヴィル判決において、仲裁人は契約の改定をしてはならないという"法理"（仲裁の合意の改定を禁止する法理）が存在するという思い違いは一掃された。

---

(16) Harbour Assurance Co. (UK) Ltd. v. Kansa General International Insurance Co., Q.B.D. (Commercial), 1991年7月31日判決。なお、引用文で言及されている先例は、Heyman v. Darwins [1942] A.C. 356（3年以上継続して鉄鋼を供給する売買契約の下で、購入された鉄鋼の使用目的を売主が反対し、禁止しようとした仲裁事件）；Ashville Investments Ltd. v. Elmer Constructors Ltd. [1989] 1 Q.B. 488（いくつかの倉庫建設契約に関し、締結時に錯誤があったことを理由として、契約を改訂しようとした仲裁事件）である。

当事者自治の重要性を承認して、バルコム裁判官は、〈当事者たちはこの特定の取引から生ずる全部の紛争を仲裁に付託することを意図したと推定できる〉という原則を採用した。」シュタイン裁判官は、このように述べて、イギリス法の古い法源の適用・解釈については、このことを念頭において限定して読まなければならない、と判示した。

§40 当事者自治の原則。(2) 現在、ロンドンの仲裁は原則的に当事者自治にまかされている。しかし、紛争の解決を仲裁に付託する合意が書面によってなされていない限り、仲裁は開始されない。その合意の標準的な条項は、次のようなものである[17]。「この契約から又はこの契約と関連して生じる紛争は、その存否、有効性または解除に関する問題も含め、ロンドン国際仲裁裁判所規則による仲裁に付託され、その仲裁によって最終的に解決されるものとする。当該規則は、ここで言及されたことにより本条項の中に組み入れられたものとみなすものとする。」

当事者が仲裁に付託する意思が表示されていれば足りるので、必ずこの条項が使われなければならないというわけではない。例えば、一方の当事者が、「イギリス法—必要なときには ICC 規則によるロンドンの仲裁」とファックスで打電し、他方当事者が、「OK」と返信した場合、仲裁付託の合意として足りるものであるとされる[18]。但し、この事件の場合、ICC の仲裁であって仲裁の場所をロンドンに指定したものとも解釈できるので、当事者の

---

[17] ロンドン国際仲裁協会の recommended arbitration clause の原文は、次の通りである。Any dispute arising out of or in connection with this contract, including any question regarding its existence, validity or termination, shall be referred to and finally resolved by arbitration under the Rules of the London Court of International Arbitration, which Rules are deemed to be incorporated by reference into this clause.

[18] Arab African Energy Corp. Ltd. v. Olieprodukten Nederland B.V. [1983] 2 Lloyd's Rep. 419 参照。

意思が本稿の中心課題であるロンドン国際仲裁裁判所による仲裁に付託するものであるかどうか確認する限度で司法裁判所が干渉する余地が残されている。一般的には、イギリスではICCの手続に対し高い評価が与えられており、当事者がそれに従う意思がはっきり表明されている場合には、これによる仲裁がロンドンで行われる。

§41　手続面と実体面。(3)　当事者自治の原則は、手続面および実体面の両方について認められる。しかし、仲裁に付託される紛争は、仲裁により解決できるようなものでなければならない。ロンドン国際仲裁裁判所規則による仲裁は、紛争が「国際的」かつ「商事」取引に関するものでなければならない。紛争が仲裁管轄に服するものであるか否かを決定するこの要素は、フランスの仲裁と比較すると、はるかにリベラルにかつ弾力的に認められてきたと言われる[19]。仲裁による解決に適した事件であれば、現実の紛争でなく将来の紛争でも仲裁できるものとされており、この意味では仲裁管轄は通常の司法裁判所の裁判管轄よりもはるかに広い（これについては第3節で詳しく説明する）。この仲裁管轄は当事者の合意によって生じるものであるが、仲裁の合意は契約であり、契約能力のない者による合意が無効とされ、かかる合意による仲裁は否定される[20]。

　イギリス法の仲裁は、「善と公平」といった一般原理によるのではなく、イギリス法に適合するものでなければならないとされるが、当事者の合意に

---

[19]　ニュー・ヨーク条約では、「商事上」の紛争が仲裁の対象となっているが、これはフランスでは商法上の紛争とほぼ同義に狭い範囲の管轄を意味するものと理解されている。英米法には商法と民法の区別はなく、ロンドンの仲裁ではこの言葉による制限はない。実際上、国際的な取引であるか、あるいは商人の行為に関係する事件であれば、仲裁管轄の対象となる。

[20]　法律により仲裁が義務づけられる場合もある。例えば、New Roads and Street Works Act 1991, s.58; Environmental Protection Act 1990, s.52; Consumer Credit Act 1974, s.163; Fair Trading Act 1973, s.32 などを見よ。

第3部　国際仲裁法

よって決めることのできることは、ニューヨークの国際仲裁などと比べ、非常に幅広く認められている。例えば、仲裁の手続について、ロンドン国際仲裁裁判所規則は、次のように規定している[21]。「(1)当事者は仲裁手続について合意することができ、かつそうすることが奨励される。(2)当事者が合意した場合または本規則に含まれる手続的準則がない場合、法廷は、公正で、便利で、経済的で、かつ最終的な紛争の決定をできるようにするために、適用可能な法律により最大限の裁量を認められるものとする。」

この規定と比較すると、ニュー・ヨークの国際仲裁の場合には、このような規定は含まれておらず、原則として仲裁規則に定める手続に従って仲裁が行われる。ロンドンの仲裁手続と比べると、この手続は当事者の便宜がよりいっそう考慮されており、アメリカ人弁護士が仲裁契約を作成する場合にはほとんど常にこれに従っている。しかし、このニュー・ヨークの仲裁判断は、その手続が余りにもアメリカ的（例えば、大規模の証拠開示がなされる）であり、各関係国の裁判所が強制に協力するか否か不確定な面があり、ヨーロッパでは、ロンドンでその仲裁慣行による（またはICC規則による）と規定されることが多い。

当事者の合意によって定めることが出来ることで特に注目しなければならないことは、第一に、仲裁人または審判人を自由に選任できるということである。但し、当事者が仲裁人の選任について合意できないときは、イギリスの裁判所が当事者に代わって選任することになっており、国際連合の国際取引委員会（以下、UNCITRALという）のモデル法などに比べ、イギリス仲裁法ではこの点に関しては当事者自治が貫かれていない[22]。第二に、上述の通り、どのような手続によって仲裁が行われるかについても、当事者は合意

---

[21]　Rules of the London Court of International Arbitration（1985年1月1日実施、以下、London Rulesという）art. 5.
[22]　UNCITRALモデル法第11条(5)によれば、この場合にも当事者の意思が尊重される。

196

を結ぶことができる。この点は、イギリス法はむしろリベラルである。第三に、仲裁判断を下すための法源となる実体法についても、必ずしも仲裁地の法に拘束されることなく、少なくとも準拠法については、当事者の意思によって自由に決めることができる。さらに、仲裁判断による救済などについても、当事者の合意によって決めることができるが、その判断が最終的には裁判所によって強制されることを考慮するならば、司法裁判所がなしうること以上のことを定めることは余り意味がない[23]。これら3つのことについては、それぞれ以下の3章でロンドンの仲裁慣行を詳しく説明する。

(b) 仲裁法廷の管轄権

§42 <u>仲裁規則——管轄権</u>。(1) ロンドン国際仲裁規則は、仲裁法廷の管轄権について次のように規定している。「規則14・1　法廷は、仲裁合意の存在または効力に関する異議申立てを含め、それ自身の管轄権について決定する権限をもつものとする。その目的のために、契約の一部をなす仲裁条項は、当該の契約の他の諸規定とは独立した合意として扱われるものとする。……14・2　法廷が管轄権を持たないという抗弁は、弁論書の申で以外になされてはならない。法廷がその権限の範囲を超えているという抗弁は、その権限の範囲を超えると主張される事物に関し、法廷が決定する意思を表明した後、直ちになされなければならない……14・3　本規則の他の規定によって定義された権限を行使する管轄権に加え、法廷は、仲裁の進行中に起こる法律問題を決定し、本規則または法廷の命令もしくは指示に当事者が従わないか、従うことを拒否する場合、あるいは会合または聴聞に出席しないか、出席することを拒否する場合、仲裁手続を進行させる（但し、法廷がそうするつもりである旨の通知の書面を当該の当事者に与えた後でなければならない）管轄権、及び、法律上、厳密に容認されるか否かにかかわらず、関連性がある

---

[23]　仲裁判断により認められる救済は、金銭支払ないし損害賠償、修繕、原状回復、特定履行、差止命令、宣言判決、利息および費用の支払い命令などである。

と法廷が判断する書面または口頭の証拠を受理して考慮に入れる管轄権を有するものとする。」

§43　仲裁合意。(2)　法律上、「本法に別段の定めかおる場合を除き、"仲裁の合意"という表現は、仲裁人の氏名が記載されているか否かに関係なく、現在または将来の争い（differences）を仲裁に付託する合意書を意味する」（1950 法第 32 条）、と定義されている。従って、この定義に当てはまる合意書の対象となる事件以外には、仲裁の対象とはならず、仲裁適格に欠けると言われる。また、仲裁の合意が法律上契約の一種であるとされるので、契約能力のない者による合意が、仲裁の根拠となり得ない。この能力が認められるか否かは、その当事者の国籍の法によって決められる問題である。仲裁裁定は、通常、当該の当事者の国の裁判所で最終的に執行されることが多いからである。しかし、国際仲裁の場合、一定の大規模の事業を行うために臨時に形成された事業連合が当事者であることがしばしばあり、この場合には多数の国の当事者が関係者となるので、この問題の判断は複雑になる。この論点が本格的に争われた事例はないが、将来は統一的な基準が作られるべき問題であろう(24)。

§44　仲裁法廷による強行法則の適用。(3)　紛争の法的性質上、仲裁による解決に馴染まないとされる問題がある。刑事責任の決定がその最も良い例であるが、その他、反トラスト法、不公正競争法や家族法上の身分の決定に関する問題などがその例である。もっとも、アメリカの連邦最高裁判所は、三菱自動車販売の反トラスト法に関する事件では、日本の国際商事仲裁協会の能力を高く評価し、国際礼譲（international comity）の見地からアメリカの反トラスト法に関しても公正な判断が可能であるとして日本の仲裁を承認

---

(24)　このような視点に立って、I.I. DORE, THEORY AND PRACTICE OF MULTI-PARTY COMMERCIAL ARBITRATION 159-63 (1990) は、モデル法案を提示している。

した[25]。イギリスでも、一般的には公法の領域の問題は仲裁に馴染まないものとされるが、仲裁が排除されるかどうかは裁判所の実体的判断にかかっていると思われる[26]。

§45 仲裁の併合。(4) 仲裁人は原則として複数の仲裁を併合する権限をもたない。建築の注文者とその請負人およびその下請人とか、船舶所有者と傭船者およびその委託契約者など、一つの事件について複数の仲裁が行われ、同一人が仲裁に当たるということがしばしばある、同じ事件であるから仲裁人にとっても仲裁を併合した方が便利であるが、当事者の間で特別の合意がない限り、この併合はできない。この論点はオッスフォード船舶輸送株式会社対日本郵船会社事件で争われたものであるが、高等法院は、仲裁の併合によってプライパシーが侵害されることになるので、併合は認められないのが原則であると判示された[27]。ワールド・プライド船舶輸送会社対第一中央汽船会社判決などの多くの判決も、この準則に従っている[28]。ちなみに、裁判ではなく仲裁による紛争の解決がはかられるのは、秘密を公開しなくてよいことにあり、仲裁の併合の問題は一見小さな問題に見えるけれども重要な意味をもっている。っしかし、イギリスの裁判官は、一定の情況がある場

---

(25) Mitsubishi Motors Corp. v. Soler Chrysler-Plymouth Inc., 473 U.S. 605 (1985). また、Fritz Scherk v. Alberto Almer Co., 417 U.S. 506 (1974)（国際証券取引）も見よ。アメリカの連邦法では、特許権に関する紛争も仲裁の対象になる。35 U.S.C. s.1, s.294, s.135 (d)(1984).
(26) K/S Norjarl A/S v, Hyundai Heavy Industries Co. Ltd. [1991] 3 All E.R. 211 (C.A.); Orion Compania Espanola de Seguros v. Belfort Maatschappij Verzek-gringeen [1962] 2 Lloyd's Rep. 257, 264.
(27) Oxford Shipping Co. Ltd. v. Nippon Yusen Kaisha [1984] 3 All E.R. 835 (Q.B.D. [Commercial Court]). また、Cour d'Appel de Paris, Dec. 19, 1986, in O.I.A.E.T.I. v, Sofidif, [1987] Revue de l'Arbitrage 364 参照。
(28) World Pride Shipping Ltd. v. Daiichi Chuo Kisen Kaisha [1984] 2 Lloyd's Rep. 489 (Q,B.D.).

第3部 国際仲裁法

合には、仲裁人に併合の権限を付与すべきであると考えているようである[29]。また、ロンドン仲裁規則には、当事者の合意が得られれば併合することができるとする規定が置かれており、この規定の運用の仕方によっては、併合の権限を仲蔵人に認めるのに近い効果を持ちうる[30]。

(c) 「将来の紛争」の仲裁

§46 将来の紛争。(1) どの国の法律を参考にするかという問題と関連して、「将来の紛争」が仲裁の対象となっている場合には注意を要する。ラテン・アメリカ諸国では、将来の紛争を仲裁によって解決することは許されていないが、イギリスのコモン・ローではこれを認めるようになり、制定法もその旨を定めている（上述第1節［2］参照）。しかし、将来の紛争の仲裁には、伝統的な司法機能と異なる性質の要素が含まれており、これを行うためには若干の前提条件がある。まず第1に、基本契約が有効に存続していなければならない。第2に、将来に起こる紛争を仲裁に付託する意思が、当該契約の中に表現されていなければならない。第3に、付託される紛争は、一般的な言葉で定義され、判断が下された場合に司法的に強制できるものでなけ

---

(29) Abu Dhabi Gas Liquefaction Co. Ltd. v. Eastern Bechtel Corp. [1982] 2 Lloyd's Rep, 425, at 427 (per Lord Denning)（「このような事件では、我々がしばしば指摘したように、2つの別個の仲裁を行う危険がある。2人の別個の仲裁人がいれば、矛盾する認定がなされうる。因果関係のような事実上まったく同一の問題に関して、2つの別個の仲裁人による矛盾のある認定がなされるのは、好ましいことではない‥‥と多くの事件で言われてきた。このような情況を避けるために、あらゆることがなされるのが極めて望ましい。」) 但し、Succula Ltd, v. Harland and Wolff Ltd. [1980] 2 Lloyd's Rep. 381 (Q.B.D.) (per Mustill, J.当事者の意思に反して2つの仲裁を同一人に行わせることを命じる権限は、裁判所に与えられていない)。

(30) London Rules r.13. 1 (c)：「法廷は‥‥‥(c)他の当事者の明示的同意を得て、仲裁の中に併合されることができ、かつ彼らの間の全部の紛争を決定する単一の最終的判断を下すことができる。」

ればならない。要するに、長期契約（例えば、3年以上継続して料亭に海老を一定数量販売するとか、20年のダム建設工事を請負う契約）が締結された時点で、両当事者が将来予測できない事態（戦争、クーデター、その他特別の事情）が起こることを想定して、その場合の解決方法について規定している場合には、将来の紛争も仲裁管轄に含まれるということである。

§47 不可抗力条項。(2) 「将来の紛争」と関連してよく争われるのは不可抗力条項の解釈である。メラット銀行対GAA開発・建設会社判決は、後にも言及される重要判決であるが、不可抗力条項の解釈がこの事件の重要な争点の一つであった[31]。この事件は、テヘランの大規模なアパート建設に関する契約が不可抗力のために実行ができなくなったことから起こった。問題の条項は、「政府の行為、法律、規則またはイラン政府の規制を理由として、当事者の一方または双方にとって、本契約の履行を続けることができない、または不可能になったと思われる場合、本契約および計画は、その時点で停止され、かつGAAが当初支払った頭金の金額から、既に売却済の額および当該の計画のために現実に負担した額を差し引いた額を取り戻すものとし、銀行は土地の所有権を回復する。……」と規定していた。そして、本契約の履行を妨げる不可抗力の場合には、両当事者はそれぞれ契約上の義務から免除されることになっており、もしこれと関連して紛争が生じる場合には、第13条の仲裁によって解決されるものと規定されていた。ロンドン市が仲裁地と規定されており、第14条はイラン法を準拠法とすることを規定していた。この契約に従って建築が進められ、2棟は完成したが、1979年2月1日にホメイニ師がテヘランに到着し、イラン革命が成功したために、当該建設工事は途中で中断された。そして、GAAが銀行に対し契約上の補償を請求した。

---

(31) Bank Mellat v. GAA Development and Construction Co. [1988] 2 Lloyd's Rep. 44 (Q.B.D. [Commercial Court]). なお、第3章注16に対応する本文に続く説明も見よ。

201

イラン法を準拠法としていることから、この争点に関する判断について、イラン法の下で不可効力が認められるかどうかが決められる。しかし、その後の権利義務関係についてまで、イラン法の専門家に鑑定を頼んで、それに基づいて判断することが義務付けられるわけではない。もちろん、イギリス法に不可効力に関する特別法があるが、これに従ってその判断を下してよいというものでもない[32]。先の条項は、イランにおける政治的不安定な情況を予測して、何か事件が起きた場合には、直ちに契約を解除するのではなく、和やかな話し合いによってその事態に対処しましょう、と言っていると解釈できる。その際、一方当事者が強制的に主張を強行しないように、いわば司会者とでもいう役割を果たす仲蔵人を立てようという契約意思であると、解釈できる。これはもはや司法機能ではなく、イギリス法の伝統には反するものであるが、最近の学説では、これをはっきり承認するようになってきている[33]。しかし、イギリスの判例法では、この考えに前向きの姿勢を示しながらも、法原理としてそれを認めるまでには至っていないと思われる[34]。

---

[32] Law Reform (Frustrated Contracts) Act 1943 に不可抗力に関係する規定があるが、イギリス法では、「損失は損失を被る者によって負担される」のが原則である。Krell v. Henry [1903] 2 K.B.740 参照。

[33] Bernini, *Adaptation of Contracts,* in NEW TRENDS IN THE DEVELOPMENT OF INTERNATIONAL COMMERCIAL ARBITRATION AND THE ROLE OF ARBITRATION AND OTHER INSTITUTIONS, ICCA Congress Series No. 1, p.193; Bernini, *Arbitration in Multi-party Business Disputes,* 5 YEARBOOK COMMERCIAL ARBITRATION 291 (1980). バーニーニのこれらの研究は、REDFERN AND HUNTER, LAW AND PRACTICE OF INTERNATIONAL COMMERCIAL ARBITRATION 138 (1986) でも支持を得ている。

[34] F. & G. Sykes (Wessex) Ltd. v. Fine Fare Ltd. [1967] 1 Lloyd's Rep. 53 (馬肉の売買に関する長期契約) 参照。また、前掲注1およびそれに対応する本文も見よ。

(d) 違法行為を目的とする仲裁の否認

§48 <u>違法行為を目的とする仲裁</u>。法律上違法とされることを強制するために仲裁を利用することは許されない。「紛争」が仲裁に馴染むものであっても、当事者が求める救済方法が、司法的な強制に馴染まないものである場合に、認められるかどうかも疑わしい。ヨーロッパの国際仲裁でよく問題になるのは、贈賄の義務を仲裁によって強制することができるか否かであるが、これは国際条約により禁止されており、仲裁によってもこれをなしうるものではない[35]。また、仲裁紛争の基礎となる契約上の義務を履行すれば違法とされうる行為が含まれている場合に、仲裁が行われるかどうか、問題となる。

第1節で引用したハーバー保障株式会社対カンサ・ジェネラル国際保険会社判決は、この最後の問題に関する興味深い判決である[36]。この事件の被告は、フィンランドの保険会社5社である。原告は、ロイドを含むイングランドの保険会社連合である。両者の間で継続的再保険提供契約が締結され、一定の条件を満たしているときは、自動的に再保険が提供されることになっていた。原告は、この契約によって再保険が成立したとされる取引を拒絶しようとして、仲裁を申し立てた。被告側は、仲裁契約そのものが無効であると主張しておきながら、それに含まれる仲裁条項に基づいて仲裁を申し立てることは論理矛盾であり、許されない、と反論した。しかし、シュタイン裁判官は、仲裁条項は分離可能であり、その効力を認める判決を下した。貴族院のデプロック裁判官やスカーマン裁判官も、別の事件で、「仲裁の合意は基礎となる契約とは独立した契約である」とする意見を述べており、シュタ

---

[35] OECD, Guidelines for Multinational Corporations [UN Doc. E/1979/104], para.7 (May 25, 1979) など。

[36] Harbour Assurance Co. (UK) Ltd. v. Kansa General International Insurance Co. Ltd. *supra* note 1.

イン裁判官の判決は、イギリス法の通説を述べたものと考えられる[37]。

(3) 仲裁人の諸問題

(a) 仲裁人の選任

§49 仲裁人の選任。(1) ロンドン国際仲裁規則は、「当事者が別段の合意をする場合を除き、または裁判所が事仲裁の全ての情況を考慮して、三人の法廷が適当であると決定する場合を除き、単独の仲裁人が選任される。」と規定している[38]。複数の仲裁人が選任されると調整に時間がかかるし、意見が分かれると結論が長引くので、単独の専門家による仲裁が理想的であると考えられている。事務局が仲裁の申立ての回答を被告側当事者から受理したのち、または当該申立てが被告側当事者によって受理された日から30日以内に回答がない場合、直ちにロンドン国際仲裁裁判所が仲裁人を選任する[39]。当事者の間で仲裁人の選任の方法について合意があれば、この方法が尊重される。通常は、ロンドン国際仲裁裁判所が仲裁人を指名し、当事者が拒否をすれば別の者を新たに指名するということが繰り返される。このような方法がとられるのは、当事者が選んだ仲裁人は、しばしば不適切であることがあり、不適切な仲裁人による仲裁は、新たなトラブルの元になるから

---

(37) Bremer Vulkan Schiffbau Und Maschinenfabrik v. South Inida Shipping [1981] A.C. 909, at p. 980 (per Lord Diplock); *id.* at p. 998 (per Lord Scarman). また、Deutsche Shachtbauu — Und — Tiefbohr — Gesellshaft MBH v. Shell International Petroleum Co. [1988] A.C. 295, at p.309; Wilson (Paal) & Co. A/S v. Partenreederei Hannah Blumenthal [1983] A.C.854, at 917 も見よ。

(38) Rules of the London Court of International Arbitration (1985年1月1日実施。以下、London Rulesという) r. 3. 2.

(39) *Id.*

2 英米の国際仲裁手続

である。また、後に第4章で説明するように高等法院が仲裁による解決を命じる場合には、裁判所が裁判官の中から仲裁人を選任するので、選任の段階で問題が起こることは比較的少ない。

　事件が重大でかつ複雑である場合には、3名の者により仲裁が行われることがある[40]。この選任手続は、現在では、仲裁の仲裁機関でも一般的慣行となっているものである。すなわち、まずそれぞれの当事者が1名の仲裁人を選任する。ロンドン国際仲裁裁判所は、この仲裁人が不適切であると考える場合には、任命を拒否できる。選ばれた2名の仲裁人が審判人を選任する。この審判人の資格は、仲裁人の場合と同じであるが、通常、国籍は当事者のそれと違う中立国の者がなる。2人の仲裁人の間で意見が分かれる場合には、審判人が審判を下すことになる。また、各当事者が1名ずつ仲裁人を選任することになっている場合に、1当事者がその選任を怠るときは、選任された当事者だけで仲裁判断を下すことができる。しかし、これは最近の国原仲裁法の研究では批判されている[41]。

　第4章で1950年の仲裁法第4条により仲裁が開始される場合について説明するが、これは裁判所が仲裁を命じる場合である。商事裁判所の裁判官が大法官の任命により仲裁人になる。そうでない場合でも、仲裁人は、ある程度まで裁判官に似た身分保証を受けている。例えば、一喘仲裁人が選任された後は、当事者は原則として忌避することはできなくなる。裁判所に申立てをして罷免してもらうことはできるが、裁判所でさえ、仲裁人に非行があっ

---

[40] 裁判所が、事件の全ての状況を考慮して決定するものと定められている。London Rules r. 3. 2.

[41] I.I. Dore, Theory and Practice of Multiparty Commercial Arbitration (1990) pp.80-l. また、Al-Haddad Brothers Enterprises v. MS Agapi and Diakan Love S.A., 635 F.Supp. 205 (D. Del. 1986) も見よ。ちなみに、UNCITRALモデル法第11条では、このような場合にも当事者主義を貫いている。

205

たことが証明された場合などに限られる[42]。このことからも、イギリス法では、仲裁が司法機能であると認識されていることがよく理解できる。仲裁人が辞退した場合、死亡した場合、その他の理由により欠員が生じた場合でも、任命権はロンドン国際商事仲裁裁判所にある。その手続は、上述の手続と同じである。

§50　仲裁人の資格。(2)　仲裁人の資格に関しては何ら制約はないが、当事者がそれを望むならば、合意によって制約を付することができる。一般的には、仲裁は法律判断であるから、法律家が関与するが、法律家ならば誰でもできることではない。当事者と仲裁人の関係は、いかなる法的性質をもつかについては議論のあるところであるが、委任契約に準ずる性質が含まれていることは疑いなく、法律に関する一定の知識をもつ者でなければならない[43]。しかし、法律家は、技術的な点にこだわりがちであり、一般人の常識とかけ離れることがままあり、仲裁人に関しても、法律の豊富な知識をもった商人が仲裁人に選任されることも少なくない。いずれの場合でも、国際仲裁は、多くの国の法律や文化に関わることであり、見識の広い比較法の専門家の養成が必要とされている。

§51　仲裁人の専門性。(3)　仲裁人の選任に当たって、紛争の基礎にある契約の性質、当事者の国籍および住所、使用言語などが考慮に入れられる[44]。ロンドンの仲裁では、イギリス人が仲裁人になることが多いが、外国人が仲

---

(42)　Arbitration Act 1950, s.1 参照。
(43)　Lalive, *Enforcing Awards,* in ICC. 60 YEARS OF ICC ARIBITRATION-A LOOK AT THE FUTURE [Pub. No. 412] 317, 350 (1984) は、仲裁人の資質について、「今日の国際的仲裁人は、法的概論、種々の文化、および種々の政治的・社会的制度に対して聞かれた、比較法または比較学の心をもつ証拠を示せる者でなければならない」と述べている。ちなみに、イギリスの仲裁人協会では、このような資質を備えた仲裁人を養成するための実務家教育が行われている。
(44)　London Rules r.3. 3 参照。

裁人になることもある。例えば、日本の会社とサウジアラビアの会社が石油取引に関して争う場合、イギリス人が仲裁人であってもかまわないが、イギリスの会社が訴えられている場合には、当事者の国籍に関係ない仲裁人が選任されることがある。仲裁人は、必ずしも法律家であるとは限らない。傭船契約の争いの場合、仲裁人は船舶所有者であるか、退職した船長であることが多く、商品取引所の仲裁でも、各商品業者の中なら選ばれる有識者であることが多く、法律家が直接関与することは少ない。また、建築業界の仲裁の場合には、別個の仲裁機関が設立されており、その規則に従って仲裁が行われているが、この場合の仲裁人も必ずしも法律家ではない。

　仲裁に法律家が関与する場合には、法廷弁護士（barrister）が中心であった。事務弁護士（solicitor）も仲裁人となることを禁止されていたわけではなく、最近では、むしろ積極的に仲裁の仕事を引き受けている。第1章で言及した1990年の裁判所および法律実務に関する法律は、この問題と関連して重要な意味をもつ法律である。この法律は、別稿で詳しく説明されているように、一つにはヨーロッパ裁判所での弁護に特別な資格が要求されないことから、それに合わせるために作られたものである[45]。また、法廷弁護士と事務弁護士の区別が、現在では、実情に合っていないことから、この区別を廃止して、新しい法律家の養成が開始された。将来、イギリスの法律事務所は、法廷弁護士的な人物、事務弁護士的な人物、保険、船舶その他の諸領域のそれぞれの専門家たちが、パートナーシップを形成するようになると思われるが、仲裁人もそのような新しい情況の下で生まれるジェネラリストになるであろうと思われる。

(b) 仲裁人の権限・責任

§52 <u>仲裁人の権限</u>。(1) 仲裁人の権限は仲裁の合意によって付与される。

---

[45] 1990年の法律の内容およびその立法の意義などについて、A.L. ダイヤモンド「イギリスの法曹改革」比較法雑誌第24巻4号（1991）21-38頁。

207

第3部 国際仲裁法

従って、その合意によっていかなる問題の解決が付託されているか、しばしば争われることになる。そこで、一方の当事者が仲裁をロンドン国際仲裁裁判所に仲裁の開始を求めるときに提出する申立書のなかに、紛争の性質および現在の情況を説明し、求める救済を明記することになっている[46]。これに対し、これを受理した相手方当事者は、30日以内に返答を求められるが、ここでも紛争の性質および現在の情況を書き、求める救済を明記することになっている[47]。複雑な事件では、仲裁が開始されると直ちに仲裁付託合意書の提出を求められることが多い。この付託書の中に記載されたことが、一応仲裁人の権限として認められる。最近では、仲裁が制度化されてきており、当事者の合意がなくても、仲裁機関として当然付与される権限があると考えられるようになってきている。かかる権限として、まず第一に、仲裁の場所の決定がある[48]。また、仲裁が開始された後に、先の合意書の解釈として仲裁人の管轄権が及ぶか否かを決定するのは、仲裁人自身の裁量であると考えられている[49]。とくに、審理を進行させるに当たって、仲裁人が一定の監督権をもつことは当然のこととされる。例えば、証人を召喚し、宣誓の上、真理を語らせることは、仲裁人の権限である。また、紛争を解決するために、専門家の意見を聞く必要があると仲裁人が判断するときは、自ら職権でそれを行うことができる[50]。

---

(46) London Rules art. 1.
(47) London Rules art. 2.
(48) 当事者が仲裁地を決定しない場合、原則として仲裁地はロンドンにすることになっている。London Rules art. 7. 1. 仲裁法廷は諸般の事情を考慮して、ロンドン以外の仲裁地を指定することもできる。実際の会合や聴聞は仲裁地以外の場所で開かれてもよいが、仲裁判定は仲裁地で作成されなければならない。Id. art. 7. 2.
(49) London Rules art. 14. 仲裁法廷の管轄権について、本稿第2章第2節(1)を参照。
(50) London Rules art. 12. 鑑定人は鑑定書を仲裁人に提出するだけでなく、聴

§53 仲裁人の責任。(2) 当事者に対する仲裁人の民事責任については、顕著でかつ故意の違法行為があった場合は除き、ロンドン仲裁規則は明示的に免責を認めている[51]。たとえ規則違反があった場合でも、仲裁の当事者が速やかに不服を申し立てなければ、訴権を失う。弁護士や医師の場合には、その過失に対し損害賠償の請求ができるが、仲裁人の場合、裁判官と同じようにこれを否定しなければ仲裁人になる者はいないであろうし、この損害賠償を請求する訴訟が認められれば、仲裁制度そのものが機能しなくなるおそれがある。さらにまた、ロンドンの仲裁において外国人が仲裁人となる場合、この人に外交官特権が認められるかどうか問題となる。国際慣習法上、この特権が認められることが多い[52]。

(c) 仲裁人の報酬

§54 仲裁人の報酬。仲裁を実行する場合、仲裁人にどれだけの報酬を支払い、それをどのように支払うかは重要な問題の一つである[53]。すぐれた仲裁人は、大方の場合、その専門分野でもすぐれた人物であり、そのサービスに対する公正市場価格は非常に高いはずである。この費用は両当事者によって折半されるのが原則であるが、それでも高額になりがちで、仲裁は裁判に比べれば安価な紛争解決の方法であるという話は、現実ではなくなる。実際、弁護士を採用して仲裁を進めることになれば、各当事者が支払う弁護士報酬は裁判の場合とほとんど同じであるはずであり、結果として、裁判より

聞に参加することもできる。Id. art. 12. 2.
(51) London Rules art. 19.
(52) Arbitration (International Investment Disputes) Act 1966 s.4 (1) は、ワシントン条約第1章第6条の「身分、免責、特権」に関する規定は仲裁人にも適用があることを規定している。
(53) 仲裁が成功するか否かは仲裁人の資質にかかっており、この問題は極めて重要ではあるが、ほとんど研究されていない。本稿では主に MUSTILL & BOYD, COMMERCIAL ARBITRATION 233-247 (2nd ed. 1989) を参照した。

高い費用がかかることは少なくない。ロンドンの仲裁の場合、裁判官が仲裁人に選任されることが多いのは、このような事情と関係があるかもしれない。

仲裁人の報酬と関連して、困難な問題は、仲裁が開始されたけれども仲裁判断が下されるまでには至らなかった場合、その報酬をどうするかということである。仲裁人の職務を引き受けることは一種の委任契約に準じる行為であり、仲裁判断が作成されなかった場合でも、最初に約束された報酬が仲裁人に支払われるのが通常である。仲裁人が報酬の額を設定し、最初に当事者たちの了解を得て仲裁が行われ、予めその額が中立の者に預託される場合には、問題が起きることは稀である。しかし、何ら話し合わないで仲裁が進められることは稀でなく、仲裁人は仲裁を専業とする者ではないので、自分で旅費やホテル代を立て替えている場合、非常に経済的に辛い立場に立たされる。イギリス法では、仲裁人との間で報酬について話し合われていない場合には、高等法院が合理的な報酬額を決定することになっている。当事者には全く責任がなく、仲裁人の過失のために仲裁判断が無効であると判決された場合でも報酬の支払い義務があるかどうか、議論が分かれるところである。しかし、仲裁人は専門家として高度の注意義務を負う者であるから、この場合には、仲裁人は受け取った報酬を返還すべきであろう[54]。

(d) 仲裁人の罷免

§55 <u>仲裁人の罷免</u>。(1) 仲裁人が一度選任された後は、当事者は勝手に仲裁人を止めさせることはできず、仲裁裁判所のみが罷免させる権限をもっている[55]。特に1950年の仲裁法によれば、裁判所が仲裁人を罷免できるの

---

(54) Arbitration Act 1950, s.13 (3) は、罷免された仲裁人の報酬請求権を否定している。但し、過失の損害賠償請求までは認められない。Chambers v. Goldthorpe [1901] 1 K.B. 624; Pappa v. Rose (1871) L.R. 7C.P. 32. Cf. Arenson v. Casson Beckman Rutley & Co. [1977] A.C. 405.

(55) Arbitration Act 1950, s.10 (b) and (d).

は、仲裁人に「非行」があった場合である。この罷免の問題は、仲裁が進行中に申立てられることもあるが、仲裁判断が下された後にその効力を争うための争点とされることも多い。既に前章で紹介したメラット銀行対 GAA 開発・建設会社判決でも[56]、仲裁判断が出された後にその効力を争うための重要な争点になっている。「非行」の解釈は必ずしも明確ではなく、その一例を示すものとして、ここでもう少しその事件の説明をその側面から付加しておこう。

　この事件の仲裁は 3 人の仲裁人によりロンドンで行われたが、仲裁手続は ICC 規則に従ってなされた。まず第 1 に、GAA はイギリスの勅撰弁護士を仲裁人に選び、メラット銀行側はイラン人の弁護士を仲裁人に選んだ。第 3 の仲裁人は、2 人の意見が一致しなかったために、ICC の本部に連絡し、推薦してもらった結果、スイスの女性の裁判官が審判人に選任された。聴聞が 9 日に渡って行われ、激しい議論が続いたが、仲裁人の間でも意見が一致せず、仲裁判断にイラン人の反対意見を添付した形で仲裁の最終案が作られた。ICC 規則によれば、ICC 本部がこの案を形式的な面から審査を受けなければ正式の仲裁判断として承認されないので、その最終案が本部に送付された[57]。本部は、判断の理由が不明確な部分が多くあるので明確に書き換えるよう指示して、審判人にそれを返送した。そこで、審判人は直ちに意見を求めて各仲裁人にファックスを送ったが、改めて聴聞審理は行わなかった。そして、改定した判断を本部に送り、その最終的承認を受けて仲裁が終了した。メラット銀行は、仲裁人 3 名が集まって書換えを検討せず、最終判断を作成したことは審判人の「非行」であると主張した。当該事件の判決を下したシュタイン裁判官は、まず最初に、この手続が ICC 規則に従ったものであっても、これはロンドン仲裁であり、ICC 規則に厳密に従っていない場

---

(56) Bank Mellat v. GAA Development and Construction Co. [1988] 2 Lloyd's Rep. 44 (Q.B.D. Com. Ct.).
(57) この手続きについては、167 以下で説明した。

211

合でも、手続の公正は仲裁法廷の独自の判断でなしうることを述べている。そして、本件の場合、当事者たちは聴聞のときに十分意見を述べており、その後の3人の仲裁人の間の合議も十分に尽くされており、結論に影響はないので自然的正義が否定[58]されたとは言えないと判決した。

(2) 一般的に言えば、仲裁人が不適切であるか、公正または独立性に疑いがある場合には、仲裁裁判所がその仲裁人を罷免することができる、とロンドン国際仲裁規則に規定されており、仲裁規則に違反することは罷免に相当する「非行」であると認められる[59]。独立性に疑いがある場合とは、仲裁人と特定の当事者との間に過去に特別の関係があったか、仲裁判断の結論が仲裁人個人の利害関係に直接影響する場合をいう。もっとも、仲裁人が弁護士であり、一当事者の顧問弁護士であっても、その事実を公表し、他の当事者がそれを了解しているならば、この事実だけでは罷免の理由とはならないし、仲裁手続の瑕疵にもならない。次に公正に疑いがある場合とは、仲裁人が聴聞のときに、一当事者の言い分を十分に聞くことをせず、当事者を不公平に扱った場合などを指す。仲裁審理が進行中に一方当事者だけと私的に連絡をとり、その意見を聞くことや、一方当事者の供応を受けることなどもこれに相当する。本節で述べたように、仲裁人が「非行」を行ったり、その公正または独立性に疑いがあるために仲裁人が罷免されたときは、仲裁の報酬請求権を失うことは言うまでもない。

---

(58) 自然的正義の法理については、後掲第4章注5およびそれに対応する本文の部分参照。

(59) Mabanaft GmkH v. Consentino Shipping Co. S.A., the Achillet [1984] 2 Lloyd's Rep. 191 (per Lloyd, J.:「一定限度までの正義を実現できなくさせると思われる仲裁の間違った進め方を意味し、それは仲裁契約に照らして判断される程度の問題である」)。また、Re Fuerst Bros. & Co. and Stephenson [1951] 1 Lloyd's Rep. 429（審判人が1人の仲裁人の意見だけを聞いて、他の仲裁人を無視した事件）も見よ。

(4) 仲裁手続

(a) 開始手続

§56 開始手続。仲裁人または審判人（以下、単に仲裁人という）は、一定の期限を定め、当事者に紛争の争点明細書を提出させ、かつその解決のための仲裁手続（仲裁地を含む）について、またその解決のための実体法及び救済手段について、意見を述べさせなければならない。実際には、両当事者に、仲裁の基礎となる契約書のコピーを添付して、仲裁付託書を提出させることが多い[60]。この付託書には、両当事者の住所氏名、紛争の具体的内容および求められる救済、事件に関連してなされた当事者間の合意、希望する仲裁人の氏名および連絡先などが記載されることになっている。ロンドンの海事仲裁では、次のような所定の様式の中に書き込んでいく方式が採用されている[61]。

(1)当事者の主張の陳述　　(i)終了したか？（争点明細書を含む）
　　　　　　　　　　　　(ii)争点の修正が必要か？
　　　　　　　　　　　　(iii)全部の争点が存続しているか？

---

[60] REDFERN & HUNTER, LAW AND PRACTICE OF INTERNATIONAL COMMERCIAL ARBITRATION 409-10 (1986) に典型的な付託合意書の様式が示されている。

[61] 海運関係の事件については、通常、ロンドン海事仲裁人協会に仲裁が付託される。この仲裁もロンドン国際仲裁協会と同じほど長い歴史的伝統をもっているが、この協会の仲裁人は、船舶所有者または退職した船長であることが多く、専門職の法律家の協力を得てなされる非法律家の仲裁であるという点に特色がある。現在の同協会の仲裁規則は 1987 年に作成されたものである。本文で引用したチェック・リストは、同協会が作成したものを翻訳したものである。

(2)証拠開示　　　　　　(i)完了したか？
　　　　　　　　　　　(ii)未完了の証拠開示に関する紛争
(3)聴聞手続
　A．一般　　　　　　(i)決定に適した予備的争点（例えば、契約の解釈、責任のみ等々）
　　　　　　　　　　　(ii)書面の提出だけで決定するのに適した争点？
　B．証拠（事実）　　 (i)一定の事実または数字は合意されうるか？
　　　　　　　　　　　(ii)事実の証人のリスト交換（各事実が関連する領域の一般的な特定）
　　　　　　　　　　　(iii)一定の主要な証拠の提示を証言の形でさせるのがよいか、供述証書を採るのがよいか？もしそうであるならば、聴聞の前に証拠を交換させるためにどのような準備が必要か？
　　　　　　　　　　　(iv)証言または供述調書の形式だけの場合、一定の証拠の許容性（たぶん正式の重要度または予備的な重要度）はどうするか？
　C．証拠（専門家鑑定）(i)専門家が必要か？もしそうであるならば、全体としてまたは紛争の具体的な側面に関連して、人数は制限されるべきか？
　　　　　　　　　　　(ii)何時報告書が交換されるべきか（報告書への反論のための十分な時間をおいて聴聞の相当前に渡されること）？
　　　　　　　　　　　(iii)専門家の「事前協議」が行われるべきか？
　　　　　　　　　　　(iv)専門家を呼ぶ必要なく、法廷が報告書に基づいて技術的な側面を処理できるか？
　　　　　　　　　　　(v)独立の評価者が法廷の便利な助けとなるか？
　D．検査　　　　　　試験または実験に立ち会うか、または当該紛争に関係する目的物の検査をすることによって、

2 英米の国際仲裁手続

法廷は、助けられることになるか？

E．文書　　　　　　(i)もし可能ならば、旨意された事件の年表、登場人物、連絡先のテレックス番号表、合意された経費説明書を作成する。

(ii)文書の整理（例えば、異なるトピック毎に異なる整理箱の作成、または適当な製本）およびその整理がなされる期限

(iii)不必要な文書が含まれることを避けること

(iv)文書が大量になる場合、主要な冊子のみを複写して、他の資料は参照できるように保存して要求に応じて複写をとるようにすることの検討

F．事前の通読　　　(i)聴聞よりもできる限り早い日に準備書面およびその他の適切な資料（例えば、専門家の報告書）を法廷に供与すること

(ii)適切に聴聞か開始された後、聴聞の途中で法廷が文書を私的に通読するために別の時間を設定すべきか（文書を読むことに関する時間を除くことにより、さもなければかかるはずの時間を節約するため）？

G．多数当事者の紛争　(i)手続一般の取決め

(ii)聴聞を併合するか、同時に行うか、または継続的に行うか？

H．弁護　　　　　　聴聞で弁護人の採用をどの程度許すのが事件にとって適切か？

(4)聴聞の日時［記の項目を決めてからこの項目を記入する］

(i)聴聞が何日継続するかの予測

(ii)当事者は現実に何日には準備を完了すると思われるか？

215

(iii)証人の利用可能性に関する問題点（もし問題があれば、事前に証拠をとるか、または証拠ないし供述証書を利用することによって、問題が軽減されうるか）？

(iv)法廷の利用可能性

(v)宿泊施設の要否と出席者の人数

(vi)必要となる特別の施設（例えば、翻訳、通訳等）

(vii)宿泊施設などの準備：誰が予約し、支払いは誰がするか？

§57　出訴期限。(2)　裁判の場合に適用される出訴期限に関する規定は、仲裁にも原則として当てはまるが、自然的正義の見地から弾力的に運用される。理論上は、民事訴訟法の出訴期限に関する規定が仲裁にも適用されると言えそうであるが、仲裁の場合には、迅速な解決が必要な場合が多い。仲裁判断が下された後に改めて裁判を行うことになれば、証拠などが無くなっていて、公正な裁判によって正義を実現できなくなることがある、と考えられるからである。そこで、現在では、当事者に節度がなく、許すことのできない手続的遅延があった場合には、仲裁を放棄したものとして扱われる。これらのことについては、別の論点に関連する諸判例を説明するときに詳しく述べることになるので、ここでは重複して説明することは避けたい。

(b)　仲裁地

§58　仲裁地。ロンドンの国際商事仲裁裁判所はロンドンに設置されており、仲裁地は通常ロンドンとされる[62]。しかし、一方当事者に不利であると考えられる場合には、他の中立の場所が選ばれなければならない。世界の主要な商業都市に仲裁人の権限を代行して行使できる協力機関ないし専門家

---

(62)　前掲注(48)を見よ。

を置き、仲裁判断に必要な情報等を集めたりするのに協力を得ており、証拠調べや、種々の会合がロンドン以外の都市で行われることもある。両方の当事者がイギリス人でないのにロンドンが仲裁地に指定されることは少なくない。それは、ロンドンの法律家には長年に渡る国際仲裁の経験の蓄積があり、ロンドンの事務弁護士は実に手際よく事務手続を処理してくれるので、数日で事件を解決することができるためである。また、一方の当事者の国籍に関係のある場所（特に偏見のある場所）で仲裁を行うことは、公正のイメージを傷つけるので、両当事者がイギリス人でない場合の方が理想的な仲裁が行われるとも言われる。飛行機で簡単に旅行のできるようになった今日、両当事者がロンドン、その他の世界の主要な都市に集まることはさほど困難なことではない。ちなみに、仲裁地と仲裁判断作成地とは異なる概念である。この区別は、ニュー・ヨーク条約により仲裁判断を強制しようとするときに重要な問題になる。しかし、ロンドン仲裁規則では、その作成地は仲裁地とすることが規定されているので、本稿ではその問題に立ち入る必要はない。

(c) 聴聞手続

§59 聴聞手続。(1) 仲裁は、裁判の場合と異なり、書面だけで行われることが多い。係争額が小額である場合、とくにこの傾向が強い。しかし、通常は少なくとも一回、当事者全員が集まって紛争解決の手続などについて話し合われる。この話し合いの時間は1日に5時間以内とされるのが通常である。というのは、当事者が書類を読み、関係者と相談して、弁論の準備をする時間が必要だからである。この話し合いの場所と日時は、仲裁裁判所自身が設定する。この会合はホテルで開かれることもあるが、書類のコピーを取る必要があり、またファックスを利用したりする必要があり、この場所はそれらの施設を備えたところでなければならない。仲裁人が大学教授である場合には、大学で仲裁が行われることもある。ロンドンの法廷弁護士が仲裁人である場合には、インズ・オブ・コートが利用されることもある。さらに、会議の記録が速記者によって取られ、後に書面の形で残されることになれば、

この仲裁の場所はさらに限定されることになる。重大な事件では、本格的な審理が行われる前に予備的聴聞が開かれるが、ここでは会合および審理の場所と日時、仲裁判断が下される期限、当事者への連絡先、作成する文書の枚数、聴聞の手続で使用される言語および通訳の要否などが決められる。

§60　公正な通知。(2)　実際に聴聞が行われる前に公正な通知が与えられなければならない。「公正な通知」とは、聴聞の際に何か論争されるかを十分に知らせ、その準備ができるような期間をおいてなされるものである。次に、聴聞はいかなる形式で行われるかが問題となる。アメリカでは、デュー・プロセスに適合する聴聞は対審型の聴聞であると考えられており、裁判における審理に近い形で仲裁が進められるが、イギリスではそれほど厳格に形式を問題にすることはない[63]。例えば、法廷弁護士が仲裁人となり、インズ・オブ・コートで仲裁が行われる場合、サロンのような場所で紅茶でも飲みながら和やかな雰囲気で話し合いが進められる。この問題に関して、イギリス法でも自然的正義の原則があるが、この原則は、聴聞の前に当事者が十分に準備する時間が与えられること、争点が事前に明確にされており、そのときに困惑させられることがないこと、当事者が事実を主張して意見を述べる機会が与えられること、などを要求する[64]。実質的に公正であれば足りるのである。

　聴聞は非公開が原則である。裁判ではなく仲裁による解決を当事者が選択する重要な理由の1つは、企業秘密ないしプライバシーを保護したいと考えることにある。当事者は弁護士等の専門家に弁論を依頼することもできる。しかし、紛争を仲裁による解決に付託する経費が、両当事者によって折半されるのに対し、弁護士報酬は原則的に各当事者の責任である。争訟に勝った

---

(63)　MUSTILL & BOYD, COMMERCIAL ARBITRATION 279 (2nd ed. 1989) 参照。
(64)　イギリスの自然的正義（natural justice）は、DE SMITH, JUDICIAL REVIEW OF ADMINISTRATIVE ACTION (2nd ed. 1973) の134頁以下に詳しく説明されている。なお、後掲注11および London Rules arts. 10-12 も見よ。

当事者は、この費用について相手方に負担させることを強制することが許される場合もある。聴聞に当事者自身が出席せず、また代理人も出頭しないとき、欠席のまま仲裁の手続を進めてよいが、このことだけからその当事者に不利な判断を下してはならないことになっている[65]。

(d) 仲裁の言語と通訳

§61 言語と通訳。国際仲裁においては、いかなる言語が使われるかは、重大な問題の1つである。これに関してロンドン仲裁規則は、仲裁契約で用いられた言語を使うことを原則としている[66]。それ以外の言語を当事者の合意に従って使うこともできるが、仲裁法廷は、この場合にはその翻訳の提出を要求することができる。また、聴聞における証人が仲裁契約の言語と異なる言語を使うときは、仲裁法廷は通訳を要求することができるが、通訳の雇用は当事者の責任である。

(e) 証拠に基づく仲裁判断

§62 証拠。仲裁手続の最終段階は仲裁判断の作成である。仲裁による紛争の解決が選択される1つの理由は、これを作成して迅速に紛争を解決できることにある。実際、ロンドンの仲裁では、審理が始まってから2日以内に判断が下されるのが通常であり、1週間以上かかるのは極めて稀であると言われる。しかし、仲裁判断がいかに迅速に下されるとはいえ、それが司法判断である以上、十分に審理を尽くして証拠に基づいて決定が下されなければ

---

(65) Government of Ceylon v. Chandris [1963] 1 Lloyd's Rep. 214 ; Niger Co. Ltd.v.S.A. Spremitura Oil Vegetali (1922) 12 Ll.L.Rep. 497 ; W.H. Ireland & Co. v. C.T. Bowring & Co. (1920) 2 Ll. L.Rep. 220 などを見よ。 REDFEIRN & HUNTER, *supra* note 1, at 267-68 (1986) は、仲裁人には欠席判決（default judgment）を下す権限が与えられていないことを理由として、仲裁付託書が作成された場合には仲裁判断を下す義務が生じていると述べている。

(66) London Rules art. 8.

ならない。裁判所の慣行で認められているような、厳格な証拠法則に従う必要はない⁽⁶⁷⁾。例えば、裁判の場合には、書面による証拠は反対尋問権が保障されないので、認容されないのが普通であるが、仲裁の場合にはむしろ書面の証拠が歓迎される。証拠書面の写しは相手方当事者に渡されるか、送付されるが、反論書がいつまでに作成されなければならないか、しばしば争いになる。また、反論書が提出されていないのに仲裁人はこれを証拠として採用してよいかどうかも問題となる。

　一般的には、仲裁人は、1968 年の民事証拠法によって認められる証拠書面ならば、その裁量によって証拠として採用することが許される。具体的には、その書面とは、相手方当事者に対して、その作成前に公正な通知が与えられており、(i)証人が国内にいないこと、(ii)死亡していること、(iii)身体的障害などのため聴聞に出席させることが適切でないこと、(iv)本人が失踪中であること、または(v)記憶喪失の状態にあることを理由として、証言の代わりに提出される文書を言う⁽⁶⁸⁾。専門家の鑑定書についても、1972 年の民事証拠法に適合するものであれば、証拠として採用できる。具体的には、事件に直接関連することについて、証人の専門領域に属することを述べた文書または証言であれば、認容される⁽⁶⁹⁾。さらに、帳簿の写しが本物であるかどうか、問題の手紙が主張されているとおりのものであるかどうか、翻訳が正確かどうか、などの問題は、最終的には、仲裁人の裁量で決定できる。

---

(67)　英米証拠法は陪審制を前提として形成されてきたものであり、伝聞証拠排除の法理、意見証拠排除の法理など、余りにも技術的すぎるという批判があり、仲裁ではむしろ大陸法的な証拠法が使われている。但し、「最良証拠法則（best evidence rule）」は、採用されている。
(68)　Civil Evidence Act 1968, s. 2. Id. ss. 3-9 も見よ。
(69)　Civil Evidence Act 1972, s. 3. 外国法の専門家の証言等もこれに含まれる。Id. s. 4.

(f) 仲裁手続の停止

§63 停止。当事者が仲裁の途中で仲裁を停止させることはできない。既に述べたとおり、一方当事者が仲裁人には判断を下す権限がないと申し立てても、その権限の有無は仲裁人自身が下すことになっている。仲裁の一方当事者が死亡した場合でも、その仲裁に従う契約上の義務は、相続人に引き継がれる。そして、法人である当事者が倒産したときは、破産管財人が、債権者団体の同意を得たうえで、仲裁を継続させることができる。

(g) 仲裁手続の司法的監督

§64 司法的監督。仲裁の合意は一種の契約であり、仲裁の当事者が仲裁に付託する契約上の義務に従わないことがありうる。たとえ合意書の中に「全ての紛争が仲裁によって解決されるものとする」と規定されていても、当事者が契約を守らない以上、裁判所が紛争を解決する以外にない。しかし、裁判所による司法審査は、第6章でも詳説するように、法律上、現在は著しく制限されている。これについて、1950年の仲裁法第4条は、もし仲裁の合意の一当事者が当該合意の相手方当事者に対し裁判所で法的手続を開始した場合、その相手方当事者は、裁判所に訴訟手続の停止を命じることを求めることができる、と規定している。この申立を受理した裁判所は、全ての情況を考慮して、仲裁を禁止しなければならない理由がない限り、その停止を認めなければならない。

　この規定は、一端裁判が開始されたときに、争訟の基礎となる契約に仲裁の合意が存在することから、裁判所が自らいわば自己抑制する場合について定めるものである。すでに仲裁の手続が開始されているときに、裁判所に差止命令を求めてそれを停止させる場合もある。この場合、裁判所による監督権の行使は、手続的な面のみに限られる。通常裁判所の仲裁手続に対する監督権は、下位裁判所に対するそれに類似している[70]。つまり、法の運用に誤りがないように監視するということである。とくに刑事責任に関する判断

第3部　国際仲裁法

などは、通常裁判所の排他的権限であると考えられるいるので、仲裁判断によっては下すことはできないから、仲裁手続は禁止される。また、法律違反の行為の効力に関しても、仲裁人の管轄は通常制限される。既に第2章のはじめに言及したハーバー保障株式会社対カンサ・ジェネラル保険株式会社事件において、女王服部の判決が、明快な判決理由を述べて、これに関する一つの基準を示している。

(h)　仲裁手続の費用

§65　仲裁手続の費用。仲裁の手続にかかる費用は、原則として紛争当事者間で折半される。この費用は通常合理的なものであって、その負担について争われることはほとんどない。しかし、事件が複雑なものになり、世界の各地で証拠調べが行われたり、通訳を付けてすべての記録が保存されるなど、大掛かりな仲裁が行われることになると、裁判費用よりも多額の費用がかかることかありうる。また、弁護士報酬について言えば、事件に関与した時間によって報酬が請求される制度であれば、裁判であれ仲裁であれ、全体として支払われる経費は膨大なものになりうる。仲裁は安価な紛争解決手段であると信じられているとすれば、これは神話であるにすぎない。

この仲裁手続費用の問題は、イギリス法上、新しい困難な問題を生んでいる。既に述べたように、イギリス法は、通常裁判所による干渉をできるだけ排除する方向に動いている。しかし、1950年の仲裁法第12条(6)項は、「高等法院は、仲裁付託の目的のためまたはそれに関連して、(a)費用の担保について命令を出す権限を有する[71]」と規定していることから、手続費用の供

---

(70)　この権限の根拠条文は Supreme Court Act 1981, s. 31（司法審査の申立て）である。この司法審査は、自然的正義の原則によって行われ、mandamus, injunction, prohibition などが救済方法として使われる。伊藤＝田島・英米法（現代法学全集 48）201-7（1985年）も参照。

(71)　Arbitration Act 1950, s. 12 (6). London Rules にも仲裁費用に関する規定（art.18）だけでなく、その預託ないし供託に関する規定（art.15）が置かれてい

222

託を求める訴訟が、一つの延期手段として利用され始めた。この一つの典型的な事例は、メラット銀行対ヘレニキ・テクニキ会社事件に見ることができる[72]。この事件では、イランとギリシャとデンマークの銀行が、共同事業としてテヘランの川沿いに大規模な共同住宅を建設し、分譲を行って儲ける合意を行った。しかし、イランの内紛のために、この事業計画は実現出来ないことになり、誰が損失の危険を負担すべきかについて当事者間に争いが生じた。紛争の途中、デンマーク銀行の権利はすべてギリシャ銀行に吸収されたので、イランの銀行とギリシャの銀行との間で争われることになったのが本件である。

基本契約書に、「当事者の間で生じる全ての紛争はICC規則に従って三人の仲裁人による仲裁により解決されるものとする。仲裁地はロンドン市とし、仲裁手続は英語で行われるものとする」という条項が含まれていたため、仲裁がロンドンで開始された。しかし、メラット銀行側は、おそらくこの仲裁を長引かせるため、仲裁にかかる費用の供託を求めて訴訟をイギリスの裁判所で起こした。第一審判決は、仲裁法第12条(6)項の規定はイギリス人が当事者であり、裁判所が差し押さえることができる財産がイギリス国内にある場合に適用できるむので、そうではない国際仲裁に関しては、裁判官の裁量により公正の見地から適用されるべきか否か決められるものである、と判決した。この判決の司法審査をした控訴裁判所も、ICC規則に費用の供託に関する規定（規則8.5）があり、イギリスの裁判所が第12条(6)項による命令を出せばそれと抵触することになるから、イギリスとの特別の関連性が証明されない限り、費用の供託命令は出されるべきでないと判決した。しかし、ゴフ裁判官は、ICC規則に従って仲裁が行われているとはいえ、仲裁地法

る。
(72) Bank Mellat v. Helliniki Techniki SA [1983] 3 All E.R. 428, [1983] 3 W.L.R. 783 (C.A.). K/S A/S Bani and K/S Havbuik I v. Korea Shipbuilding and Engineering Corp. [1987] 2 Lloyd's Rep. 445 (C.A.) も見よ。

(curial law) であるイギリス法によってロンドン仲裁がなされているはずであり、費用の供託のような手続的な問題に関して、イギリス法を適用することには問題はないはずであるという意見を述べている[73]。

(5) 仲裁の準拠法

(a) 国際私法の準用

§66 準拠法。(1) 裁判の場合ならば準拠法（proper law）は国際私法の諸法理に従って決定される。仲裁の場合にも国際私法が使われるが、この問題はさらに複雑になる。第1に、契約としての仲裁の合意の効力が問題となれば、契約の効力に関する準拠法が何かを論じなければならない。第2に、仲裁の合意によって生じる義務は二種類－紛争を仲裁に付託する義務、および仲裁判断に従う義務－あり、それぞれについて準拠法の問題を考えなければならない。まず紛争を仲裁に付託する義務については、当該の仲裁の合意が形成された基礎となる法律（underlying law）が準拠法（governing law）であると考えられる[74]。そして、仲裁の手続については、仲裁地法（curial law）に従うものとされる。しかし、仲裁判断に従う義務については別個の考慮が働く。当事者の合意の中に仲裁の準拠法に関する規定がないことは少なくないが、この場合には、通常、国際私法の原則に従って準拠法の決定がなされる。しかし、仲裁判断には自力執行力は認められていないので、それ

---

(73) [1983] 3 All E.R. at 438. 但し、結論としては、イギリス法によって供託命令を出さなければならない特別の事情は本件では認められない、と判示している。
(74) 準拠法という言葉は、proper law とも governing law とも英訳されるし、applicable law の用語も使われる。これらは、文脈と関連して使いわけられるが、その意味はいずれも実質的には同じである。

がどの国で強制されるかという点も考慮しなければ、最後の段階で無視されてしまうおそれがある。仲裁の場合には、外国法は「法律問題」であると考えられており、いかなる法を適用するか、仲裁人の裁量によって決定できるものとされている(75)。

§67 コンパニー・ダーマメント・マリティーム事件。(2)　コンパニー・ダーマメント・マリティーム会社事件を最初の具体例として上に述べたことを説明しよう(76)。この事件は、フランスの会社とチュニジアの会社がパリで締結した原油の輸送契約から生じた事件である。この契約では、数カ月間に一定トン数の軽油をチュニジアの2つの港の間で何度も輸送することになっていたが、この輸送に使われる船舶は指定されていなかった。当該の契約書には「すべての紛争はロンドンにおける仲裁によって解決されるものとする」という規定が入っていたため、ロンドンで仲裁が開始された。しかし、当事者の権利義務関係を決定するための準拠法に関しては、「船舶の国旗の国の法による」と規定していたため、多数の国の法律が関係することになった(77)。ロンドンの仲裁人は、仲裁地を指定したことには、その土地の法を

---

(75)　裁判の場合には、外国法は「事実問題」であり、従って当事者が証明を要求されるものとされる。しかし、仲裁では仲裁人がその裁量により決定することになっている。国際仲裁は一種の国際法ないし国内法を超越した新しい法を運用するものであるという考えが、この慣行の基底にあるのかもしれない。

(76)　Compagnie d'Armement Maritime S.A. v. Compagnic Tunisicnnc dc Navigation S.A. [1971] A.C. 572 ; Compagnie Tunisienne de Navigation S.A. v. Compagnie d'Armement Maritime S.A. [1969] 3 All E.R. 589, [1969] 2 Lloyd's Rep. 71 (C.A.). なお本件の special case stated の判決（per Megaw J.）について、[1969] 1 Lloyd's Rep. 247 参照。

(77)　当事者たちはこの規定を読まないで契約書に署名した。実際には、契約で義務づけられるチュニジアの2つの港の間の航行に原告の持っている大型の汽船を使うことは不可能であり、その2港間を走る小型汽船に一定数量の石油が契約どおり積み込まれた。しかし、その小型汽船の国旗はリベリア、ブルガ

準拠法とする意思もないとは言えないが、問題は契約の意思解釈の問題であり、その論点に関してはフランス法を準拠法とするのが当事者の意思であったと考えるのが合理的であると判示した。

石油の輸送を請け負ったのはフランスの運送会社であり、その船舶を使うものと当事者が想定していたと思われるからである。

この事件の困難な点は、たまたまイギリスの標準傭船契約約款の様式が手元にあったため、それを利用して契約書が作成されたことにある。両当事者はフランス語で交渉しており、この様式を読んでいないと思われる。また、表題は書き換えられているが、これはフランス語である。イギリスの控訴院（デニング裁判官）は、イギリス法の契約解釈に従ってこの場合でも契約書に書かれているとおり、文字通りそれを読み、本件の場合には準拠法の指定は意味をなさないので、指定はなかったものとして扱い、イギリス法に従って仲裁が行われるべきであると判決した[78]。しかし、貴族院判決は、仲裁手続についてはそれが行われる場所の法に従って行われるとすることには問題はないが、その判断に適用される実体法は、争点に最も関係する法律であり、もし当事者がこれについて合意しているならば、それを適用するべきである、と判示した[79]。本件の場合、契約書の追加部分がフランス語で書かれ、パリで作成されたものなので、当事者はフランス法に従う意思を推定できるというのである。

アなど多数に渡り、1つに特定するのは困難であるし、たとえ特定できたとしても、当事者がその国の法を準拠法とする意思をもっていたとは言いがたい。

(78) [1969] 3 All E.R. 589, at 591.
(79) [1971] A.C. 572, at 595 (per Lord Wilberforce). DICEY & MORRIS, CONFLICT OF LAWS 731 (7th ed. 1958) を引用し、「当事者の意思は、契約の文言と性質、および事件の一般的情況から推測される」と判示した。判決の結論は同じであるが、Reid, Morris of Borth-y-Gest, Dilhorne, Diplock の各裁判官の理由づけは微妙に異なっている。

(b) 仲裁手続の準拠法

§68 仲裁の準拠法。第4章で説明したように、ロンドン国際商事仲裁裁判所は、手続についても弾力的な姿勢を示している。通常はロンドン仲裁規則に従って手続が進められるが、ICC の手続によるものでも、AAA の手続によるものでも、当事者がそれに従う合意を示している限り、それに従っている。むしろ、ICC の手続に関しては、イギリスの裁判所は、非常に高い評価を与えている。例えば、既に第3章で言及したメラット銀行事件の高等法院（商事裁判所）の判決は、次のように述べている[80]。

「ICC による仲裁は機関仲裁の一形態である。しかし、これは他の機関仲裁のシステムとは異なっている。当該の規則に組み込まれた ICC 仲裁の際立った特徴は、ICC 仲裁裁判所と呼ばれる永続的団体による監督にある。その名称にもかかわらず、当該の裁判所は仲裁機能または審判機能を果たすものではない。それはただ単に、仲裁人による当該の規則の適用を監督するだけのものである。現在の事件の争点と密接な関係のある監督機能は、仲裁判断が公表される前に、裁判所がその判断を検査する権限である。全ての仲裁システムの中で最も真実に国際的である ICC のシステムは、世界のほとんど全部の国における仲裁のやり方について規定しており、また、3人法廷の構成員は、基本的に異なった法制度をもつ異なる大陸、あるいは少なくとも異なった国からしばしば来るために、この権限が認められている。」

要するに、ICC の仲裁の場合には、仲裁判断が正式に下される前に、仲裁裁判所が法の適用の誤りや文章の不明瞭な部分を修正するなどの形式的な審査をする仕組みになっている。このことが仲裁判断の質の向上に役立っており、ロンドンの裁判所（法律家）は、この点を非常に高く評価しているのである。

---

[80] Bank Mellat v. GAA Development and Construction Co. [1988] 2 Lloyd's Rep, 44, at 48 (per Steyn, J.).

先にも述べた通り、ロンドン国際仲裁裁判所がアメリカ仲裁協会の手続によって仲裁を進めることもあるが、訴訟になって司法審査を受けた事件は見当たらない。この手続に対しどのような評価がなされているかは明らかではないが、どちらかといえば消極的であると思われる。例えばアメリカ仲裁協会の手続に従えば、膨大な費用のかかる証拠開示の手続が要求されることがあるが、これについては、イギリスの法律家は、明らかに否定的である。第1章で言及した1990年の裁判所および法律実務に関する法律は、明文によって証拠開示を否定した[81]。

一般的に、ロンドンの仲裁裁判所は、手続に関して弾力的な姿勢を示しているとはいえ、自然的正義の原則に関しては、極めて厳格である。例えば、有名なブレマー・ヴァルカン事件では、ドイツの出訴期限法の適用が問題になった[82]。この事件の仲裁契約にはドイツ法を準拠法とすることが規定されていたが、手続的な問題は法廷地の法とするのが原則であり、ドイツ法の手続に従うことがイギリス法の自然的正義に適合するか否か、仲裁法廷には審査する義務があると判決した。公正な審理（fair trial）の原則は、イギリス法の基本的な公序（public policy）であると言ってよい[83]。

(c) 仲裁の実体法

§69　仲裁実体法。(1)　一般原則。仲裁で争われている権利義務関係の決定に適用される実体法は、当事者が合意によって決めることができる。仲裁条項に準拠法として指定される法は、通常、これを意味する。しかし、当事者の合意が存在しない場合には、仲裁人が職権によって準拠法を決めなけれ

---

(81)　Bremer Vulkan Schiffbau Und Maschinenfabrik v. South India Shipping Corp. [1981] A.C. 909（H.L）. この事件は第6章第1節（2）で詳しく説明する。
(82)　Courts and Legal Services Act 1990, s.103.
(83)　Lord Diplock, *Administrative Law: Judicial Review Reviewed*, [1974] 33 C.L.J. 233.

2 英米の国際仲裁手続

ばならない。これは仲裁人の裁量の問題であり、一般的には国際私法の原則に従って決定される。しかし、最近では、直接関連する国の実体法が選択され、かつ適用されるとする学説がある[84]。特に当事者が主権国家である場合（ワシントン条約による仲裁の場合には常にそうである）、一国の法律を準拠法とすれば、主権国家を他国の法律に服従させることになり、理論上も問題があるからである[85]。事件に関係する国が多数ある場合にも、同じ様な問題が起こり、この実体法の選択は容易ではない[86]。

この問題に関して、レッドファーン＝ハンターの「国際商事仲裁の法と慣行」と題する著書には、パリで行われた ICC 仲裁の道化芝居じみた事例が紹介されている[87]。この事件では、イギリス、レバノン、フランスから各1名ずつ仲裁人が選ばれ、手続の準拠法はフランス法とされたが、実体法はクウェート法であるとされた。弁護士はアメリカ人とイギリス人であり、仲裁に関与した者のうちクウェート法を知るものは誰もいなかった。そこで、それぞれの側がクウェート法の専門家を証人として呼び、2人の専門家証人が論争するのを聞きながら、2人の意見が一致したものを実体法として当該事件に適用した。この仲裁における実体法に関する考えかたは、仲裁判断を強制するときに最も説得力をもつ法を採用する、というものであったと思われる。

紛争の権利義務の実体に関する準拠法の決定で一番問題になるのは契約法の場合である。準拠法に関して明示的な合意があればそれが適用される。し

---

(84) W. Reese, *Depecage: A Common Phenomenon in Choice of Law*, 73 COLUM. L. REV. 58 (1973). UNCITRAL Abitration Rules 33 (1) も見よ。

(85) REDFERN & HUNTER, LAW AND PRACTICE OF INTERNATIONAL COMMERCIAL ARBITRATION 58-62 (1986) は、Aramco Arbitration (27 I.L.R. [1963]) や Texaco Arbitration (171.L.N. [1978]) を例として示している。

(86) 多数当事者の仲裁について、一般的に、I.I. DORE, THEORY AND PRACTICE OF MULTIPARTY COMMERCIAL ARBITRATION (1990) を見よ。

(87) REDFERN & HUNTER, *supra* note 85, at 247-8

かし、その合意がない場合には、当該の取引に最も関係のある法制度によって解決される[88]。これは国際私法で一般になされる説明であるが、実際、この定義は曖昧であり、裁判官は、仲裁判断を最終的に強制する場合に、最も実行できる法を適用すると言われる。本章の最初に紹介したコンパニー・ダーマメント・マリティーム会社事件をもう一度例にとることにしよう。この事件は、大規模の建設契約に関するものであるが、建築資材の収集に関する取引だけでも非常に多数の国が関係しており、設計図や仕様書なども含めれば非常に膨大な文書が仲裁の際に証拠として提出される。例えば、「チェコスロバキアから送金がなされるものとする」という規定がどこかに書かれていて、チェコスロバキアの銀行法の改正のためにその送金ができなくなったとすれば、このことが取引全体に影響を与えることかありうるので、準拠法がたとえフランス法となっていても、仲裁人はチェコスロバキア法にも考慮せざるを得ないのである。

§70　国際法・条約。(2)　国際法ないし条約を準拠法とすることも当然考えられる、先に説明した一般的な国際仲裁法の形成を支持する考え方によれば、これはむしろ当然のことであり、むしろ歓迎できることである。 ＥＥＣ条約を適用することを定める規定が契約書の挿入されるのはこのような考えによる。しかし、この準拠法の指定は、新たな問題を生んでいる。第1に、条約の定めた規範が何であるか不明瞭であることが少なくない。例えば、ヨーロッパ製造物責任指令は[89]、各加盟国に対してこの問題に関する国内法の制定を促すものであり、どの程度まで法源としての拘束性をもつか議論の余地がある。第2に、ＥＥＣ条約第177条は、当該条約の解釈について争いがある場合で、国内法上上訴ができないときは、ヨーロッパ裁判所にＥＥＣ

---

(88)　DICEY & MORRIS, CONFLICT OF LAWS 145 (10th ed. 1980).

(89)　この指令の正式名称は、1985年7月25日のヨーロッパ共同体評議会指令（85/374/EEC）：欠陥製造物に対する責任に関する加盟国の法律、規則および行政基準の類似化のための指令という。

条約の規定を適用する前にお伺いを立てなければならないと規定している。そこで、仲裁が最終的なものであると規定されている場合に、仲裁人はこれに従ってそれを行わなければならないか、疑問が生じる。また、一般的な国際公法を準拠法とすることは余りないが、その影響を受ける場合も考えられる(90)。しかし、これは特殊な場合であるから、本稿ではこれ以上触れる必要はなかろう。

　§71　エクイティ条項。(3)　大陸法系の法律家が仲裁契約の作成に関与している場合には、「仲裁人はエクイティおよび良心に従って決定を下すことができ、かつ、法規に厳格に従う義務を負わない」とか「仲裁人は友好的な和解の仲介人として行為することができる」などの条項が入れられることが多い。イギリス法では、これらの規定はエクイティ条項と呼ばれている。この規定はイギリス法の仲裁の理論の根幹に反する部分があり、結論の具体的妥当性のためにイギリスの法律家が黙視することがあっても、原理的にはこれを否定されることがある。

　先の条項が何を意味するかについては、解釈が色々分かれうる。まず第一に、この条項が使われたのはフランス法にいう友誼的和解人（amiable compositeur）による解決を選択したものであると解釈し、当事者の和解が得られるならば、準拠法がどの国の法であるか決める必要がないとする意見がある。第2に、仲裁判断が仲裁地の法と反する部分があれば、その強制のときにニューヨーク条約などによって効力を否定されることがあるので、仲裁地の法（lex arbitri）に従いながら、第1の意見の和解を進めるという意見がある(91)。第3に、新しく国際レベルで形成される商慣習法（lex mercatoria）に従うことを意味するとする意見がある(92)。しかし、現在のところ、いず

---

(90)　Orion Compania Espanola de Seguros v. Belfort Maatschappij voor Algemene Verzek-gringeen [1962] 2 Lloyd's Rep. 257, 264 (per Megaw, J.) 参照。
(91)　N.Y.Conv. V. 1 (d) 参照。これはいわゆる "seat theory" と呼ばれる。
(92)　Baxter, *International Conflict of Laws and International Business*, 34 I.

231

れの意見に対してもイギリスの法律家は、どちらかといえば批判的である。

§72　準拠法選択の意義。(4)　実体法の準拠法の問題は、どの国の法律を選択するかによって結果が大きく変わる場合に重大な問題となる。しかし、現在、イギリス法とフランス法の差は、実際上、それほど大きなものではなく、いずれの法を準拠法とするかによって大きな差異が常に生じるとは限らない。ヨーロッパ諸国がただ単に経済的な協力を目的とした団体としてではなく(93)、政治的に単一の連合体となった今日、大陸法と英米法の差はますます縮まりつつある。国際的な統一法を制定する動きもいろいろなところで見られるが、まだ実現には程遠い。とくにこの問題について注意を要するのは、「将来の紛争」についてラテン・アメリカ諸国の法律が準拠法とされる場合とか、アフリカの新興国のようにまだその国の法律の内容がよく知られていないものを準拠法とするような場合である。

(6)　仲裁判断の効力と司法審査

(a)　仲裁手続人への裁判所による司法審査

§73　司法審査。(1)　仲裁裁定は、当事者の合意によって最終的かつ確定的なものとすることができる(94)。しかし、仲裁が裁判とは異なるとはいえ、

C.L.Q. 538, 560 (1985).

(93)　スカーマン・イギリス法―その新局面 125-40（1981年）の「訳者解題」参照。フランス法の観点から国際仲裁法の形成過程を説明した論説として、A.T. von Mehren, *International Commercial Arbitration: The Contribution of the French Jurisprudence*, 46 LA.L.REV. 1045-59 (1986) も見よ。

(94)　London Rules にはこれに関する規定はない。同規則によれば、仲裁判断を受理してから30日以内に、当事者はその修正または追加を仲裁裁判所に求める

法に従って紛争を解決する司法手続ではあるので、裁判所による一定の監督的権限に服する。その1つは仲裁進行中に裁判所が干渉する場合である。これについては既に第4章（仲裁手続）で法律の条文を示しながら説明したので、ここではそれ以上詳説しない。第2に、裁判所がいわば上訴審として、仲裁判断を司法審査することがある。第3に、仲裁裁定はそれ自体、強制できるものではなく、これを執行してもらうためには、裁判所の力を借りなければならず、この時点で裁判所による広義の司法審査がなされることがある。これらのことを説明することになるが、その前にこの司法審査に当たる裁判官について、多少一般的なことを述べておくべきであろう。

この司法審査を担当するのは、通常、高等法院の商事裁判所の裁判官である。この裁判官は、インズ・オブ・コート（インナー・テンプルまたはミドル・テンプル）の商法研究会に高等法院の裁判官に選任される前に15年ほど勅撰弁護士として参加していた者の中から選ばれる。1年ごとの交代制であるが、45歳から55歳までの中堅裁判官から選任される慣行になっており、裁判官になってからもその研究会に参加していて、仲裁事件について抽象的な形で知らされていることが少なくない。ロンドンの仲裁は1日または2日で解決されることが多いと述べたが、これができるのは弁護士と裁判官の間に緊密な協力関係があるためである[95]。

§74 司法審査の手続。(2)　ところで、裁判所による実際の干渉の形態は多岐に渡り、かなり複雑である。しかし、商事仲裁に対する司法的なコントロールに関する研究として、マスティルとボイドの両氏による『商事仲裁』と題する著書は、裁判官が仲裁に関与した場合を中心に、通常裁判所の関与の仕方を表にして説明している。便利な表なのでそれを訳しておこう[96]。

ことができる。*Id.* art. 17. 1.
(95)　ゴフ卿（貴族院裁判官）「商事紛争解決の中心地としてのロンドン」企業法学会・企業法学第1巻（1992年）1頁以下。
(96)　MISTILL AND BOYD, COMMERCIAL ARBITRATION 268-70 (2nd ed. 1989).

第3部　国際仲裁法

A．仲裁合意の強制

(1)進行中の手続の停止命令	高等法院	1950年法第4条および1975年法第1条（1970年法による影響はない）
(2)競合権利者の争点の仲裁への付託	高等法院	1950年法第5条（1970年法による影響はない）
(3)仲裁開始の期限の延期	高等法院	1950年法第27条（1970年法による影響はない）

B．仲裁法廷の構成

(1)予期しない空席の補填	高等法院（当事者には補填の権限は認められない）	1950年法第10条、および1970年法付則3第3節
(2)仲裁人または審判人の権限の取消	控訴院	1950年法第10条(a)並びに第25条、および1970年法付則3第2節並びに第11節
(3)空席の補填による法廷の構成	控訴院または高等法院	1950年法第10条(a)並びに第25条、および1970年法付則3第2節並びに第11節
(4)合理的な速さで仲裁を進行させない仲裁人または審判人の罷免	不存在	1950年法第13条3項、および1970年法付則3第6節
(5)非行を理由とする仲裁人または審判人の罷免	控訴院	1950年法第23条、および1970年法付則3第9節(i)

ちなみに、この表で「仲裁人」は裁判官＝仲裁人を指し、「審判人」は裁判官＝審判人を指す。

2　英米の国際仲裁手続

(6)仲裁人に代わって判断を下す審判人	審判人	1950年法第8条(3)、および1970年法付則3第4節
C．中間命令		
(1)召喚令伏の発給、証拠開示命令、宣誓供述調書、仮保全、費用のための担保提供、差止命令、管財人の選任など	高等法院または仲裁人（または審判人）	1950年法第12条(4)、(5)並びに(6)、および1970年法付則3第5節(1)
(2)通常の仲裁における仲裁の権限に含まれる手続的命令	仲裁人（または審判人）	1970年法付則3第5節(2)
(3)仲裁判断の期限の延長	仲裁人（または審判人）	1970年法付則3第6節
(4)詐欺の争点の高等法院への移送	不存在	1950年法第24条(2)、および1970年法付則3第10節
(5)マリーヴァ差止命令などのコモン・ローの付随的裁済	高等法院	[(4)]
(6)命令を遵守しない場合の付託の継続	高等法院または仲裁人（または審判人）	1979年法第5条(3)
D．付託の監督		
(1)仲裁判断の損害賠償額の減額または取消	控訴院	1950年法第22条並びに第23条、および1970年法付則3第9節(1)

235

第3部　国際仲裁法

(2)差止命令および宣言的裁済により干渉する権限	高等法院または仲裁人（または審判人）	1970年法第4条(5)
E．上訴		
(1)1979年法による上訴の許可	控訴院	1979年法第1条(3)並びに(4)、および1979年法第4条(5)
(2)1979年法による審理上訴	控訴院	1979年法第1条(2)、および1970年法第4条(5)
(3)1979年法による予備的法律問題の決定	控訴院	1979年法第2条、および1970年法第4条(5)
F．仲裁判断後の手続的命令		
(1)費用の徴収	高等法院	1950年法第18条(2)（1970年法による影響はない）
(2)裁判所費用の支払を仲裁判断に含ませる命令	権限なし	1970年法付則3第8節
(3)仲裁判断の簡易手続による強制	高等法院または仲裁人（または審判人）	1950年第26条および1970年法付則3第12節

以上が上述の著作に示された表であるが、この表の中で特に注目すべき点は、高等法院からさらに控訴院へ上訴する手続である。この点について、1979年の仲裁法第1条は、まず第1に、イギリス法上伝統的に認められてきた法律の解釈に関するお伺い上訴および法律上の明白な間違いに基づく司法審査を廃止した。第2に、上訴のためには、全部の当事者の合意がある場合は別として、高等法院が特別に重要な問題が含まれている旨の証明書を発行し、かつ控訴院が上訴を受理する許可を与えた場合に限って、司法審査が

認められることを規定している(97)。この規定のため、当事者が契約の中に、仲裁判断を最終的なものとし、拘束力のあるものと規定することによって「司法審査を排除する」合意をすれば、裁判所が仲裁に干渉するのは極めて例外的な場合であるといってよい。

§75 通常裁判所の監督権。(3) 通常裁判所の監督権は、制定法上のものであるが、司法審査は自然的正義に従ってなされる(98)。例えば、ブレマー・ヴァルカン事件でこのことがよく示されている(99)。この事件は、インドの船会社がドイツの船舶製造会社に5隻の船舶製造を注文したが、製品に欠陥があり、その責任に関して争われた。両者の間でやり取りが続いたが、途中で紛争は友好的に解決しようという合意ができたために、1966年に船舶の引渡がなされてから1972年まで正式の仲裁手続は開始されなかった。同契約には、「紛争または意見相違は、1950年のイギリス仲裁法にいうロンドンにおける仲裁に付託されるものとし、同法の諸法理または規則等のみが適用されるものとする」という規定が含まれていた。インドの会社が仲裁人を選任し、この仲裁人がロンドンで手続を開始した。これに対し、ドイツの会社は、これ以上紛争の解決を遅らせるのはよくないと判断して、1977年にロンドンの高等法院に訴訟を提訴した。そして、本件の契約ではドイツ法を準拠法とすることが規定されており、ドイツ法によれば既に時効にかかっていると主張し、(1)この仲裁を差止めること、および(2)仲裁人は訴えの遅延を理由として仲裁を停止できることの宣言判決を求めた。高等法院はこれを認め、差止命令を出した。控訴院もこれを肯定した。そして、貴族院まで上訴され

---

(97) Arbitration Act 1979, s.1. この規定による上訴審の範囲について、Pioneer Shipping Ltd. v. BTP Tioxide Ltd., the Nema [1982] A.C. 724, [1981] 2 Lloyd's Rep. 239.
(98) 前掲注(70)を見よ。
(99) Bremer Vulkan Schiffbau Und Maschinenfabrik v. South India Shipping Corp. [1981] A.C. 909 (H.L).

第3部　国際仲裁法

たが、貴族院の意見は3対2に分かれた。

　ロンドンの仲裁においてドイツ法が準拠法とされることには何ら問題がない。しかし、司法手続が遅れて実際上救済が得られなくなる可能性がある場合に、自然的正義の原理に従って迅速な解決をはからせることができるかどうかの審理は、イギリスの裁判所がなしうる。この点に関して、多数意見を代表するディプロップ裁判官は、差止命令は破棄されるべきであるとする意見を述べた。確かに、高等法院は、下位の司法機関に対して大権令状によって自然的正義に反するか否か司法審査を行いうるが、この司法裁量は、イギリスの司法機関に対してのみ行使しうるものであって、国際仲裁機関に対しては発給できない、というのである。

　これに(100)対し、少数意見の代表的意見を述べたスカーマン裁判官は、本件で問題になっているのは手続的な問題であり、イギリスの裁判所は、仲裁人の非行その他、適格性が争われた事件では積極的に干渉してきたが、本件のような事件でも干渉の必要はそれと同程度のものである、と言う(101)。本件の場合、直ちに審理を行わなければ権利義務関係の判断に必要な証拠が消滅するおそれが十分にあり、その結果、大きな損害が生じる可能性が高く、自然的正義の原理により、あるいは仲裁契約の解釈としても、本件の仲裁は差止められなければならない、と判示した。

　ブレマー・ヴァルカン事件の結論としては、仲裁の差止めは認められなかったけれども、司法審査の基準が自然的正義であることは、はっきりしていると言ってよかろう。そして、第1章で既に述べたように、現在では、裁判所および法律実務に関する法律（1990年）第102条が規定されており、むしろスカーマン裁判官の意見が通説的なものであると言ってよい。同条1項は、「反対の意思が仲裁合意の中に示されている場合は別として、仲裁人または

---

(100)　*Id.* at 973. ちなみに、本判決を書いたデプロップ裁判官は、自然的正義の法理に基づく研究で高い評価を受けている。
(101)　[1981] A.C. 909, at 993.

238

審判人は、その者が２項に定める諸条件が満たされていると考える場合には、付託された紛争中の請求を棄却する仲裁判断を下す権限を有する」と定めている。そして、同２項には、「(1)申立人に節度がなく、かつ許すことのできない遅延があったこと、および(2)その遅延が、(i)争点の公正な解決を得ることを不可能にする実質的な危険を生むようなものであり、(ii)披申立人にとって重大な不利益が生じた、生じそうである、または生じるであろうということ」が諸条件である旨を規定している。さらに同３項は、この諸条件について国務大臣が規則を制定する義務を負わせている。

(b) 仲裁前置主義

§76 仲裁前置主義。仲裁の合意の中に「仲裁が行われ、その判断が下された後でなければ訴訟を開始してはならない」という趣旨の条項が入れられることがある。このような条項の効力に関して、スコット対アヴェリー判決は、その契約どおり仲裁が行われ、その判断が下されるまで訴訟は受理できないと判示した[102]。いわば仲裁前置主義を採用したものと思われる。しかし、(1)停止命令を出すための裁判管轄権がないと思われるような場合、(2)1950年の仲裁法第25条で定めるように、裁判所が先の条項の効力を否定する場合、(3)披申立人の行為がその条項により付与される権利を放棄したものと思わせるような場合、(4)仲裁人の仲裁管轄権について争われている場合、仲裁前置主義は否定され、訴訟が進行する。

(c) 仲裁判断の強制

§77 仲裁判断の強制。仲裁判断は自力執行力を認められていないので、これを強制するために裁判所の力を借りなければならない。この方法は２つある。その１つは、仲裁判断に基づく訴え（action on the award）と呼ばれる

---

[102] Scott v. Avery (1856) 5 H.L.Cas. 811.

第3部　国際仲裁法

むので、この手続は契約上の債権を強制するのに類似している[103]。他の一つは、1950 年の仲裁法第 26 条による申立てである。これは裁判官等が仲裁に関与している場合に、仲裁判断を判決と同等に扱うことの許可を求めるものであって、比較的簡単な手続によって認められる。しかし、仲裁判断全体をそのまま執行するのではなく、その一部の権利だけを強制するためには、仲裁判断に基づく訴えによって訴訟を起すものとされている。

ロンドンの仲裁判断をイギリスの裁判所に強制してもらうことは比較的容易であるが、外国の裁判所がこれを承認し、強制してくれるか否かは、別の問題である。例えば、アル・ハダッド兄弟企業体対ＭＳアガピー会社事件では、一方当事者が仲裁人を選任したが、他方当事者は選任しなかったため、その仲裁人一人で仲裁が進められ、仲裁判断が下された[104]。この仲裁判断をアメリカのデラウェア州で執行するために訴訟が連邦裁判所に提起されたが、同裁判所はニュー・ヨーク条約第 5 条(1)(d)により強制を拒否した[105]。このように同じニュー・ヨーク条約の規定を解釈しながらも、各国によって解釈が異なりうる。もっとも、イギリスの裁判所が、国外における司法手続の差止命令を出して、その訴訟そのものを禁止させるという場合もなくはない[106]。

---

[103]　*Cf.* F.J. Bloemen Pty Ltd. v.Gold Coast City Council [1973] A.C. 115. 仲裁判断の強制を求める者は、(1)仲裁判断に従う合意書、(2)それに関連して紛争が起こったこと、(3)仲裁人の資格を示す文書、(4)仲裁判断、(5)仲裁判断が遵守されていないことを証明しなければならない。この証明ができれば、違反に対する損害賠償の請求なども認められる。

[104]　Al-Haddad Bros. Enterprises Inc. v. MS Agapi and Diakan Love S. A., 635 F.Supp. 205 (D.Del. 1986) *aff'd without opinion,* 813 F.2 d 396 (1987).

[105]　ニューヨーク条約第 5 条 1 項(d)は、仲裁法廷の構成が当事者の合意に従っていないか、または仲裁が行われた土地の国の法に従っていなかったときは、仲裁判断の承認または強制は、拒否できると規定している。本件では、相手方に仲裁人の選任を促さずに仲裁が開始されたことが、これに反すると認定された。

[106]　British Airways Board v. Laker Airways Ltd. and others [1985] 1 A.C.

(7) ＥＣ統合後のイギリス仲裁法の展望

§78　ヨーロッパ共同体法。 (1)　ヨーロッパ共同体の結合がよりいっそう強化され、ヨーロッパ法と国内法との関係がより問題とされることが多くなった。イギリス法は歴史的継続性を尊重することを一つの特色としており、極めて安定した法制度であったが、最近では統合の影響が見られるようになった。伝統的な法廷弁護士と事務弁護士の区別が法律上廃止されたことは既に述べたとおりである。仲裁法に関しても、専門家の間で法改革が検討されている。1993年頃には新しい仲裁法が制定される可能性が高く、法律の内容がかなり手直しされることになろう(107)。様々な方向の動きがあるとはいえ、一般的には国際的な統一化を目指していると言える。そこで最後に、この論点に関係する限りで、国際仲裁法の形成の問題にも若干ふれておきたい。

まず最初に、ヨーロッパ共同体法には、仲裁に関する規定が含まれている。そもそも、ブラッセル条約（1968年9月27日制定）は、加盟国の国内裁判所が下した民商事事件に関する判決を尊重し、強制執行に協力することを義務付けるむのである。しかし、その第1条2節(4)の規定が同条約の仲裁判断への適用を除外していることから、この解釈に関する争いがしばしば生じている。これについて引用しうる文献は多いが、本稿ではごく最近のヨーロッパ共同体の国際裁判所（以下、ヨーロッパ裁判所という）の判決に注目して、その解釈の問題を説明しよう。

§79　マルク・リック判決。 (2)　ロンドンの仲裁に関するマルク・リック

---

58 (H.L.); [1984] 1 Q.B. 142 (C.A.) 参照。
(107)　A.L. Marriott, *A New Arbitration Act,* 6 INT'L ARB. REV. [no. 9] 23-31 (Sept. 1991). この新しい立法は、UNCITRAL モデル法に適合するものになると思われる。

対ソシエタ・イタリアーナ・インピアンチ事件でこの解釈が争われた。ヨーロッパ裁判所は、1991年9月20日にこの事件の最終的判決を下した[108]。この事件は、原告と被告との間でテレックスで締結されたイランの原油売買から起こった事件である。積荷が海上輸送中に汚染されており、商品として通用しないものなので受け取れないというのが原告の主張であったが、被告は本国（イタリア）の裁判所で原告に対する責任はないとする確認判決を取り、その写しを原告に送達した。しかし、テレックスの合意の中で「紛争はロンドンの3名の仲裁人による仲裁によって解決する」こととされていたので、原告はロンドンの仲裁手続を開始した。これに対し、被告側は、上述の条約によりイタリア裁判所の判決が尊重されるべきであると抗弁した。ヨーロッパ共同体の国際裁判所は、この事件に関係のある国としてフランス、イギリス、ドイツの先の条約に関する公式見解を聞いて要約し、次のような判決を書いた。

「ブラッセル条約の解釈は、多数の意見の相違を生んだ。というのは、それが本来複雑な条約だからというだけでなく、種々の国内法で厳密に定義されてはいるか、国によりしばしば異なる方法で定義されている概念を使っているからである。その結果、当裁判所は、しばしばその概念から独立の意味を引き出すことが必要であると感じてきた。この目的のために、"判決の自由な移動"を追求するという条約の目的は、……信頼のおける論拠となる。」

このように述べてから、ヨーロッパ国際裁判所は、国際仲裁に関する世界的に受け入れられる考えかたを明らかにするために、ヘルシンキ会議の最終決議、ニュー・ヨーク条約の権威的書籍などを参照している[109]。そして、EEC条約第220条に言及し、この条約は仲裁への適用を除外している事実

---

(108) Marc Rich & Co. AG v. Societa Italiana Impianti PA (Case 190/89), 1991年7月25日判決, The Times 20 Sept. 1991.
(109) ここで引用されている文献は、ブラッセル条約起草専門委員会報告書に収録されたJenard氏やSchlosser氏の意見が主なものである。

2 英米の国際仲裁手続

を指摘し、それは国際仲裁は国の主権的作用とはかけはなれたものであるためであるという。さらに、1966年1月20日のストラスブルグ条約にも言及し、今日では「国際仲裁法」は各国の国内法によって制約されるべきものでなく、既に存在するいくつかの仲裁に関する条約を統一ないし改良して、国より一つ高いレベルに立って規制するものでなければならない、と判示した[110]。先のストラスブルグ条約によりヨーロッパのモデル仲裁法が既に示され、当該条約の付属規定という形で、国際仲裁判断の承認と強制に関する新しい条約が準備されているが、これが正しい方向であるという。

このように国際仲裁に関する一般的な考えを述べた後、ヨーロッパ国際裁判所は、本件の具体的な事実を分断し、実際の争点は、仲政人の選任であるとし、そして、この問題に関しては、条約の適用はないという判決を下した，この判決の結果、ロンドンの仲裁は、有効に開始されることになった。

§80 ニュー・ヨーク仲裁。(3) ニュー・ヨークを中心とするアメリカの仲裁では、徹底した合理主義が貫かれ、アメリカ人はむしろこのような形式にこだわらない、この仲裁を選択する傾向がある。一般的に、ICCおよびAAAの仲裁に押されがちであり、ロンドンの仲裁関係者たちは、いかにして伝統を維持・存続させるか、慎重に考慮している。このような現状にあって、イギリス法は、それらの手続を参考にしてとりいれると同時に、より現代社会の実情にあった仲裁制度の発展に大きな努力を払っている。こういう視点から、ロンドンの関係者たちは国連の仲裁に関する統一法を作る動きにも大きな関心を示している。すでに1979年の仲裁法の制定の時点でイギリスは国連が作成したUNCITRALモデル法などを採用する方針を取ってい

---

[110] European Convention on International Commercial Arbitration（1961年4月21日にジュネーヴで署名）ニューヨーク条約第V1に規定する4つの事由がある場合にのみ外国の仲裁判断を否認できる。この条約を発展させたモデル法であるが、現在のところこれに従って立法したのはオーストリアとベルギーのみである。

243

第3部　国際仲裁法

ると言われているが、いわゆるイギリス政府の委託によって作成された1989年のマスティル報告書は、その全面的な国内法化には反対した[111]。しかし、一般的には国際的な統一仲裁法の形成に好意的な姿勢を示しており、積極的に寄与しているといってよかろう[112]。極めて一般的な言い方であるが、その発展の方向は、大陸法と英米法の融合であるといってよい。イギリスの法律家たちは、自然的正義の保護に関しては強硬な姿勢を示しているが、実体法の側面では、すでに弾力的な妥協的な考えを採用している。

---

[111] DEPT. OF TRADE AND INDUSTRY, A NEW ARBITRATION ACT？ (1989). この報告書の内容と意義について、拙稿「イギリスの裁判所および法律事務に関する法律（1990年）の仲裁に関する諸規定（下）」JCAジャーナル1991-8号11-12頁を見よ。

[112] 田島裕『イギリス法入門』157-65（有斐閣、1991年）。

第4部　ヨーロッパ人権規約

PROTECTION OF FREEDOM OF EXPRESSION BY THE EUROPEAN CONVENTION

1. Introduction

The right to freedom of expression has deep roots in history. In 1789, the French people declared in *Déclaration des droits de l'homme et du citoyen* that free communication of beliefs and opinions is one of the most important human rights[1]. And in 1791,the American People declared that «Congress should make no law abridging the freedom of speech or of the press2[2]». These declarations, based on the ideas of «social contract» or on the sanctity of human rights as natural rights, were intended as protections and guarantees of this basic liberty from the infringement by the magistrate.

---

[1]　*Déclaration des droits de l'homme et du citoyen* art. 10. It provides: «No man is to be interfered with because of his opinions, not even because of religious opinions, provided his avowal of them does not disturb public order as established by law.»

[2]　U.S. Const. amend. I. This provision was originally aimed at the protection against the National Government, but the protection has been extended to the States through the due process clause of the Fourteenth Amendment since Gitlow v. New York, 268 U.S. 652 (1925).

245

第4部　ヨーロッパ人権規約

About two centuries have passed since the time of the French and American revolutions, and People have attained their goal of democracy to a considerable extent. The magistrate is no longer the direct enemy of liberty that he was in the eighteenth century. Despite this fact, the issue of freedom of expression still remains of paramount importance even today. Governments have, from time to time, limited this freedom on the ground that unlimited freedom means that a stronger man is free to bully one who is weaker and to deny him of his freedom of expression. It is true that unlimited freedom of expression may destroy the legal order of a State, disturb the privacy of people, and spoil the morals of the public, especially of the younger generation. This does not mean, however, that an abusive and arbitrary limitation of the freedom by governmental administration can be justified. The possibility of this abuse is a fundamental reason which supports the belief that further protection of freedom of expression by an international organization is needed today.

The function of freedom of expression at the present time is derived from the basic Western notion of the role of the individual in his capacity as a member of society. Each individual is entitled to an equal opportunity to share in common decision, and as a prerequisite to the decision-making he has the right to have access to information and knowledge in order to shape his own views, and to communicate his needs, preferences and opinions. No individual or group can be infallible, particularly in a constantly changing world, and therefore it should be noted that through the process of free communication which allows acquisition of new knowledge, toleration of new ideas, and the testing of opinion in open competition a society will be able to reach decisions that will better meet the needs of its members. At the same time, this process will best serve to advance knowledge and discover truth.

1. Introduction

Furthermore, people in the world today are sufficiently enlightened to know that effective protection of human rights is an essential condition of international peace and progress. Open discussion in an open society is the best way to maintain a stable community, by keeping a balance between healthy cleavage and necessary consensus, and avoiding a violent and revolutionary change in society. In his Presidential Message to the Congress of the United States on January 6, 1941, F.D. Roosevelt emphasized the importance of international protection of freedom of speech and expression as well as freedom from want and fear[3]. The Dumbarton Oaks Proposals also declared that the coming United Nations should promote respect for human rights and fundamental freedoms[4], and as a result eight provisions with respect to human rights were incorporated in the Charter of the United Nations[5]. Subsequently, the United Nations adopted and proclaimed the Universal Declaration of Human Rights on December 10, 1948, Article 19 of which provides[6]:

---

(3) ≪In the future days, which we seek to make secure, we look forward to a world founded upon four essential human freedoms. The first is freedom of speech and expression—everywhere in the world. The second is freedom of every person to worship God in his own way—everywhere in the world. The third is freedom from want ... The fourth is freedom from fear...≫. [1940] *The public papers and addresses of Franklin D. Roosevelt* 672 (Rosenman ed. 1951).

(4) *Dumbarton Oaks Proposal* art. 9, A.

(5) *See, U.N. Charter* preamble para. 2, arts. 1(3)b, 13(1)b, 55c, 56, 62(2), 67c, and 68.

(6) This provision was developed into Article 19 of the International Covenant on Civil and Political Rights (hereinafter cited as Intetrnational Covenant) which was adopted by the United Nations General Assembly on December 16, 1966, by unanimous vote and it is waiting for ratification by 35 state

247

Everyone has the right to freedom of opinion and expression; this right includes freedom to hold opinions without interference and to seek, receive and impart information and ideas through any media and regardless of frontiers.

Thus, at least theoretically, the proposal to protect freedom of expression by an international organization has obtained a rather broad consensus among people of the world. However, intervention by an international organization means at the same time a restriction upon state sovereignty, and this fact makes it extremely difficult to implement the protection. For instance, no matter how democratic a state may be, can the state be so tolerant as to allow its citizen or aliens to express ideas which directly impede the efficient working of its governmental system[7]? It should be noted that from the standpoint of law the above provision for the freedom of expression is a mere declaration to promote the freedom, and therefore no legal remedy is secured against its violation[8].

---

parties.

(7) *Cf. U.N. Charter* art. 2 (7). This Article provides that nothing in the Charter shall authorize the United Nations to interfere in matters which are essentially within the domestic jurisdiction of any State.

(8) The fact that the Universal Declaration of Human Rights is not a legal binding norm does not mean that it is nothing but a castle in the air. Since the protection of human rights largely depends upon the awareness of the people, «promotion» is a very important function that an organization such as the United Nations ought to carry out. Besides, the Universal Declaration has been incorporated into so many treaties which have legal force that it is no exaggeration to say that it is the most authoritative international customary law with respect to human rights. Concerning the influences of the Universal Declaration on the U.N. Treaties and outside the United Nations, *see* H. Waldock, *Human Rights in Contemporary International Law and the Significance of*

1. Introduction

In this respect, the European Convention for the Protection of Human Rights and Fundamental Freedoms (hereinafter referred to as the European Convention or simply as the Convention) is far ahead of the other international laws. The Council of Europe is not only an organization for promotion but also for protection [9]. Article 10 of the Convention provides for freedom of expression; and if it is violated, the victim—any person, non-governmental organization or group of individuals—or a state on behalf of the victim can bring the case to the European Commission of Human Rights (hereinafter referred to as the Commission) [10]. If the Commission thinks that the petition should be decided by the European Court of Human Rights (hereinafter referred to as the Court), it can submit the case to the Court [11], which has the power to impose sanction on any state which does not honor its decision [12].

It seems that it was comparatively easy for European countries to establish an organization like this in advance of the development of the world-wide international organization, because they have a common tradition of respect for human rights [13]. However, there still remains the

---

European Convention, in *The British Institute of International and Comparative Law, the European Convention on Human Rights* 13-15 (1965).

(9) *See* Karel Vasak, *National, Regional and Universal Institutions for the Promotion and Protection of Human Rights, I Human Rights* (No. 2) 165, 171 (1968).

(10)　*Eur. Conv. arts.* 24 and 25.

(11)　*Id.* art. 48.

(12)　The Court can award "just satisfaction" to the injured party. *Id.* art. 50. The problem of what is "just satisfaction" will be discussed at pp.43-4 *infra*.

(13)　At the First Session of the Consultative Assembly, M. Teitgen (France) spoke: ≪The aim of the Council of Europe is to achieve a greater unity between its Members for the purpose of safeguarding and realizing the ideals

question of how they can overcome the conflict with the interest of state «sovereignty» mentioned above. There is no reason why a new court should be established if the protection of the freedom is less satisfactory in the new court than in a domestic court[14]. This paper is, therefore, designed to analyze the questions of the extent to which the Council of Europe has succeeded in implementing the freedom of expression, and what safeguards are still needed for further protection.

2. Freedom of Expression, *per se*, in Article 10 of the Convention

The declaration of «human rights and fundamental freedoms» in the Convention means, in a sense, the recognition of the belief that there are certain inalienable moral, legal rights or titles which every human being possesses as a member of the human race. Though these rights have undoubtedly been violated in the Past and are ever in danger of being violated again by individuals or groups in the future, they are of such great

---

and principles which are their common heritage and facilitating their economic and social progress.≫

(14) Among 18 European States who signed the European Convention, France has not ratified it. At a hearing in France, M. de Grailly (Rapporteur) said, ≪the European Convention contains rules of law which are perfectly valid, but which are not the same as ours, being essentially based on Anglo-Saxon concepts. If this convention were ratified, it would be necessary to amend certain fundamental articles of our Penal Code. For my part, I consider ... that our rules are just as good as those which might be imposed on use by this Convention and that, if the Laws Committee were to be consulted on the adoption of this text, it would probably pronounce against it.≫ *VII Yearbook of European Convention (hereinafter cited as Eur. Conv. Y.B.)* 452 (1964).

2. Freedom of Expression, per se, in Article 10 of the Convention

and fundamental significance that they warrant not only specific provisions in the basic law for their protection but also every safeguard the court can provide against their violation. To fulfil the aim of the protection, a full awareness of the nature and scope of those rights and freedoms by all members of the community is of the first importance[15].

Specifically, then, what is the nature and scope of freedom of expression? Article 10 of the Convention provides that:

(1) Everyone has the right to freedom of expression. This right shall include freedom to hold opinions and to receive and impart information and ideas without interference by public authority and regardless of frontiers. This Article shall not prevent States from requiring the licensing of broadcasting, television or cinema enterprises.

(2) The exercice of these freedoms, since it carries with it duties and responsibilities, may be subject to such formalities, conditions, restrictions or penalties as are prescribed by law and are necessary in a democratic society, in the interests of national security, territorial integrity or public safety, for the prevention of disorder or crime, for the protection of health or morals, for the protection of the reputation or rights of others, for preventing the disclosure of information received in confidence, or for maintaining the authority and impartiality of the judiciary.

The framers of the European Convention did not have much difficulty

---

(15) If people are not well aware of their rights, they will not bring their claims to an appropriate institution. Public knowledge and opinion are the first and last weapons to protect them from violations of their human rights. This explains the necessity of creating institutions for promoting an understanding of human rights.

251

in promulgating the present provision. The Preliminary Draft Convention provided for freedom of expression in its Article 2, 6°, in the same words as in Article 19 of the Universal Declaration[16]. However, several states added some restrictions to it, and without meeting any serious opposition the Convention took its present form.

This does not mean, of course, that the framers thought that the problem of free expression was not so important. It meant rather than the importance of freedom of expression had been recognized for a long time and that the people of the world had already reached common understanding[17]. It was so obvious to the eyes of the framers that all they had to do was simply to adjust technical and minor discrepancies between the draft and the domestic constitutional provisions.

(1) DEFINITION OF FREEDOM OF EXPRESSION— *The First Paragraph.*

(a) *Freedom to Hold Opinions.*

It should be noted, in the first place, that freedom to hold opinions is incorporated in the concept of freedom of expression. The exercise of this freedom, as well as freedom to receive and impart information and ideas, is subject to those limitations prescribed in the second paragraph. But the right to hold opinions and the right of free expression are different things. On the one hand, to hold opinions is entirely an inner activity of the human mind, while on the other hand, to receive and impart opinions is an

---

(16) *See* page 3 *supra.*

(17) The constitutions of contracting states have more or less similar provisions for the freedom of speech and expression. *Cf.* note 23 *infra.*

2. Freedom of Expression, per se, in Article 10 of the Convention

external activity. It seems that Article 19 of the International Covenant on Civil and Political Rights, which was promulgated 16 years after the enactment of the European Convention, makes this distinction clear [18].

Does the fact that the provision of Article 10 of the European Convention did not make this distinction imply that a State may impose sanctions upon those who hold a malicious intent merely for that reason?

The historical experience of the Star Chamber in the England of the 16th and 17th centuries showed that a law such as the law of conspiracy, which could punish a group of two or more people charged with malicious intent, was a very dangerous weapon restricting freedom of speech and expression, since it is almost impossible for those so charged to prove that they do not hold malice [19]. No one can give evidence that a person actually holds malice. Besides, since to hold opinions, whatever it may be, is a mere inner activity of the human mind, any evil or danger which might be involved in it is almost negligible. Therefore, even if it may seem that freedom to hold opinions is subject to restrictions, the provi-

---

(18) Section 1 of Article 19 of the International Covenant provides for the right to hold opinions without interference. Section 2 of the same Article provides for the right to freedom of expression, which includes freedom to seek, receive and impart information and ideas of all kinds. And Section 3 provides for restrictions on the exercise of those freedoms provided for *only* in Section 2.

(19) The law of conspiracy originated from a statute of Edward I or an old common law, which protected people from malicious prosecution mainly by feudal power. It was used very often by the Star Chamber, a criminal equity court, to punish those who were disliked by the authority on the ground that, a group of malicious people were punishable under that law. In the early nineteenth century, it was abusively used again to punish activities of liberalists.

sion should be construe not to allow any restriction because of the nature of the freedom.

It may be arguable that this point is insignificant because Article 9 of the European Convention provides for freedom of thought which is not subject to any restriction unless it is manifested. However, from the fact that this freedom is provided for in Article 9 together with freedom of conscience and religion, Article 9 was seemingly promulgated for the purpose of protecting intellectual activities that express the personality of a human being, *i.e.*, cultivation of personality. Therefore, Article 9 is not concerned with those inner activities of the human mind that are the preliminary stage of decision-making process.

(b) *Freedom, to Receive and Impart Information and Ideas.*

In the second place, Article 10 provides for freedom to receive and impart information and ideas. The exercise of this freedom is the core of free expression in a democratic society[20]. In comparison with Article 19 of the Universal Declaration and the International Covenant, this freedom does not provide for the freedom to seek information and ideas. It seems, however, the provision of the European Convention is better than Article 19, because the exercise of freedom to seek information may result in an excessive interference with private affairs[21].

Freedom of the press is evidently the core of this liberty. Freedom of

---

(20) *See* page 2, para. 2, *supra*.

(21) Suppose, for instance, that an author wrote a biography of a notorious man or woman who had had an unusual—maybe, disgraceful—career such as that of a prostitute. Is the man or woman not to be protected from the infringement upon his privacy, or the right to be let alone, because of another's right to seek information?

2. Freedom of Expression, per se, in Article 10 of the Convention

the press means the liberty to write about any person or thing and to publish that writing without any previous interference by public authority[22]. Of the constitutions of the eighteen contracting States, only France and United Kingdom do not have explicit provisions for the protection of the press[23]. There is no doubt however that the French Constitution has implemented it and the unwritten British Constitution, has also safeguarded it[24]. And in respect to freedom of the press, no censorship is allowed under any of those constitutions, because censorship is a previous restraint upon the exercise of free expression. In addition preventive measures such as cautionary deposits can not be exacted of writers, publishers or printers[25].

Freedom of speech is another important aspect of freedom to receive

---

(22) *Cf. Sweden Const.* art. 86. It defines «freedom of the press» as the right of every Swede to publish his writings without any previous interference on the part of public authorities; that of only being prosecuted afterwards before a regular court on such contents of his publication, and that of not being punished unless such contents are conflict with a law enacted to preserve the public peace, without intefering with public enlightenment.

(23) See *Belgium* art. 14; *Cyprus* art. 19; *Denmark* art. 84; *Germany* art. 5; Greece art. 14 [Const. of 1952]; *Iceland* art. 72; *Ireland* art. 40(6); *Italy* art. 21; *Luxembourg* art. 24; *Malta* art. 42; *Netherland* art. 7; *Norway* art. 100; *Sweden* art. 86; *Switzerland* art. 55 [Most canton have their own constitutional provision for freedom of speech and press]; and *Turkey* art. 70. In Austria, freedom of press is guaranteed by the legislation of *Bund* [see Austria Const. art. 10].

(24) *See* note 1, *supra*, and [1946] *Yearbook on Human Rights* (hereinafter cited as U.N.Y.B.) 318 (1946).

(25) *Denmark Const.* art. 84 makes it clear. *See also Germany Const.* art. 5 (1), and *Greece Const.* art. 14.

第4部 ヨーロッパ人権規約

and impart information and ideas. Some constitutions such as British Constitution and Swedish Constitution do not have express words for the protection of freedom of speech, but it is also clear that this freedom is protected under the constitutions of all Contracting States[26]. Speech, including expressions by means of symbolic language or gesture, is free so long as it meets the conditions prescribed by paragraph 2 of Article 10. A speaker's statements at a public meeting and a professor's right to give lectures is also included in this category of liberty. Needless to say, art and music are also expressions of ideas which are protected under Article 10.

With respect to freedom to impart opinions, the right to vote at a general election is one of the important aspects of this freedom. The only way for most people to participate in political decisions in their community is by way of electing their representatives. In order to clarify this point, Article 3 of the First Protocol specifically provides for the duty of the High Contracting Parties to ensure the free expression of opinions in elections[27].

Does the clause «freedom to receive information» include the accused person's right to call witnesses? Witnesses may have the privilege against self-incrimination, but they bear a general duty to testify for the accused.

---

(26) *See* [1946] U.N.Y.B. 265, 319 (1946).
(27) An opinion regards this Article as a non-self-executing provision which does not give a concrete right to the people. *Rapport du Conseil Fédéral à l' Assemblée fédéral sùr la Convention de sauvegarde des Droits de l' Homme et des Libertés fondamentales* (hereinafter cited as *Rapport*) 70 (Swiss Government 1968). But because of the reason mentioned in the text, it should be regarded as a self-executing provision.

256

2. Freedom of Expression, per se, in Article 10 of the Convention

(c) *Without Interference by Public Authority and Regardless of Frontiers.*

«Interference» in this paragraph means any infringement upon freedom of expression by way of a legislative, administrative or judical act of government[28]. Even if the aim of the legislation is not to interfere with this freedom, the validity of the legislation can be challenged if freedom of expression is in fact restricted as a consequence of the legislation[29].

With regard to «interference», a question arises as to whether all «advising» system may constitute an interference as defined here. Suppose a censorship committee requires that all draft manuscript be presented before publication, even though it does not have the power to stop publication. The only thing that the committee can do is to advise that some part of the manuscript be altered or that the manuscript should not be published. This is a difficult question, but it seems to constitute an interference prohibited by this phrase if the advice amounts to a threat—*e.g.* advice with a threat of subsequent prosecution.

As for the phrase, «regardless of frontiers», it is ambiguous whether it aims at removing frontiers within Contracting States or it aims at removing any frontiers outside those states or both. In the light of the general purpose of establishing the Council of Europe, it seems that that phrase is meant to remove any frontiers in the world. Does this mean that anyone

---

(28) Showing that all three branches of government are subject to the European Convention, A.H. Robertson cites in his book, concerning the Executive, the celebrated «Lawless Case», *IV. Conv. Y.B.* 438 (1961), and article 13 of the Convention, concerning the Judiciary, Article 6 of the Convention, and concerning the Legislature, the celebrated «De Becker» case, introduced at pp. 27-30 *infra*. A.H. Robertson, *Human Rights in Europe* 67-68 (1963).

(29) *Cf.* the Copyright case, pp. 34-35 *infra*.

in the world may enjoy freedom of expression within the contracting states? Yes, because Article 1 of the Convention imposes the duty on those states to secure rights and freedoms defined in the Convention to everyone. However, does it also mean that a state cannot establish controls to prevent its citizens from listening to foreign broadcasts[30]? Probably, it does not. The Council of Europe would not allow as effective a means of expression as broadcasting to further the goal of disunity among its members[31].

(d) *Licensing of Broadcasting, Television or Cinema Enterprises.*

The last sentence of paragraph 1 of Article 10 provides that «This Article shall not prevent States from requiring the licensing of broadcasting, television or cinema enterprises».

Licensing is a kind of censorship. It is a form of previous restraint upon the exercise of freedom of expression. With respect to the press, as we have seen above, censorship is absolutely prohibited by all constitutions of Contracting States. And it should be noted that none of the eighteen constitutions of Contracting States affirmatively provides for the licensing of broadcasting, television or cinema enterprises[32].

---

(30) *See, A Note on the Belgium Constitution,* [1946] U.N.Y.B. 39 (1946). It should also be taken into consideration that the last sentence of the first paragraph of Article 10 of the Convention regards expression by broadcasting as being much more grave than other expressions.

(31) *See Eur. Conv.* art. 10, para. 2.

(32) *Germany Const.* art. 5(1) and *Ireland Const.* art. 40(6)1 treat in express words equally between freedom of the press and freedom of reporting by radio or motion pictures. It seems that in the context of the provisions censor-

2. Freedom of Expression, per se, in Article 10 of the Convention

The purpose of this last sentence is not quite clear. Does it aim at permitting state monopoly of «broadcasting, television and cinema enterprises»? Broadcasting, television and the cinema are very important media for the education of people and the formation of public opinion.

What they probably intended was to regulate the use of these mass media in order to keep them impartial. If we view the last sentence from this standpoint, however, it is difficult to understand why the cinema is included in this sentence. The cinema is more or less similar to the theatre, and it is a recent trend to leave its regulation to a private organization[33].

(2) LIMITATIONS ON THE EXERCISE OF FREEDOM OF EXPRESSION — *The Second Paragraph*

Paragraph 2 of Article 10 provides for limitations on the exercise of freedom of expression as defined above. As Professor Karel Vasak ob-

---

ship of radio and motion pictures as well as that of the press is prohibited by these constitutions.

[33] In England, a bill was recently introduced to abolish the censorship of the theatre which had been in operation under statutory authority since 1737. During the discussion of the matter, many witnesses including a committeeman of the Censorship Commission, testified that the evil of censorship was so great that it should be abolished. With regard to this, see T.C. Daintith, *The Protection of Human Rights in the United Kingdom, I Human Rights* (No. 3) 407, at 430 (1968). Generally speaking, censorship has two main evils: One, it is prior restraint. This is a great evil, because in many cases in which freedom of expression is concerned, the «timing» of a publication has a great significance. Two, it gives censorship officials the power to stop publication, and subsequently it will deny the author or the speaker of his right to fair trial.

serves[34], this paragraph has the most numerous possibilities of retriction. The reason given for these limitations is simple: «since it carries with it duties and responsibilities». But what are the «duties and responsibilities»? Probably they are to support the Contracting State's aspiration for the paramount aims declared in the Preamble of the Convention[35].

In the first place, the exercise of the freedom of expression may be subject to such formalities, conditions, restrictions or penalties as are prescribed by law[36]. In this regard, a question arises, what is meant by the word «law»? There is no space here to discuss the question at length. But probably, it should be interpreted to mean the «law» that is supported by the will of the whole nation, mainly the statute enacted by the Congress or the Parliament[37].

In the second place, the exercise of freedom of expression may be subject to such limitations as are necessary in a democratic society. The words «necessary in a democratic society» are very ambiguous, even though it can be granted that there is a common understanding as to those words in Europe[38]. This Phrase, however, should be interpreted

---

(34)　Karel Vasak, *La Convention Européenne des Droits de l'Homme* 55 (1964).

(35)　*See Eur. Conv.* preamble, especially last paragraph. *See also* M. Teitgen's speech cited at note 13 *supra*.

(36)　The provision repeats such synonymous words as formalities, conditions, and so forth, in order to avoid the so-called «pigeon holes». However, «formalities, conditions, restrictions or penalties» simply mean various ways of limitations.

(37)　Some constitutions have a similar phrase in the provision for freedom of expression. E.g., *Denmark* art. 84, *France* art. 11, *Germany* art. 5(2), *Ireland* art. 40(6)1, *Malta* art. 42 (1), *Sweden* art. 86.

(38)　In comparison with the so-called «people's democracies», M. Teitgen (France) defined freedom of expression in European democracy at the Ninth

2. Freedom of Expression, per se, in Article 10 of the Convention

to modify the previous phrase «prescribed by law» because only those limitations prescribed by law are in conformity with the principles of democracy[39]. Furthermore, it should be noted that the concept of «necessary» is narrower than that of «reasonable», or «justifiable», and therefore, even if a limitation is Prescribed by law, it may be struck down unless such a limitation is necessary to preserve a democratic society. A bad law is worse than no law.

Does this mean that if there is a provision in the constitution or a statute which indirectly restricts freedom of expression, the validity of the provision can be challenged under Article 10? An affirmative answer to this question would appear to be in conflict with the concept of «state sovereignty» but in view of the fact that the European Convention is mandated to take the first steps for the collective enforcement of certain of the Rights stated in the Universal Declaration, the affirmative answer seems correct. This point will be discussed in detail in chapter IV of this paper.

Sitting of the Consultative Assembly on August 16, 1950: «Freedom of the Press, freedom of speech mean in a democracy the right to proclaim, and to defend publicly, at meetings or in the Press, those truths which every man's conscience dictates to him. In a People's democracy, it means the right to defend and proclaim those truths which are dictated by the State. This is not quite the same thing, and yet both are called 'freedom of the Press'.» *IV Council of Europe, Collected Edition of the «Travaux préparatoires»* (hereinafter cited as *Collected Edition*) 854 (1961).

(39) The function of free expression is so significant in democracy that it must be the principle that unless the expression produces, or is intended to produce, a clear and imminent danger of some substantial evil, it should be protected more than any other rights. *Cf.* Justice Brandeis's opinion in Whitney v. California, 274 U.S. 357 (1927).

(a) ***The Interests of National Security, Territorial Integrity, of Public* Safety.**

The limitations mentioned above must be, in the first place, in the interests of national security, territorial integrity or public safety. This phrase was added to the Preliminary Draft Convention to enable the Contracting States to defend themselves against all activities which might lead to the disintegration of the nation, both from the territorial and the moral point of view[40]. In this connection a limitation was placed on the above principle; that no restriction should be introduced which would interfere with the right of national minorities to give expression to their aspirations by democratic means[41].

With regard to this phrase, we must repeat that question posed in the previous chapter. No matter how democratic a state may be, can the state be so tolerant as to allow its citizens or foreigners to express «thoughts» which will destroy the efficient working of its governmental system? More specifically, for instance, can a man who was convicted for his advocacy of communism in the Federal Republic of Germany obtain a remedy under Article 10 of the European Convention[42]?

(b) ***Protection, of Health or Morals.***

The phrase «protection of health or morals» aims at the regulation of obscene and sadistic publications. A licensing system may be justified to protect young people who are vulnerable to the evils of such expression.

---

(40) *II Collected Edition* 411 (1961).
(41) *III Collected Edition,* 653 (1961).
(42) *Germany Cost.* art. 21. *See also* discussion concerning German Communist cases, Applications No. 250/57 and No. 277/57, pp. 23-24 *infra.*

2. Freedom of Expression, per se, in Article 10 of the Convention

However, it should be kept in mind that history has proved that every infringement on freedom of expression has started with regulation of so called obscene publications. As Montesquieu said, «whoever has power, is tempted to abuse it».

(c) **Protection of Reputation or Rights of Others.**

The next phrase is «for the protection of reputation or rights of others». The purpose of including this phrase in the provision is to protect people from defamation or invasion into their privacy[43], by imposing on individuals the duty not to interfere with other people's private affairs. In cases concerning this aspect of freedom of expression, interests of both parties—the speaker or the writer and the injured—must be balanced. In balancing those interests, if the defamed are public officers and the topic of defamation is closely connected with their official duties, their interests may be outweighed by the speaker's or the writer's interests, because the public, including the speaker or the writer, has a very strong interest in keeping public business honest and just[44].

(d) **Preventing the Disclosure of Information Received in Confidence.**

The phrase «preventing the disclosure of information received in confidence» is somewhat ambiguous. What kind of cases can be thought of as covered by this phrase? In the first place a state may prohibit a doctor,

---

(43) Certain aspects of the right of privacy are covered by Article 8 of the European Convention.

(44) Incidentally, there is no doubt that a public employee as a citizen has also right to freedom of expression.

pharmacist, lawyer, or clergyman from revealing secrets about his patient, client, or devotee[45]. Secondly, a state may prohibit anyone from disclosing information of military significance, i.e., military secrets[46].

The last and crucial issue is whether or not a state may provide for the privilege of journalists which exempts them from revealing news sources. As is mentioned above, the accused have the right to call witnesses and these witnesses have the duty to give information. But when a journalist is called to testify as witness about his news source, he may probably be allowed to refuse testimony because of the necessity to protect the person who gave him the news source at issue.

(e) *Maintaining the Authority and Impartiality of the Judiciary.*

The last phrase of paragraph 2 provides that limitation of the exercise of free expression may be justified on the ground of «maintaining the authority and impartiality of the judiciary». This phrase was introduced at a discussion on the Preliminary Draft in order to make provision for the fact that the interests of administration of justice in a state sometimes required that certain information should be kept secret[47]. Furthermore, this kind of restriction may be required in order to protect the interests of parties in a law suit by preventing disturbances in the court. For instance, a court may prohibit «heckling», or prohibit journalists from tak-

---

[45] One conspicuous character of the present Convention is that it imposes a responsibility on states to adjust conflicts between various interests in order to facilitate fuller enjoyment of fundamental freedoms. This is another example of the case where a state may impose a duty on a private person as a result of balancing the conflicting interests. *See* page 14, sub-section (c), *supra.*.

[46] *Greece Const.* art. 14(c) (1) expressly provides this.

[47] *II Collected Edition* 411 (1961).

2. Freedom of Expression, per se, in Article 10 of the Convention

ing pictures of the court proceedings.

With respect to maintaining authority of the judiciary, a complicated problem may arise in the future in such a country as England. In England, it may constitute a common law offense to criticize judges with respect to their judgment. As mentioned above, witness has a duty to testify and has an absolute privilege as to his testimony, but he may be punished by the court for contempt of court[48]. Similarly, Members of Parliament enjoy privilege with regard to their speech during proceedings in Parliament, but a person who criticized Parliamentary proceedings may be punished for contempt of the Parliament[49].

(f) *Prevention of Disorder or Crime.*

Returning to the second phrase, «prevention of disorder or crime», what is the aim of inserting it in the above list of limitations? This phrase is obviously based upon the continental concept of «ordre public[50]». The concept of «ordre public» is broad enough to cover all the limitations that we have listed above. The word «crime» is also very broad; it covers advocating an overthrow of the government, publishing obscene literature, defaming a person or disturbing his privacy, disclosing state secrets, and heckling in court. Now we must ask why such broad terms as «disorder» and «crime» are included in paragraph 2.

---

(48) *E.g.*, R. V. Metropolitan Commissioner of Police, *ex parte* Blackburn (No. 2), [1968] 2 All E.R. 319; R. v. Thompson Newspapers Limited, *ex parte* Attorney-General, [1968] 1 All E.R. 268.

(49) De Smith, *Parliamentary Privilege and the Bill of Right*, 21 M.L.R. 465 (1958), and also Thompson, *Letters to Ministers and Parliamentary Privilege*, [1958] *Public Law* 10.

(50) *Cf.* Article 10 of the French Constitution, cited at note 1 *supra*.

第4部 ヨーロッパ人権規約

Most probably, the reason why this phrase is included in paragraph 2 is to make the application of Article 10 flexible. In other words, the framers of this provision might have thought that a case-by-case decision of the permissability of an expression would be better than a decision based on a rigid standard. Apart from the appropriateness of the phrase, it should be emphasized again that no matter what a state may regard as a «disorder» or a «crime», the referents of these terms should be defined in law by a legislature which reflects the popular will of a democratic society[51].

3.—SOME COMMENTS ON ARTICLE 10.

The question of the Article's effectiveness as a means of protecting the freedom of expression will be discussed after examination of actual cases presented to the Council 9f Europe. At this point, however, it may be appropriate to give some comments on Article 10 itself following comparison with domestic and international legislation formulated subsequent to the enactment of the European Convention.

Firstly, it seems that the Constitution of Cyprus which was promulgated on April 6, 1960, was modelled after the European Convention. As to the first paragraph of Article 10 of the European Convention the last sentence was omitted from the constitution, but at the same time there was added an independent paragraph similar to it[52]. As to the second paragraph of Article 10, this constitution is not substantially different. It merely omitted the words «necesary in a democratic society», and clari-

---

(51)　See pp. 11-13 *supra*.
(52)　paragraph 5 of Article 19 of the Cyprus Constitution provides that: «Nothing contained in this Article shall prevent the Republic from requiring the licensing of sound and vision broadcasting or cinema enterprises.»

266

2. Freedom of Expression, per se, in Article 10 of the Convention

fied some phrases[53]. In addition, another paragraph was included in the Cyprus Constitution to provide for the «seizure of newspapers[54]».

Secondly in the International Covenant, which was adopted on December 16, 1966, Article 19 does not include the last sentence of paragraph 1 of Article 10 of the European Convention[55]. As to limitation clauses which restrict the exercise of freedom of expression, the International Covenant only provides for «respect for the rights or reputations of others» and «the protection of national security or of public order *(ordre public)*, of public health or morals[56]. On the whole, it seems that there is no substantial difference between these two documents[57].

Lastly, the provision for freedom of expression in the Draft Inter-American Convention on Protection of Human Rights is more or less similar to the International Covenant[58]. Article 12 of the Draft Convention provides for both freedom of thought and freedom of expression. The significant characteristics of this provision are: first, that it expressly and generally prohibits prior censorship[59]; second, that it expressly prohibits restriction of the right of expression by indirect means, such as the use of government or private monopolies of newsprint, radio broadcasting fre-

---

(53) *Cyprus Const.* art. 19, para. 3.
(54) *Id.* para. 4.
(55) Paragraph 1 of Article 19 provides for the right to hold opinions, and paragraph 2 of the same provides for the right to freedom to seek, receive and impart information and ideas of all kinds.
(56) *International Covenant* art. 19, para. 3.
(57) *See* discussion in the text at pp. 6-7 *supra*.
(58) This Draft was prepared on Oct. 2, 1968, by the Inter-American Commission on Human Rights.
(59) *Draft Inter-American Convention* art. 12, para. 2. *See also, id.*, para. 4.

quencies, or of equipment used in the dissemination of information, and so forth[60]; and third, that it includes special clauses for «propaganda of war» and for «advocacy of national, racial, or religious hatred[61]». It seems that this last provision has gone too far. For instance, those clauses for «propaganda» and for «advocacy», like the provision of Article 4 in the International Convention on the Elimination of All Forms of Racial Discrimination[62], may have a chilling effect upon those who want seriously and objectively to describe the problems of war or of racial discrimination.

3. Implementation of Freedom of Expression by the Council of Europe

As has been examined above, the scope of the freedom of expression formulated in Article 10 of the European Convention is considerably broad, though there remain many possibilities of restriction concerning formalities, conditions, and the like in exercising this freedom. Thousands of violations of this Article are probably arising every year. Therefore, how to implement the freedom under such circumstances is the next problem for consideration. We shall analyze, first, the influence of the Convention on domestic laws and those cases rendered by domestic courts[63]. Secondly, we shall analyze decisions by the Commission as to

(60) *Id.* para. 3.
(61) *Id.* para. 5.
(62) This treaty was adopted by the General Assembly in December 1965.
(63) Before coming to a conclusion, we have to examine domestic cases thoroughly and deeply, but for the present we do not have enough sources to undertake the project.

3. Implementation of Freedom of Expression by the Council of Europe

the admissibility of cases. And lastly, we shall discuss problems concerning the Council of Europe's implementation of the freedom of expression by focusing on the De Becker case and the Televizier case in which the Commission declared the petition to be admissible.

(1) INFLUENCE ON DOMESTIC LAWS AND IMPLEMENTATION BY DOMESTIC COURTS

The first question concerning the influence on domestic laws is whether or not the European Convention—in particular, Article 10 of the Convention—is self-executing. It is an established rule that, whether or not it makes the European Convention part of its domestic law, every member State is now under an international obligation to ensure that its laws are

---

Concerning the problem of what is the domestic status of the European Convention in the member States, Prof. Buergenthal's article is very comprehensive. T. Buergenthal, *The Domestic Status of the European Convention on Human Rights*, 13 *Buffalo L. Rev.* 354 (1964), and *see also* T. Buergenthal, *The Effect of the European Convention, on Human, Rights on the Internal Law of Member States*, in *The British Institute of International and Comparative Law, The European Convention on Human Rights* 79 (1965).

Those cases that the author could collect are, in addition to those cases discussed in this sub-chapter, *Bundessozialgericht*, Feb. 14, 1964, *Neue Juristische Wochenschrift* [1964] pp. 1691-94; *Gerecht in eerste aanleg, Curacao*, April 28, 1965, *Nederlandse Jurisprudentie* [1966] p. 254; *Hoge Raad*, June 25, 1965, *Nederlandse Jurisprudentie* [1966] pp. 115-6; *Hoge Raad*, Jan. 24, 1967, *Nederlandse Jurisprudentie* [1967] p. 760 (n° 272); *Koninklijk Besluit* (Arrêté Royal), Oct. 25, 1965, *Rechterleigke Bechlissingen* [1966] p. 10; *Belgique, Conseil d'Etat*, March 24, 1961, Arrêt n° 8500; *Tribunal de Police d'Aubel*, June 21, 1962. *V. Annuaire* 369 (1962).

269

第4部 ヨーロッパ人権規約

in conformity with the Convention. In fact, Governments of Contracting States have made efforts to have their laws conform with the Convention. For instance, the amendment of the Basic Law concerning the freedom of expression soon after the ratification of the European Convention [64]. Austria thought that It should not confuse citizens by the different wordings of Constitutional provisions, and that fundamental rights and freedom must be explicitly laid down so that everyone could be certain of their rights [65]. Cyprus, as we have seen in the third section of the last chapter [66], promulgated its present Constitution in 1960, taking the European Convention as its model. And Switzerland recently examined discrepancies between the Convention and the Swiss Federal Constitution [67].

---

(64) *See Basic Law of Austria* art. 13. This provision is substantially the same with Article 10 of the Convention.

(65) *II Eur. Conv.* Y.B. 534 (1958-59).

(66) See pp. 16-17 *supra*.

(67) Concerning the freedom of expression, *Federal Const.* m art. 49 provides for liberty of conscience and belief, and art. 55 for freedom of the press, and art. 56 for freedom of association. Almost all constitutions of Cantons have, more or less, similar provisions. But *Federal Const.* art. 51, which provides that «Neither the Society of Jesus nor any allied society shall be suffered in any part of Swizerland, and all participation of their members either in church or school is prohibited», may conflict with Article 10 of the Convention. Concerning this, *Rapport, supra* note 27, says: «Si les jésuites peuvent donner des conférences en Suisse, ils ne peuvent en revanche enseigner dans notre pays. Leur liberté d'expression est dés lors restreinte. On doit cependant admettre, en raison notamment de l'interdépendance des articles de la Convention, que la Suisse, en la ratifiant, pourrait se borner à formuler une réserve à propos de l'article 9: celle-ci étendrait ses effets à l'article 10. II n'est par ailleurs pas douteux que l'article 51 de notre constitution porte atteinte au premier chef à la liberté de conscience et de croyance.» *Rapport*, at 62.

3. Implementation of Freedom of Expression by the Council of Europe

However, it seems that domestic courts are inclined to avoid direct application of the provision of the Convention. For instance, in a domestic ease in Belgium, which is undoubtedly one of the countries that have achieved their goal of democracy to a considerable extent and are striving to implement the aim of the Convention, a Police Court tactfully escaped an embarrassing result which would have logically led from the application of the above settled rule [68]. In this case, a school teacher was prosecuted for violation of a Royal Order which had required him to supply the particulars in a census of population, industry, and commerce. He alleged that his refusal was justified because the census sheets were written in a language not his own, that is, they discriminated against his language in violation of the fundamental freedoms under Article 9 and 10 of the European Convention. The Court held in this case that it was incumbent upon the legislature to harmonize the domestic law with the European Convention and the authority of the courts cannot take its place [69].

In addition to Belgium, Austria, the Federal Republic of Germany, Greece, Italy, Luxemburg, the Netherlands, and Turkey make the European Convention part of their domestic law, and also in these countries it seems that their domestic courts are, generally speaking, hesitating to apply directly the provisions of the Convention [70]. The main reasons are

---

[68] State v. Chanteux Guy-Jean-Jules Ghislain, Decision of June 21, 1962, V *Eur. Conv.* Y.B. 368 (1962).

[69] *Id.* at 376. In this case, however, the Court concluded that the offense was not serious and that the accused should be acquitted.

[70] In another domestic ease in Belgium, however, the Court of First Instance of Brussels indicentally considered the question of whether the European Convention is binding upon States as follows: «...having regard to the authorities and leading cases cited below, it must be allowed that the said

three: One, the concept of «state sovereignty», which will be discussed in a section of the next chapter; two, lack of familiality on the part of domestic court judges with the provisions of European Convention; and, third, domestic court judges are apt to think that their domestic legal system is in itself a satisfactory body of law.

Under constitutional laws of such countries as Norway, Sweden, Denmark, Iceland and the United Kingdom, a duly ratified treaty, even if it may be self-executing in nature, do not *ipso facto* become internal law. In such countries, a special implementing legislation is necessary for making a treaty internal law.

On the whole, the domestic courts seem more conservative than the Commission in implementing the freedom of expression.

(2) **DECISIONS OF THE COMMISSION ON «ADMISSIBILITY».**

Under the present circumstances outlined above in Chapter III, section 1, the implementation of Article 10 of the European Convention largely depends upon whether or not litigants are enlightened enough to bring their cases to the Council of Europe, and more substantially upon the efficacy of the machinery of the Council of Europe in solving legal problems submitted to it. In this regard, we have to do two things: One, conduct an examination of the machinery for the enforcement of Article 10; and two, analyze all cases submitted to the Commission and their subsequent dis-

---

Convention confers subjective rights on the nationals of a Contracting State and guarantees their exercise, there in overriding and disregarding any other conflicting rules established, even subsequently, by national legislation... (underline supplied)». Decision of Nov. 8, 1966. *IX Eur. Conv.* Y.B. 746, 748 (1966). *See also* sources cited there.

3. Implementation of Freedom of Expression by the Council of Europe

position.

Concerning the enforcement machinery of the Council of Europe, we have first to look at the list of nations that have ratified Article 25 and 46 of the European Convention. At present, Austria, Belgium, Denmark, the Federal Republic of Germany, Iceland, Luxemburg, the Netherlands, Norway, Sweden and the United Kingdom have made declarations under these Articles. A citizen of a Contracting State other than these eleven countries cannot bring his case to the Commission. Only when a Contracting State sponsors his case on his behalf, the plaintiff can allege violation of his right against the transgressor[71]. This happened in the second application lodged by the Greek Government against the United Kingdom, and again in the application lodged by Austria against Italy[72], but we cannot expect too much from this approach for protection of freedoms because of delicate political considerations. State v. State disputes are more likely to create animosities than conciliatory attitudes or friendships. Besides, as those seven states who have not yet declared recognition of the Commission's competence under Article 25 have not declared recognition of compulsory jurisdiction of the Court under Article 46 as well, it is hard to expect full enforcement of the European Convention against those countries[73].

---

(71) Article 24 of the Convention provides that «Anh Cont Contracting Party may refer to the Commission, ... , any alleged breach of the provisions of the Convention by another High Contracting Party (underline supplied)».

(72) See *Council of Europe, Report of the Council of Europe to the International Conference on Human Rights* 1968, 37 (1967). This report briefly explains measures of implementation by the Council of Europe. *Id.* at 35-45.

(73) For example, consider the future prospect of the Greek case, *infra* note 137 and its corresponding text.

273

However, we cannot underestimate the role of the Council of Europe merely because of the above facts. During the past decade, more than 4000 applications—most of them are petitions by individuals—have been submitted to the Commission. Concerning the freedom of expression, about 20 applications have been lodged with the Commission[74]. In most cases, the Commission decided that the applications were inadmissible under Article 27 (2) on the ground that the petitions were manifestly ill=founded. This fact, however, does not diminish the value of the role of the Council of Europe as we shall see from the following analysis and examination of those decisions by the Commission on «admissibility».

(a) **German Communist Cases**

Application No. 250/57 was the first case concerning the Germany Communist Party which was submitted to the Commission invoking freedom of expression[75]. This case was brought by the German Communist Party and by its former directors, alleging that the decision of the Federal Constitutional Court of August 17, 1957, was a violation of Article 9, 10 and 11 of the European Convention. The decision at issue declared that the German Party was unconstitutional, and it ordered dissolution of the Party and confiscation of the Party's Property in the interests of the com-

---

(74) Incidentally, the process of bringing a case to the Court is as follows: When the Commission decides a petition admissible, a Sub-Commission will examine the application and it may try to effect a friendly settlement. If it thinks the case should be decided by the Court, or if it fails in friendly settlement, the Commission must make a report and it may bring the case to the Court for its legal solution. When the Commission does not bring the case to the Court, the Committee of Ministers can take up the case.
(75) Decision of July 20, 1957, *I Eur. Conv.* Y.B. 222-25 (1957).

3. Implementation of Freedom of Expression by the Council of Europe

munity. Reorganization of the Party in a substitute form was also prohibited by the decision. The Commission held that the main aim of establishing the Communist Party was to overthrow the Government by violence and that this was expressly prohibited by the Constitutional Provision, Article 21, para. 2, of the Fundamental Law of the Federal Republic of Germany. In conclusion, the Commission decided that in the light of Article 10, para. 2, as well as of Article 17 of the European Convention[76], the application was manifestly illfounded, and therefore, it had to be denied in pursuance of Article 27, para. 2.

The validity of this decision was challenged again in Application No. 277/57[77]. In this case, X and Y and Z formed Communist «triumvirate», a substitute form of the Communist Party, and they were arrested on a charge of violation of the decision. X and Y were acquitted for lack of evidence, but Z was sentenced to one year's imprisonment[78]. Z appealed to the Federal Court of Justice *(Bundes-gerichtshof)* from the decision of the *Landgericht*, but the Federal Court rejected the appeal as manifestly illfounded. Instead of appealing to the Federal Constitutional Court *(Bundesverfassungs-gericht)*, the applicant brought the case to the Council of Eu

---

(76) To be precise, the Commission reasoned: «*Considérant que les droits et libertés reconnus par les articles 9, 10 et 11 de la Convention peuvent, selon les paragraphes 2 de ces mêmes articles, faire l'objet de restrictions, prévues par la loi et dans les conditions déterminées par la Convention. Considérant que l'examen de l'application des paragraphes 2 des articles 9, 10 et 11 ne s'impose pas en l'espéce, en raison de l'existence, dans la Convention, de la disposition de nature plus générale insérée l'article 17.*» The reasoning of the Commission is usually as simple as this.

(77) Decision of Dec. 20, 1957, *I Eur. Conv.* Y.B. 219-22 (1957).

(78) Decision of *Landgericht* on April 30, 1957.

275

rope. The Commission held that it could not deal with this matter because domestic remedies had not been exhausted[79]. However, from the fact that the Commission cited the first Communist case in which it decided the petition was inadmissible, the result would have been in all likelihood the same even if domestic remedies had been exhausted.

(b) *Advocacy of Ideas against Government.*

X v. Federal Republic of Germany, Application No. 134/55, Ernst Niekisch v. Federal Republic of Germany, Application No. 1470/62, Xv. Austria, Application No. 1742/62, and X v. Federal Republic of Germany, Application No. 2428/65, are cases similar to the German Communist Cases referred to above. But, while the Communist Cases were mainly concerned with establishing a subversive organization, these four cases were concerned with «advocacy» of anti-government ideas.

The applicant of the first case, Application No. 134/55[80], was a lawyer. He allegedly engaged in Nazi activities against the German Communist party in 1933, and he was charged for those activities in 1952. Apparently, he was deprived of his license to practice law. He contended, among others, that such decision was against Article 10 of the Conven-

---

(79) *Eur. Conv.* art. 26 provides that «The Commission may only deal with the matter after all domestic remedies have been exhausted, according to the generally recognized rules of international law, and within a period of six months from the date on which the final decision was taken.» The question of whether or not the Federal Constitutional Court take up a case is absolutely within the Court's discretion, and therefore it was argued that an applicant could bring the case to the Council of Europe even where he did not appeal to the Federal Constitutional Court.

(80) Decision of May 31, 1956, *I Eur. Conv.* Y.B. 234 (1957).

3. Implementation of Freedom of Expression by the Council of Europe

tion. The Commission held that the application was inadmissible.

In the Ernst Niekisch case[81], the applicant demanded «compensation for the injury which the national socialist regime had caused him». The applicant is a German citizen born in 1889. He was arrested in 1937 and sentenced in 1939 to life imprisonment for his opposition to the Nazi regime. After he was released in 1945, he was appointed professor of sociology at the University of East Berlin, in 1948, and he became a member of the *Volkskammer* (parliament) of the «German Democratic Republic».

This case became moot on June 21, 1966, by a friendly settlement between the Land of Berlin and the applicant[82], and the Comission decided to strike the case from the list, holding as follows[83]:

«Que la Commission constate que nulle considération *d'ordre général* touchant au respect de la Convention de Sauvegarde des Droits de l, Homme et des Libertés fondamentales. nes'oppose en l'espéce à la demande de radiation formulée par le requérant.»

The Applicant of the third case, X v. Austria[84], is all Austrian citizen born in 1932. He was convicted on charges of neo-Nazi activities and sentenced to nine months' imprisonment. He complained that his right to freedom of thought and expression was unduly violated by the conviction. The Commission held that the applicant was duly convicted for activities aimed at the re-introduction into Austria of National Socialism, because restrictions on these activities were necessary in a democratic society for

---

(81) Decision of July 14, 1966 *IX Eur. Conv.* Y.B. 102 (1966).
(82) The applicant was indemnified under sec. 171, para. 1, of the Federal Compensation Act.
(83) Decision of July 14, 1966, *supra* note 81, at 713.
(84) Decision of Dec. 13, 1963, *IV Eur. Conv.* Y.B. 424 (1963).

277

第4部　ヨーロッパ人権規約

the interests of public safety and national security and for the protection of the rights and freedom of others. Although the Commission used to consider the applicability of Article 17 of the European Coliventi6n in such cases [85], the Commission thought that it was unnecessary in this case to examine whether the restrictions were also justified under Article 17, The Commission concluded that the petition was inadmissible.

The fourth and last cases Application No. 2428/65 [86], is a case similar to the German communist cases introduced in the previous section. The applicant, a German citizen, born in 1937, was prosecuted in 1957 for acting as an officer of the Free German Youth Movement, an organization which was proscribed as subversive, He was acquitted at the first trial, but the Federal Court ordered a new trial on appeal. Upon the new trial he was convicted and sentenced to nine months, imprisonment. The sentence was suspended and probation imposed for three years. During the period of the probation, he was ordered to refrain from participating in communist-directed activities («sich von der Teilnahme an kommunistische gelenkten Veranstaltungen ... fernzuhalten»), particularly in the World Festivals of Sport, Young Workers Congresses and similar events. The Public Prosecutor's Office suspected and confirmed that the applicant attended the meeting of the World Youth Festival of Sport in Helsinki in 1962, and subsequently had the suspension of his sentence revoked. In

---

(85)　*See*, for example, the decision of the first German Communist case, introduced at page 23 *supra*. The interpretation of Article 17 of the European Convention will be discussed again in Section 2.

(86)　Decision of October 5, 1967, *XXV Collection of Decisions of the European Commission, of Human Rights* (hereinafter cited as *Ear. Com. Decisions*) 1 (May 1968).

278

3. Implementation of Freedom of Expression by the Council of Europe

turn, the applicant claimed that to prohibit his participation in the meetings by revoking his probation was a violation of Article 10 of the Convention.

During the proceedings of the case at the Commission the District Court in Hannover issued an order to cancel the revocation of his suspension, but he repeated his contention that the mere fact that he did not have to go to prison did not mean that he had not suffered injury. The Commission, however, decided that the applicant was not a victim under the Convention on the following ground[87]:

[T]he Commission has frequently stated that in accordance with Article 19 of the Convention its only task is to ensure observance of the obligations undertaken by the Parties in the Convention; ... it is not competent to deal with an application alleging that errors of law or fact have been committed by domestic courts, except where the Commission considers that such errors might have involved a Possible violation of any of the rights and freedoms limitatively listed in the Convention ...[88].

(c) *Cases Concerning Article 123 sexies of the Belgian Penal Code.*

Among those cases concerning restrictions upon publication the first and the most important case is the celebrated «De Becker» case[89]. In this case, the validity of Article 123 *sexies* of the Belgian Penal Code[90],

---

(87) *Id.* at 12-13.
(88) In this respect, the Commission referred to X v. Belgium, Applications No. 458/59, *III Eur. Conv.* Y.B. 233 (1960), and X v. Austria, Application No. 1140/61, *VIII Eur. Com. Decisions* 57 (19).
(89) Application No. 214/56.
(90) Legislative Decree of May 6, 1944, art. 2, introduced this provision.

especially its Paragraphs (e), (f), and (g), was challenged. The provision in question provided as follows:

Article 123 *sexies*: Any person sentenced to a penalty exceeding five year's imprisonment for an offence or attempted offence ... committed in time of war, shall *ipso jure* be deprived for life of the following rights:

(e) the right to have a proprietary interest in or to take part in any capacity whatsoever in the administration, editing, printing or distribution of a newspaper or any other publication;

(f) the right to take part in organizing or managing any cultural, philanthropic or sporting activity or any public entertainment;

(g) the right to have a proprietary interest in, or to be associated with the administration or any other aspect of the activity of any undertaking concerned with theatrical production, films or broadcasting;

The Applicant, Mr. Raymond De Becker, is a journalist and writer of Belgian nationality. He was condemned to death by the Brussels *Conseil de Guerre* on July 24, 1946, for having collaborated with the German authorities in Belgium in divers ways and capacities, principally in the exercise of his functions as general editor of the Belgian daily newspaper «Le Soir». Article 123 *sexies* was applied to him on June 14, 1967. On appeal, his death sentence was reduced to life imprisonment, and later, to 17 years imprisonment by an executive pardon. In 1951, the Minister of Justice granted his release on the conditions that; (1) he would not engage in politics, and that (2) he would give a voluntary undertaking to take up residence in France within one month of his release. Actually, De Becker was an exile. He abode by the Minister's order, but the Minister did not lift the ban on his residing in Belgium and practising his profession.

3. Implementation of Freedom of Expression by the Council of Europe

On September 1, 1956, De Becker lodged with the Commission an application against Belgium[91], alleging that: Article 123 *sexies* imposes on him an absolute forfeiture of his right. It is directed not only against certain actions but also against individuals. The measures provided for in the Article cannot be classified as general measures but as individual measures taken *ratione personae* and *ex post facto*. On the contrary, Article 10 (2) is designed merely to govern the abusive exercise of freedom of expression. Article 10 of the Convention forbids restrictions dictated by motives alien to the common interest and welfare and imposed by a majority on their political opponents.

In this case, *ratione temporis* — six months period under Article 26[92] —was a crucial issue. In this respect, the Commission admitted the applicant's contention that the essential feature of Article 123 *sexies* is not the judgment as a result of which it becomes applicable, but the perpetual character of the forfeiture of rights which it entails and which gives rise to repeated violations of Article 10 of the Convention. The Commission decided that the application was admissible because the evidence showed a *prima facie* violation of the right.

The Commission brought this case to the Court of the Council of Europe for a final decision. While this case was pending at the Court, the Belgian Government amended Article 123 *sexies* as follows:

Civic Blaek Lists Act, 30th June 1961: *Article I*. Article 123 *sexies, septies, oclies* and *nonies* of the Penal Code are replaced by the following provisions:

Article 123 *sexies*, paragraph 1— «... death sentences or sentences to

---

(91) *II Eur. Conv.* Y.B. 214 (1958-59), *III Eur. Conv.* Y.B. 486 (1960).
(92) *See supra* note 79.

281

第4部　ヨーロッパ人権規約

hard labour, life or rigorous imprisonment for an offence ... committed in time of war shall not include a prohibition on the accused against exercising the rights enumerated therein but shall *ipso jure* deprivation for life of: ...; 6° the right to participate, in any capacity whatsoever, in the owner-ship, administration, editing, printing or distribution of a newspaper or of any publication if such participation has a political character; 7° the right to participate in the management or administration of any cultural, philanthropic or sporting activity or any public entertainment if such participation has a political character; 8° the right to participate in the ownership or administration or any other aspect whatsoever of any under-taking concerned with theatrical production, films or broad-casting if such participation has a political character;...

　　Article IV. (Interim Measures) ... Paragraph 7—Deprivations of rights under Article 123 *sexies* (e), (f), and (g) of the Penal Code, as worded before the present Act came into force, shall be maintained only insofar as the participation envisaged therein is of a political character...

De Becker was satisfied with this amendment, and he expressed his desire to withdraw his application in his letter of 5th October 1961 to the Commission. Both the Respondent Government and the Commission welcomed it. The Court approved the withdrawal and rendered its decision to strike this case off from the list on 27th March 1962[93], which will be discussed in the next section.

　　Article 123 *sexies* was attacked again in X v. Belgium, Application No.

---

(93)　*V Eur. Conv.* Y.B. 320, 368 (1962); Series A. *Judgments and Decisions* No.4.

282

3. Implementation of Freedom of Expression by the Council of Europe

924/60[94]. The Applicant is also a Belgian citizen. Unlike in the De Becker case, he is at present imprisoned in Belgium, serving a sentence passed on him in 1947 and 1949 for economic collaboration with the enemy and informing against members of the resistance movement. The Commission recalled the following opinion expressed in De Becker:

«... to impose on persons convicted of treachery in time of war a total incapacity for life to publish their political opinions may be justifiable under Article 10, paragraph 2, as a deterrent sanction and a preventive measure of public security ... Paragraphs (e), (f) and (g) of Article 123 *sexies* ··· are not fully justifiable under the Convention ... in so far as the deprivation of freedom of expression in regard to non-political matters which they contain is imposed inflexibly for life...».

The distinction, however, between political and non-political participation may raise problems of interpretation. In this respect, the Commission saya:

«It (Commission) holds it to be impossible in practice to define in advance, *in abstracto,* the concept of «political» participation; ... in view of the Commission it is for the Belgian courts to define the meaning and scope of the said concept in the light of the specific cases on which they will have to give judgment...»

In conclusion, the Commission held that the applicant's arguments contain nothing which would justify a change in the jurisprudence of the Commission and that since the Respondent Government undertook the amendment of Article 123 *sexies* so as to meet the provision of Article 10 of the Convention, the Commission must declare this application inadmissible.

---

(94) Decision of March 27, 1963, *VI Eur. Conv.* Y.B. 150 (1963).

283

The validity of Article 123 *sexies* was challenged once again in X v. Belgium, Application No. 2568/65[95], in which the applicant was perpetually disbarred from the Brussels Bar because of the conviction under Article 123 *sexies* for having written articles in foreign affairs for «Le Soir». The Commission rejected the applicant's argument invoking the protection of Article 10 for a reason similar to the De Becker case.

(d) **Restrictions on Publication of Journals and Newspapers.**

In X v. Austria, Application No. 753/60[96], the applicant, the editor-in-chief of the «Antimilitarist», was prosecuted for defamation of the Austrian Army. The cause of conviction was two articles— «Militarischer Pranger», and «Leonore und die Militar-Kappelle» —published in the journal. The Commission decided the petition was inadmissible, holding that there is «vast margin of appreciation», of broad area of discretion, where a contracting state can restrict freedom of expression for its safety.

X & German Assoc'n of Z v. Federal Republic of Germany, Application No. 7167/61[97], was not a case of direct restriction as was X v. Austria, Application No. 753/60. In this case, the content of the printed matter was not subject to regulation, but its circulation was governed by a Statute[98]. This statute prohibits selling, advertising, or displaying in a shop window those publications which have been entered in a list the purpose of which is to warm the public that the publications so listed are likely to corrupt the young. The Applicants were convicted for violation of this

---

(95) Decision of February 6, 1968.
(96) Decision of August 5, 1960, *III Eur. Conv.* Y.B. 310 (1960).
(97) Decision of December 16, 1963, *VI Eur. Conv.* Y.B. 204 (1963).
(98) Act of July 9, 1953, BGBI, I, p. 377.

3. Implementation of Freedom of Expression by the Council of Europe

statute. They contended to the Commission that their conviction was a violation of Article 10 of the Convention, because the statute established criteria for censorship by an incompetent administrative organ. The Commission held, citing the decision of Application No. 753/60, that the Statute did not exceed the «margin of appreciation»; or area of discretion, that was given to a State in determining the limits which might be placed on freedom of expression. It decided that the measures provided for by the statute were necessary «for the protection of morals» of young persons, and therefore the application was inadmissible.

(e) *Licensing of Television and Radio.*

On December 30, 1966, Sweden enacted a Statute on Radio and Television (Statute No. 755). The purpose of this enactment was to establish a state monopoly of radio and television broadcasting. Article 5 of this Statute provides that one agency, which is nominated by the King-in-Council, shall have the sole right to decide which programmes shall be broadcast on radio or television. According to Swedish law there is no domestic remedy against this provision. A Swedish citizen brought a case to the Council of Europe in the public interest, alleging that the state monopoly of broadcasting would endanger the free democratic system of the country and that it is prohibited by Article 10 of the Convention. (X v. Sweden, Application No. 3071/67)[99].

One difficult question in this case is whether or not the applicant can claim to be a victim of an alleged violation of the Convention under its Article 25. But the Commission did not discuss this question in its deci-

---

(99) Decision of February 7, 1968, *XXVI Eur. Com. Decisions* 71 (Oct. 1968).

285

sion[100]. As to the interpretation of Article 10 of the Convention, the Commission found it necessary to take into consideration the practice in the different countries which are Contracting States of the Council of Europe. In this respect, the Commission held that a great number of such member States had established a system of public monopoly enterprise for radio and television, and therefore, the

Commission interpreted the term «licensing» in Article 10 of the Convention as not excluding such a state monopoly[101]. The application was declared to to be inadmissible.

(f) **Copyright of Television Programmes.**

In the Netherlands, there are five broadcasting corporations[102]. The Centraal Bureau woor de Omroep periodically makes compilations of the programmes of these five broadcasting corporations for publication in French outside the Netherlands. A Netherlands company published in the Netherlands a weekly magazine «Televizier» which contained information and comments on the forthcoming radio and television programmes of those five broadcasting corporations. The Broadcasting corporations and the Centraal Bureau instituted legal proceedings against «Televizier», contending that it violated the Dutch Copyright Act *(Auteurswet)* by making use of the compilations of the Centraal Bureau.

---

(100)　The Commission simply held, «the Commission does not find it necessary to pursue this question [question of «standing» under Article 25 of the Convention] in the present case». *Id.* at 75.

(101)　*Cf.* page 11 *supra*.

(102)　Algemene Vereninging Radio Omroep (AVRO), Katholieke Radio Omroep (KRO), Nederlandse Christelijke Radio Vereniging (NCRV), Omroep-vereninging VARA and Vrijzinning Protestantse Radio Omroep (VPRO).

3. Implementation of Freedom of Expression by the Council of Europe

On 22nd January 1963, the District Court of the Netherlands decided that the compilations concerned, although not of a personal character, were protected by the Copyright Act. The Court of Appeal, however, dismissed the judgment on the ground that the Centraal Bureau had no interest which was protected by the Copyright Act because it did not publish its compilations in the Netherlands and that the broadcasting corporations did not have any copyright to compilations producted by the Centraal Bureau. On a further appeal, the Supreme Court (Hoge Raad) rendered a final decision that the Centraal Bureau, but not the broadcasting corporations, owned a copyright to the compilations under the Copyright Act. It held that the copyljight to a text lacking a personal character could be violated not only by a literal reproduction of the text but also by a translation of that text or by a reproduction of the text in a revised form, if the modifications made in the text were not too far-reaching.

The «Televizier» company brought this case to the Council of Europe, contending that the Copyright Act, as applied by the Supreme Court, infringed upon freedom of expression seeured by Article 10 of the Convention[103]. It alleged that a copyright protection of pieces of writing without distinctive or personal nature could not be found in other democratic countries except in very unusual cases, and that in the Netherlands the broadcasting corporations had a wrongful, improper and unjust monopoly on the news of forthcoming radio and television events. After a preliminary examination, the Commission considered that the Application gave rise to a number of important issue regarding the interpretation of the Convention, which were of such complexity that the determination of the

---

(103) N.V. Televizier v. The Netherlands, Application No. 2690/65, Decision of Dec. 15, 1966, *IX Eur. Conv.* Y.B. 512 (1966).

第4部 ヨーロッパ人権規約

application should depend upon an examination of merits of the case. The Commission declared the application was subsequently referred to a Sub-Commission under Article 28 and 29 of the Convention. During the proceedings before the Sub-Commission, the applicant wrote a letter to the Commission on 23rd September 1968, informing that it wished to withdraw the application because a settlement between the parties had been reached[104]. The Commission decided to strike the application off its list of cases[105]. If it had been brought to the Court, the Council of Europe could have had a very good occasion to consider various questions of freedom of expression[106].

(g) *National Language Problems.*

23 Inhabitants of Alsemberg and Beersel v. Belgium, Application No. 1474/62[107], X & Others v. Belgium, Application No. 1769/62[108]. X v. Belgium, Application No. 2145/64[109], and Inhabitants of Leeuw-St. Pierre v. Belgium, Application No. 2333/64[110], are of different nature from those cases we have discussed above. All these cases are concerned

---

(104) As to the law, the relevant provisions of the Copyright Act of 1912 was replaced by a new Broadcasting Act which would become effective in early 1969. As to the factual situation, the «Televizier» became an AVRO publication and it published the complete programmes of all broadcasting corporations. *Report of the Commission on 3rd October* 1968, Appendix I.
(105) *Id*. Appendix II.
(106) *See* Vasak & Lalive, 94 *Journal du Droit International*, 459, 486 (1967).
(107) Decision of July 26, 1963, *VI Eur. Conv.* Y.B. 332 (1963).
(108) Decision of July 26, 1963, *VI Eur. Conv.* Y.B. 444 (1963).
(109) Decision of oct. 1, 1965, *VIII Eur. Conv.* Y.B. 282 (1965).
(110) Deeision of July 15, 1965, *VIII Eur. Conv.* Y.B. 338 (1965).

3. Implementation of Freedom of Expression by the Council of Europe

with national language problems which are extremely serious and complex in Belgium. Because of historical reasons, in one area its inhabitants use Flemish, and in another French. A Belgium Statute classifies areas into «Flemish regions» or «French regions», and it forces all the inhabitants of each region to use Flemish or French according to its classification in dealing with administrative affairs. In recent years, however, town-dwellers began an exodus from the unhealthy center of the city to the more airy outer districts, and as a consequence the ratio of Flemish-speaking people and French-speaking people has greatly changed in certain areas. This gave rise to the problems at issue in the above four cases.

In Application No. 1474/62, No. 1769/62, and No. 2333/64, the Applicants, who claim to be acting on their own behalf and on behalf of their minor children, are residing in «Flemish regions», but they usually express themselves in French. They contended that Article 9 and 10 of the European Convention covers «linguistic freedom», and that since the percentage of the French-speaking population had greatly increased they had the right to have their children educated in that language. Although the Commission accepted those applications on other grounds, it declared the applications to be inadmissible in respect to Article 9 and 10[111].

Application No. 2145/64 is a case which concerns a road tax. The applicant did not contest in principle the assesment of the taxes, but refused payment on the ground that his freedom of expression protected by Article 10 (and by implication by Article 9 also) had been ignored because the

---

(111) The Commission declared the application admissible under Article 8 and 14 of the Convention and Article 2 of the First Protocol. *See also* the «Isop» case, Application No. 808/60, Decision of March 8, 1962, *V Eur. Conv.* Y.B. 108 (1962).

tax forms sent to him were written in a language he could not understand. With regard to use of the French language, this was outside the scope of the Convention.

(h) **Conditions in the Prison.**

The last category of cases concerning freedom of expression is related to conditions in prisons. The cases under this category are X v. Austria, Application No. 1753/63[112], X v. Austria, Application No. 1760/63[113], X v. Federal Republic of Germany, Application No. 1860/63[114], and X v. Austria, Application No. 2291/64[115].

In these four casess, the prison authorities had refused to forward applicants, letters addressed to certain persons[116]. The Commission decided in these cases that the restrictions in question did not go beyond the bounds indicated in Article 10 (2) of the Convention, and that these applications were inadmissible, since they were manifestly ill-founded.

---

(112)　Decision of Feb. 15, 1965, *VIII Eur. Conv.* Y.B. 174 (1965).
(113)　Decision of May 23, 1966, *IX Eur. Conv.* Y.B. 166 (1966).
(114)　Decision of Dec. 15, 1965, *VIII Eur. Conv.* Y.B. 204 (1965).
(115)　Decision of June 1, 1967, *XXIV Eur. Com. Decisions* 20 (Dec. 1967).
(116)　In Application No. 1753, the applicant wrote a letter to Mr. Y of the Legal Assistance Bureau (Rechtshiffebeistand) [in fact, Mr. Y is a newspaper editor]. In Application No. 1760, several letters were intercepted for the reason that they were offensive or otherwise punishable, morally improper or liable to prejudice order or security, or liable to facilitate escapes. Application No. 1860 is similar to the previous case. And in Application No. 2291, the letter was addressed to his wife, asking for her testimony.

(3) **IMPLEMENTATION OF FREEDOM OF EXPRESSION BY THE COUNCIL OF EUROPE.**

As we have seen above, there has not been one case in which the Court rendered its final decision on the merits. The only instance in which the Court examined the merits of a case was De Becker v. Belgium, Application No. 214/56[117]. N.V.Televizier v. The Nether-lands, Application No. 2690/65, was another case in which the Court could have examined the merits of the case, but it missed the chance[118]. Do these facts indicate that what has been achieved by the Council of Europe is almost naught?

Before answering this question, we must recall the purpose of establishing the Council of Europe. It is to take the first steps for the collective enforcement of the Rights stated in the Universal Declaration. In the light of this purpose, how far could the Council of Europe go toward achieving its aim?

In the first place, what the Commission did in those cases under its first two sub-sections—cases concerning «subversive» ideas or activities—seems, generally speaking, to be no more than giving an assistance to a member state in carrying out its Government policy. A Government does not by nature like to accept grievances against itself which may lead to its destruction. It should be noted that a state is apt to be intolerant of any thought which seems undesirable in the eyes of the Government. The main significance of protecting the freedom of expression is, as we often repeated, to secure for everyone the right to participate in a democratic

---

(117) See pp. 27-30 *supra*.
(118) See pp. 34-45 *supra*.

society, more specifically in deciding its policies. Therefore, the existence of the Council of Europe is extremely important in this sensitive field where the Government is most likely to abuse its power. It seems that the first step that the Council of Europe should have taken for the collective enforcement of the freedom of expression was to examine those cases on their merits and to distinguish serious ideas and activities which are conducive to gradual progress of society from those which are merely aimed at destruction or violence. It is probably a mistake to apply Article 17 of the European Convention to these kinds of cases in order to avoid this examination.

In the second place, similar things can be said about the case concerning the «state monopoly of television and radio», because the only organ that can supervise fair exercise of the power of licensing is the Council of Europe. It may be one thing to look at the practice in various Contracting States, but it is another and more important matter to discuss the policies which support the practice in the light of the Universal Declaration. We should recall here that the Universal Declaration does not, expressly or implicitly, provide for any restriction on the freedom of expression by state monopoly of broad-casting. However, the evil is not the «monopoly» itself but an arbitrary control of free expression, and therefore if an effective procedure to check the arbitrary control is secured, there will be no problem.

In the third place, the decisions concerning «restrictions on publication of journals and newspapers», «national language problems», and «conditions in the prison», are proper, because the Court of the Council of Europe should not be overburdened with tasks which might be better performed by the domestic courts. There is no rational reason to assume that an international court is more competent than domestic courrts in appraising artistic value, and judging question of conditions or restrictions as to time, place and manner[119].

Finally, what the Council of Europe achieved in the De Becker case and the Televizier case must not be under-estimated. In both cases, the Governments involved promptly acted to change statutes to meet the standard established by the Council of Europe. It may also be said that the fact that the number of cases brought to the Commission is increasing in recent years[120], reflects this high estimation of the Council of Europe.

4. Safeguards Still Neede for Further Protection

We have learned, in the first chapter, that there are three main reasons to support a new establishment of an international organization. The first is a traditional one: There still remains the possibility that a Government may infringe upon freedom of expression on the ground that unlimited liberty will destroy itself. The second is to make it easier for everyone to participate in decision-making in a democratic society. The third and last is to further world peace by solving problems or conflicts through verbal discussion instead of violence. In the previous chapter, we have examined the extent to which the Council of Europe has succeeded in implementing the freedom of expression as defined in the second chapter. In this chap-

---

(119) *See* approaches taken by the Commission in Application No. 2428/65, introduced at page 26 *supra*, and in Application No. 924/60, introduced at page 30 *supra*. Although the author does not agree with the conclustions of those eases, he thinks the way of approaches taken there was correct.

(120) *See* Vasak & Lalive, *supra* note 106, at 485.

ter, we are going to consider what hinders the Council of Europe from full implementation of the freedom of expression, because it would be unfair to evaluate the Council's achievement without taking into consideration the institution's limitations.

First, we shall examine functions of the Commission and the Court, and how the division of labor is structured between them. Second, we shall examine the power given to the Commission and the Court to provide relief to the victims of violations. In other words, we shall consider what the term «just compensation» in Article 10 means[121]. And lastly, we shall discuss what safeguards are still needed for further protection of the freedom of expression.

(1) THE FUNCTIONS OF THE DIVISION OF LABOR BETWEEN THE COMMISSION AND THE COURT

As we have seen from the analysis in the previous chapter, the Commission rejected all but two petitions on the ground that they were manifestly ill-founded. This may mean in reality that the main function of the Commission is to screen only cases of «gross violation» out of the thousands of petitions which are submitted to the Council of Europe. This is done so as not to paralyze the function of the Court by overburdening it. This policy is also supported by the fact that domestic courts are more competent, or at least no less competent, to deal with a certain kind of

---

(121) Article 50 of the Convention provides that «If the Court finds that a decision or a measure taken by ... a High Contracting Party is ... in conflict with the obligations arising from the present Convention ... the decision, of the Court shall ... afford just satisfaction to the injured party».

4. Safeguards Still Neede for Further Protection

cases, than the European Court[122].

It should also be noted that the reasons for decisions of the Commission as to admissibility are very simple. Concerning a factual situation, the Commission writes a relatively detailed explanation for its decisions, but concerning the matter of law, the explanation is usually given with only a few sentences. This fact suggests that the Commission is frank enough to confess that since it is an organ for decision on admissibility, it is not competent to determine problems of the application of the law. Another probable reason for the Commission's failure to elaborate on legal questions may be due to the fact that the Commission meets in camera[123], and that, therefore, the whole proceedings before the Commission are confidential.

However, as a result of the Commission's failure to elaborate, the law of the European Convention still remains obscure in many aspects. For instance, is it the intention of the Commission to leave questions of subversive ideas for decisions by domestic courts? Those questions are apt to involve traditional abuses of power by Governments. Therefore, it is the duty of the Council of Europe to supervise the exercise of power and to cheek its abuses. The aim of the Council of Europe is to achieve a greater unity among its Members[124], but this does not mean that the

---

(122) *E.g.*, cases in which main issues are related to finding of facts — as to «time, place, and manner» of regulation. *See also*, note 119 and its corresponding text *supra*.

(123) *Eur. Conv.* art. 33.

(124) *See* note 13 *supra*, and note 126 *infra*. Some authors think that it is dear that the Convention had a political foundation in the desire of the Members to hinder the growth of Communism, neo-Facism, or neo-Nazism, by democratic means. Julien Freund, *La Convention Européenne des Droits de l'Homme et la*

295

duty of the Council is to supply an additional power to support any kind of State policy.

As to those cases which are related to the Council's second function—to help everyone to have opportunity to participate in decision-making in a democratic society—, the Commission correctly decided them in most cases[125]. However, it should have explained in greater detail why they were admissible or inadmissible. The Commission may be uncertain about the law, but it cannot help thinking of the possibility of applying the law of the Convention in its judgments of admissibility. It would be advantageous for the Commission to publish its reasons with its judgments, because they could serve as helpful guides for friendly settlements in future cases. Since a friendly settlement will not be achieved unless it is more or less in conformity with an ideal judgment of the superior norm[126] —The European Convention—, the Commission's reasonings are not likely to prejudice the parties against friendly settlement.

---

politique 11-12, and G.L. Weil, *The European Convention on Human Rights* 192 (1963).

(125) *E.g.*, the De Becker case, discussed at pp. 27-30 *supra,* and the Televizier case, discussed at pp. 34-35 *supra.*

(126) The author uses the term «ideal judgment» to mean a judgment in conformity with the spirit of the European Convention. In other words, he thinks that the Convention aims not only to protect individual victims but also to promote the maintenance of a sort of minimum of natural law in democratic Europe. *Cf.* F. Castberg, *Natural Law and Human Rights: An Idea-Historical Sarvey,* in *International Protection of Human Rights* 32 and n. 50 (Eide & Schou ed. 1968). He thinks that bad law in the light of the Convention is no law. In other words, the validity of legislation, administration, and judicial procedure in member states must be tested by the basic norm-the European Convention.

4. Safeguards Still Neede for Further Protection

The function of the Sub-Commission is to examine and investigate the grounds leading toward a friendly settlement. It should guide both parties not only toward satisfying themselves by a settlement but also toward the kind of settlement that approaches an ideal judgment from the standpoint of the European Convention. And when it fails in this undertaking, the Commission should bring the case to the Court for its final decision.

At the final stage, the Court is responsible for solving problems submitted to it by its application and interpretation of the Convention. It is for the Court to give an authoritative content, or interpretation, to the empty words of Article 10 of the European Convention[127]. The Court should exist to prevent any attempt to undermine our democratic way of life[128].

The last question concerning the function of the Court is whether the withdrawal of an application can justify the Court in terminating proceedings. If the withdrawal is based on a settlement in conformity with all ideal judgment of the European Convention, there is no reason why the Court should proceed further with the trial of the case[129]. However, the

---

(127) The Committee of Ministers proposed to empower the Court to rule on questions of interpretation of the Convention which may arise before domestic courts, but that proposal was rejected. *V Eur. Conv.* Y.B. 44 (1962). If it had been given such a jurisdiction, the Court could have performed a significant function in bringing about uniformity in the domestic application of the Convention too. See Buergenthal, *supra* note 63, at 84 n. 1.

(128) What is likely to undermine our democratic way of life with respect to freedom of expression is shown in the second chapter of this paper. Needless to say, it is a mere tentative consideration, so that it should be tested by various standards.

(129) Concerning this question, Mr. A. Ross held in his dissenting opinion in the De Becker case as follows: «This question could have been answered in the positive if the function of this Court had been to enforce private claims,

297

Court should express its opinions with regard to the law so that they can be a guide to future cases[130].

(2) REMEDIES GIVEN BY THE COUNCIL OF EUROPE—*Just Satisfaction*

The question now arises as to what kinds of sanctions the Court can give to a violation of the Convention with respect to the freedom of expression. Article 50 of the Convention provides that the Court shall afford

---

which a claimant may, if he wishes, modify during proceedings. This is not, however, the case here. According to the Convention, the function of the Court is 'to ensure the observance of the engagement undertaken by the High Contracting Parties in the present Convention' [citation]. In view of this the Applicant is not recognized as a Party before the Court. His Application can only cause the Commission to make investigations; and, if the result of these investigations substantiate the complaint to a reasonable extent and a friendly settlement is not achieved, the Commission may bring the question for final decision before the Committee of Ministers or before the Court. When the proceedings have gone that far, the public interest requires that the question whether a violation has or has not taken place shall be decided regardless of whether the Applicant is or is not interested in the continuance of proceedings.» The author agrees with the general principle described in this statement, but he does not agree that public interest does necessarily demand continuation of the trial.

(130)   The Court held in the De Becker case that «if ... the Court was not absolutely convinced of the lawfulness of this particular restriction on freedom of expression, the new Act of 30th June 1961 would still give rise to certain problems in regard to Article 10 of the Convention: in that event the Court would be justified in hesitating to strike the case off the list, in spite of De Becker's declaration of 'discontinuance' ...». This approach is correct.

4. Safeguards Still Neede for Further Protection

just satisfaction to the injured party[131]. But, what does «just satisfaction» mean? Does it mean that so long as the injured party is satisfied, the Court may affirm a settlement as a consequence of which the injured party is obliged to waive his right? The answer is in the negative.

Cases of human rights are of different nature from cases of crime or tort, which have their origin in vengeance[132]. The declaration of human rights merely means recognition of the fact that there are certain inalienable moral, and legal claims or titles which every human being possesses as a member of the human race, and therefore, they must be maintained by the constant endeavour of the people. To give a person relief from a violation of human rights does not involve a punishment but a mere adjustment of a conflict between various interests involved in the case. This adjustment of conflict should be made not only for the purpose of giving satisfaction to the injured individual but also for the purpose of preventing any attempt to undermine the functioning and existence of democracy.

In the light of this fact, a criminal sanction is not appropriate as a «just satisfaction». Nor is remedy of damages appropriate except in cases where compensation is the main aim of the petition[133]. The sanction which may appropriately be called «just satisfaction» is public disclosure of the fact of violation, since the ultimate guardians of freedom of expression are people themselves. To let the people know the fact of the violation will also serve to encourage those people whose rights are similarly

---

(131) *See* note 121 *supra.*
(132) As to the origin of the law of crime and tort, *see* Homes, *Common Law* 6, 34 (Howe ed. 1963).
(133) For instance, suppose a case in which a publisher of books was unduly penalized and his books were confiscated.

299

violated to bring their cases to the Council of Europe. In certain cases, where the «timing» of giving information or expressing ideas or opinions is an important factor, the Court should give an injunctive relief by an interim judgment[134]. In the past, economic sanctions—contracting states stopped trading with the state violating a treaty—were used, but they are too strong as a measure of «just satisfaction» for violations of the freedom of expression.

(3) FURTHER SAFEGUARDS OF FREEDOM OF EXPRESSION

In this last section, we are going to consider what safeguards are still needed for further protection of the freedom of expression.

In the first place, the nationals of those contracting states which have not yet recognized the competence of the Commission to receive individual petitions do not have «standing» to bring petitions to the Council of Europe[135]. If a case arises in one of those states, another contracting state must refer the breach of a provision of the Convention to the Commission on behalf of the injured individuals[136]. The suits filed against

---

(134) See *Rules of Court* art. 34 [Interim Measures], which provides: «... the President of the plenary Court may, at the request of a party, of the Commission, of any person concerned, or proprio moto, bring to the attention of the parties any interim measure the adoption of which seems desirable ...». As a concrete measure which might be taken by the Court, it seems desirable to refer a case to the united Nations for its consideration under the Convention on the International Right of Correction.

(135) *Ibid.*

(136) Eur. Conv. art. 24 provides that «Any High Contracting Party may refer to the Commission ... any alleged breach ...», but in view of the fact that the purpose of the Council of Europe is to take the first steps for the «collec-

4. Safeguards Still Neede for Further Protection

Greece following the *coup d'Etat* of 1967 provide us with examples of such cases[137]. As we see from their disposition, it is extremely difficult to enforce the law of the European Convention in such cases[138]. If the Court renders a final decision and if that decision is not obeyed by the violating state, there is a danger of destroying the whole machinery of the Council of Europe for the protection of human rights. Therefore, it is important to urge upon those non-recognizing states under Article 25 the necessity of its recognition to maintain and further the ends of the Convention.

Secondly, in view of the fact that the law of the European Convention

---

tive enforcement» (see preamble), it should be interpreted as imposing the duty to refer upon the contracting parties.

(137) Denmark v. Greece, Application No. 3321/67, Norway v. Greece, Application No. 3322/67, Sweden v. Greece, Application No. 3323/67, Netherlands v. Greece, Application No. 3344/67. These applications were presented in accordance with Article 24 of the Convention against certain legislative and administrative measures adopted by the Greek Government which had come into power by a *coup d'etat* on April 21, 1967.

(138) Professor Buergenthal of NY State Univ., in his sharp analysis of the background of this case and its political and legal implications, observes: «While it is doubtful whether the threat of expulsion standing alone [see Statute of the Council of Europe art. 3] is an effective enforcement measure, there are added consideration in this case which the Greek Government may find very difficult to discount. These have to do with the fact that expulsion from the Council of Europe could, among other consequences, have an adverse efrect on Greece's relations with the E.E.C. and possibly also on its position in the NATO.» T. Buergenthal, *Proceeding against Greece under the European Convention on Human Rights* (note and comment), 62 *Am. J. Inter'L. L.* 441, 447-8 (1968). In consideration of the difficulties of judicial solution, the Council of Europe has started to attempt political solution. *See* the Recommendation 547 (1969).

301

still remains obscure in many aspects, the Commission and especially the Court should endeavour to elaborate the law by making decisions. They should keenly be aware that it is their specific duty to implement and to protect those human rights and freedoms declared in the Convention. They should be brave rather than timid in stating their opinion about the law in their decisions.

In the third place, although it may be unfair to make a final judgment because no case has reached the state of final decision on the merits, it seems that there still remains much room for improvement of the enforcement machinery for further protection of the freedom of expression. In comparison with the I.L.O. machinery, for instance, the reporting and advising systems of the Council of Europe can be much improved.

Lastly, in connection with the enforcement machinery, it is no less important for the Council of Europe to think of measures to educate people so that they may all become aware of the importance of the freedom of expression, the nature and scope of the freedom, and means for its effective enforcement. Needless to say, the ultimate guaranty of the freedom of expression lies in public opinion.

5. Conclusion

In the first place, the functions that the Council of Europe is supposed to perform for the protection of the freedom of expression are three: One, supervision of due exercise of Governmental powers — legislation, administration, and judical decisions, two, facilitation of participation in a democratic society, and, three, preserving and furthering world peace by encouraging free discussion and mutual understanding.

5. Conclusion

In the second place, we have learned that Article 10 of the European Convention is written in language broad enough to give the Council of Europe the power to carry out fully those three functions mentioned above, though the provision leaves many possibilities which may hinder those functions. For instance, the clause «licensing of broadcasting ...» should be elaborated and interpreted for greater clarity. Also, the clause in the second paragraph, «prescribed by law and are necessary in a democratic society», is ambiguous.

In the third place, after our analysis and examination of the concrete decisions made by the Commission and by the Court, we reached the conclusion that the Council of Europe, In most cases, has achieved its goal to a considerable extent. This is clearly shown by the fact that more than three thousands cases have already been submitted to the Council of Europe and that the number of cases submitted to the Council is rapidly increasing.

Finally, we considered the possibility of improving the machinery for implementation of the freedom of expression. We stated: first, that it is essential for further protection of the freedom of expression to urge those contracting states who have not yet recognized Article 25 and 46 to recognize them promptly: second, that the Commission and the Court should not hesitate to express their opinions on the law at greater length in order to elaborate the provision of Article 10 of the Convention: third, that there still remains much room for improvement of the enforcement machinery: and lastly, it was briefly suggested that the Council of Europe should think of effective measures to educate people so that they may be aware of problems of the violations of freedom of expression. Under the present situation where such incidents as the invasion of Czechoslovakia and the brutal suppression of freedom of speech are likely to take place almost every year at some place in the world, this improvement with respect to the enforcement machinery and the enlightenment of the public is urgently needed.

第5部　日本刑法の比較法的考察

BUDDHIST INFLUENCE OVER THE JAPANESE CRIMINAL LAW - A COMPARATIVE PERSPECTIVE[1]

1. Brief History

When Prince *Shotoku* promulgated his Constitutional Code of 17 Articles in 604, described by some as the first constitution of Japan[2], it embodied Buddhist values. It also represented a kind of "social contract" insofar as it set out the relationships and mutual obligations that should exist between the different members of the state, from the lowest to the highest. At the heart of this Code was the spirit of "*wa* (harmony)" and despite many subsequent elaborations and reformulations, this spirit of "*wa* (harmony)" has remained a driving force throughout Japan's legal history, of which the Code can be seen as the foundation.

It is not possible within the scope of this paper to explain how the Japanese legal system grew and developed on the basis of this foundation up

---

(1) This article is reproduced on the basis of the lecture delivered by the author on 25 October 2002 at the University of Bialystok.
(2) H. Oda, Japanese Law (1992) p.15 states that "despite the nomenclature, this was more of a moral code for officials and the general public."

第5部　日本刑法の比較法的考察

to 1868[3], which marked the first year of the Meiji era, and is considered to be the starting year of modernization in Japan. To be a little more specific, Japan's long international isolation was broken in 1853 by American Commodore Perry, who threatened the *Shogunate* Government and forced them to open up the country. It was in the context of this process that during the Meiji era, which began in 1868 and ended in 1911, Japanese law was modernized using the principles derived from European legal systems, predominantly those of Britain, Germany, and France. Different forces came into play after the end of World War II, when under the American occupation, American law came to exert a direct and marked influence on the Japanese legal system[4]. The Japanese legal system today is therefore a hybrid, an amalgam.

---

(3)　During the period between 604 and 1868, the influence of Confucianism became conspicuous. The nation reached a prolonged state of political equilibrium, economic prosperity and social calm. Apart from the modern Code system, which is explained below, a large amount of customary law in Japan was created during this period under the Influence of Buddhism and modified form of Confucianism.

(4)　The Constitution of Japan was promulgated on 3rd November 1946. The first modern Constitution of Japan passed through the Diet on 11th February 1 889, and was promulgated on 29th November 1890. It provides for a State with a Constitutional monarch being assisted by the Privy Council. The influence of Rudolph Gneist, a professor of law at the University of Berlin, and of a few other German/Austrian constitutional lawyers, is very noticeable. One can trace the real origin of the fundamental law of Japan, i.e. the Constitution, back to Prince Shotoku's Constitutional Code of 17 Articles promulgated in 604. The Meiji Restoration in 1868 deliberately set out to break with the past and created a modern State.

2. The Framework of Japanese Criminal Law

(1) The Criminal Statutes

The Criminal Code, first enacted in 1907, is the basic statute with which this paper is concerned. It is still oriented toward German low, and as a consequence, Japanese criminal lawyers strictly follow the general principles of "nulla poena sine lege". In other words, Japanese criminal lawyers use a three-tier system of logic. In the first place, they question whether or not the given facts fall under specific statutory provisions. In the second place, they examine "illegality" (i.e. *actus reus*). And finally, they examine whether or not the mental elements (*mens rea*) of a crime are present.

In criminal litigation, the Code of Criminal Procedure, first enacted in 1948, is the most important statute. *Keiji Sosho Kisoku* (Rules of Criminal Procedure) were issued by the Supreme Court so as to function as a framework for the implementation of the said Code, and their relevance becomes clear when we look at the practice of criminal prosecution. Generally, the term *Kisoku* under Japanese law denotes "regulations" issued by the relevant Ministry. In the case of *Keiji Sosho Kisoku,* it is the Supreme Court that is responsible for making them. Kisoku take on particular importance in connection with *mala prohibita,* which are mostly offences concerned with economic crimes.

In order for courts to be able to function, it is a prerequisite that there are sources of rules and authority on the basis of which judges settle human disputes. Judges in Japan are not supposed to make law. In settling disputes, the courts apply those laws that are considered relevant to the case in question; sources of law are composed of constitutional law, stat-

第 5 部　日本刑法の比較法的考察

utes, regulations, and customary or other secondary sources of law such as authoritative academic opinions. The Japanese legal system is a hierarchical system[5]. At the top of the hierarchy is constitutional law, which contains several important criminal law provisions.

What the constitutional law consists of is clear to the Japanese people, because the provisions are codified in a single comprehensive code[6]. That said, constitutional interpretation is a different matter. What I want to stress here, however, is that in the mind of judges when they are interpreting a constitutional provision, the spirit of "wa (harmony)" functions strongly. *Nakaya v. State*[7], a well-known constitutional case related

---

(5)　See generally, regarding the hierarchical structure of the Code system, Y. Tajima, *Learning from Japanese Legal Tradition*, Amicus Curiae (Journal of the Society for Advanced Legal Studies) No.29 (July 2000) pp. 27-29. 〔この論稿は本著作集第 5 巻に収載〕

(6)　See note 3, *supra*. Article 31 of the Code provides for due process of law, Article 32 for the right of access to justice, Article 33 for the conditions of arrest, Article 34 for the right not to be unjustly confined or imprisoned, Article 35 for the privacy of the home, Article 36 for the prohibition of torture and cruel punishment, Article 37 for the accused's right to a fair trial, Article 38 for the privilege against self-incrimination, and Article 39 for the prohibition of double jeopardy.

(7)　Sup. Court Decision of 1 June 1988, Minshu vol. 42, no 5. pp. 277 et seq. Here, a wife of a trainee pilot of the self-defence force sought an injunction to enjoin a Shinto funeral ceremony which was prepared by a group of volunteers of the force. Both the wife and her deceased husband were Christians. The Supreme Court held that "Shinto deals with the relation between the human and the superhuman, and it could be treated as a religion." It continued by saying that the ceremony at issue was of ancient origin, and presently had an element of a purely customary nature without any religious connotation. It rejected the wife's appeal in order to enhance the "fighting spirit of air force

2. The Framework of Japanese Criminal Law

to the self-defence force and *shintoism,* is a very good illustration of this. Of course, for the purpose of this paper, criminal code is the most important source of law, and here too, the spirit of "*wa* (harmony)" can be discerned. Let us now look a little more closely at what this entails.

(2) The Spirit of "*Wa* (harmony)"

The spirit of "*wa* (harmony)" can be thought of as being the life-blood of Japanese law, and the sources of law as being, as it were, its physical appearance. What then, precisely, the spirit of "*wa* (harmony)? Looking at the way in which it functions, we can see that for Buddhists, keeping harmony within their community is an important matter. It should also be noted that the concept of "*wa* (harmony)" is related to that of "*mujo* (a changing world)". Buddhists are expected to train themselves in such a way that they can adjust their behaviour so that it fits the community interests in a changing world. Harmony, however, signifies not only harmony among members of the community but also the coherence in nature. Man should not behave in a way that is contrary to the law of nature.

In principle, there should be no role for "unwritten law" to play in the case of criminal law. However, as will be shown below, Japanese criminal law provisions contain elements of "discretion", and it is in the exercise of this "discretion" that unwritten law plays an important role. Customary law is an important source of unwritten law, at the core of which is obviously the spirit of "*Wa* (harmony)". This is clearly stipulated in the case of civil law. 1875, Proclamation No. 103 of the Great Council of the Meiji Government (*Dajokan Fukoku*) expressed the desire to preserve customary law in Article 3, which stated that "in civil trials, those mat-

---

soldiers."

ters for which there is no written law are governed by custom, and those matters for which there is no custom shall be adjudicated by reason (*jori*)" [8].

3. Examples of Buddhist Influence —General Principles of Criminal Law

(1) Excuse

Outlined above is a general explanation of the background to the subject matter of this paper. Specific examples of the influence of Buddhism will be explained below. It should be noted, however, that "Buddhism" in this connection is not used as a term denoting a religious sect [9]. It should be seen as a cultural mode of the Japanese people in general and should be thought of in the same way as in the explanation given by the Supreme Court about *Shintoism* in the *Aum Shinrikyo* case, *supra*. Buddhism recognizes no God or godhead. [10] Life is not regarded as a preparation for eternity, but as a discipline which governs man's attitude to the here and now, the present condition.

---

(8) The judges followed a similar practice even in the criminal trial.
(9) Kyoto is a famous ancient metropolis of Japan where many Buddhist temples have been pre-served in their original forms for about 1000 years. These temples fought each other quite often, using judicial fictions like the Western and American reasoning of freedom of religion. These cases, though important, are not mentioned in this paper.
(10) Buddhism came from India by way of Korea between 550 and 600. See generally, R.F. Gombrich, How Buddhism Began - The Conditioned Genesis of the Early Teachings (1996). Korean princes sent gifts of images to the Japanese Imperial court, and Prince Shotoku made it a State apparatus. At present, it is about as securely entrenched as Christianity in England. D.T. Suzuki, Zen Buddhism and Its Influence on Japanese Culture (1938).

3. Examples of Buddhist Influence —General Principles of Criminal Law

General principles of criminal law are not so different from those of western criminal law. For instance, an act carried out for the purpose of "self-defence" is not punishable. Also, an act carried out to fulfill a lawful duty is not punishable. Thus, a *sumo* wrestler who injures his opponent in the normal course of wrestling shall not be criminally liable for the injury that he has caused. The difficult case is the case of "an unavoidable act carried out in order to avert a present danger to the life, person, liberty or property of oneself or another person." Criminal liability does not arise if the degree injury is less than the averted danger.

The last-mentioned rule is not specifically specified in the Criminal Code. It is rather an established interpretation among academic opinions and accepted by the courts as an unwritten law. It should be observed, however, that concept of "life" or "property" is relativistic. Buddhists believe that "pardon" or "tolerance" is a virtue, and Buddhist judges tend to grant excuse if the criminal shows an attitude of repentance and if the victim is willing to give a pardon[11]. My mother was killed by the grossly negligent driving of a young driver who was a classmate of my sister. My family pardoned the victim and the judge handed down a very lenient sentence expecting the criminal to lean lessons from this crime and to create an appropriate career of his own. In principle, inaction does not create criminal liability. There are exceptional cases where liability may be imposed. A father who fails to give food to his infant child shall be liable for starvation, since he has a duty to support and sustain the life of his

---

(11) This tendency created a practice of preparing a letter of "apology" and a letter of "pardon". The stalker story, explained below, is also illustrative of this, although indirectly.

311

child[12]. In another case, where a clerk noticed that a few official documents had fallen down into a charcoal *hibachi* (heater) and failed to extinguish the fire that resulted, the Japanese court held that he had committed arson[13]. In another case, a senior official of the Ministry of Health and Welfare was prosecuted for his inaction to issue a ban on the sale of blood that was contaminated by "HIV". In this case, the first question is whether or not the official had a legal duty to determine the matter, since in such cases the statute often does not state precisely what the legal duty is, and if it is decided that he had, then the second question is whether or not there was a breach of the duty.

(2) Attempt, Accessory, and Conspiracy

No person shall be punished for an act carried out without criminal intent. In a case of "attempt", criminal intent is presumed to exist and the person who attempts a crime shall be punishable. However, in order to encourage the criminal to change his mind and voluntarily give up attempts to commit crime, section 38(1) of the Criminal Code provides that the penalty may be reduced or remitted. In a case where a crime was attempted but it was clearly impossible from the beginning that the crime could actually be committed, the question arises whether the person who attempted the crime should still be punished. The answer is in the affirmative, because the concept of "attempt" does not necessarily include as a

---

(12) Nagoya District Court Decision of 30 May 1968. *Kakyu Keishu* vol.10, no.5, pp.580 *et seq*. Here, the father's wife left the family home at the time of divorce, and the father was placed in a position of bringing up the child alone.

(13) 12 Supreme Court Decision of 9 September 1958. Saihan Keishu vol.12, no.13, pp.2882 et seq. Here, the documents were official papers. and the clerk was afraid of being charged with their loss.

3. Examples of Buddhist Influence —General Principles of Criminal Law

prerequisite the likelihood of success.

With respect to "accessory", criminal liability is normlally less than that of the principal. However, the person who commits a crime often executes the committal under the control of a superior person, and judges may allow the use of "conspiracy" in order to impose a heavier liability on the principal. As will be explained below, in a case where the head of an occult sect (called *Aum Shinrikyo*) issued an order that a murder should be committed and his disciples were obligated to follow the order, the public prosecutor wished to prosecute the head for the charge of "conspiracy" and punish him as the principal.

(3) Consent

"Consent" on the part of the victim to a crime may exempt the doer from liability. For instance, if a man steals a valuable item of property from a temple and the proprietor expresses his consent to "having been robbed" after the committal, the thief may be exempted from the criminal liability of theft. It is not always so. In the case of a homicide, the victim's consent does not normally result in the accused being exempted from criminal liability, since. "life" cannot be restored once it is denied and the community has a strong interest in the matter[14]. The person, who obtains carnal knowledge of a female under 13 years old under any circumstances, or of a female of not less than 13 years old by the use of violence or threat, shall not be exempted from criminal liability even though he

---

(14) See Article 202 of the Criminal Code. This Article provides for the crime of suicide. Euthanasia is illegal unless it meets the rigid requirements. Yokohama District Court Decision of 28 March 1995, Hanrei Jiho no. 1530. pp. 28 et seq., Hanrei Taimuzu no. 877, pp. 148 et seq.

has obtained the consent of the female[15]. In the case of offences under the Consumer Credit Transactions Act, a *mala prohibita* case, "consent" is denied by presumption.

4. Examples of Buddhist Influence —Classification of Crimes

(1) Protection of Life

Homicide is of course the important legal norm which is intended to protect life. Homicide may be punished in Japan with the capital penalty. In recent years, the abolition of "capital punishment" has often been advocated by academic lawyers. However, a recent series of dreadful cases has resulted in a majority of the Japanese people remaining convinced that they still need capital punishment for murder. In 1995, a religious occult group called "*Aum Shinrikyo* (supreme truth)" occult committed a series of crimes, some of which were the most horrendous in Japanese penal history. The imposition of capital punishment appears to be inevitable when their crimes are proved beyond a reasonable doubt. Popular support of the capital punishment is increasing because of this series of crimes and other recent crimes of a similar nature.

In this paper, we focus only on the facts of homicide committed by the group. Where some members of the group disobeyed the order of the head, the group killed them in the name of "purification". Group members

---

(15) Section 177 of the Criminal Code provides that "a person, who by violence or threat obtains carnal knowledge of a female person of not less than thirteen years old, shall be guilty of rape and be punished with a penal servitude or a limited period of not less than two years." The same shall apply to a person who obtains carnal knowledge of a female person under thirteen years old even without violence or threat.

5. Examples of Buddhist Influence —Criminal Procedure and Execution

believed that the "soul" is not extinguished even though the physical body may perish. If the body is rotten, the members can assist the soul to be purified and revived in a perfect form. Therefore, this "purification" Is the right thing to do. This reasoning, however, cannot be accepted by criminal law. To secular eyes, "purification" is a homicide. First of all, the head of the group does not have any adjudicative power. Secondly, "homicide" Is a higher norm, and it cannot be denied by a rule imposed by a lower community. The right to life is the most important human right and it cannot be denied merely by the community interest of the occult group.

(2) Protection of Property

The concept of property is vague in Buddhism, because Buddhists regard it as impossible to recognize property objectively (in other words, its nature is continuously changing). The influence of Buddhism can be seen in the fact that the value of stolen property has little to do with criminal liability. For example, where a thief stole only several packets of tissue paper from the pocket of the victim, the Japanese court held that the guilt of the thief was the same as that of the robber who stole a purse. The act of theft is the point at issue.

5. Examples of Buddhist Influence —Criminal Procedure and Execution

(1) *Kiso Bengi-shugi* (prosecutor's Discretion Not to Prosecute)

Under the Japanese legal system, it is the public prosecutor who has the exclusive right to control a police investigation, have them investigate a crime and prosecute. The public prosecutor has a wide discretion. Article 248 of the code of criminal Procedure provides that "it is permissible to abstain from public prosecution if the public prosecutor considers

315

that prosecution is unnecessary because of the character and age of the offender, the environment under which he was brought up, the weight and conditions of the offence as well as the circumstances after the offence."

In a recent case, a female university student had been annoyed by a stalker, and her father informed the police of the wrongful act. The police took not action against the stalker, but told him that information had been laid against him. This caused the stalker to kill the student. The police took not action against the stalker, but told him that information had been laid against him. This caused the stalker to kill the student. The father blamed the police for their inaction and requested them to apologize. Public opinion supported this, and senior police officers expressed a deep apology to society and to the father on TV. Subsequently, the father brought an action for damages against the police, but public opinion did not support this[16]. This stalker event may be an illustration of the way in which prosecutorial discretion is influenced by public opinion (which accords with *"wa* (harmony)". This story shows a bad example of the use of "discretion".

(2) Jury Trial

The mode of a criminal trial is similar to that found in German law. In the first instance, the public prosecutor states the charge and the relevant section of the Criminal Code. He also explains what evidence he

---

(16) The daughter often quarreled with her father and there may have been a feeling on the part of the public that the father should not be entitled to "unjust profits" acquired as a result of his daughter's death. Normally. the defendant in a damages case is the criminal, not the police.

5. Examples of Buddhist Influence —Criminal Procedure and Execution

holds to prove the guilt of the accused. In the second place, the accused, or the defendant, then answers to the charge. He may answer either "guilty" or "not guilty", and then explain the defense. The fact-finding procedure follows. And after discussion about the application of law, the court renders its decision.

Foreign students may be surprised to know that jury trial was also available in Japan for a considerable time. The jury trial was introduced in 1923 and the Jury Act of 1923 became effective on 1 October 1928. The operation of the Jury Act was suspended in 1943, and it has never used since then. Some hundreds of cases were tried by jury but the jury system was in general unpopular in Japan[17].

It should also be noted that there were certain important differences between the Japanese jury and the Anglo-American jury. In the first place, the jury of twelve was not empowered to deliver a verdict but simply an opinion which the judge was not bound to respect. In the second place, criminal jury trial was limited to serious cases. There were two categories of such cases. One was those cases in which the maximum penalty was death or imprisonment for life, and the other, those cases in

---

(17)　Hirano, *Professional Judges and Lay Judges*, Horitsu Jiho vol.29, pp. 435, 437 (1957). Professor Ryuichi Hirano, once the President of the University of Tokyo, commented that "It is undeniable that one of the reasons for the unpopularity of jury trials was the people's preference for trial by 'those above the people' rather than by 'their fellows'. Judges, with a sense of their special responsibility to adjudicate cases in the name of the Emperor, tried hard to keep their moral standards as high as those of priests, and people trusted judges partly because they believed that judges with such a mental attitude would act impartially, and probably also because of their general respect for public officials serving the Emperor."

317

which the maximum penalty was imprisonment for 3 years or more and in which a specific request was made by the accused[18]. A newly enacted Jury Act (passed the National Diet on 22 May 2004) revives the jury system in Japan in order to enhance popular trust in the judicial system. Under the new jury system, 6 lay judges win be added to 3 professional judges, and a special majority must support the guilt of the accused before he is sentenced to death or imprisonment.

(3) Discretion in the Execution of a Sentence

Let us take the example of homicide again. Article 199 of the Criminal Code provides for the penalty of death or penal servitude for life or not less than three years. Suppose, for instance, an innocent daughter is raped by her drunken step-father, and the daughter kills him out of fear that she might be perpetually attacked by him. If this is the only crime she has committed, the judge may render a judgment of "3 years imprisonment for murder." This means that the penalty may be reduced to imprisonment of one year and a half at the stage of its execution and that the daughter may be released on parole. A perceptive student can easily imagine that problems of "discretion" similar to those mentioned above may arise through the construction of the said Article.

---

(18) Jury trial could not be granted if crimes were against the Imperial family members, riot with the purpose of overthrowing government, violation of the Peace Preservation Act. espionage, and violation of laws relating to the election of public officials.

6. Some Concluding Remarks

The author has attempted to show that *"wa* (harmony)"is the traditional lifeblood of Japanese criminal law, although the physical appearance of the criminal law appears to be Western. The concept of *"wa* (harmony)" presupposes the existence of a community. Harmony in *mujo* (a changing world) is the idealistic state of the world envisaged by Buddhism. In striking a balance between the community interest and various individualistic interests, the community must concede to the latter. Among communities within a larger community, there must be a harmony. Thus, the largest community creates a harmonious universe.

Heiwa (peace) in a global community, contains the concept of *"wa* (harmony)". Since community interest requires the protection of individual human rights as illustrated with some examples in this paper, *heiwa* (peace) also requires such protection. Japanese criminal law may appear to be exotic to the eyes of Western people, but the fact is that it has traditionally protected human rights in the same way as in Western society. Law is after all a fiction, and the fiction used in Japanese society is different from that use in the West. The substance, however, is the same. If Western people understand this, the bridge between Western society and Japanese society, or even Asian society, will become more harmonious and complete.

第6部　その他

1　ウルフ・レポートと証拠法則

(1)　ソクラテスの『弁明』

　英米法を専門とする筆者が、民事訴訟法の先生方の論文集に名を連ねさせていただくことには、多少の躊躇があったが、小島武司先生の古稀をお祝いする記念論文集であるということなので、執筆させていただくことにした。筆者は、司法アクセス・フォーラム研究会（座長、小島先生）に参加させていただいており、これに関係する研究テーマを選択したい。筆者は、別途、ウルフ・レポートの翻訳作業を進めていて、ウルフ裁判官が司法アクセスの改革を勧告しているので、その中の証拠法則の部分を再検討するという形で、本稿の論考を行いたい。

　司法アクセス・フォーラム研究会で小島先生がソクラテスの「無知の知」について解説されたことがあり、このことから本稿を書き始めることにしよう。アメリカのロー・スクールで行われている法学教育は、ソクラテス方式と呼ばれるものであるが、「無知の知」はまさにそれを支える基本精神である。いわゆるケース・メソッドと呼ばれるものがそれである。ソクラテスは、街頭や広場でいわば公開討論を行い、その討論を通じて人々に「無知の知」を教えた。古代ギリシャの最高の知識人であったソフィストたちとの論争に打ち勝ち、デルフィの神アポロンをして、「ソクラテスに勝る知恵者はいない」と言わしめた。この手法に倣う法学教育が現在のアメリカの法学教育であり、日本の法科大学院でもこれを採用しようとしている。

第6部　その他

　『ソクラテスの弁明』や『饗宴』など、「対話集」の形でプラトンがソクラテスの論述を記録に残している。そこに示されている裁判は、近代の当事者主義の裁判に類似したものを含んでいる。ソクラテスは、薄汚い身なりの雄弁家であったようで、学術論文を残したわけではない。ソクラテスの弟子であるプラトンは、その教えを発展させた。第1に、法実証主義を唱えた[1]。第2に、無知という闇と認識という光のシンボルを使って、洞窟の寓話を語った。真の認識は人間には不可能であるので、限られた経験から得たわずかな認識から絶対的な主張を導くのは正しくない、という教訓がこれには含まれている。上述の「無知の知」とは、このことを知っていることを意味する。

　ついでにアリストテレスにも言及しておこう。アリストテレスはプラトンの一番弟子であり、ソクラテスから見れば、孫弟子ということになる。アリストテレスは、とくに修辞学の部分でソクラテスの論考を整理した。現在の法学教育において、三段論法の修辞法は最も重要視されているが、これはアリストテレスによって整理されたものである。この三段論法は、要件事実論と結びつけられた我が国の証拠法則で使われるものであり、これについては、後の(3)でも少し論じなければならない。いうまでもなく、三段論法は結論を先取りしたものであり、裁判官がもつ結論を正当化するための道具に過ぎず、もし裁判が正義を実現するものならば、裁判官が他にも見るべきものが多く残されているのではないかということが、一般的に出される批判である[2]。

（1）「悪法といえども法には従わなければならない」という主張につながるものであるが、ソクラテスが（不当な）死刑判決に従ったのは、この考えによるものではない。ポパーの解釈によれば、そもそもこの裁判がプラトンによって企まれたものであり、ソクラテスもそのことを知っていて、自ら死を選んだと考えられる。プラトンと法実証主義との関係については、J.B. MURPHY, THE PHILOPHY OF POSITIVE LAW (2005) pp.24-28 を見よ。ちなみに、この著書は、プラトンと現代の法実証主義の間にトマス・アキナスを介在させている。
（2）　アリストテレスの修辞学の研究は稀であるが、ドイツ法学の立場からの研究として、植松秀雄「判決の理由づけについて－法思考のパラダイム転換－」

さて、本稿の論述の進め方を簡単に説明しておこう。これに続く(2)では、本稿に関係するウルフ・レポートの勧告に注目し、若干の検討を行う。(3)では、そこで問題になったようなことが、日本ではどのようになっているか、調べてみることにしたい。そのプロセスで契約法に関係する2つの判決と医療過誤訴訟と鑑定に関係するルンバール事件を分析する。これらの判決は、決して代表的なものではないが、日本の司法の問題を考える良い素材である。

(2) ウルフ・レポートの勧告

(a) 事件説明書

大学での法学教育はボローニア大学にはじまる。そこではユスティニウス法典が教材として使われ、最初に紹介したソクラテス＝プラトン＝アリストテレスの哲学思想が、その基礎理論として教育された[3]。ローマ法の影響を受けたイギリス法は、訴訟の令状方式を非常に重んじた。ケンブリッジ大

岡山大学法学会雑誌39巻1号（1989年）1頁以下がある：[p.3]「紛れもなく『判決の理由づけ』は法思考が活躍する典型的な場面であるといってよい。……（中略）……そしてこれは、従来三段論法的包摂（推論）をモデルにして説明されてきた。……（中略）……なかんづく法理論的観点では、法思考あるいはそれの典型的営みである判決の理由づけの論理への反省の必要性を挙げることが[p.4]できる……（中略）……本来は法的論理のプロであるはずの法律家にとって、その論理反省はそれほど易しいことではない。」アリストテレスの「レトリック」（修辞）について、同「レトリックの法理論」長尾＝田中『現代法哲学』（東京大学出版会、1983年）103-135頁も見よ。

(3) ペポと呼ばれる裁判官が最初にこれを使い、その後、いわゆる注釈（glosstors）と呼ばれた教官たちが、バイブルのように法典を扱ったといわれる。P. Stein, Roman Law in European History (Cambridge, 1999), pp.45-46. ソクラテス＝プラトン＝アリストテレスの研究は、9世紀から14世紀に盛んであったスコラ学の影響によるものであろう。スコラ学と関係して、トマス・アキナスの存在も不可欠のファクターであった。前掲注（1）参照。

第6部　その他

学でのメートランドによる講義で説明されているように、19世紀の中頃には令状方式は廃止され、墓場に葬られたはずであるが、この令状方式は、その後にもこの世に現れ、墓場の下から支配しているように見える。ウルフ・レポートは、訴状を「事件説明書（statement of a case）」と命名し、再び訴訟方式を完全に墓場へ葬り去ることを勧告している[4]。

19世紀中頃のイギリスの裁判は、かなり儀式化されており、裁判の手続もかなり厳格なものであった。訴訟方式（forms of action）が厳格であったというだけでなく、各方式の訴答手続は、claim（原告）→ defence（被告）→ reply（原告）→ rejoinder（被告）→ surrejoinder（原告）→ rebutter（被告）という順序で行われた。しかも、この手続に使われた用語は、コモン・ローの裁判所とエクイティの裁判所とで違っていた[5]。ウルフ・レポートは、専門用語を使うことを禁止し、国民が理解できる裁判を行うべきであると勧告している。このレポートは、上述のように従来の書式を廃止し、「事件説明書（statement of a case）」という書式のない書面の方式を採用しようとしている。

勧告に従う「事件説明書」を日本の事例に当て嵌めてサンプルを示せば、次のようなものになるであろう[6]。

「被告が原告の自宅を突然訪問し、水道局の職員を装って浄水器を売りつけ、その設備工事を行った。これに対し116万250円を支払った。しかし、

（4）　LORD WOOLF, ACCESS TO JUSTICE (1996) pp.119-121. 本稿はこのウルフ・レポートを研究対象として書いているが、その勧告の多くはすでに法文化・判例法化されているので、本稿では、むしろ法令および判例の方を引用する方針をとった。
（5）　例えば、「訴訟」はコモン・ローではactionと呼ばれ、エクイティではsuitと呼ばれる。「判決」もコモン・ローではjudgmentと呼ばれ、エクイティではdecreeと呼ばれる。その他にも用語の違いがいくつかある。
（6）　CPR Part 17. McPhilemy v. Times Newspapers Ltd. [1999] 3 All ER 775で、ウルフ裁判官がこの意義を説明している。

これは詐欺によるものであり、被告は代金を返還し、設備等を原状に戻してほしい。また、この取引のやりとりは非常に不愉快で、苦痛を伴ったので、慰謝料も併せて請求する[7]。」

不動産法に関するもう1つのサンプルを示しておこう。

「ガボン大使から土地建物を買いたいという手紙を受け取り、希望通りの物件を探し、売買契約書を作成したが、履行してもらえない。契約代金を支払うか、契約を解除して損害賠償をしてもらいたい[8]。」

これらの事件説明書は、本稿で後に検討する日本の判例［水道工事事件およびガボン共和国事件］に対応するものである。これを出発点として訴訟が進行することになる。その事件説明書の中で、法律の条文を引用したり、当事者の請求が「詐欺」または「通謀虚偽表示」によるものであることなど、具体的な専門家の用語を使うことは要求されていない。固定された様式はないけれども、形式的なルールが若干ある。例えば、1つの事件の「事件説明書」に使った表紙は、その後のすべての書面の表紙として同じものを使われなければならない。この説明書には、その提出先となる裁判所の名前および訴人の郵便宛所を明記し、説明書の末尾を、「以上のことは真実である」という趣旨の文章（偽証罪を問うための前提条件）で結ぶことが必要とされる。

(b) 書　　証

ウルフ・レポートは、民事訴訟を3つのコースに分類してそれぞれのコースに適した手続を採択しようとしている。事件説明書を最初に読む手続担当裁判官は、コース割当質問票（an allocation questionnaire）を当事者に送付し、その回答を参考にして、少額請求コース、迅速コース、複合コースのいずれ

---

(7) 京都地方裁判所平成17年5月25日判決を参考にした。この事件は、(3)(a)で検討する。

(8) 東京地方裁判所平成16年6月28日判決を参考にした。この事件は、(3)(a)で検討する。

第6部　その他

かに割り当てる⁽⁹⁾。争点を整理し、証明に使う証拠についても方針を立てる。その整理が終わった段階で、公判期日質問票 (listing questionnaire) を送付し、公判審理の日時を設定し、両当事者の了解を得た上で、事件進行予定表を作成する。この予定に従わない場合には、いろいろな制裁が科せられる⁽¹⁰⁾。イギリスでは、詐欺防止法（1677 年）があるために、何らかの書面がなければ訴訟は開始されないが、少額請求訴訟では、この「何らかの書面」だけで事件が処理されるのが通常である⁽¹¹⁾。

ウルフ・レポートが書証について大きな関心を示した問題は、証拠開示の問題である。これまで、イギリスでは、この手続は discovery と呼ばれていた。ウルフ・レポートは、この用語を廃止し、disclosure of documents と呼ぶことを勧告している⁽¹²⁾。日本語に訳せば同じ訳語（証拠開示）を当てることになりそうであるが、この用語の変更は、discovery に関する手続の種類を 4 つに分け、スタンダード開示とそうでない開示とを区別することを意図している。ウルフ・レポートは、証拠開示に関する従来の慣行を廃止する意図はなく、一定のコントロールを付けようとしているにすぎない、と説明

（ 9 ）　少額請求コースは、訴額が 5000 ポンド以下（人身事故については、1000 ポンド以下）。迅速コースは、それ以上 1 万 5000 ポンドまでの事件をいう。Khiaban v. Beard, [2003] 1 W.L.R. 1626 (CA) は実際上はもっと高額の事件であるが、両当事者が「全体について判決に従う」という合意のもとに、少額請求コースで訴訟が行われた。
（10）　Biguzzi v. Rank Leisure plc [1999] 1 WLR 1926 で、Lord Wolf は、ルール違反に対する制裁を課した。この判決の中で 4 種類の制裁を例示している。
（11）　「書面処理 (paper disposal)」(Form No. 159) と呼ばれている。手続担当裁判官は、1 ヶ月ぐらいの間に審問日を設定し、1 時間程度の審問により事件を処理する。その審問のために関係書類を持参することを事前に要求する。
（12）　「書証 (documents)」という言葉で対象範囲を多少限定したようにも見えるのであるが、従来の先例通り行われている。ここでいう documents には、ビデオなども含まれる（後掲注(22)参照）ので、「書証」という訳語は適切でないかもしれない。

326

1 ウルフ・レポートと証拠法則

している。公判手続の開始前に事件進行管理会議（case management conference）または公判前審査（pre-trial review）が行われるが、この時までに開示説明書（disclosure statement）を提出しなければならない(13)。

裁判所が証拠開示をコントロールするということは、何を意味するのだろうか。これと関連して、Compagnie Financiere de Pacifique v. Peruvian Guano Co., (1882) 11 QBD 55 [以下、ペルー共和国事件という] が参考にされている。この事件は、ペルー共和国が、原告を代理人として被告会社から人工肥料を買い取る約束をしたが、被告が商品の発送を拒絶した事件である。被告は、代理人の委任に欠陥があると考えたためであるが、訴訟では当該約束は「取引の交渉」に過ぎず、まだ正式な契約の締結にいたっていない（letter of intent しかない）と主張した。これに対し原告は、取引に関係する書面を裁判所に提出したのであるが、この書面はいずれも契約締結日と主張される日付以後のものであった。被告は、それ以前の書面の存在を疎明し、宣誓供述書（affidavit）による説明を求めた。裁判所は、被告の主張を認めたのであるが、この限定的なやり方が、証拠開示のモデルとされてきた(14)。

この判決には、一般的な形で証拠開示の問題点が整理されており、ウルフ・レポートは、これを参考にして勧告を出している。イギリスの裁判では、原告は、まず本項のはじめに説明した手続の流れにおける質問状の返答の中で、書証の開示請求について記載することができるが、もしそうしない場合には、前述のように公判前の会議までに中立をしなければならない。迅速コースの裁判の場合には、標準開示として、(1)自分の側が提出する書証、(2)公判前の会議において、相手方がもっているであろうと特定できる書証、が求

---

(13) この説明書には、公判で使う予定の書証を特定し、どのような使い方をするかを述べなければならない。
(14) 宣誓供述書は、原告または被告のために直接的にまたは間接的に有利となる証拠が得られる可能性があるならば、裁判所の裁量でその命令を出すことができる。11 QBD at 63.

327

められる[15]。複合コースの場合にも、原則的にはこの標準開示に従うが、裁判所は、必要があれば、さらに特別な指示を付加することができる。この指示が出されるかどうかは、おもにコスト・ベネフィットの比較考量にかかっている[16]。

(c) 証　　言

証言は法廷に証人を喚問し、裁判官の面前で口頭で質問し、口頭で応答するという形で証明する方法であるが、ウルフ・レポートの勧告によれば、「証言」は濫用されている。法廷で証言を得るためには、その2週間前までに、証言説明書を作成し、証人喚問の申請を裁判所に出さなければならない[17]。裁判所は、申請を認めるときには、相手方当事者にその説明書の送達を命じ、公判の準備のためカードを用意する。このやり方は、「机上のカード」方式と呼ばれてきた[18]。証人の発言は、事前に弁護士によって検討

---

(15) 証拠開示のモデル例は、Board v. Thomas Hedley & Co., [1951] 2 All ER 431 である。この事件では、主婦が掃除機により皮膚炎（dermatitis）に患かり、製造者を訴え、その訴訟の中で消費者苦情の情報開示を求めた。Yasuda Fire & Marine Co. of Europe Ltd. v. Orion Marine Insurance Underwriting Agency Ltd., [1995] Q.B. 174 では、原告は、被告との保険引受解除後に被告がもっている情報の開示を認められた。
(16) 商事裁判所には先例となる慣行ができているが、詐欺、不実表示、不正直（背任など）がその特別な場合とされている。
(17) RSC Ord. 38, rule 2A. この説明書は、原則として、本人の自書によることになっており、もしこの作成が困難である場合には、弁護士による「証言要旨」（一種の宣誓供述書）を提出する。ちなみに、ビデオ会議は、日本でも証人が遠隔地にいる場合には、当事者の意見を聞いて、裁判所の裁量により利用できるようになった（民訴204条）。
(18) 例えば、裁判官の机の上に置かれたカードには、原告証拠：45分（原告、証人A、証人B）、被告証拠：45分（被告、被告証人C）、専門家鑑定30分、判決の理由の言渡し：10分と書かれており、この予定通り審理が進められる。

され、場合によっては、弁護士が率先して考案した台詞を、証人が暗記して読み上げるということが行われる。その結果、実質的に準備書面と異ならないものになっており、訴訟の費用を高額につり上げる原因になっているという[19]。

　ウルフ裁判官によれば、書面で済むものは書面だけですませるべきである。供述書（affidavit）や証言録取書（deposition）が、もっと利用されるべきであるという[20]。ウルフ・レポートの勧告に従って制定された現在の民事訴訟規則は、裁判官が証拠に関して積極的にコントロールを行うことを義務づけている。コントロールの目的は、「事件を公正に扱うこと」（闇討ちの禁止と真実の発見）にあることはいうまでもないが、これは、(1)経費を節約すること、(2)諸利益を適正に配慮すること、(3)迅速に、かつ公正に処理すること、(4)裁判所の資源を必要に応じてうまく活用すること、を意味する。第2番目の項目について、(i)関係する金額、(ii)事件の重要性、(iii)争点の複雑性、(iv)当事者の資力が考慮されるべき諸利益であると例示している。

　第1に、証人の出廷は強制される。第2に、公判での法律解釈の議論や単なる意見の表明は禁止される。証言の内容は、事前に裁判官に提出した説明書に書かれたものだけに限られる。伝聞証拠法則など、一定のルールを守らなければならない。もっとも、この伝聞証拠に関するルールは、最近、原則的に許容性が認められるようになり、宣誓供述書の利用が拡大されている[21]。宣誓供述書の場合にも、虚偽の陳述に対しては偽証罪で処罰されるので、法

---

(19) LORD WOOLF, *supra* note 4, at p.129. の口頭尋問の手続を経ると、訴訟当事者は、裁判をやったという実感を得ることができ、敗訴しても訴訟費用を払う気持ちになるという。

(20) Affidavit は宣誓供述書であり、虚偽を述べれば偽証罪に問われる。Deposition は、自動車事故のときに現場で警察官が作成する書面などを意味し、一般的には信憑性の認められる書証である。

(21) Civil Evidence Act 1995, ch. 38（伝聞証拠の許容性）。*Cf.* Criminal Justice Act 2003, ch. 44, s. 114（伝聞証拠：主要規定）。

廷での証言と同じ効果が得られるはずであると考えられている。ただ、反対尋問を経て得られた証言は信憑性が高く、口頭尋問の重要性が否定されたわけではない。

　テレビ会議、ビデオ証言、などの利用も前向きに検討されている[22]。Re B (about: refusal of medical treatment), [2002] 2 All ER 449 では、病院の患者が人口呼吸器（artificial ventilation）の取り外しを求めた[23]。テレビを病院に持ち込み、その患者に直接法廷に訴えさせ、陪審がこれを見て審理に当たった。この問題は、そもそも口頭尋問形式の証拠法則は何を目的としているかということにかかわる問題である。その第1の目的は、事実認定が真実に基づいて行われることを保証することである。第2に、訴訟にかかる費用を最小限にすることである。第3に、誤審を防止できないときに、そのリスクを公平に当事者間で配分することである。

　Jones v. University of Warwick, [2003] EWCA Civ. 151, [2003] 1 WLR 954［以下、ジョーンズ事件という］は、後に問題にする詐欺事件と、医療過誤に関するルンバール事件と、比較するので少し詳しく説明しておこう。この事件では、大学（保険会社）の依頼を受けた探偵が、公的機関の調査官と名乗ってビデオをとった事件であるが、このビデオが事件を混乱させ、後に述べるルンバール事件がそうであったように、多数の鑑定書の提出にむすびついた[24]。この事件では、原告職員が、小さな金庫のようなものが落ちたときに右腕に怪我をし、この怪我がどの程度の後遺症を残すかが争点となった。大学側は保険詐欺を疑い、原告の私生活を秘密に盗み撮りした。その上

---

(22) Civil Evidence Act 1995 は、document の中に写真、フィルム、レコード、テープ、ビデオを含むと規定した。これらは証拠開示の対象となる。CPR31.4.
(23) いわゆる「植物人間」の事件は外にも多くあるが、この事例はむしろ例外的なものである。
(24) ただし、鑑定は大学病院の過失に関するものではなく、後遺症の有無に関するものである。ちなみに、この判決もウルフ裁判官によって書かれたものであり、ヨーロッパ人権規約との適合性についても検討されている。

1 ウルフ・レポートと証拠法則

で、鑑宅を依頼した。

(d) 専門家鑑定

専門家鑑定は、少額請求コースでは原則的に利用が禁止されており、迅速コースの訴訟でも一般的に抑止される[25]。イギリスの裁判所では、1つの専門領域について1人の専門家鑑定を依頼するのが原則である（CPR 35.7 (1)）。しかし、双方当事者間で1人の専門家を依頼することに合意ができない場合には、それぞれが自分の専門家を選任し、裁判所がもう1人の専門家を選んで、3人の合議という形で鑑定が進められることになる。過去の経験では、弁論主義が尊重されすぎたため、このルールは厳格には守られていなかった。そこで、ウルフ・レポートは、専門家鑑定は、裁判所を支援するものであって、当事者の利益とは切り離すべきであると勧告している[26]。従って、3人の鑑定人が合議する場合にも、その合議は秘密であり、場所も裁判所が用意することになる。

これと関連して Derby & Co. Ltd. v. Weldon and Others (No. 9), [1991] 2 All ER 901 を見てみよう。この事件の原告はココア等の商品取引ディラーである。被告は、この取引の相手方と、その取引を簡便化するためにコンピュータ・システムを作成した会社および第三者関連会社であり、この訴訟はいわば取引システム内部者の間の訴訟である。原告は、多くの取引をしたはずであるのに期待していたほどの利益があがっておらず、そのシステム利用には詐欺および詐欺の共謀があった、と訴えた。これに対し、被告側は、その挙証責任が原告にあることを主張し、原告の情報開示を求めた。具体的には、原告の会社に設置されたコンピュータを被告に使わせ、これまでの利用記録を検査させよとするものである。この証拠開示をすると、原告は営業を停止しなければならないこと、当該コンピュータには、関連のない取引の

---

[25] 少額請求コースおよび迅速コースについて、前掲注(9)を見よ。
[26] LORD WOOLF, *supra* note 4, at p. 139.

第6部　その他

機密情報が保存されていること、などを理由にこれを拒絶した。上記の事件の判決は、被告の主張を全面的に認めるわけにはいかず、裁判所は2人の鑑定人（企業会計およびコンピュータの専門家）を選任し、被告が必要とする限度の情報を紙に印刷した形で裁判所に提出する、という限度で開示請求を認めた[27]。

　鑑定人を1人にすることにはいろいろな利点がある。第1に、当事者双方が鑑定人に対しいわば反対尋問をするような形で審理が進められ、裁判官はより真理を判断しやすくなる[28]。第2に、通常、鑑定が自分に不利であると考える当事者は、別の鑑定人を立てようとするので、これを原則的に禁止することによって、迅速な裁判を進めることができる。医療過誤事件では、鑑定が重要な意味をもつことが多いが、単一の鑑定人による場合には、その手続は、一方当事者が不在のときに進めることは禁止される[29]。相続事件における遺言状の遺筆鑑定とか、土地境界線をめぐる訴訟における不動産鑑定とか、事件の性質上、複数の鑑定人が選任されることもある[30]。

---

[27] McIvor v. Southern Health Board, [1978] 1 WLR 757（病院のコンピュータ）のやり方がモデルとされている。

[28] Daniels v. Walker, (2000) 1 WLR 1382 (per Lord Woolf) では、自動車事故の後遺症のため、完全看護が数十年にわたり必要かどうかが問題となった。単一の鑑定人が両当事者の合意を得て、選任されたが、鑑定の具体的な指示が一方側の弁護人によるものに偏りすぎていたことから、別の鑑定人による鑑定を例外的に許した。

[29] Peet v. Mid-Kent Healthcare NHS Trust, [2002] 2 All ER 688 では、単独の鑑定人が選任されたが、一方当事者だけが検証に立ち会ったため、この鑑定の利用は許容されなかった。

[30] Fuller v. Strum [2002] 2 All ER 87 は、ロンドンのレストランの経営者の遺言の信憑性が問題になった。Cosgrove v. Pattison, [2001] LTL (Feb. 7) では、鑑定人が、報酬の支払いを事前に請求したりして、鑑定人の行動には不審な点があった。

(3) 我が国の証拠法則との比較

(a) 比較のための2つの事例

これまでの部分では、イギリス法における書証、証言、鑑定の若干の問題をとりあげ、証拠法則についての考察を進めた。次にウルフ・レポートの議論と日本法のあり方とを比較検討しよう。それに先立ち、2つの最近の事例を見てみることにする。第1に、京都地方裁判所平成17年5月25日判決［水道工事事件という］に注目する。この事件では、原告は、水道局職員を装った被告の突然の訪問を受け、「水道の点検です」という言葉を信じたために、被告に浄水器を買わされることになった[31]。京都地方裁判所は、その時に作成された契約書が特定商取引に関する法律の諸要件を満たしていないことを理由として、原告はクーリング・オフにより解除できると判決し、被告が受取った支払金116万250円の返還を命じた[32]。しかし、不法行為による損害賠償（慰謝料）の請求については、「経済的損失が補填された以上、原告に金銭的評価が可能な精神的苦痛による損害は認められない」と判決した[33]。

第2に取り上げる判決は、東京地方裁判所平成16年6月28日の判決［ガボン共和国事件という］である。この事件では、日本の不動産会社（原告）が、被告ガボン共和国大使と6億8000万円のマンション売買契約を締結したが、同大使が代金の支払いをしないので、同契約を解除し、2億7000万円の損害賠償を請求した事例である。この事件では、最初に人使が作成したletter of intent および原告が大使に送付した notice と題する書面も問題に

---

[31] 最初に5,250円で水道の洗浄サービスを行い、信頼させておいたうえで、活水装置を売りつけ、浄水器アクアドリームの工事請負契約を締結させた。

[32] 契約書に重要な不備があり、法律が要求する書面は作成されていないと擬制し、解約できると判示した。

[33] 後に述べる事実認定では、錯誤無効、詐欺取消、消費者法4条による取消、不法行為についての事実認定は行っていない。

なっている⁽³⁴⁾。しかし、東京地方裁判所は、通謀虚偽表示を理由として同契約を無効と判示し、原告の請求を棄却した。この事件には国家主権の問題が関係しているが、この問題については、裁判所は言及していない。この判決に注目したのは、先に紹介したペルー共和国事件と類似した側面を多く含んでいるからである。

(b) 要件事実論と証拠法則

日本の訴訟においては、まず第1に訴訟物の確認が行われる。水道工事事件の訴訟物は、契約解除と不法行為に対する損害賠償である。契約解除の理由はいくつか主張されているが、京都地方裁判所は、「請求原因1⑷ア(ア)ないし(オ)の事実と同1⑷ア(カ)の事実」を認定している⁽³⁵⁾。これによってクーリング・オフによる契約解除の要件は満たされていると判決した。ガボン共和国事件では、第1に契約が成立しているかどうかが問題となる。形式的に契約が存在しているとすれば、次にそれは通謀虚偽表示によるものであるかどうかが検討される。東京地方裁判所は、契約書が締結されているが、通謀虚偽表示によるものであると判決した。しかし、どのような証拠に基づいてその判決を下したかは、必ずしも明瞭ではない。

上の2つの事件では、はっきりした契約書が作成されているため、いずれの場合祀も契約の成立が認められる。しかし、それから先の扱い方は、イギリスとは大きく異なると思われる。水道工事事件についていえば、イギリスの裁判官は、その契約が不法行為の手段として使われたとみるため、契約の

---

(34) Letter of intent は、この契約は最終的には本国政府の承認が必要であるという趣旨のことが書かれている。原告は、そのため、ガボン共和国を訪問し、事実上承諾を取り付けている。Notice は、違約金条項の適用は差し控えるという趣旨の一方的な宣言である。

(35) 判決のとおり引用したが、「法律の要件を満たしていないと認定する」と書けば足りる。

結果生じた損害に対する賠償を命じることになる(36)。ガボン共和国事件についても、英米では最良証拠（best evidence）法則(37)があるため、不動産売買契約書は確定的証拠であり、その効力を否定するために、通知書（notice）という単純な書証を使うことを許すことはない(38)。この通知書は、契約第10条による「懲罰的な確定額損害賠償」を請求しないと書かれているにすぎず、契約違反に対し契約の解除は当然できる。当然大使の側に代金支払義務がある。

　上述のような相違が生じるのは、法律の違いよりも裁判慣行の違いによるものかもしれない。契約の解釈の方法に違いがあるし、判決の書き方にも相違がある。イギリスの場合には原則として口頭で判決がくだされるので、非常に読みやすくなっている。これに対し、日本の判決は、まず訴訟物が明記され、要件事実に従って、詳細な説明がなされる。本稿では後に判決文の実例を示すことにするが、その実例を後掲注(46)のように書き換えると、イギリスの判決に非常に近いものになる。長さが非常に短縮されるだけでなく、当事者が読んですらすら理解できるものになると思われる(39)。

(c) 書証および証言

　日本の裁判でも、書面が重要視され、証言は書面の内容を再確認する意味

---

(36) イギリス法では、契約違反は不法行為の一種であり、別個の要件事実とはされない、ということが関係しているかもしれない。

(37) TREITEL, THE LAW OF CONTRACT (5th ed. 1995) pp.71-77. UCC §2-202 は、このイギリスの法理を明文化したもので、この法理に関する数多くの判例を示してくれている。

(38) Notice は一方が相手に知らせるだけの効果しかなく、これを合意の根拠とすることはできない。

(39) これと関連して、ロー・スクールの学生に向けて、日本型の判決とイギリス型の判決とを比較し、正義の実現および当事者の満足度について、いかなる相違があるか、という研究課題を出しておきたい。

第6部　その他

で使われるのが通常であるという。しかし、ここでいう書面の多くは準備書面である。イギリス法について証拠開示を問題にしたが、日本の裁判所は、証拠開示を余り認めない[40]。上の2つの事件はいずれも契約に関係するものであるが、きわめて日本的な判決であると言わなければならない。水道工事事件について言えば、被告は詐欺の意思をもって原告を訪問し、必要のない水道工事を行ったものであり、基本的に原状回復をはかって、場合によっては、慰謝料を認めるべき事件であった。ガボン共和国事件について言えば、それとは逆に、積極的に大使の側の違法な契約違反を認定し、損害賠償を命じるべきであったと思われる。

　上述の2つの判決を読んでみると、事実認定が明確に示されてはいるが、裁判官が、どのような証拠法則に従ったかは明らかでない。日本では、第一に、裁判官は、弁論主義に従ったと言い、自由心証主義が原則であるから、そもそも心証のプロセスも根拠も示す必要がない、と言うであろう。要件事実論によれば、水道工事事件の当事者が求めているのは、クーリング・オフによる契約の無条件解除であるから、代金の返済が三段論法の結論になる。しかし、当事者は詐欺も主張しているのに、これには関心が向けられていない。ガボン共和国事件は、notice を通謀虚偽表示の証拠として取り上げているようであるが、内容からはそのようには理解できない[41]。

---

(40)　最高裁判所平成11年11月12日判決の事件では、原告の母親は、被告銀行の融資を受けて証券会社から株式等を買い取ったが、多額の損失を被り、多くの負債をかかえて死亡した。そこで、その相続人である原告は、銀行の過剰融資について「安全配慮義務違反」があったことを主張し、これを立証するために、銀行の内部書類の開示を求めた。最高裁判所は、内部のみで使うことを目的として作成された文書の開示を認めることはできないと判示して、証拠不十分で被告勝訴の判決を出した。

(41)　長谷部由起子「民事訴訟における情報の収集」成蹊法学37号（1993年）145頁、170頁。高橋宏志は、これを引用し、証拠開示を①訴え提起前、②訴え提起から争点整理中、③証拠調べ前、の3段階に分け、②がアメリカ型で③が

1　ウルフ・レポートと証拠法則

　証拠調べには時間がかかることにも問題がある。イギリスの裁判では、迅速コースの事件は約5ヶ月で処理される(42)。しかし、日本では3年はかかり、「漂流式審理」とか「五月雨式証拠調べ」と呼ばれているそうである。現行の民事訴訟法は、控訴審の「審問に要する見込み時間」の記載を要求しているが、この見込み違いに対し、イギリスのように制裁が科されることはないと思われる(43)。そして、国民の期待ないし常識に反する判決が下されたのは、形式論理を重んじる「要件事実論」が影響を与えたためではないかと思われる。後に述べるように、証拠の採用は裁判官の自由裁量の問題であるが、厳格な証拠法則が欠如しているということも、これと関連していると思われる。三段論法の枠からはずれるものは、すべて切り捨てられる。

(d)　鑑定の問題

　鑑定は、イギリスでも複合コースの複雑な事件でしか認められない。上の2つの事例には鑑定の問題は含まれていないので、専門家鑑定に関して、最高裁判所昭和50年10月24日の事件を見ることにしよう。この事件は、いわゆるルンバール事件と呼ばれる事件であり、要するに、医療施術（ルンバールの幼児への注射）において過失があったかどうかが争われたものである(44)。第一に述べておきたいことは、第一審の東京地方裁判所の判決が昭

　イギリス型であると説明している。日本については、「第三段階すら不十分である」と述べている。高橋宏志『新民事訴訟法』(信山社、1998年) 150頁。
(42)　ウルフ・レポートには、迅速コースの標準的な裁判の事件進行予定表が付されているが、これによれば、6月9日の訴えの提起から11月18日の判決まで、20週で処理されることになっている。公判審理は通常1日であり、しかも予定時間は2時間10分である。前掲注(19)参照。
(43)　民訴182条。但し、他の手続きに関しては類似の規定は置かれていない。
(44)　患者（当事者）が大学病院を訴えた実際の理由は、後に述べる「人間性」の欠如ではないか、という疑問を付しておきたい。これについては、四2の「人間性」のテストと関連して議論する。

337

第 6 部　そ の 他

和 45 年 2 月 28 日に下されていることである。昭和 30 年に事件が起きているので、この判決に至るまでに 15 年余りの月日がたっている。上記の最高裁判所判決による差戻し後、昭和 54 年 4 月 16 日に東京高等裁判所による確定判決が下されている。この時までに 25 年ほどの月日が経っているのである。このように時間がかかった主要な原因は、鑑定の使い方にあると思われる。

　上述の第一審判決は、原告患者の請求を棄却した。この裁判において、3 人の専門家鑑定を採用している。第 1 に、市橋保雄の鑑定を引用し、「（本件の脳出血は）通常の場合のように一定部位のみに出血を起こしたものではなく、本件の場合は感染症の経過中の多く見られる脳白質全般の小出血、小血栓等に基づくものであると考えられる。」と述べている。第 2 に、糸賀宜三の鑑定書を引用し、「数回ルンバールの穿刺針を刺しなおしたりすることは、医学診療の日常に稀れでないこと、通常そのために脳障碍を起こすことは可能性の上からも殆んど考えられないので、」外のことに原因があるといっている。第 3 に、長谷川和夫の鑑定がどのようなものであったかは、記録上、明らかでないが、3 人の意見を総合して、「いずれも本件発作と病変の原因を脳出血と見るよりもむしろ化膿性髄膜炎またはこれに随伴する脳実質の病変の再燃とみられるとしているのであって、結局、本件訴訟にあらわれた証拠によっては、その原因が脳出血によるか、もしくは化膿性髄膜炎またはこれに随伴する脳実質の病変の再燃のいずれかによるものとは云えても、そのいずれによるかは判定しがたく、控訴人の右主張は肯認しえない。」と結論した。

　最高裁判所は、被告に過失があったとは断定できないとした東京高裁判決（上記判決の控訴審）を破棄し、差し戻した。同多数意見は、「訴訟上の因果関係の立証は、一点の疑義も許されない自然科学的証明ではなく、経験則に照らして全証拠を総合判断し、特定の事実が特定の結果を招来した関係を是認しうる高度の蓋然性を証明することであり、その判定は、通常人が疑を差し挟まない程度に真実性の確信を持ちうるものであることを必要とし、かつ、

1　ウルフ・レポートと証拠法則

これで足りるものである。」と述べた(45)。この判決が示した基準に従って、差戻審に当たった東京高等裁判所は、つぎのような判決を下した（判決の書き方も問題にしたいので、原文通り引用する(46)）。

主文
1　原判決を取り消す。
2　被控訴人は、控訴人に対し、金2,465万8,496円及び内金1,956万6,406円に対する昭和43年9月25日から、内金508万2,090円に対する昭和51年2月5日から各支払済みまで年五分の割合による金員を支払え。
3　訴訟の総費用（第1審、差戻前および後の控訴審並びに上告審）は、これを3分し、その2を被控訴人の負担とし、その余を控訴大の負担とする。
4　この判決は、第2項に限り、仮に執行することができる。

理由
1　[(省略)
2　 (*1)]本件ルンバールと本件発作との因果関係について
　当裁判所は、控訴人の本件発作とその後の病変の原因は脳出血による

---

(45)　引用した文章は証明の程度にも関係するものであるが、イギリス法ではon the balance of probabilitiesということばで説明される。文字通り訳すならば51％以上の証明ということになるが、実際上は、「高度の蓋然性」とほぼ同じであると思われる。Rc II (minors) (sexual abuse) [1996] 1 All ER 1, at 16 (per Lord Nicholls of Birkenhead) 参照。

(46)　判決文のルビ［＊1］および［＊3］を削除し、［＊2］の部分を次のように書き換えると、イギリスの判決に似たものになる。「裁判所が依頼した鑑定人の意見によれば、発作と病変の原因を脳出血と見るよりも、むしろ化膿髄膜炎によるものと考えられなくもないが、その可能性は比較的少ない。また、化膿髄膜炎によるものとしても副作用が起きたときの処置が適切であれば、結果は回避できたと思われる。本件の諸情況のもとでは、病院側に過失があったと認めざるを得ない。」

第6部　その他

ものであり、右脳出血は本件ルンバールによって生じたものであると考える。その理由は、[次に付加、訂正するほか、原判決22枚目裏6行目から同42枚目表3行目までと同一であるからこれを引用する。

　同23枚目表1行目の「証人時田源一」この次に「(第2回)」を、同1行目から2行目の「同福田保俊」の次に「(第1回)」を、同六行目の「福山幸夫」の次に「当審(差戻前)証人髙橋德子、同福田保俊」を各挿入する。
(中略)」
[3] 医師らの過失—[1] 特に本件ルンバール施行上の過失—について
[(中略)]
　ショックが異常に大きくなるような場合には、本件ルンバール施行時における前記程度のルンバールによる治療の必要性のもとでは、直ちにルンバール施術を中止すべき義務があるというべきである。
　(中略)
　福田医師は、少なくとも本件ルンバールの穿刺に成功するずっと以前の時点で局所麻酔等を考慮するなどして控訴人の右ショックの軽減をはかる処置を施すか、それが相当でないとすれば、前記悪条件下における本件ルンバールの施術を中止すべきであったというべきものである。
　………(中略)………過失があったと断ぜざるをえない。」
[(以下、省略)]

この判決は、先の最高裁判所の判決と共に、多くの評釈者の注目をあび、批判を受けた(47)。先のルンバール事件の鑑定の使い方は、ジョーンズ事件で批判されたものと類似している(48)。日本でこのような鑑定が行われ、裁

---

(47) 拙稿「証拠法研究——英米法との比較」獨協ロー・ジャーナル1号 (2006年) 42頁、53頁に紹介した。
(48) もっとも、ジョーンズ事件では、保険詐欺が問題となっており、患者の側

判を長期化させる主要な原因は、鑑定は証人の手続と同じであると考えられていることである。当事者主義が貫かれるために、当事者が新しい鑑定人を立てると言えば、その分だけ判決が延期されることになる[49]。日本では平成15年に法律が改正され、「学識経験を有する者は鑑定をする義務を負う」と定め（民訴212条）、裁判長の裁量により、「口頭または書面で意見を述べさせる」（民訴215条）と規定された。これはイギリスの裁判の進め方に近づいたものと思われるが、実際に同じような裁判が行われるとは限らない[50]。

(4) 比較検討

(a) 先例拘束性の原理と法創造機能

イギリスの裁判と日本の裁判を比較した場合、もっとも目立った違いは、1つの判決が判例法として将来の事件に対して拘束力をもつという認識が裁判官にあるか否かにある。イギリスは判例法の国であり、1つの判決が下されると、それは将来の類似の事件で先例法として拘束力をもつ。したがって、イギリスの裁判官は、法創造機能を果たしており、しかもそのことを認識しながら職務を行っている[51]。イギリスの裁判官は、社会教育を意識しているが、日本の裁判官はそれは大それたことであると考えているらしい。

が追及されているのに対し、ルンバール事件では、病院側の対応が争点となっている点で相違がある。

[49] 水俣病訴訟に30年以上の年月がかかったのも、主に鑑定の使い方が原因であると思われる。

[50] イギリスでは、医師が1人だけ法廷によばれ、裁判官が質問をし、当事者が反対尋問をする45分の手続があり、その後に上記のような判決を下すものと思われる。公判審理は2時間程度で予定され、事件説明書の提出から確定判決まで3ヶ月で処理されるであろう。前掲注(16)および注(42)参照。

[51] イギリスの判決は、将来の事件に対し先例法として絶対的な拘束力をもつ（先例拘束性の原理）。従って、類似の事件が検討され、常に立法的な考察が含まれる。

第6部　その他

　その違いを具体的に考察してみよう。ジョーンズ事件では、探偵が公的機関の調査員であるとだまして家庭内に入り込んで写真をとった事件において、裁判官は、偽ものだと知っていたならば、住居の中に入れなかったはずであり、探偵の行為は不法侵害（trespass）であると判示している。この論理を水道工事事件に当て嵌めるならば、被告は不法行為者であり、不法行為に対する損害賠償が認められるべきである。認定される損害賠償の額は、陪審によって決められるのであるが、日本と同じように116万260円程度であるかもしれない。しかし、イギリスの裁判官は、社会教育の意味を含めて、そのような詐欺的取引はやってはならないと原告に対し明瞭に述べる（社会教育をする）のに、日本の判決では、この部分がまったくない。この事件がアメリカ合衆国で起こっているならば、被告は迅速に厳しい処罰を受けたことになるだろう[52]。

(b)　司法アクセスの判断基準――「人間性」

　具体的な事件から離れて一般的なレベルでの比較をしよう。そもそも、ウルフ・レポートは、「司法アクセスの改革」を勧告したものであるが、日本でも同じような主張は古くから出されている。小島武司は、そのレポートの公表以前に同じようなことを主張していた。小島は、「正義への普遍的アクセスという至高の憲法理念（憲法32条）の達成のために複眼的な作業を行うべき」であるという[53]。小島によれば、民事訴訟制度の理想は、適正、公平、迅速、経済とならんで「人間味」が加えられるべきだという[54]。小島

---

(52)　「厳しい処罰」とは懲罰的損害賠償を意味する。ちなみに、アメリカ諸州の法はイギリス法を法源と認めている。

(53)　小島武司『裁判外紛争処理と法の支配』（有斐閣、2000年）58頁。これは、筆者が「法の支配」型の法律扶助と呼んだものと一致する。田島裕「（司法アクセス・フォーラム④）司法へのアクセス―ウルフ・レポートが日本法に示唆するもの」判例タイムズ1182号（2005年）110-115頁参照。

(54)　吉村徳重＝小島武司編『注釈民事訴訟法（7）』（有斐閣、1995年）334頁

1 ウルフ・レポートと証拠法則

はとくに、少額請求訴訟に大きな関心を示し、「少額裁判所は、一般国民と身近に接触し、その日常感覚を吸収する前線に位置するという意味では、司法政策的には『最高位の法廷』である」とまで言い切っている[55]。これと関連して裁判外紛争処理や司法支援機構の推進についても大きな関心を示した[56]。

　ここで1つの疑問が生まれる。先のウルフ・レポートの勧告はほとんどすべてが現行法になっているのに、小島の勧告・提案が日本社会に浸透していかないのはなぜであろうか。1つには外国法（主にアメリカ法）の論理枠を使い、カタカナで説明しているため、日本人には違和感を与えているのかもしれない。第2に、小島の唱える「人間尊重のフィロソフィ[57]」という基準が、抽象的で曖昧であるということにあるのではあるまいか。第3に、ウルフ・レポートは、大法官の諮問に答えたものであり、権威付けがあったといえるかもしれない。

　重要な点は小島の言う「人間味」が何を意味するか具体的に説明されていないことにある。小島の議論は、少額請求事件処理またはADRに向けられているのかもしれない[58]。この少額請求事件について、高橋宏志は、井上治典の意見であるとことわったうえ、「日本の一般サラリーマンは吉野家の

　　［小島執筆］。
(55)　吉村徳重＝小島武司編・前掲注(54)、344頁［小島執筆］。「人間味」以外の項目は、先に327頁で述べたウルフ・レポートの諸項目と一致する。
(56)　小島武司『ADRの実際と理論』（中央大学出坂部、2005年）以外にも、小島の業績にはADRや法交渉学に関するものが多数あるが、ここでは法律扶助制度を改善し、司法支援センターに発展させたことに注目しておきたい。
(57)　小島・前掲注(53)59頁
(58)　イギリスの民事裁判においても、CPR Part 8において、ADRが認められている。この手続による場合には、Form N. 208の用紙に記入するだけで訴訟を進めることができる。但し、仲裁の場合にも見られるように、裁判官による手続のコントロールが行われる。

牛丼で満足している」ということばを引用している(59)。しかし、司法である以上は、法律を正しく適用してなされなければならず、安くて、早いからといって、法の枠を離れるわけにはいかない。小島が「人間味」のある裁判という場合、必要があれば、法の枠から離れるべきだと言っているのであろうか。高橋は、離れてはならないと考えているようであるが、小島は離れてもよいと考えているのではないかと思われる。しかし、問題は「人間味」の基準は何かである。

(c) 三段論法

少し脇道に逸れることになるが、ここで三段論法の問題に触れておこう。アリストテレスの三段論法は、次のような構造でできている(60)。

大前提：海に棲むすべての魚は、エラで呼吸し、鱗を動かして移動する。
小前提：鯨は魚と同じように海に棲んでいる。
結　論：従って、鯨はエラで呼吸し、鱗を動かして移動している。

上の例で「鯨」の代わりに「鮪」を入れれば真理を伝えているように見えるが、上の結論は経験則上間違っていることを、われわれは知っている。しかし、この経験則を知らない人間にとっては、それが真実であるかのように見えるかもしれない。先の問題に戻して、「人間性」とは何かと関連づけてこの問題を考えてみると、三段論法を機械的に操作することが裁判の本質ではなく、人間らしくこの道具を使うべきであると言っているのではあるまい

---

(59) 高橋・前掲注(41)29頁。「うまさについて条文上の特効薬はない」と言い、安さについては、「いささか期待はずれである」と言う。
(60) この設題は、高橋久一郎『アリストテレス』(NHK出版、2005年)40頁を参照したものである。これと関連して、ルンバール事件の最高裁判所が用いた三段論法を分析せよ、という大学院向けの研究課題を出しておきたい。

か。111万円という金額が意味するものは、原告が年収1,000万円以上得ている者である場合と、300万円以下の者である場合とで、大きな違いがある。裁判の本質は価値判断であり、「各人に各人のものを」（アテリストテレス）与えるために、価値判断は避けられないといっていると思われる。

　人間の本性については、性善説と性悪説の対立が見られるが、ロックのような性善説をとる立場からも、人間の一面として、残虐性がある。生きるという目的のために、人は戦争を選択することがある(61)。人に慈悲を与える仏は人間らしくなく、他人を騙し、ときどきへまをやる間抜けな人間に、われわれには人間らしく見えることがある。小島の言う「人間味」は、当事者の得る満足度を問題にしているのか、弱者保護を配慮すべきであるといっているのか、あるいは、その他のことを指すのか、はっきりしない。裁判の結果が滑稽なものになっており、裁判官は世間のことを知らないといっているのかもしれない(62)。倫理的判断に立ち入るべきであるといっているのかもしれない。

(d)　お わ り に

　本稿では、司法アクセスの観点から、ウルフ・レポートの証拠法則に関する勧告を検討した。それと関連して日本法の在り方を検討した。論文の書き方の作法（アテリストテレス）によれば、ここで結論を導き出すことになるのであるが、残念ながら確定的な結論を導けるところまで考察を深めることはできなかった。そこで、ソクラテスが弁説法で行ったように、あるいは死

---

(61)　ホッブス（水田洋他訳）『リヴァイアサン（国家論）』（河出書房新社、2005年）84-85頁。ETHICA NICOMACHEA 1129a31-61 (Rackham trans. [HUP] 2d 1934).

(62)　前注のホッブスの文献（97頁、101-102頁）においても、スコラ学派の「正義」の定義に言及し、「各人に各人のものを」という考えが重要であることを説いている。もし小島がこのことを説いているのならば、この点でもウルフ・レポートと一致することになる。

第 6 部　その他

刑を判決したギリシャの 30 人余りの賢人たちの前でソクラテスが行った弁明のように、研究プロセスで起こってきた「各人に各人のものをいかに具体的に実現するか」という疑問を提起し、結論に代えさせていただくことにしたい。

本稿で取り上げた日本の 2 つの判例は、一般化には適さない事例であるかもしれない。しかし、きわめて抽象的なレベルで、今日の司法改革がドイツ法からイギリス法への移行であると説明されるとき、その説明は余りにも現実とかけ離れすぎている。その 2 つの判例は、ドイツ的でもイギリス的でもなく、日本的なものであるといわなければならない。確かに、日本の裁判であるから日本的であることは当たり前であるが、国民を満足させる程度の正義が実現されているかどうか、疑問が残る[63]。ウルフ裁判官は、日本での講演において、司法改革は文化革命であると述べたが、日本の司法改革にも文化革命が必要である。

法律専門家というカテゴリーには、裁判官、検察官、弁護士、研究者が含まれる。これらの者は、プラトンやアリストテレスがそうであったように、家柄の良い、最高の教育を受けた、エリートである。我が国には、ソクラテスのような法律家がいない。ホメロスの朗読者イオンが、ソクラテスからホメロスの評価基準を問われて、「聴衆を泣かせることができれば、実入りがいいのでわたしは笑う、でも反対に笑われたら、お金を返さなければならないから、泣くのはわたしだ」と答えたそうである。エリートは、これを当たり前と受け取る。この公開討論で、ソクラテスが勝ったとされるのは、イオンがその評価基準を示せなかったからである。日本の司法改革において、司法が国民のためのものであり、その身近にあるべきものであるとしたら、ソクラテスが必要となる[64]。裁判官は国民の行動の客観的な評価基準を判決

---

[63]　日本的世界観には、「無常」の考えがあり、そもそも原状に戻ることは不可能であり、所与のものを自然のまま受け入れるということになるのだろうか。
[64]　じつは、これは法科大学院の教育方法という技術的な問題にとどまらず、

346

の中に示すことができなければ、国民は裁判に納得しないと思われる。「司法アクセス」は、狭い意味での法律扶助（裁判所へのアクセス）だけでなく、裁判の結果得られる正義へのアクセスも含むものである[65]。

「人間味」の問題の本質であるかもしれない。
(65)　法律扶助の新しい意味について、田島裕「司法へのアクセス」前掲注(53)110-115頁参照。筆者は、この論稿により「法の支配」型の法律扶助のあり方を示した。

2　公証人の面前で作成された供述証書の証拠能力

§1　イギリスの司法に関係する職業は、慣習によることこが多くあり、外部の者には非常に理解しにくい部分がある。しかし、公証人の職業については、弁護士の職業よりも古くから法律に明確に規定されており、かなり正確に調べることができる。ここでは、公証人という職業がイギリス法の歴史の中で、どのようなものであったかを概観し、公証人の面前で作成された供述証書の証拠能力について説明することにしよう。結論としていえば、後に詳しく説明するように、その証拠能力については争いの余地があるとはいえ、証拠能力については当然イギリス法上認められるものと思われる。

§2　1801年に制定されたPublic Notaries Actは、「許可を得た者のみが公証人の職を行うことができる。」と規定している[1]。1843年のPublic Notaries Actは、その職業の内容についてより詳細に規定している。この法律によれば教会裁判所の裁判官が公証を行うことができることになっている[2]。産業革命の最盛期にあって、公証は一種の利権であり、教会裁判所にその利権が帰属するものであることを明記した法律である。公証は、真実のみを述べることを宣誓したうえで、公証人によってその供述が記録され、その記録の1部を公証人が保存し[3]、その写しを本人が受け取ることになる。

---

(1)　第1条。ちなみに、1801年法は、第1条および第14条を残し、その他の規定はすべて廃止されている。第14条は教会法事件の公証に関する教会裁判所の管轄を定めている。

(2)　現在でもこの規定は残っている。現在でも、カンタベリー大僧正のもとにCourt of Facultiesが置かれ、1年間の公証人の義務的な研修が行われ、公証人はその監督下に置かれる。

(3)　公正証書は、Public Records Act 1958に従って保存される。

遺言書の作成などに公証が用いられたが、それだけに限られるものではない。真実が供述されていなければ、法廷侮辱罪に問われ、場合によっては偽証罪に問われることにもなる[4]。

§3 1873年および1875年の裁判所法により、イギリスの司法制度は近代化された。このときに教会裁判所の裁判管轄の多くは通常裁判所に移行された。公証もまた世俗の問題とされ、大法官府がこれにかかわることになった。しかし、大法官は、もともと教会裁判所の裁判長でもあり、公証人の職業慣習が変えられることはなかったと思われる。公証を担当する者は、各地に何名という指定（現在、ロンドン地区は25名、その他全地区950名）が行われ、大法官の許可を得てその職に当たった。公証人の多くは治安判事（素人）であったが、現在では事務弁護士や（ロンドンなどの大都市では）司法書士 (scrivener) がその職についている[5]。公証人に対しては、大法官が資格証明書 (certificate) を発行するので、これを事務所に掲示することが義務づけられている。

§4 スコットランドや北アイルランドには若干異なる慣行が見られ、連合王国全体での統一をはかるため、いくつかの法律が制定されているが、これらについては説明を省略したい。次に注目すべき法律は、1980年の最高法院に関する法律（1990年改正法）である。この法律は、バリスタ（法廷弁護士）以外の者でも法廷弁護をする途を開いたもので、これにより上記の司法書士でも下級裁判所における弁護サービスを行うことができるようになっ

（4）偽証罪は刑事上の犯罪であり、故意 (mens rea) の立証が要件となる。正式起訴手続きによる場合には、懲役7年以下および/または罰金、そして、略式手続による場合には、懲役3年以下および/または罰金、に科せられる。Perjury Act 1911, s.2 参照。

（5）ロンドンの周辺3マイル以内では、司法書士協会 (Incorporated Company of Scriveners of London) が独占権をもっていた。この組織の会員でなければ、公証人になれなかった。

第6部　そ の 他

た。法曹一元の慣習により、バリスタ以外の者が裁判官になることは不可能であったが、実際上、司法書士が裁判官に任命された例がある。これにより、公証人の身分は、かなり高められたものと思われる。また、Courts and Legal Services Act 1990 は、公証人の職域に自由競争の理念をもたらした[6]。

§5　最後に、2007年の Legal Services Act を説明しておこう。千年余りの伝統をもつ大法官は、21世紀の初めに廃止されることになった。これにともない、大法官の職務の多くは高等法院に移されたが、公証人の認可は、2005年の法律により高等法院事務総長が指名した裁判官によってなされることとなった[7]。2007年の法律は、イギリスがヨーロッパ連合の指導的国家の1つであり、ヨーロッパ憲法に適合するよう制度改革を迫られ、この必要にこたえて制定された法律である。しかし、後に説明するように、ヨーロッパ連合の考え方が整理されておらず、同法は Legal Services Board（法律サービス審議会）を設立し、継続的にシステムの改革に当たらせることにしている。公証人は、その審議会の利益代表の一人である。

§6　ヨーロッパ連合規約第6条は、公正な裁判を受ける権利を保障しているが、証拠に基づく判決はその規定が要求する重要な要件である。公証人が作成した書面について、証拠能力を議論した判決がいくつか出されている（後に説明する）。これらの判決を参照しつつ、ヨーロッパ議会で、公証人の資格、職務などについて立法が検討されている。各加盟国の間に大きなばらつきがあるし、フランス法とイギリス法の間に基本的な意識の相違があり、まだ立法の見込みは立っていない。フランスでは、公証人は法務省の公務員であると考えられている[8]。イギリスは、法曹一元の制度の中に組み入れ

---

(6) Courts and Legal Services Act 1990, s.57(11) は、前掲注4の独占権だけは残したが、Access to Justice Act 1999, s.53 により、この独占権も廃止された。
(7) Constitutional Reform Act 2005, schedule, PT. 1, 13(2).
(8) フランスでは、法務大臣が公証人を任命する。この職は簡易裁判所の裁判官

ているため、むしろ法曹の一員であると考えられている。

§7 さて、公証人が作成した公正証書がどのような効力をもつかについて、次に説明しておきたい。Courts and Legal Services Act 1990 s.113 は、宣誓をとること及び公正証書の作成について、次のように規定している。

「(7)授権された者または<u>公証人により捺印または署名された旨の説明を含み、かつ、そのようなものと意図される文書は、その捺印または署名の証明なしに、また、その者が授権を受けた者または公証人であることの証明なしに、証拠として許容されなければならない。</u>」

この規定と関係して、宣誓を主宰することができるのはだれかという問題があるが、司法慣行として、弁護士、特任裁判官、治安判事と並んで公証人も宣誓をとることができる。The Law Society book, Execution of Documents (which is available from the Law Society bookshop) 参照。

§8 公証人が作成した供述証書の証拠能力に関係する判例は数多くある。第一に、ヨーロッパ人権裁判所が 2008 年 10 月 23 日に下した判決（Soldatenko v. Ukraine, [2008] ECHR 2440/07）に注目しよう。この事件では、人権規約第 3 条、第 5 条(1)(F)及び(4)並びに第 13 条違反（警察官による脅迫・拷問）が認められたが、本人不在の裁判（供述証書だけによる裁判）が反対尋問権を奪うことになる場合、公正な裁判ではないと判示した。第二に、2006 年 10 月 18 日の判決（Hermi v. Italy, [2006] ECHR 1811/02）では、ヘロインの運び屋が飛行場で逮捕され、被告人が略式裁判を求めた事件がある。この事件では、人権規約第 6 条の公正な裁判が問題とされ、本人不在の裁判が規約に違反するところはないと判決された。第三に、イギリス国内の事件として、R. v. Governor of Wormwood Scribes Prison ex parte Espinosa, [1986]

に近い職である。しかし、行政官（公務員）であると認識されている。ウィーン条約の解釈に従い、大学の法学部で 3 年以上の教育を受けることが要件となっている。

第6部　そ の 他

Crim. LR 684 を説明しておこう。この事件では、経済的にも他の証拠を得ることが合理的でないと思われる状況のもとで、麻薬に関する事件の証言を記述した供述調書（フロリダ州公証人により作成）を、クイーンズ・ベンチ（刑事裁判所）は証拠として採用した。

3 ブランダイス・ブリーフについて

　最近、著作業第1巻『アメリカ憲法』（信山社、2004年）を脱稿したが、その中でブランダイス・ブリーフをどう説明するかについて、ずいぶん時間をかけて考えた。このブリーフは、『英米法辞典』（東京大学出版会、1991年）を編纂するときにも原文を取り寄せ、丁寧に読んだ。しかし、これをわずかな紙面で正確に説明するのは至難のわざであった。この著書ではもっと厳密に説明したいと思っていたが、まだ説明しきれていないという気持ちが残っている。ブランダイス・ブリーフは、わが国でもよく知られているが、アメリカのケース・ブックでさえ原文を掲載していないので、そのことばのイメージにたよって議論がなされがちである。

　ブランダイス・ブリーフは、ミュラー対オレゴン事件[1]で合衆国最高裁判所へ上告するときに、当時弁護士であったブランダイスが提出した添付資料である。この事件では、女性労働者の労働時間制限を規定したオレゴン州の労働法の合憲法性が問題となっていた。ブランダイスの姉が、女性の社会的地位の向上を促進することを目的とする非営利団体に属しており、この団体が、本件の原告を告発した。洗濯女を奴隷として使っていると非難され、原告は労働法違反に対し処罰された。そこで原告がこの事件を起こした。当時は、ソーシャル・ダーウィーズムの影響が強く、雇用契約の権利はデュー・プロセス条項でいう「自由」であり、「財産」であるから、労働法はこれを法の適正な手続（裁判）によらずに奪う違憲な立法であると考えられていた。オレゴン州の最高裁判所も、その労働法を違憲無効であり、処罰は間違いであったと判決した。

　ブランダイスは、合衆国最高裁判所へ上告するに当たり、弁護士アダムズ

（1）　Muller v. Oregon, 208 U.S. 412 (1908).

第 6 部　その他

とともに、オレゴン州の労働法が合憲であると主張した。ブランダイスは、先の非営利団体から依頼されて上告理由書を作成し、添付資料として、労働者の実態を社会学的に示した100ページほどの資料を準備した。この事件の判決は、1908年にブリュワー裁判官によってくだされたが、その中で1行だけこれに言及している（この判決が判例集に収載されるときに編纂者が脚注を付けて、1ページ程度の要約を載せている）。この資料の中には、多数の諸外国に労働法があることが説明され、労働立法に関する90にのぼる調査報告書が要約され、比較法的考察および実態調査（統計を含む）から「労働法は合憲」であると推測できる、という意見が述べられている[2]。

ブランダイス側は、財産権を制約する州法は「国民の健康、安全、および福祉」を守るためのポリス・パワー（強制権）の行使であると認められる場合、合憲であると説明したロックナ対ニューヨーク判決[3]に頼り、問題のオレゴン州法が「国民の健康、安全、および福祉」のためのポリス・パワーの行使であることは「公知の事実（judicial notice）」であり、争うまでもなく労働基準法は合憲であると主張した。この公知の事実を示す参考資料としてブランダイス・ブリーフが添付された。合衆国最高裁判所は、先に述べたブリュワー裁判官の判決の中で、次のようにこれに言及している。「特許権の事件では、発明が公知のものかどうか議論するために広く一般的な資料を参考にするが、立法の経過を知るために（ブランダイス・ブリーフのような）司法外の資料を参考にすることもある」。

悪徳な使用者から、奴隷のように使われていた女性の労働者を守るための労働基準法は合憲である、と合衆国最高裁判所は結論した（理由はほとんど述べていない）。現在の考えでは、これは当然な結論であるが、当時は、弱者

（2）　*Id.* at 419, n. 1.
（3）　Lochner v. New York, 198 U.S.45 (1905). 但し、N.Y. 州の労働法は契約の自由を侵害しており、違法を規制するポリス・パワーの行使でないと判決した。ホームズは反対意見を書いた。本文の説明は、多数意見も一般的に認めている。

3　ブランダイス・ブリーフについて

保護の立法は「適者生存」「弱肉強食」の原理に反するものであり、違憲無効であるとする判決が続いていたので、ミュラー判決は画期的なものであった。実際上、この判決は例外として扱われ、合衆国最高裁判所は、その後も労働法を違憲と判決した[4]。こういう情況のもとで、大学では「公益訴訟」において「憲法事実」を証明するとき、または財産規制の合理性を証明するとき、法社会学的アプローチが１つの方法であると講義されるようになり、主にハーバード大学を中心にブランダイス・ブリーフが宣伝された[5]。しかし、判決の中でブランダイス・ブリーフに言及されることは２度となかった。

　ブランダイス・ブリーフは訴訟の証拠はない。アメリカ法では、裁判所が意識的に「公益訴訟」という形で立法機能を果たすことがある。このような場合には、当事者も司法的法創造に協力することが期待され、訴訟のプロセスで裁判所の友（amicus curiae）の意見を提出したりする。通常の訴訟では、このような資料は裁判所によって受理されることはない。日本でも、調査室がさまざまな調査をして、判決がもつ社会的効果こついて配慮しているようであるが、アメリカでは、この部分でも当事者主義が見られ、このことがアメリカ法の１つの特徴となっている。

（４）　1937年に憲法史の流れが大きく変わり、ホームズのとなえたプラグマティズム（リアリズム）が通説となり、これ以降、労働法は合憲とされるようになった。

（５）　パウンド（およびホームズ）がハーバード大学で法社会学を創設し、これに注目した。P. STRUM, LOUIS D. BRANDEIS: JUSTICE FOR THE PEOPLE (1984) p.124. ちなみに、ホームズの下で弁護士として働いていたウォレンがブランライスと共同法律事務所を開き、ウォレンの紹介でブランダイスはホームズと親しい関係にあった。また、ブランダイスは、シオニズムの指導者であり、ユダヤ系の依頼人を多くもち、弁護士として大富豪となった。その後、ホームズの流れ（プラグマティズム）を支持する法律家として、ブランダイスは1916年から1939年まで合衆国最高裁判所の裁判官となり、ブランダイス・ブリーフがいっそう知られることになった。

355

4 イギリスの特別裁判所

(1) 「特別裁判所」ということばの意味

　ヴァイナ講座のダイシー教授が「法の支配」の原理を明快に説明したことは、我が国でもよく知られている。『憲法序説』（1886年）として刊行されたその著書は、古典的な名著として、明治時代だけで数千冊も我が国に輸入されている[1]。この著書の中に「行政法の不存在」に関する議論が含まれている。ここで批判されているのは19世紀のフランス行政法であるが、イギリスにおいては特別な行政権の存在は認められず、すべての行政が司法審査に服するものであると説明されている。20世紀になってイギリスは福祉国家として成長し、当然、行政法が展開されることになるが、この行政法の運用はつねに司法審査に服するものであり、その意味でダイシー伝統は守られてきた[2]。この司法審査の役割を担うのが「特別裁判所評議会（The Council on Tribunals）」である[3]。この委員会は「特別裁判所」が適正にその職務を行い、通常の裁判所の仕組みにうまく組み込まれるように、監視・助言

（１）　本書は、『憲法序説』（学陽書房、1983年）に全訳されている。我が国の憲法に与えた影響などと関連して、同書445頁以下の「訳者解題」参照。
（２）　この点について、Anisminic Ltd. v. Foreign Compensation Commission, [1969] A.C. 147 および田島裕「最近のイギリス法の動向」比較法研究39号87-96頁（1977年）参照。
（３）　Tribunals and Inquiries Act 1971により設置されたが、この法律は同名の法律により1992年に一部改正されている。同法1条は、特別裁判所の「組織および機能」について監視を行うことを義務付けている。The Council on Tribunals をどう訳すかについて議論があるが、ここでは「特別裁判所評議会」と訳しておきたい。

する職務を負う。

一般裁判管轄権と対比して特別裁判管轄権ということばが使われるが、特別裁判管轄権だけを行使できる裁判所を特別裁判所と呼んでいる。しかし、特別裁判所という名前の裁判所があるわけではない。イギリスでは、法律が作られるとその法律に関する紛争を迅速、かつ簡便に処理するために、特別裁判所がしばしば設置される。本稿では、主要な実例として社会保険関係の特別裁判所および医療関係の特別裁判所を紹介するが、その外、住宅問題や土地不動産に関する特別裁判所がいくつかあるし、大学裁判所までもが存在している。その数は数百種類（実数ならば数万）にも及んでいる。「特別裁判所評議会」は、これらを監視する番犬である。法に忠実なこの番犬が果たしてきた役割は、著しく大きなものである。

(2) 特別裁判所評議会(The Council on Tribunals)の構成とその役割

特別裁判所評議会は、大法官によって任命される10名ないし15名の委員からなる (s.2 (1))。委員長だけは高位の裁判官並みの報酬をもらい、裁判官に準じる扱いを受ける。最初の委員長はケンブリッジ大学の中堅のD. T. G. Williams教授（行政法）であったが、同氏が後に大学の総長になったときにその職を辞任した。現在の委員長はLord Newton（元社会保障担当大臣）である。委員長以外のメンバーは、いわゆる各界の有識者であり、その職はいわゆる名誉職である。現在のメンバーは、委員長の外、12名の委員からなる。http://www.council-on-tribunals.gov.uk に接続すれば、それぞれの委員の写真および略歴が公開されているので、その顔ぶれを知ることができる。

特別裁判所評議会は、Tribunals and Inquiries Act 1992 付則1に列記された多数の特別裁判所について監視を行い、年次報告書を国会に提出することが義務付けられている[4]。ここに列記された特別裁判所については、同

---

(4) Tribunals and Inquiries Act 1992 付則1には、アルファベット順に農地、銀行、建築協会、著作権、教育、公正取引、移民、倒産、土地、地方税、社会

第6部　その他

　評議会はいわゆる「監視員（watchdog）」を定期的に派遣して傍聴させ、適正に審理が進められているかどうかを確認する。少年犯罪や精神病などに関係する事件の審理で法律上非公開とされている場合であっても、同評議会は傍聴する権限を認められている[5]。付則1に列記されていない特別裁判所についても、同評議会は一般的な監視義務を負っており、必要に応じて傍聴することになる。そして、具体的な特別裁判所について、自然的正義が実現されていることを確認する。

　「自然的正義」の内容は、筆者の別著で説明しておいたので、ここでは紙面の都合上説明は省くことにするが、ほぼアメリカ法にいうデュー・プロセスの概念と一致する。特別裁判所評議会がなすべき義務として、法律上具体的にそれが規定されている。第1に、特別裁判所の首席裁判官が「適正」であるかどうかを審査することである（これについては、後に説明する）。第2に、訴えの手続きが適正であるかどうかの検討をする[6]。第3に、公正な聴聞のうえ決定がくだされているかどうかの調査である。この決定には理由が付

　　保障、運送などに関係する約50の特別裁判所が列記されている。「年次報告」とはいえ、具体的な事例についての判断が示されており、事例集のような性格の文書である。免許・許可・認可に関して司法機能を果たす公正取引長官（Director General of Fair Trading）（我が国の公正取引委員会の審判長に類似する）も評議会の監視下におかれているが、これは他の特別裁判所とはかなり異なった機能を果たしている。
（5）　但し、若干の具体的事件において、特別裁判所が傍聴を禁止したため、訴訟で争われている。例えば、R (on the application of Mersey Care NHS Trust) v. Mental Health Review Tribunal, [2004] EWHC 1749 (Admin), [2005] 2 All ER 820.
（6）　前掲注（4）で言及した付則に列記された特別裁判所については、手続規則が特別裁判所評議会と協議のうえ作成される（後掲注（9））ので、この規則が守られているかどうか、監視される。その他の特別裁判所についても、本稿で紹介した社会保障裁判所や医療裁判所を標準として、手続きの監視が行われる。

されなければならない⁽⁷⁾。「自然的正義」は、特別裁判所のみに関係する問題ではなく、司法的なすべての決定において常に要求されるものであると理解されている。

「自然的正義」は行政調査（inquiries）の手続きにも関係するから、特別裁判所評議会は、これにも関与する。地方自治体が行う「聴聞」手続きについても「監視員（watchdog）」を派遣して傍聴させることがある。特別裁判所評流会は、司法機能にのみに関係するのであるが、オンブズマンがその職務上、同委員会のメンバーになっており、行政機能の面での問題があればオンブズマンがその権限により処理することが期待されている⁽⁸⁾。さらに特別裁判所評議会は、一定の立法権をもっている。個別的な法律により特別裁判所が設置されると、その紛争処理の手続規則を作る際に、特別裁判所評議会が事前に諮問を受けることになっている⁽⁹⁾。

既に一言したように、特別裁判所評議会は、特別裁判所の首席裁判官に特別の注意を払っている。重要な裁判所については、法律自体が首席裁判官について特別な規定を定めることがある。Tribunals and Inquiries Act 1992, s.6 (1) は、「本条の適用のある特別裁判所の委員長［首席裁判官］（あるいは委員長［首席裁判官］として行為するよう任命される者）は、大法官によって指名された者の一覧表の中から関係当局によって選任されるものとする。」と規定している⁽¹⁰⁾。本条にいう当局とは、担当大臣を意味する（同条6項）の

（7）　Tribunals and Inquiries Act 1992, s.10.
（8）　Id. s.2(3). 正式には、オンブズマンは Parliamentary Commissioner for Administration という。この名が示しているように、国会の調査権を行使する。Parliamentary Commissioner for Administration Act 1967、付則4は、オンブズマンが特に注意を払うべき特別裁判所を列記している。
（9）　Tribunals and Inquiries Act 1992, s.8(1).
（10）　若干の特別裁判所の首席裁判官の任命については、評議会の関与が許されていない（例えば、民間航空、道路交通、所得税などに関する法律により設置された特別裁判所）。しかし、この場合でも一般的な監視は行われている。

第 6 部　そ の 他

であり、委員長［首席裁判官］の任命権はその大臣にあるが、任命に当たり大法官のリストの中から選ぶことを義務づけられているのである(11)。さらに、医療問題上訴裁判所のような重要な裁判所については、Social Security Administration Act 1992, s.50 に首席裁判官に関する特別規定を置き、任命の条件を特別に定めている。首席裁判官は、常に法律家がなる。

(3)　特別裁判所の実例

　特別裁判所は、大別すれば5種類に分けることができる(12)。ここでは第1に年金上訴裁判所という特別裁判所を紹介しよう。この裁判所は、国民の年金をめぐる紛争の処理に当たっている。最近、社会保険庁のシステムが日本で議論されているので、これと比較しながら、イギリスの特別裁判所を説明しよう。

　わたくし自身が基礎年金の申請をする時期をむかえ、社会保険庁へ行ったときの感想をまず述べよう。主要な新聞に報道されたように、「満足度」のアンケート調査があり、約90％の国民が社会保険庁の対応に満足しているという。わたくしも、最近、「大変満足している」と答えた国民の1人である。しかし、年金請求はほとんど認められず、「60日以内に不服のある人は審査請求してください」という説明があり、審査官に審査請求をしようとしたところ、社会保険庁はとりついではくれなかった。なぜこのようなことが

---

(11)　自薦または他薦の候補者が、慣行として、大法官が主催する「素人裁判官」の講習会に出席し、この際に希望をアンケート用紙に記載して大法官に提出する。推薦状を参考にしながら、これによってリストが作成される。後掲注(23)も見よ。
(12)　社会福祉に関係するもの、住宅問題に関係するもの、移民に関係するもの、医療事件に関係するもの、その他の5分類である。特別裁判所の分類の仕方として、記録裁判所と非記録裁判所に分類する方法がある。記録裁判所（後述の借地借家関係の特別裁判所がその例）とは、判決が判例集に収録して保存される裁判所を意味する。この裁判所の判決には、先例としての拘束力は認められないが、通常裁判所に近い性質の裁判所と相対的に高い評価を得ている。

4 イギリスの特別裁判所

起こったか調べてみたところ、わたくしの名前を「タジマ・ヒロシ」と記録して、実在しない人物の口座に入金されていたという。「タジマ・ユタカ」という本人の口座には保険料がほとんど入金されていなかったのである。

上の事例にイギリス法を当てはめるならば、「不服申立て」を拒絶された時点で特別裁判所の審査がはじまることになる。特別裁判所（年金上訴裁判所）は3人の裁判官からなるが、その裁判所は社会保険庁の確認の根拠として何が使われたかを調べる。その確認が適切であったかどうか審査して確認が適切であったと判断する場合でも、その確認には納得のゆく説明がなされているかどうかを検討する[13]。「特別裁判所評議会」は、このプロセスを監視することを法律上義務付けられており、もし自然的正義に反するようなことがあれば、国会に提出する報告書の中でその事実を指摘することになる。このようなシステムが存在するという事実が、年金行政の間違いを防止し、たとえ間違いが起こったとしても、迅速に是正するのに役立っている。ちなみに、国民健康保険の医療に関する苦情については、医療問題上訴特別裁判所が同じような機能を果たしている。

第2の実例として取り上げるのは医療関係の特別裁判所である。医療関係の問題は人の生命に関わる重要な問題であり、紛争処理機構も複雑で精緻な仕組みになっている。第1に、各病院は「紛争処理担当者（adjudicating officer）」を置くことを義務づけられている。この担当者は、いわば顧問弁護士のような人物であり、苦情が社会保険に関わる問題であれば、社会保険庁の中に設置された「紛争処理医療関係職員（adjudicating medical practitioner）」に事件を移付するが、関係職員が司法的判断を必要と考える場合には、事件は医療問題上訴特別裁判所に上訴される[14]。この裁判所も3人の裁判

---

(13) Pension Act 2004, sch.4.
(14) Social Security Administration Act 1992, s.46. ちなみに、障害認定に関しては、もう1つの特別裁判所（障害上訴特別裁判所）がある。なお、大学病院のような大きな病院には、あるいは一定の地域ごとに、複数の紛争処理医療関

官からなるが，首席裁判官は5年以上の法律専門資格（大学での講義期間もこの計算に入れる）をもつ者の中から、大法官によって選任される[15]。この職は非常勤であるが、常勤の者もあり、その場合、職務に対し報給が支払われる。

　医療問題上訴特別裁判所からさらに医療問題審判長（Medical Commissioner）への上訴が認められている[16]。医療過誤が争われるのであれば、各病院の「紛争処理担当者（adjudicating officer）」が苦情を拒否した段階で通常裁判所の訴訟になるが、この審判長が通常裁判所の第一審の裁判管轄をもつ裁判所と同等に扱われるので、最終上訴は控訴院へ行うことになる[17]。この最終上訴がある点は別として、上記の年金上訴裁判所や医療関係上訴特別裁判所が、数多くある特別裁判所のモデル裁判所になっているといってよい。医療問題審判長（Medical Commissioner）は高等法院の裁判官（あるいはそれに匹敵する法律家）が務めているので、ほぼ高等法院と同格に扱われる。これは違憲立法審査制の基となったボナム医師事件[18]の1つの結末であると考えられる。よく知られているように、コーク首席裁判官が、医師会の審査手続きは「自然的正義（理性）」に反するものと判示し、医師会の決

　　係職員（adjudicating medical practitioner）が置かれていて、特に医療問題が主たる争点である事件については、この合議体（Medical Board）が予備審査を行うこともある。
(15)　Social Security Administration Act 1992, s.50(5). 別途、特別裁判所ごとに長官（President）（後に紹介する審判長に匹敵する法律家）が大法官によって任命されており、この長官が首席裁判官の割り当てに当たる。裁判官の任命については、後掲注(23)参照。
(16)　Id. at s.48.
(17)　10年以上の法律専門資格（大学での講義期間もこの計算に入れる）をもつ者の中から、大法官によって選任されるが、これはほぼ高等法院の資格要件に近い。
(18)　Dr. Bonham Case, 8 Rep. 114 (1610). この点について、田中英夫「コウクと法の支配」法律時報33巻4号（1958年）31頁、34-35頁参照。

362

定を違憲無効と判決した。ちなみに、本稿で説明した特別裁判所のあり方は
イギリス法の古い伝統に従うものである。その当時の仕組みおよび問題点は
ホッブスの著書の中で論じられており[19]、これは現在でも興味深い著書で
ある。

(4) 「素人」裁判官の資質

　特別裁判所は、通常、3人の裁判官によって構成される。上述のように、
首席裁判官は原則として法律家であるが、それ以外の委員は、政策として
「素人」が登用される。「素人」とはいっても、非法律家を意味するものであ
るにすぎず、その関係する領域の専門知識をもった、すぐれた人物が登用さ
れる。例えば、医療問題上訴裁判所の場合、同裁判所の長官（President）が、
医学関係の学会と相談のうえ、臨床医師の中から素人委員2名を選任するこ
とになっている[20]。委員長以外の2名の委員のうち少なくとも1名は、こ
のように関係領域の専門家が当てられる。もう1名は、一般国民の代表とな
る有識者である場合もある。これは裁判所としての公正さの見せかけを作る
ための配慮によるもので、借地借家関係の特別裁判所（rent assessment committee）であれば、賃貸人と賃借人のバランスが人選において考慮される[21]。
特別裁判所を構成する裁判官の数は3名に限られない。3名以上の場合にも、
裁判長以外の裁判官は素人である。
　素人裁判官（lay justices）ということばは、Courts Act 2003, s.10 で使わ

---

(19) ホッブス（田中・重森・新井訳）『哲学者と法学徒との対話』（岩波文庫、2002年）60-106頁［第4章裁判所について］。原書は1666年頃完成したものと思われる。ホッブスは、「各人に各人のものを与える」（アリストテレス）ことが法の正義（コモン・ロー）であり、この正義を実現するために、理性により、正しい法律の解釈を行うことがエクイティであると述べている。そして、通常裁判所は、これを行う責務を負うという。
(20) Social Security Administration Act 1992, s.50 (1).
(21) Rent Act 1977, sch.10.

第6部　その他

れている[22]。ここでは主として治安判事（magistrates）を意味しているが、その裁判官の資質としての要件は、特別裁判所の裁判官にも当てはまる。いわゆる「素人」裁判官の資質が、特別裁判所の機能に直接関係すると思われるが、これについて一定の水準が法律上定められている。例えば、Courts Act 2003, s.11(2) は、「(a)無能力または非行を理由として、(b)大法官により与えられた指示に示された水準の能力を継続して示していないことを理由として、または(c)治安判事としての機能を果たすことについて、素人裁判官が適切な役割を果たしていない、あるいは怠っていると大法官が思料する場合」には、大法官は罷免することができるようになっている[23]。ちなみに、2003年の裁判所法は、各地に「裁判所委員会」を設置して、治安判事裁判所について、この委員会に特別裁判所評議会に類似した役割を担わせようとしている[24]。

「素人裁判官」の任命に問題がないわけではない。よく指摘される問題は、特別裁判所の事務職員によって影響されることである。特に事務局の調査官が弁護士であることがしばしばあり、この場合には、特にその高い可能性がある。しかし、反面、自分の専門（例えば、医療）に関係することについては、医師は自分のこだわりを固執するであろう。このことは、特別裁判所の決定の終局性（finality）と関係する重要な意味をもっている。例えば、本稿で紹介した医療問題上訴特別裁判所の決定には終局性（finality）が認められ

---

(22)　この法律は新たに Courts Board を設置した法律であり、本稿で紹介した委員会の職務に類似した役割をこの Board に行わせようとしている。この Board が監視するのは、治安判事裁判所や簡易裁判所などの下位裁判所である。
(23)　Courts Act 2003, s.11 (2). なお、同条1項は、「素人裁判官は、いつでもその職を辞任することができる。」と規定しているが、前掲注(11)で述べたような講習会をよりいっそう組織化し、この時に試験を行い、その結果、辞任に追いやられることもある。
(24)　同委員会の構成について、Courts Act 2003, sch.1 参照。

ているため、たった1人の医者の意見に強く影響を受ける危険性がある[25]。特別裁判所の裁判長に法律家を任命しているのは、このような場合に、医学関係の学会の意見を聞きながら鑑定を依頼することを期待しているからである[26]。

　特別裁判所の構成と運用について、控訴院が総合的に審査した興味深い判決（児童の退学処分）があるので、最後にそれを紹介しておきたい。審査の対象となったのは、地方教育委員会が作った5名からなる上訴パネルであるが、裁判官が素人であることには異論を唱えていない[27]。ヨーロッパ人権規約第6条の「公正な裁判を受ける権利」の保障と関連して、このパネルが「公正な裁判所」と言えるかどうかを問題にしている。審理の対象となった具体的な3つの事件において、同パネルは、文部省が作成したガイドラインに忠実に従っていることに違法性があると判示している。独立性と公平性が害されており、法廷独自の判断が示されていないというのである。しかし、退学児童と教師を対等に並べて当事者主義を貫くことは適切でなく、両方の意見を十分に聞き、それを決定に反映させることが必要であると判決した[28]。そして、このように運用されるよう同パネルを監視し、指導することについて、特別裁判所評議会に期待を表明した。

(5) 行政法の展開と特別裁判所

　ダイシーの「法の支配」の憲法原理が今日でも維持されていることを本稿で示すことができたと思う。通常裁判所は、日本と比べれば非常に少数の事件に本格的に取り組み、学術論文のような匂いのする、すぐれた判決をつぎ

---

(25) Social Security Administration Act 1992, s.60.
(26) *Id.* at s.53.
(27) S. T and P v. London Borough of Brent & Others, [2002] EWCA Civ. 693, [2002] ELR 556.
(28) 教育委員会と学校側が一体であるという印象を与える運用は望ましくないとも述べている。

第6部　その他

つぎと出している。これができるのは、多数の特別裁判所が存在しているおかげであると言えなくもない。イギリス国民の日常生活にかかわる多くの紛争は、特別裁判所によって迅速に解決されており、通常裁判所は法の基本原理に関わるような重要な事件の審理に全力を注ぐことができる。特別裁判所評議会が果たしている最も重要な役割は、自然的正義を守ることである。アメリカ法と対比すれば、これはデュー・プロセス訴訟の機能に類似している。

アメリカでは、いわゆるデュー・プロセス訴訟がこの評議会の役割を果たしている。しかし、この訴訟は大掛かりなものになりがちであり、国民生活にかかわる事件での迅速な紛争処理には適さない。イギリスでは、「司法審査を求める訴え」がデュー・プロセス訴訟に類似した機能を果たしている(29)。この訴えは、ヨーロッパ憲法との適合性などを審査するために使われるものであり、国民の日常生活にかかわる事件を迅速に解決するのには余り役立たない。福祉行政が発達した近代国家において、もし特別裁判所というものが存在しなければ、通常裁判所の機能は麻痺し、健全な機能を維持することが不可能になる。特別裁判所が公正な裁判をなしえるかどうかについて、国民は大きな不安をもつのであるが、特別裁判所評議会は、国民に代わって、その監視役を努めている。

---

(29)　Supreme Court Act 1981, s.31. この規定は、mandamus, prohibition, certiorari, declaration, injunction, restraining order の救済方法を認めている。ちなみに、これらはエクイティの救済方法である。アメリカにおいて違憲立法審査の制度を確立したといわれる Marbury v. Madison, 5 U.S. (1 Cranch) 137 (1803) 事件も、イギリスの「大権令状」訴訟を継受した mandamus 訴訟である。

5　フィリップス卿の訪日
―イギリス憲法の新展開のはなし

§1　最高裁判所の招きにより、イギリス首席裁判官フィリップス卿（Lord Philips of Worth Matravers CJ）が訪日された。2007年3月9日に成田に到着され、3月17日に帰国されるまで、多忙なスケジュールをこなされた。わたくしは、ご到着後すぐに法師温泉へ同行させていただき、いろいろなことを学ぶことができた。司法研修所でのご講演、その他若干の機会に、日本の代表的な法律家と議論されたこともあり、日英相互に有意義な国際交流であったと思う。フィリップス卿は、来日の直前に、バーミンガム大学から新たに博士号を受けられた。日本での講演も、その研究テーマである「刑務所の問題点と解決方法」に関係する部分が少なからずあったが、日本に滞在中にも、そのテーマについて調査・研究されたと聞いている。日本法律家協会の編集委員会からご訪日の記録を残してほしいというご依頼を受けたが、それ以前に「不遡及的判例変更」を宿題として頂戴しているので、その宿題にも答える形で、フィリップス卿から学んだことを記録に残しておきたい。

§2　フィリップス卿の日本でのご講演では、ヨーロッパ憲法制定後のイギリス法の問題を中心に説明された。中でも、大法官（Lord Chancellor）の廃位について、相当の時間を使って説明された。これは、日本人には理解しにくい部分であるが、イギリス憲法にとっては、著しく重要な憲法改正である。モンテスキューがイギリス憲法の原理であると説明した三権分立の原理とは異なり、大法官は、裁判官の長であると共に、法務大臣として内閣に属し、しかも貴族院（立法府）の議長でもある。本来、国璽を管理し、公文書を作成するときの最高責任者であるが、イギリスの歴史的諸事情のため、

第 6 部　そ の 他

「生きた憲法」の守護神であると擬制されるにいたっている[1]。

　イギリスがヨーロッパ連合において主導的な役割を果たす決意をした後、憲法問題担当省が創設されたが、この行政機関は、ヨーロッパ憲法との整合性を確保することを目的としており、イギリス憲法の解釈において、大法官が重要な役割を担っていることは疑いない[2]。イギリス議会は、2005 年 3 月 24 日に「憲法改革法（Constitutional Reform Act 2005）」を制定し、大法官の地位の改正およびその機能に関する規定を定め、貴族院の上告審裁判を行う機能の廃止、連合王国最高裁判所を設立し、その他若干の司法改革を行う規定（裁判官の任命および懲戒を含む）を置いた。上述のように、大法官はイギリス史全体に渡り重要な役割を果たしてきたので、直ちに廃止されることはないが、政令によって、実質的に一つ一つその職務を新しい機関または既存の機関に移している[3]。

　§3　フィリップス卿は、先例拘束性の原理についても、分かりやすく説明された。この原理は、上述の「法の支配」の憲法原理が生んだ司法慣行の原理である[4]。イギリス法がヨーロッパ連合法と調和のとれたものになる

---

[1]　大法官の歴史的意義および今日の役割については、田島裕『議会主権と法の支配』（有斐閣、［補足版］1991 年）38 頁参照。

[2]　憲法問題担当省は、イギリスの立法、行政等がヨーロッパ憲法に抵触しないように監視し、助言を行っている。

[3]　しかし、同法第 1 条は、「本法は、(a)現在の法の支配の憲法原理、または(b)その原理に関係する大法官の現在の憲法上の役割、に不利な影響を与えるものではない。」とわざわざ明記している。このことは、名称の変更や組織的な改革を行うが、「生きた憲法」を変えるものではない、と宣言したものであると思われる。

[4]　先例拘束性の原則を大学で議論するとき、Glanville Williams の研究にまず注目される。田島裕『英米法判例の法理論』（信山社、2001 年 1 頁参照。G. Williams, Learning the Law (12th [A.T.H. Smith] ed.2002) p.111（この第 12 版のこの部分は、本人によるものではない）が、その原則を説明するために R.

5　フィリップス卿の訪日—イギリス憲法の新展開のはなし

ためには、その原理の再検討が迫られている。フィリップス卿の考えは、いくつかの判決の中でも説明されている。ここでは同裁判官の判決 R.v. James; R.v. Karimi [2006] QB 588 を紹介しよう。この判決では、2つの刑事事件が一緒に扱われている[5]。

この判決に関係する規定は、1957年の殺人罪に関する法律（Homicide Act 1957）第3条である。同条は、「殺人罪の事件において、訴追された者が挑発を受け（行動によるか、言葉によるか、その両方によるか、は無関係である）、自制心を失ったと陪審が認定できる場合には、合理的な者が被告人と同じ行為をさせるのに十分な挑発であったか否かの問題は、陪審の決定に任せられる；その決定を下すとき、陪審は、陪審の見解によれば、合理的な者に与えたと思われる効果を基準として、なされた行為および発せられた言葉の両方、あらゆることを考慮に入れることができる。」と規定している。この条文の解釈で問題になるのは、「合理的な者」とは誰を意味するかである。

判決はフィリップス卿によって書かれている。この判決は、R.v. Camplin [1978] AC 705[6] の分析から始めている。この先例に従い、ゴフ卿は、

---

　　v. Kansal, [2001] 2 WLR 1562 を取り上げている。この判決は、後掲注11で改めて説明する。
（5）　James 事件では、被告人は陪審評決により殺人罪で有罪とされ、1980年2月5日に終身刑の判決が下された。R.v. Smith (Morgan) [2001] 1 AC 146 が、「挑発抗弁」の解釈を変更する判決を下したことから、Criminal Cases Review Commission が量刑について再検討を求めた。Karimi 事件では、1997年7月29日に、被告人は陪審評決により殺人罪で有罪とされ、同様に終身刑の判決が下された。Criminal Cases Review Commission が量刑について再検討を求めたが、Attorney General for Jersey v. Holley [2005] 2 AC 580 を参照した。この2005年の判決は、2001年の判決を修正していると思われることから、有権的な判例解釈を示すために、2つの事件が併合されたものと思われる。
（6）　15歳の少年が、55歳の男に無理矢理男色行為をやらされ、その後なじられたため、その場にあったフライパンで殴り殺した。同世代の一般的な少年が判断基準とされた。

369

第6部　その他

Luc Thiet Thuan v The Queen 1997] AC 131[7]において、「挑発抗弁」の判断基準は通常の人間であって、脳に障碍のある者ではない、と判決した。その後の判例である Smith（Morgan）事件（注5参照）の第一審審理において、裁判官は、陪審に対し、被告人に精神的欠揚があったことは考慮せず、「通常人の判断」を基準とするよう説示した。しかし、その貴族院判決では、条文を読み上げることは問題ないが、その説示は不適切であると判決した。その後、Holley 事件（注5参照）が起こり、その判決は先の Luc Thiet Thuan 判決と Smith（Morgan）判決の間には矛盾があると指摘した。

　フィリップス卿の判決は、Smith（Morgan）判決が正しい解釈であるとするものであった。「通常人」の基準は、陪審自身が想定する「一般人」を意味するものであり、裁判官が解説するのは正しくない、ということを意味する。この判決を読むに当たり、第1に、1968年の実務通達（Practice Statement）を使わなかった点に注目する必要がある。第2に、「区別」の手法にも注目しなければならない。この2つの問題をその順序に従って、さらに説明することにしよう。

　§4　つぎに第1の問題である1966年の実務通達の問題を説明しよう。1966年の実務通達は、必要な場合には、十分な説明をしたうえ、先例を否定することがあると述べている。先例法に問題があると多数意見が考えるならば、その通達により先例法を否定できた[8]。しかし、同通達は、「契約、財産権設定および金融取決めがなされた基礎を遡及的に壊すことの危険、および刑法における法的安定性の特別な必要性にも」考慮を払うことを義務づけている。フィリップ裁判官の判決例のように、ほとんどすべての裁判官が、

（7）　脳の欠陥のため、激情し、殺人を犯した事件。脳の欠陥は考慮に入れなかった。

（8）　少数の事件でしかない。例えば、Murphy v. Brentwood D.C., [1991] 1 AC 398 (Anns v. Merton, [1978] A.C. 398 の法理を破棄); Anderton v. Ryan, [1985] AC 560; Arthur J.S. Hall v. Simons, [2000] 3 All ER 673 参照。

この実務通達により先例法を否定することはない。フィリップス卿の判決は、むしろその通達に従った判決を批判しており、原理的にその原則を否定していると推測できる[9]。

先例拘束性の原則を正しく議論するために、イギリスにおける裁判官の役割、または裁判官がもつ使命感を理解しておく必要がある。コモン・ローは裁判官創造法であり、イギリスの裁判官はその枠の中で立法を行うものと理解されている。しかし、この機能は、古くから存続する自然法（グッドハートの「宣言説」）の確認であるとする「おとぎ話」（その原則の形骸化の批判的表現）は、今日では通用しない。しかし、先例拘束性の原理は、コモン・ローを固定化するので、急激に社会が変化し、価値観が変化するときに、大きな弊害になる。この弊害を取り除くための工夫が「区別」の手法であると思われる[10]。コモン・ローの老朽化は、「区別」により解決できると考えられている。フィリップ裁判官の判決も、司法権の優位、判例法が社会の基礎を支えているという信念、判例法の学問的な整理がコモン・ローの発展に寄与するという考えに支えられている。

§5 イギリスがヨーロッパ連合において重要な役割を果たす決意をし、憲法を改正することによって、議会民主制の役割を改めて再認識する必要が

（9）通達が出された当時から、その法源性に疑問がもたれてきた。

（10）日本でも先例拘束性の原理は多く議論されているが、これはコモン・ローの裁判官創造法（judge-made law）の考え方と関係する。この課題に関係して、川井健＝田尾桃二編『転換期の取引法』（商事法務、2004年）に掲載された2つの論文がある。川井教授は「新しい理論に基づく明示的判例変更」という問題のとらえ方を提示し、田尾裁判官は「判例と事案」という概念をうまく使い分ける（「区別」する）工夫を説明している。ここで問題になっているのは、一方では、社会が急速に変化するのに対応して近代化を必要とされるのに、他方、社会は判例法（とくに最高裁判所判決）を信頼し、法的安定性を求めている（変化を求めない）、という現実をどのように理解するかということである。

第6部　その他

生じている[11]。このことと関連して、第2の問題である「区別」の問題を

---

(11)　1998年の人権法は、ヨーロッパ人権規約を国内法化した法律であるが、条約との抵触を避けるため、予備的な検討を行い、参考資料を裁判所に提示する慣行が生まれている。前掲注4で言及した R. v. Kansal, [2001] 3 WLR 1562 は、議会民主制と先例拘束性の原理との関係を論じている。

　貴族院の多数意見は、先例の判断が間違っていたという意見を述べているが、事件の終局性（finality）および法的安定性（certainty）の考慮から、4対1の多数によって、「先例に拘束される」とする判決が下された。問題の先例は、R. v. Lambert, [2002] 2 A.C. 545 である。この先例で問題になったのは、麻薬の器を所持するものならばその中身を認識していたはずだとする推定則（経験則）の適法性である。EU裁判所では、中身の認識（mens rea）の証明が必要であると判示している。Saunders v. United Kingdom, (1997) 23 EHRR 313 参照。

　この判決を評釈する際、3つの関連することを念頭においておく必要がある。第1に、1998年に人権法が制定される前の過渡期にこの事件が起きたが、法務省の刑事事件審査委員会（criminal case review committee）は、ヨーロッパ人権規約第6条に違反する可能性を警告していた。第2に、後のカンサル事件では、第一審が終了後に当該の人権法が実施されたので、上訴審の時点において証拠の利用を違法と判断できる機会があった。また、先例は、麻薬保持罪が問題となっていたので、カンサル事件とは「区別」できたのに、貴族院は、それをしなかった。第3に、1966年に貴族院は実務通達を出し、厳格な先例拘束性の原理を廃棄しているので、理論的にはこれを使うことができたのに、これを使わなかったということである。

　貴族院は、この判決の中で、アメリカ合衆国最高裁判所の判例を引用し、「もし事件が提起されるごとに各争点を新たに見直していたのでは、司法システムは社会的機能を果たせなくなる。」と述べている。憲法の基礎にある「法の支配」の原理は、先例拘束性の尊重を要求するということを再確認している。この引用のアメリカ最高裁判所判決は、筆者も「レンキスト首席裁判官の訃報」法の支配139号（2005年）108頁で引用した Planned Parenthood of Southeastern Pennsylvania v. Casey, 505 U.S. 833 (1992) である。ちなみに、その Planned Parenthood の先例は、Roe v Wade, 410 U.S. 959 (1973)（弁護士が作り出した架空の事件に対し最高裁判所がプライヴァシー等の保護についてのべた判決）であった。

5　フィリップス卿の訪日―イギリス憲法の新展開のはなし

説明しよう。これについては、フィリップ卿の French and Others v. Chief Constable of Sussex Police [2006] EWCA Civ. 312 に注目したい。

これは民事事件であるが、原告は5人の警察官である。サセックス警察署長の命令でその5人の警察官は拳銃をもった凶悪犯の急襲作戦に参加し、現場の指揮官の命令に従って凶悪犯とされる男を銃で撃ち殺してしまった。直ちに5人は懲戒手続にかけられ、結果としては、指揮官に注意義務違反が認定されて不問に付されたのであるが、5人とも大きな精神的な衝撃を受け、精神病の治療を受けることになった。Donoghue v Stevenson [1932] A.C. 562 により「過失責任」の法理は確立されているが、精神的な衝撃（psychiatric damage）についてその法理が適用できるか否かについては、むしろ判刑法は否定的であった。

フィリップス卿は、雇用関係におけるストレスにより生じた損害に対し責任を負うかどうかを問題とした事件を検討している。しかし、多くの判例を分析したところで、結局のところパッチワークのキルトのようなものしか見えてこない。Alcock v Chief Constable of Yorkshire Police [1992] 2 A.C. 310[12]や Page v Smith [1996] A.C. 155[13]で貴族院が示したように、判決では立法を意識して問題点を明確に説明し、実際の解決は国会に任せるのが現実的な解決方法である、と判示した。原告敗訴の判決は確定した。このフィリップス卿の判決は、イギリス法が「区別」という方法を使って判例法理を明確にする技術が、今日では必ずしもうまく機能していないことを示している[14]。

---

(12)　フットボールの試合中に事故が起きて多数の死傷者ができた。その場面がテレビに放映され、近くでそれを見ていた近親者が、精神的衝撃を受け、それに対する損害賠償が認められた。

(13)　被告が脇道から急に飛び出し、ほとんど自動車に衝突する状態が生じ、原告にトラウマを生んだ。そのため、原告は20年以上も職につくことができず、訴訟を起こした。原告の主張が認められた。

(14)　もっとも、「予見可能性」は時代とともに大きく変化し得るものであり、立

373

第6部　その他

§6　さて、最後に、フィリップ卿の博士号についてもふれておきたいが、わたくしの解説で誤解を生む危険は避けたい。フィリップス卿の問題提起はこうである。先に殺人罪で終身刑の判決が下された事例を紹介したが、その囚人たちは一生刑務所の中で人生を送ることになっている。イギリスの刑務所の現状は、囚人の数が収容総力を超えている。裁判官も検察官も弁護士も、法律の技術的なゲームに強い関心を示しているが、人間としての囚人の将来の姿を見ているのであろうか、と疑問を呈している。囚人たちは、3度の食事と宿舎、その他さまざまなサービスの提供を受けているが、この囚人の現状は、応報刑によって被害者に満足を与えることになっているか、または教育により悪人を善良な社会人に育てることになっているか、再検討が必要であるという。

　ここで述べたことは遠い国の出来事であるという印象を与えるかもしれないが、日本の司法制度の改革にも参考になるところが少なくない。ちなみに、同じようなことがアジア諸国の裁判所においても起こっているらしく、この問題は中国、韓国、その他のアジア諸国で連続して開かれた国際会議において議論がなされたと聞いている。また、ヨーロッパ連合法においても、先例拘束性の原則は重要であると考えられており、実際上、イギリス法の憲法慣行がヨーロッパ法全体に影響を与えているようにも思われる。少なくとも、国際司法機関のレベルでは、すでに実務慣行となりつつある。

法によって解決できるものとも思えない。それはともかく、G.L. Williams は、判例法の欠陥は核心部分に問題があるときに治療できないことだと指摘している。

6　レンキスト首席裁判官(アメリカ合衆国最高裁判所)の訃報

§1　レンキスト氏は 2005 年 9 月 3 日に喉頭癌で死亡した。わたくしがこの訃報に最初にふれたのは、中国人からの国際電話を通じてであった。日本のマスコミは、この報道におくれたというだけでなく、レンキスト氏の死がもつ歴史的意味について、正しく日本国民に伝えていない。マスコミのためにあえて弁明をすれば、若いジャーナリストの中には、その意味を正しく理解し、原稿を準備した者が何人かはいたにちがいない[1]。しかし、報道の内容を決定する責任者たちにとっては、日本の国内政治が最大の関心事であり、地球の反対側で起こっている出来事などにかかわっている余裕がなかったのかもしれない。

　そのことはさておき、世界の報道が一貫して強調したことは、レンキスト氏が保守主義者であるということであった。しかし、保守主義者かどうかは、そういう評価をする者のよって立つ視点によるのであって、それが公正な評価であるとはいえない。実際、わたくしは、レンキスト氏の保守主義のイメージは、同氏が生涯を通じて大切にしたスタンフォード大学のイメージによって作り出されたのではないかと思う。スタンフォード大学は、大企業の利益を守るために作られた大学である。スタンフォード大学は、ハーバード・

---

[1]　確かに、普通の背広を着たおじさんが、さりげなく話していることばをテレビで耳にしたとしても、わたくしのような専門家でさえ、その深い意味を理解するのは困難である。しかし、ブッシュ大統領に対し、「大統領職を命じる。」といい、クリントン大統領に対し、「あなたの不祥事について、弾劾裁判の被告として、取り調べを行う」という場所に立ち会った記者ならば、この出来事が、たとえ 1 行であれ、世界の歴史の教科書に記録されるということは、理解できたはずである。

第6部　その他

スペンサーの社会的進化論（適者生存の思想）をモットーとして創設された。

§2　カリフォーニア州では、バークレーとスタンフォードはいろいろな意味で対照的な大学である。バークレーはリベラルであり、東京大学に匹敵する公立大学である。ウォレン氏はバークレー学派の強い支持を受けてアメリカ合衆国最高裁判所の首席裁判官となり、「ウォレン裁判所」と総称される画期的な時代を作り上げた。これに対し、ニクソン大統領は、1971年にスタンフォード大学出身のレンキスト氏（当時、47歳）を最高裁裁判官にした[2]。ニクソン氏を大統領にするのに大きな力のあったアリゾナ州の共和党幹部が、親友であった同州の弁護士レンキスト氏を推薦し、ニクソン大統領がその助言にしたがったといわれている。レンキスト氏に期待されていたことは、「ウォレン裁判所」を否定することであった。

共和党のレーガン大統領は、カリフォーニア州知事であった当時からバークレー学派をきらっており、積極的にスタンフォード大学の関係者を利用した。第一に、レンキスト氏を首席裁判官に昇格させた。他にもいくつかのことをあげることができる。たとえば、同州の最高裁判所首席裁判官はバード氏であったが、同氏はおそらく世界で最初に首席裁判官となった女性であり、バークレーの優等生であった。レーガン大統領は、これにフィネス（レンキスト氏が好んだトランプ・ゲームの用語）をかけるかのように、連邦最高裁判所の裁判官にオコンナ氏を登用した。もっとも、オコンナ氏を必要としたのはレンキスト氏であり、同氏の強い推薦によってオコンナ人事が実現したといわれている。

レンキスト氏とオコンナ氏とは、スタンフォード大学の先輩と後輩の関係にあり、第二次世界大戦中、学生としてデートをする関係にあった。二人は、それぞれ別のパートナーと結婚し、幸せな家庭を築いているが、生涯を通じ

（2）　スタンフォード系の弁護士らしく、アリゾナ州のコーポレート・ローヤーとして、リッチな家庭生活を楽しんでいた人であり、裁判官になることなどは考えもしなかったことであろう。

て互いに助け合ってきた。レンキスト氏がレーガン大統領によって首席裁判官に任命されるまでの約10年間のあいだ、同氏は、「ウォレン裁判所」を否定するのには余りにも力不足で、単独反対意見を書き続けていた。しかし、オコンナ氏が裁判官となり、レンキスト氏の裏方としてはたらくようになってから、レンキスト氏の意見が最高裁判所の多数意見となり、とうとう「レンキスト時代」を築きあげたのである。

§3　オコンナ裁判官は、今期をもって辞任する意志をブッシュ大統領に伝えていた。これを受けて、ブッシュ大統領は、ロバーツ氏の後任人事を進めようとしていた。時間的に多少前後するが、レンキスト氏は、2004年10月に喉頭癌の治療のために入院した。2005年3月から仕事に戻ったが、人工的にのどに穴を開け、その穴を通る空気を機械に感知させ、これを音声に変えて会話がなされており、関係者は寿命を察知していた。すでに最高裁判所にはスカーリア裁判官を中心とする新しい風が吹き始め、オコンナ氏には居場所がなくなりかけていたのではないかと思われる。ブッシュ大統領は、このことも知っていたはずであるが、レンキスト氏が「わたしは健康である限り辞任しない」と公言していたため、後任人事を進めることはできなかった[3]。

　ロバーツ氏をレンキスト氏の後任とする人事は、ある意味では、当然予想されていた。ロバーツ氏は、元アメリカ大統領を生んだ名家のエリート御曹司で、ハーバード・ロー・スクールを卒業している。卒業と同時にレンキスト氏のロー・クラークとなり、1981年に1年の任期を終えた後にも、レンキストのために忠実に働いてきた。ロバーツ氏はレンキストを生涯の師として尊敬していたようである。いずれにせよ、ロバーツは、レンキスト＝オコンナの有力な仲間であり、連邦上訴裁判所の裁判官になるときも、レンキス

---

(3)　アメリカ合衆国最高裁判所裁判官の任期は終身であり、本人が辞任の意志を表さない限り、憲法上、身分が保障される。

第6部　その他

トが強く推薦したので、ブッシュ大統領にすれば、この人事は当然のことである。しかし、同大統領には、それ以上のことをロバーツ氏に期待しているふしがある。

　ブッシュ大統領の宗教観のために、妊娠中絶に反対の意見をもつ裁判官を任命したいと考えているようである。ロパーツに関しては当然この要件は満たされているのであるが、もう1人の人事を進めなければならず、これが難航している。オコンナ氏とは後継者の選任が終わった段階で交代させる約束になっていたが、ロバーツがレンキストの後任であるならば、オコンナ氏の後継者はまだ決まっていないことになる。当分はオコンナが最高裁判所にとどまることになるのかどうかが問題になっている。候補者としては、ゴンザレス[4]の外、数人の連邦上訴裁判所の裁判官の名前があがっている。

§4　さて、レンキスト氏は保守主義者であるかどうかという議論を、もう少し進めることにしよう。第1に問題になるのは、ウォレン裁判所が確立したミランダ・ルール（黙秘権の告知をしないで得た供述は違法）についてであるが、レンキスト裁判官は、多数意見を書き、「ミランダ・ルール」はアメリカ社会の中に重要な文化として深く根付いており、踏襲されるべきであると判決した[5]。第2に、妊娠中絶に関するロー対ウェイド判決であるが、形の上では否定する判決が出ているが、9人の裁判官の意見がばらばらで（オコンナさえレンキストの意見と異なる）、医師による決定から母親による決

（4）　ブッシュ大統領がテキサス州知事であったときからの旧友であり、同知事によって州最高裁判所の裁判官に任命された。メキシコ系アメリカ人で、人種のバランスを重用視するアメリカでは、歓迎される候補者ではあるが、妊娠中絶に賛成する意見を書いたことがある。10月のはじめにブッシュ大統領はHarriet Miersを指名したというニュースがある。

（5）　Dickerson v. United States. 530 U.S. 428 (2000).ミランダ判決後に連邦議会が法律を作り、「証拠の許容性は、被告人の自白の任意性によってのみ判断される。」と定めたが、レンキストは、ミランダ判決は憲法の一部であり、法律によってこれを修正することはできない、と判示した。

378

定へとシフトしただけにすぎず、妊娠中絶を禁止するといったわけではない[6]。その他の「ウォレン裁判所」が確立した諸法理も、レンキストは否定することはなかった。

しかし、判決で使われていることばとは別に、「レンキスト裁判所」の諸判決の内容を調べてみると、「ウォレン裁判所」はすでに過ぎ去ったという印象を与える。たとえば、一方ではミランダ・ルールを踏襲しながら、他方、レンキスト氏は、違法収集証拠の証明力は否定されるとしても、証拠能力が否定されるものではない、と述べている。とはいえ、日本の裁判官にしてみれば、これは当たり前の理論である[7]。レンキスト氏は学者ではなく、持論をもたずにそのときどきの世論にしたがって判決を書いているので、全体として、緻密に評価すれば、矛盾がたくさん見つかる。

レンキスト氏が保守主義者として批判されるとき、秤の反対側に乗せて対比されるのは、ウォレン裁判官であるよりは、ブレナン裁判官である[8]。両裁判官がともに審理に当たった事件の数は膨大な数になるが、その中で2人の意見が一致したのはわずかに15％程度でしかないという。しかし、ブレナンの側は、敬虔なカソリック教徒として個人の人権のことを大切にし、憲法学者的な頑固さを貫いたのに対し、レンキストの側は、そんな意識はなく、たんたんと事務処理をしてきた人であり、憲法理論の議論の深さによって比較評価することには、もともと無理があるのではあるまいか。

§5　わたくしは、レンキスト氏は、保守派の側面をもってはいるか、非常に進歩的な側面ももっていたと思う。レンキスト氏の前任者は、バーガー

（6）　Planned Parenthood of Southeastern Pennsylvania v. Casey, 505 U.S. 833 (1992).
（7）　梶谷玄最高裁判事は、レンキスト氏を穏健なバランス感覚のあるすぐれた裁判官として評価している。法の支配28号（2003年）19頁。
（8）　例えば、P. Irons, Brennan vs. Rehnquist: The Battle for the Constitution (1994).

第6部　その他

首席裁判官であるが、同裁判官は、イギリスの司法界に見られるような儀式・形式を重んじる人であった。イギリスでは、高い身分の裁判官は、かつらをかぶり、一定のガウンを着ている。そして、会議での発言にも、順序があり、話し方にもマナーが重要視される。レンキスト氏は、バーガー首席裁判官には失礼であると思われるほど迅速に、儀式・形式を一切廃止した。イギリスにはその必要があるのに、アメリカ社会では不要である、というのである。法衣も4本の金飾りがそでに入ったのは比較的最近のことであり、法廷以外の場所で着ることはなかったといわれる[9]。

ウォレン裁判官には、気高い威厳（オーラ）があったけれども、レンキスト裁判官には、普通の背広姿で無表情で仕事をする事務職員の印象があった。いばるところはなく、気軽に国民に話しかけた。しかし、実質的には大規模な司法行政改革をなしとげたということを見落としてはならない。ともすれば、最高裁判所に上訴される事件の数は増えるばかりであるが、年間に150件を超えない程度にとどめることができたのは、この改革のおかげである。一方では、レンキスト裁判所は、同裁判所の管轄権を厳密に解釈し、その結果、却下される事件の数が増えた。他方、州の権限をゆるやかに解釈し、「ウォレン裁判所」が否定した主に南部の法律に関する事件を州裁判所の判断にゆだねた。結果として、「ウォレン裁判所」が違憲と判決した州法が温存されることになっている。レンキスト氏にしてみれば、日本の法律を違憲であるとする判決をだせないのと同じように、主権をもつ州法の合憲法性は、州が決めるべきであると考えていたようである。

---

[9]　イギリスでは、裁判所以外の場所でも裁判を開くことができたので、裁判官が本物であるか否かをはっきりさせるため、国王から与えられたカツラをかぶり、身分を示すガウンを着た。ちなみに、ガウンには、どの裁判官であるか個人を特定できるような飾りや刺繍があるが、これは裁判官の妻の能力の見せ所である。アメリカではこの伝統はなく、妻はホーム・パーティに夫の支後者をまねき、支援者に感謝を示すことに努力している。レンキストの妻は、この点て非常にすぐれた能力をもっていたと言われている。

6　レンキスト首席裁判官（アメリカ合衆国最高裁判所）の訃報

　レンキスト氏は数多くの啓蒙書を書いているという事実にもふれておきたい。レンキスト氏は、自分が学生時代によんだ教科書に書かれている最高裁判所の説明は、余りにも抽象的すぎるというだけでなく、現実とはかけはなれすぎると考えて、学習参考書を書いた。「最高裁判所」と題されたこの参考書には、多くのユーモアを込めて、アメリカの歴史に残る裁判官（現職の裁判官も含む）が、やさしく紹介されている。レンキスト氏は、「最高裁判所」が国民の身近なものとなるためには、国民にその裁判所の実体を知ってもらうことが重要であると考え、外にも何冊か書いている[10]。

§6　最後に、ハーバード大学のドライブ教授による追悼の言葉を引用して、本稿を結ぶことにしよう。同教授は、「憲法学上、その思想を批判しなければならなかったが、人間としてもっとも信頼できた。」とのべている。同教授は、憲法訴訟の特別弁護人としてレンキスト法廷へでかけているが、レンキスト裁判官は、トライブに反対の立場をとりながらも、人情のある質問を出し、その中で助言を与えてくれたという。さて本稿は、歴史の重要な解釈にかかわるものであり、多くの論拠を示すべきであるが、それをしなかった。重要な点についてさえ、わたくしは、過ちをおかしているのかもしれない。しかし、現在の状態では、この重要な問題について、忘れられてしまう可能性がある。もし本稿が、読者の関心を喚起し、検証をしていただくことに役立つならば、幸いであると思う。レンキスト裁判官のご冥福を祈りながら、本稿を閉じることにしたい。

---

(10)　丸善に依頼して、正確なことを調査してもらっているが、残念ながら結果報告は、間に合わなかった。ALL THE LAWS BUT ONE: CIVIL LIBERTIES IN WAR TIME (1998); GRAND INQUESTS (1999); FIRST AMONG EQUALS (2002); THE DISPUTED ELECTION OF 1876 (2004) などがある。

381

7　法科大学院の教材づくり
―国立裁判制度研究所創設の夢―

(1)　はしがき

　2004年4月からいよいよ日本版ロー・スクール（法科大学院）が発足する[1]。その講義を担当する教官予定者は、現在、その準備を進めていると思われる。準備の中でとくに困難な問題は、教材を準備することである。わたくしも「外国法」および「アメリカ契約法」の講義をさせていただくことになっており、教材の準備に忙しい毎日を送っている。学生向けの案内はすぐに印刷する必要があり、次のようなシラバス（講義概要）をすでに大学へ提出した。

　「外国法」――比較法学の視点から外国法を講義する。現在、国連加盟国191カ国のうち約半数が英米法系に属し、残りの半分が大陸法系に属する。日本は大陸法系に属するが、これと対比される英米法系の基本構造、裁判所の仕組み、主要な法理論を理卿することにより、世界の法律制度全体を概観することができる。この講義の目的は、知識を得ることにあるのではなく、比較文化的な視点に立って、それぞれの法系の法的価値観、世界のヴィジョン、法的な論理の組立方を理卿する。英米法の特徴は判例法主義ということにあり、この説明に相当の時間を当てる予定である。これと関連して陪審制の評価にも言及する。日本の法律制度は、明治時代から西欧の影響を受けて発展してきたが、この全体の講義を通じて、今後の発展の行方についてもみ

---

(1)　2003年に改正された学校教育法第65条により、2004年4月より発足することになった。その目的は、「高度の専門性が求められる職業を担うための深い学識及び卓越した能力を培う」ことにある。（専門職大学院設置基準第2条1項）。

382

7 法科大学院の教材づくり―国立裁判制度研究所創設の夢―

んなで考え直してみたい。田島裕『イギリス法入門』(信出社、2001 年)；田島裕『比較法の方法』(信山社、1998 年)。その他、随時、必要に応じて紹介する。

「アメリカ契約法」――日本とアメリカの関係が密接であるために、「アメリカ契約法」は、とくに企業実務にとっては、民商法と同程度に重要なものとなっている。そこで、契約の締結からその終了・消滅に至るまでのプロセスにおいて生じるさまざまな法的紛争を分析・整理し、アメリカの指導的判例と日本法との比較検討をする。受講生がアメリカ法を考慮に入れた契約書を作成する能力を身につけさせることが意図されているので、筆記試験の代わりに、最終講義までにモデル契約を作成し(その契約のテーマは指定する)、それにコメントを付したレポートを作成することを要求する。なお、講義の方法は、アメリカのロー・スクールの講義に近いものにしたいと考えているので、受講生は予習し、所定の座席に座って、講義中に積極的に討論に加わることが期待されている。教材は、インターネットを通じて無料で提供できるようにする予定であるが、一般的参考書として、アメリカ法律協会・統一州法委員会全国会議『UCC 2001』(商事法務、2002 年)を指定する。

この予告通り講義を進めるには相当の準備が要求される。特に外国法の教材となると、わが国では文献が非常にとぼしく、自分で教材作りを進める以外にない。そこでプレムナンダン氏[2]にお願いし、教材作りに使う特別のソフトウエアを作っていただいた。出来上がってみると、これは個人が独占すべきものではなく、むしろ日本全体の知的財産にすべきであると考えるにいたった。そこで、この紙面をお借りして、紹介させていただくことにした。また、そのソフトウエア作成のプロセスでプレムナンダン氏と議論しているうちに、いろいろな夢がさらにふくらんできた。プレムナンダン氏のシステムをもっと有効に活用するために、わたくしの将来の夢(国立裁判制度研究

---

(2) プレムナンダン (N. Premnandhan) 氏は、M.N. Dastur & Company Ltd. の顧問エンジニアである。

第6部　その他

所［仮称］の設立）についても書いておきたい。

(2) 法律情報データベース・システム

(a) 法科大学院の教材としての利用

　プレムナンダン氏のソフトウエアは、基本的にはデータベースを構築するための道具であるが、それだけにとどまるものではない。この道具を「国際法比較法データベースシステム（International & Comparative Law Database System）」（以下、ICLDSという）と名付けることにした。法科大学院では、学生が教材を読み、予習してきたことを前提として講義が進められる。従って、アメリカのロー・スクールのような方法で教育を進めるつもりならば、学生に前もって教材を渡しておく必要がある[3]。実例を1つ示して説明しよう。例えば、わたくしは「アメリカ契約法」の第26回目の講義において「懲罰的損害賠償」を取り上げる予定にしている。この課題について議論するために、学生は5つの資料を読んでくることを期待している。ICLDSでは、総合検索（Search →）（後に詳しく説明する）の中にオプション（Option）の欄が作ってあり、この欄に「yt 26」（田島第26講義）と学生が入力すると、次の画面が表示されるようになっている。

　30000019　講義用レジュメ　　第26講義
　30000189　懲罰的損害賠償　　田尾桃二
　　「巻頭言」日本法律家協会機関誌『法の支配』第113号（1999年）2頁
　30000213　懲罰的損害賠償　　Richard Crims haw v. Ford Motor Co.,
　　119 Cal.App.3d 757, 174 Cal.Rep.348（1981）
　30000214　懲罰的損害賠償　　Pennzoil Co. V. Texaco, Inc., 481 U.S.
　　1 (1987)
　30000215　懲罰的損害賠償　　BMW of North America, Inc. v. Gore,

（3）アメリカのロー・スクールの法学教育について、「座談会：21世紀はじめの法学教育(1)」法の支配114号（2000年）75〜98頁参照。

384

517 U.S. 559 (1996)

30000216　懲罰的損害賠償　　平成9年7月11日最高裁判所判決民集51巻6号2573頁

　上の6つの文献（レジュメ＋5つの資料）は、コンピュータ上で左端の番号をクリックするだけで、その原文が表示されるようになっている。これをファイルとして保存（また印刷）できるので、学生は自宅に居ながら資料を読むことができる。

　ところで、30000019の文献は、わたくしの講義用レジュメである。このレジュメには、第26講義では次のことが議論される、ということが説明されている。

1　懲罰的損害賠償とは何か
2　なぜアメリカにおいて盛んにこれが使われるか
3　日本の裁判所は、なぜアメリカ法の継受を拒絶したか
4　田尾先生が主張されている「法治主義ではない徳治主義的な社会」とはどのようなものか
5　「大きな司法」よりも「小さな司法」がなぜ望ましいか

　このような形で教材を準備することにより、アメリカのロー・スクールで行われている水準の講義を日本でも進めることが可能になる。このような教材の準備は、比較的簡単にできる。教材として使う資料のコピーをコンピュータに読み込ませ、そのファイルをSourcesという器の中に流し込み、そのファイルに名前を付けてデータベースに連結させるだけでよい。そして、specialという欄に「yt 26」と書き込めば、教材を自分の学生に指定したことになる[4]。

　ICLDSには、さらにQ＆Aという機能が備わっており、教官と学生との対話が可能になっている。学生の側から質問をするために使うこともできる

（4）　この入力用のソフトウエアが別途用意されているので、その画面の指示に従って入力すればよい。

し、教官の側からレポートを要求し、添削して学生に返すということもできる。

(b) 国際法比較法データベース・システム（ICLDS）

　ICLDS は、実はもっと壮大な構想により組み立てられたシステムである。営利を目的としたシステムではなく、主として大学院生が利用することを念頭において、あらゆる法律情報について正確な情報を提供することを目的とした国際的な研究教育支援システムである。もちろん実務家にも使っていただきたいと考えている。大げさに言えば、これは国民全体の財産となるべきものである。このシステムの利用者の協力を得て、世界中の法律に関する正確な情報を調査できる道具を作り上げることが意図されている。現在の version 1 はまだ未完成のシステムであり、実験段階のものではある。しかし、version 2 ではかなり実用的なものになると思われる。

　システム全体を簡単に説明しておこう。インターネット上でこのシステムにアクセスすると、初期画面が表示される。この画面では、ICLDS とは何かについての簡単な解説がなされており、また無料で利用できるけれども利用規則を守って使って欲しい、という要望が表示されている。ここで利用規則（Terms & Conditions）を読むこともできるが、ここでは説明を省略する。

　Main Menu の方をクリックすると「利用者登録」の画面が表示される。この画面で登録プロセスを済ませると、いよいよ Main Page へ移ることができる[5]。日本でこのシステムを利用する場合、最初に接続されるのは Japan ファイルである。Japan ファイルは日本で作成された法律情報のデータファイルである。Main Page の画面の右上に示される国選択の枠の中から他国（国連に加盟した 191 カ国）のファイルを選択すれば、それぞれの国で

---

(5) 最初に利用するときに、利用者の連絡先などを記載し、自分でパスワード（秘密）を入力する。この入力が終われば、2度目からはパスワードを入力するだけで無料で利用できるようになる。

7　法科大学院の教材づくり―国立裁判制度研究所創設の夢―

作られたデータベース・ファイルを利用できる。現在では、他国で作成されたファイルはほとんどないに等しい状態であるが、将来、諸外国の協力を得てJapanファイルに匹敵するものにする予定である（この構想は後に説明する）。

　Main PageにはICLDSの全機能（8つの機能）の目次が左側に表示されている。8つの機能のうち総合検索（Search→）がもっとも重要な機能である。学生（Guest）は、上述のように教材を入手するためにこの機能に含まれるオプション（Option）を利用して、法科大学院の教材を入手する。しかし、一般には、この利用の仕方はむしろ例外であって、通常はオプションを使わずに、キーワードや書誌情報による検索を行う[6]。一般的な検索によっても、同様に原文に辿り着けるようになっている[7]。

　さらに、ICLDSでは、この機能以外に、引用検索、評釈検索、キーワードによる広範な検索、文献評価ができるようになっている[8]。そして、主要な文献は原文とリンクされるようになっているだけでなく、学術的な論文において引用する正式な引用方法が表示されているので、論文作成の最終段階でこれを利用できる。

　総合検索（Search→）以外の機能として、国別によらない「企業法」「国際法」「比較法」「法制史」「法律一般（法哲学を含む）」の検索のための機能

---

(6)　各資料に名前が付けられ、この名前の資料について、図書館の書誌情報カードより多少多い情報が保存されたファイルを検索する。著者名、出版年、事件当事者、判決日など、一部分合致した情報か表示される。
(7)　もし資料の原文がSourcesに流し込まれていれば、この原文にリンクされ、ICLDSが直接それを表示してくれる。たとえば、キーワードとして「詐欺防止法」と入力すると多くのアメリカの判例が表示されるが、それらに混じってUCC§2-201が表示されているので、その文献番号をクリックすればシラバスで指定したUCCの翻訳（同条の全文）が表示される。
(8)　アメリカの評価システムを参考にし、文献の引用を記録したり、評釈を付したり、公正な評価がなされる仕組みが付属している。

第6部　その他

が用意されているが、その操作方法は基本的には総合検索の場合と同じである。その他、上述のQ&Aがあり、システム管理者へ直接メッセージを送るためのE-Mailの機能があり、About ICLDSにはシステムの使い方の解説マニュアルがある。

(c) 教材の入力

　ICLDSが本当に国家の財産と言えるところまで質量ともに発展させることができるかどうかは、入力の在り方にかかっている。上述のように、当面は、法科大学院の教官が教材を入力することを期待しているが、これに関する仕組みは次のようになっている。すなわち、このシステムの利用者としてMinisterという地位が設定されており、法科大学院の教官はこの役割を果たすことになる。このMinisterは、システム管理者であるPrime Ministerにより任命される地位を意味する[9]。この地位はPrime Ministerが入力許可を受けた者のリストに名前を書き込むことによって得られる。これがなされた後、Ministerは教材を自由にこのシステムに入力することができる。Wordなどのワープロで自分で作成したレジュメでもよいし、判例をコピーしたファイル（PDF）でもかまわない。入力の仕方は上述のとおりである。

　法科大学院の教官がこのようにして入力した情報は、決して網羅的なものであるとはいえない。システム管理者としては、当初から一定の情報を入力しておく必要がある。2004年4月までに、基本的な判例5000件、論文・資料5000件の入力を組織的に行い、法科大学院の基本的な文献書庫を完成させたい。この1万件余りの文献を選び出す必要があるが、この部分で公正

（9）　この表現はプレムナンダン氏の説明によるものであるが、要するに、教官がICLDSを利用する場合、自分の名前をシステム管理者に知らせ、ytなどのイニシャル認証をもらうことにより、教官と学生との対話が可能になるということである。

388

7　法科大学院の教材づくり―国立裁判制度研究所創設の夢―

な組織の協力が期待される[10]。アメリカ弁護士会とロー・スクールとの関係に類似した関係が、これにより日本にもできることが期待される。これが完成すれば、大学間の研究環境についての格差が狭まり、公正な自由競争を促進できるようになる。おそらく基本文献 1 万件のデータベースが完成したときには、各教官が上述のように自分で教材を入力する必要はなくなっていると思われる。

(3)　「国立裁判制度研究所」の設置

アメリカのロー・スクールは、アメリカ弁護士会の審査を毎年受けており、この審査に合格しない限り、ロー・スクールとして認定されない[11]。この審査は多岐にわたるものであるが、中でも図書館の蔵書は評価の重要な対象となっている。特に判例集およびローレビューの充実は重要視されており、上に述べた 5000 件の判例および 5000 件の論文・資料は、これを参考にした基準である。これらの文献の入力が急務となっているが、上述のように、それに先立ち、入力する基本文献の選定が重要な課題である[12]。この目的のために信頼できる組織がほしい。そして、ICLDS を有効に使うためには、この組織は個々の文献評価にもかかわることになる（上述のように ICLDS には文献評価機能が付加されている）。

アメリカでは、アメリカ弁護士会の研究教育関連の組織として「アメリカ法律協会」などの組織がある。わたくしは、日本では「国立裁判制度研究

---

(10)　この組織は日本法律家協会のような公正な機関の中に置くことが望ましいが、現時点では具体的なアイディアはない。将来の検討事項である。
(11)　認定基準については、米国法曹協会（柳田幸男訳）『和英対訳ロー・スクール認定基準』（日本弁護士連合会、2001 年）に詳しく説明されている。
(12)　すでに若干の専門機関に入力の協力を依頼した。しかし当面は、パブリック・ドメインに存在するオンライン情報だけで対応することになるかもしれない。石川・村井・藤井『リーガル・リサーチ』（日本評論社、2003 年）がこの情報の集め方について参考になる。

第 6 部　その他

所」としてこれに類似したものを設置したい。この研究所は博士課程の大学院大学として機能し、エリート裁判官を育てることを目的とする[12]。この研究所では、法科大学院の教材を「認定」する目的のために、すべての法律情報に目を向け、重要なものを収集・選別する作業を行う。この目的のために定期的にセミナーを開き、文献研究の報告を行い、教材入力の文献を選別する[13]。ここでの研究が教材に直接反映されることになる。たとえば「懲罰的損害賠償」に関する文献整理を行い、上述のわたくしの教材を改良する作業を行う[14]。適切な評価を加えた「懲罰的損害賠償」の論文（レポート）が研究員（主に裁判官）により提出されれば、この業績に対し上記の研究所がその研究員に博士号を授与する。

　この研究所の所長には、明治時代に招聘したボワソナードのような有能な外国人法律家を起用したい。約 20 人程度の研究員が共同生活できるようにし、常時、文献について検討を繰り返す。イギリスのインズ・オブ・コートのように高名な裁判官も夕食に参加できるようにする。そして、法科大学院の教官もオブザーバーとして参加することが許されるようにして、この共同生活を通じて、高潔な法律家としての人格形成がなされるようにする。ここでの生活はうらやましがられるほど豪華なものにするのがよい（すくなくとも、ここでの生活が拷問と感じられるようなものであってはならない）。この研究所の制度を利用して、博士号をもつ裁判官を数多く作りたい。

　ところで、現時点では、レキシスが法律時報データベースシステムとして抜群に優れたものであることは、多くの人が認めるところである。しかし、日本人にとってレキシスには使いにくさがある[15]。ICLDS は、この欠点を

---

(13)　国立裁判制度研究所の図書館では、ICLDS が主要な蔵書の役割を果たすのであり、この図書館は情報発信機能をもつので、選別された教材の入力を請け負う。

(14)　各々の教官が作成した教材を削除したり修正したりするのではなく、資料を追加して、評価により一定の方向付けをする。

(15)　ファイルの分類がアメリカの連邦制に従っているし、多くの点て日本の法

390

7　法科大学院の教材づくり―国立裁判制度研究所創設の夢―

解決しているし、たとえ情報の量の点で劣るところがあっても、きめ細かさの点ではそれに勝っている。そして、国際性という意味においても、ICLDSの方が世界的なシステムになるポテンシャルをもっている。

わたくしの講義科目「外国法」は、比較法の科目として位置づけており、その比較のために英米法以外の諸法制についての情報も必要となるので、プレムナンダン氏は、世界の191カ国全部にわたる情報ファイルを準備してくれた。国際法比較法データベース・システム（ICLDS）は、英語を軸にしてこれらの法制度を1つに結びつける道具でもある[16]。

国立裁判制度研究所は、法科大学院を間接的にモニターする機能ももつことになる。この研究所のセミナーでは、例えば「懲罰的損害賠償」のテーマについて、法科大学院で読まれるべき資料が検討され、システムに入力すべきものが選別される。この検討においては、先例拘束性の原理に従い、判例法の整備発展に資することが重要視される。法科大学院の教官もこの議論に参加することが許されている。こうすることにより、欧米諸国では普通に行われているようにご入学と実務の連結が可能になる。法科大学院の教官は、将来的にはここでの研修を受けることを義務づけられることにしてもよい。そして、この研究所は博士課程の大学院として博士号を授与する権限をもち、

　　律家の発想と異なっており、正確な検索を行うために相当の予備知識が必要である。また、情報・解説のすべてが外国語であり、検索の結果を読むのも容易ではない。検索結果もICLDSの方がきめ細かい設計になっている。レキシスの詳細については、拙稿『法律情報のオンライン検索』（丸善、1992年）参照。
(16)　上の例ではJapanファイルを使ったけれども、右上の欄から191カ国のどの国でも選択できるようになっていることはすでに述べた。191カ国の代表的な大学が責任を負い、同じソフトウエアを使って各国の情報ファイルを作成する。これに付属する機能として用意されるLaw Dictionaryの英語に対する現地語をコピーすれば、その国の言語を知らなくても、コピーした記号をキーワードに使って検索が可能である。検索の結果得られた資料の中で自分の読めるものを利用できるし、翻訳を依頼してもよい。

391

第6部　その他

この研究所が多くの裁判官に博士号を付与するようになることが期待される。

　このような夢（戯言）が現在の日本において直ちに受け入れられるものと考えているわけではない。しかし、明治時代の青年法律家たちが夢をいだいていたように、新しい社会の法づくりに生き甲斐をもつ夢を現在の青年たちにも与えたい。現在の日本は、輝く目をもった青年たちを必要としている。当面、アメリカ弁護士協会が果たしている役割を日本法律家協会が引受け、その方向に向けた教材作りの選別評価作業を請け負うことはできないだろうか。

〈著者紹介〉

田島　裕（たじま　ゆたか）

昭和15年4月30日、愛知県に生まれる。東京大学大学院博士課程終了後、昭和49年4月より平成2年3月まで、大阪市立大学法学部に勤務（助教授、教授）。

平成2年4月より、筑波大学大学院教授。ケンブリッジ大学（ブリティッシュ・カウンシル．フェロー）、ハーバード・ロー・スクール、カリフォーニア大学（バークレー）、バーミンガム大学など、客員教授。

［著書・訳書］

『議会主権と法の支配』（有斐閣・1981年、第2刷・1991年）；『英米法』（筑摩書房・1985年）［伊藤正己氏と共著］；『イギリス法入門』（有斐閣・1991年）、比較法の方法（信山社・1998年）など。

スカーマン『イギリス法－その新局面』（東京大学出版会、1981年）；ダイシー『憲法序説』（学陽書房・1983年）［伊藤正己氏と共訳］；ポパー『確定値の世界』（信山社・1996年、文庫版・1998年）など。

刑法・証拠法・国際法　　田島裕著作集7

2010(平成22)年4月10日　第1版第1刷発行

著　者　田　島　　　裕

発行者　今　井　　　貴

発行所　信出社出版株式会社

〒113 東京都文京区本郷6-2-9
TEL 03-3818-1099　FAX 03-3818-1411

印刷　東洋印刷株式会社
製本　有限会社大三製本

Ⓒ2010, 田島　裕, Printed in Japan.
落丁・乱丁本はお取替えいたします。

ISBN 978-4-7972-1777-3　C3332

1777-3-012-050-010

NDC分類322.911

◇総合叢書◇

1　甲斐克則・田口守一編　企業活動と刑事規制の国際動向　11,400円
2　栗城壽夫・戸波江二・古野豊秋編　憲法裁判の国際的発展Ⅱ　続刊
3　浦田一郎・只野雅人編　議会の役割と憲法原理　7,800円
4　兼子仁・阿部泰隆編　自治体の出訴権と住基ネット　6,800円
5　民法改正研究会編(代表 加藤雅信)　民法改正と世界の民法典　12,000円
6　本澤巳代子・ベルント・フォン・マイデル編　家族のための総合政策Ⅱ　7,500円
7　初川満編　テロリズムの法的規制　7,800円

◇法学翻訳叢書◇

1　R.ツィンマーマン　佐々木有司訳　ローマ法・現代法・ヨーロッパ法　6,600円
2　L.デュギー　赤坂幸一・曽我部真裕訳　一般公法講義　続刊
3　D.ライポルド　松本博之編訳　実効的権利保護　12,000円
4　A.ツォイナー　松本博之訳　既判力と判決理由　6,800円
9　C.シュラム　布井要太郎・滝井朋子訳　特許侵害訴訟　6,600円

価格は税別

◇学術選書◇

1	太田勝造	民事紛争解決手続論(第2刷新装版)	6,800円
2	池田辰夫	債権者代位訴訟の構造(第2刷新装版)	続刊
3	棟居快行	人権論の新構成(第2刷新装版)	8,800円
4	山口浩一郎	労災補償の諸問題(増補版)	8,800円
5	和田仁孝	民事紛争交渉過程論(第2刷新装版)	続刊
6	戸根住夫	訴訟と非訟の交錯	7,600円
7	神橋一彦	行政訴訟と権利論(第2刷新装版)	8,800円
8	赤坂正浩	立憲国家と憲法変遷	12,800円
9	山内敏弘	立憲平和主義と有事法の展開	8,800円
10	井上典之	平等権の保障	続刊
11	岡本詔治	隣地通行権の理論と裁判(第2刷新装版)	9,800円
12	野村美明	アメリカ裁判管轄権の構造	続刊
13	松尾 弘	所有権譲渡法の理論	続刊
14	小畑 郁	ヨーロッパ人権条約の構想と展開〈仮題〉	続刊
15	岩田 太	陪審と死刑	10,000円
17	中東正文	企業結合法制の理論	8,800円
18	山田 洋	ドイツ環境行政法と欧州(第2刷新装版)	5,800円
19	深川裕佳	相殺の担保的機能	8,800円
20	徳田和幸	複雑訴訟の基礎理論	11,000円
21	貝瀬幸雄	普遍比較法学の復権	5,800円
22	田村精一	国際私法及び親族法	9,800円
23	鳥谷部茂	非典型担保の法理	8,800円
24	並木 茂	要件事実論概説 契約法	9,800円
25	並木 茂	要件事実論概説Ⅱ 時効・物権法・債権法総論他	9,600円
26	新田秀樹	国民健康保険の保険者	6,800円
28	戸部真澄	不確実性の法的制御	8,800円
29	広瀬善男	外交的保護と国家責任の国際法	12,000円
30	申 惠丰	人権条約の現代的展開	5,000円
31	野澤正充	民法学と消費者法学の軌跡	6,800円
32	半田吉信	ドイツ新債務法と民法改正	8,800円
33	潮見佳男	債務不履行の救済法理	近刊
34	椎橋隆幸	刑事訴訟法の理論的展開	続刊
36	甲斐素直	人権論の間隙	10,000円
37	安藤仁介	国際人権法の構造Ⅰ〈仮題〉	続刊
38	安藤仁介	国際人権法の構造Ⅱ〈仮題〉	続刊
39	岡本詔治	通行権裁判の現代的仮題	8,800円
40	王 冷然	適合性原則と私法秩序	7,500円

価格は税別

〈法律学の森〉シリーズ

現代法の到達点を示す最高水準の理論体系書

憲法訴訟論　新 正幸 著　6300円
債権総論Ⅰ〔第2版〕　潮見佳男 著　4800円
債権総論Ⅱ〔第3版〕　潮見佳男 著　4800円
契約各論Ⅰ　潮見佳男 著　4200円
契約各論Ⅱ　潮見佳男 著　続刊
不法行為法Ⅰ〔第2版〕　潮見佳男 著　4000円
不法行為法Ⅱ〔第2版〕　潮見佳男 著　続刊
不法行為法Ⅲ〔第2版〕　潮見佳男 著　続刊
不当利得法　藤原正則 著　4500円
新会社法〔第3版〕　青竹正一 著　6500円

プラクティスシリーズ

講学上の具体事例によって概念の正確な理解を定着させる法学部・法科大学院向けテキスト

プラクティス民法　債権総論〔第3版〕　潮見佳男 著　4000円
プラクティス行政法　木村琢麿 著　近刊
プラクティス労働法　山川隆一 編　3800円
プラクティス国際法講義　柳原正治・森川幸一・兼原敦子 編　3800円

プロセスシリーズ

きめ細やかな段階的設問によって判例の理論構造を体得する法科大学院用演習テキスト

プロセス演習憲法〔第3版〕
　LS憲法研究会 編　棟居快行・工藤達朗・小山剛 編集代表　4800円
プロセス演習刑法　町野朔・丸山雅夫・山本輝之 編集　3600円

民法総合シリーズ

民法総合3 担保物権法〔第2版〕　平野裕之 著　3800円
民法総合5 契約法　平野裕之 著　4800円
民法総合6 不法行為法〔第2版〕　平野裕之 著　4000円

現代民法シリーズ

現代民法　学習法入門　加賀山茂 著　2800円
現代民法　担保法　加賀山茂 著　6800円

刑事訴訟法講義〔第5版〕　渡辺咲子 著　3400円
判例講義刑事訴訟法　渡辺咲子 著　3800円

（価格は税別）

効率よく体系的に学べる判例解説！

判例プラクティスシリーズ

◇本シリーズの特徴◇
- 学部・LSの判例学習に必要かつ十分な件数を精選・解説
- 「事案」「争点」「判旨」「解説」の構成で1件を1頁で明快に解説
- 基本書の補助教材として体系的論点別に読みやすく配列する
- 同種事例を系統的に配列して，判例法理の展開を正確に読める

判例知識の獲得と事実分析・法律構成の訓練を目的とする判例学習を効率的にすすめられるように，事実・判旨を的確かつ丁寧に示すとともに，体系的論点別に判例を位置づけて相互関係をトータルに解説する。

松本恒雄・潮見佳男 編
判例プラクティス民法Ⅰ 総則・物権
収載判例393件　B5判並製416頁　本体3,600円

判例プラクティス民法Ⅱ 債権
2010年4月刊行予定
収載判例約400件予定　B5判並製　予価本体3,600円

判例プラクティス民法Ⅲ 親族・相続
2010年続刊予定
収載判例約200件予定　B5判並製　予価本体3,000円

成瀬幸典・安田拓人 編
判例プラクティス刑法Ⅰ 総論
収録判例444件　好評発売中！
B5判並製480頁　本体4,000円

成瀬幸典・安田拓人・島田聡一郎 編
判例プラクティス刑法Ⅱ 各論
収録判例約450件予定
B5判並製 2010年秋刊行予定

判例プラクティス憲法
憲法判例研究会 編
2010年秋刊行予定
収載判例約450件予定　B5判並製

［執筆］淺野博宣・尾形健・小島慎司・宍戸常寿・
曽我部真裕・中林暁生・山本龍彦

――― 信山社 ―――

田島 裕 著作集（全8巻）

◆第1巻 アメリカ憲法――合衆国憲法の基本構造、基本的人権、統治機構―― 一〇、五〇〇円
　◇第2巻 アメリカ憲法――連邦憲法の構造と公法原理――
　　議会の機能、立法と法の支配 予価八、〇〇〇円
　◇第3巻 イギリス憲法――議会主権と法の支配
　　司法制度、改革、裁判官、弁護士、陪審 一〇、〇〇〇円
　◇第4巻 英米の裁判所と法律家
　　その形成と展開を探る 予価八、〇〇〇円
　◇第5巻 コモン・ロー（不法行為法と契約法）
　　主にエクェティ 予価八、〇〇〇円
　◇第6巻 英米の土地法と信託法
　　会社、銀行、担保、消費者保護 一一、五〇〇円
　◇第7巻 英米企業法
　　刑法・証拠法、仲裁法他 一二、〇〇〇円
　◇第8巻 刑法・証拠法・国際法
　　判例が語る英米法 六、〇〇〇円
　別巻 英米法判例の法理論

第1巻 比較法の方法 本体二、九八〇円
第2巻 イギリス憲法典――一九九八年人権法の制定 三、二〇〇円
第3巻 イギリス法入門【第2版】 続刊予定
◇第4巻 アメリカ法入門 続刊予定
　英米法概説（仮題）
　新英米法辞典（仮題） 予価五、八〇〇円